녹문집

한국고전번역원 한국문집번역총서

녹문집 6

鹿門集

임성주 지음
任聖周

이상현 옮김

일러두기

1. 이 책의 번역 대본은 한국고전번역원에서 간행한 한국문집총간 228집 《녹문집(鹿門集)》으로 하였다. 번역 대본의 원문 텍스트와 원문 이미지는 한국고전종합DB(http://db.itkc.or.kr)에서 확인할 수 있다.
2. 내용이 간단한 역주는 간주(間註)로, 긴 역주는 각주(脚註)로 처리하였다.
3. 한자는 필요한 경우 이해를 돕기 위하여 넣었으며, 운문(韻文)은 원문을 병기하였다.
4. 맞춤법과 띄어쓰기는 한글 맞춤법과 표준어 규정을 따랐다.
5. 이 책에서 사용한 부호는 다음과 같다.

   : : 제시어와 내용 사이에, 각주에서 각주 표제어와 내용을 구분할 때 사용한다.
   ( ) : 번역문과 음이 같은 한자, 이두, 외국어를 묶어서 보일 때 사용한다.
   〔 〕: 번역문과 뜻은 같으나 음이 다른 한자를 묶어서 보일 때 사용한다.
   " " : 글 안에서 대화를 표시할 때, 남의 말이나 서책 또는 시문 등의 문장을 인용할 때 사용한다.
   ' ' : " " 안의 재인용, 강조 부분을 나타낼 때 사용한다.
   「 」: ' ' 안의 재인용을 나타낼 때 사용한다.
   『 』: 「 」 안의 재인용을 나타낼 때 사용한다.
   《 》: 책명 및 각주의 전거(典據)를 나타낼 때 사용한다.
   〈 〉: 편명, 작품명, 논문 제목을 나타낼 때 사용한다.
   ~ : 인명의 생년과 몰년 사이에 사용한다.
   …… : 번역문에서 원문의 '云云'을 처리할 때, 각주에서 긴 인용문을 처리할 때, 각주 표제어가 네 어절 이상일 경우 생략되는 말을 처리할 때 사용한다.
   - - : 본문에서 소자(小字) 원문 주(註)의 처음과 끝에 사용한다.

차례

녹문집 제21권

제발 題跋

논 論

설 說

녹문집 제22권

명 銘

잠 箴

찬 贊

축문 祝文

제문 祭文

녹문집 제23권

제문 祭文

애사 哀辭

묘지명 墓誌銘

녹문집

제21권

題跋 제발 論 논 說 설

제발 題跋

사계도에 적은 글 병오년(1786, 정조10)

題四戒圖 丙午

백체(百體)를 갖추고 일심(一心)을 담아서 만물을 접하는 것을 몸이라고 하고, 오성(五性)을 포괄하고 일신(一身)을 주관하여 만사(萬事)에 응하는 것을 마음이라고 한다. 몸이 접하는 것과 마음이 응하는 것이 소리를 통하여 드러나면 말이 되고, 일을 통하여 드러나면 행동이 된다. 몸은 기(氣)가 모인 것이고, 마음은 이(理)가 깃든 것이니, 말과 행동은 기에서 발동하고 이에 근원한다.

이는 순수하게 선하여 악이 없는 반면에, 기는 맑은 것도 있고 흐린 것도 있는 차이가 있다. 이가 이미 순수하게 선한데 여기에 기가 또 지극히 맑다면 그 순선(純善)한 체(體)를 온전히 할 수 있는 만큼 마음이 굳이 붙잡을 필요도 없이 보존되고 몸이 굳이 단속할 필요도 없이 닦일 것이요, 말에도 바르지 못한 것이 없어지고 행동에도 적합하지 않은 것이 없어질 것이니, 허다한 공부를 일삼을 필요도 물론 없을 것이다.

하지만 탁한 기가 있기 때문에 그 순선한 이를 엄폐한 나머지 마음이 보존되지 못하는 경우가 있고 몸이 닦이지 않는 경우가 있는 것이요,

말과 행동도 이에 따라서 그 중(中)과 정(正)을 얻지 못하는 경우가 있는 것이다. 그러나 천리(天理)는 종식될 때가 없고 탁기(濁氣)는 맑힐 수 있는 길이 있기 때문에 그 발동한 것을 말미암아서 이를 밝혀내고 그 밝힌 이를 말미암아 더욱 확충해 나간다면, 원래의 상태를 회복해서 그 공(功)을 천지와 함께할 수 있는 것이다.

이 때문에 뜻이 있는 군자는 이에 대해서 공력(功力)을 들이지 않음이 없어서, 마음이 보존되지 못하면 반드시 함양하고 성찰하여 마음을 보존하는 공부를 지극히 하고, 몸이 닦이지 않으면 반드시 점검하고 단속하여 몸을 닦는 공부를 지극히 하며, 말이 부정(不正)하거나 행동이 부중(不中)한 경우에도 반드시 삼가고 조심하여 중정(中正)함에 꼭 들어맞게 한 뒤에야 그만두는 것이다.

대개 언행은 심신(心身)의 추기(樞機)이고, 심신은 언행의 근본이다. 말을 삼가고 행동을 조심하여 마음을 보존하고 몸을 닦으면 그 요령을 얻게 되어 체(體)가 서지 않음이 없고, 마음을 보존하고 몸을 닦아서 말을 삼가고 행동을 조심하면 그 근본이 있게 되어 용(用)이 통하지 않음이 없다. 한갓 말하고 주선하는 사이에서 구차히 대처하려고만 할 뿐 마음을 보존하고 몸을 닦는 공부에 대해 특별히 유념하지 않는다면 이런 자는 물론 국량이 좁아서 자기 고집만 부리는 소인(小人)이라고 하겠지만, 고원한 것만을 힘쓰고 천근한 것을 소홀히 하면 이 역시 등급을 뛰어넘고 절차를 무시하는 잘못을 면치 못해서 그 공을 이룰 수 없을 것이다.

그러므로 외면을 제어하는 것은 내면을 기르기 위함이요, 근본을 배양하는 것은 지말(支末)을 창달하기 위함이니, 이 두 가지는 상호 의존 관계로 어느 것 하나 빠뜨릴 수 없는 것이다. 이를 확대하여 보충하고 습득하여 안정시켜서 말과 행동이 하나로 합치하고 안팎으로 칸살이 없는 경지에 이르면, 체가 곧 도(道)가 되고 용이 곧 의(義)가 되어 성(聲)이 음률이 되고 신(身)이 법도가 될 것이니, 이것이 바로 탁해진 기를 맑게 하여 그 본연의 이(理)를 온전히 하는 방법인 것이다.

그러나 그 형식적인 개념만을 논하고 그 실제적인 공부를 생각하지 않는다면 이(理)를 밝힐 수 없을 것이요, 그 실제적인 공부만 생각하려 하고 그 요도(要道)를 알지 못한다면 공을 이룰 수 없을 것이다. 이른바 실제적인 공부는 예컨대 사물의 이치를 추구하여 완전한 지식을 터득하고 자기를 반성하여 절실하게 실천하는 것이 그것이요, 이른바 요도는 또 격물(格物)하고 반기(反己)를 하는 방도인 것이다. 《역》에 이르기를 "경(敬)으로써 안의 마음을 곧게 하고, 의(義)로써 밖의 일을 바르게 한다."[1]라고 하였는데, 이것이 바로 이른바 요도와 실제적인 공부에 해당하는 것이다.

경은 덕(德)의 집합체이고, 의(義)는 마음을 단속하는 것이다.[2] 주일무이(主一無二)[3]하여 그 경을 극진히 하면 내면에 근원한 것이 참되

1 경(敬)으로써……한다 : 《주역》 〈곤괘(坤卦) 문언(文言)〉에 "군자는 경으로써 안의 마음을 곧게 하고, 의로써 밖의 일을 바르게 하나니, 이렇게 경과 의가 확립되어서 그 덕이 외롭지 않은 것이다.〔君子敬以直內 義以方外 敬義立而德不孤〕"라고 하였다.

2 경(敬)은……것이다 : 《예기집설(禮記集說)》 〈곡례 상(曲禮上)〉의 "도덕과 인의는 예가 아니면 이루어지지 않는다.〔道德仁義 非禮不成〕"라는 경문(經文)의 주(註)에 "인은 마음의 덕이요 사랑의 이이며, 의는 마음을 단속하는 것이요 일을 타당하게 처리하는 것이다.……대개 예는 경을 근본으로 삼으니, 경은 덕의 집합체인 것이다.〔仁者 心之德 愛之理 義者 心之制 事之宜……蓋禮以敬爲本 敬者德之聚也〕"라고 하였다.

3 주일무이(主一無二) : 정이(程頤)가 경(敬)을 설명하기 위해 제시한 '주일무적(主一無適)'이라는 명제를 녹문이 약간 바꿔서 말한 것이다. 주일은 하나를 위주로 한다는

지 않음이 없고 일에 응할 적에도 적합하지 않음이 없을 것이요, 참으로 알고서 그대로 실천하여 그 의를 극진히 하면 외면으로 발하는 것이 정밀하지 않음이 없고 마음에 보존된 것도 밝지 않음이 없을 것이다. 이 두 가지를 양쪽에서 견지하며 서로 도움이 되게 하면 본말이 아울러 행해지고 체용(體用)이 겸하여 갖추어져서 종신토록 쓰더라도 다 쓰지 못할 것이니, 이른바 존심(存心), 수신(修身)이나 신언(愼言), 근행(謹行) 같은 것은 단지 그 중간의 공정(功程)에 있는 절목(節目)으로서 경의(敬義)의 용공(用功)상에 있는 실제의 일일 뿐이라고 해야 할 것이다.

혹자는 "이 도(圖)에서 성(性)과 정(情)을 말하지 않은 이유는 무엇인가?"라고 묻기도 하는데, 사실 알고 보면 일찍이 말하지 않은 적이 없다고 할 것이다. 심신은 성정(性情)을 내면에 갖추고 있는데, 언행은 이 성정에 근원해서 발하는 것이고 보면 성정의 체와 용이 그 안에 포함되지 않음이 없고, 존심과 수신은 이 이(理)를 보존하기 위한 것이고 근신(謹愼)은 그 정을 단속하기 위한 것이고 보면 성정의 공부가 그 안에 갖추어지지 않음이 없는 것이다. 더군다나 의(義)는 의(宜)의

뜻으로 마음을 전일(專一)하게 하는 것이고, 무적은 옮겨 감이 없다는 뜻으로 마음속에 잡념이 없게 하는 것을 말하는데, 이는 선종(禪宗)의 간화선(看話禪)의 개념을 차용하였다. 《이정수언(二程粹言)》 권상(卷上)에 "주일을 경이라 하고,……무적을 일이라 한다.〔主一之謂敬……無適之謂一〕"라는 정이의 말이 나오고, 《주자어류(朱子語類)》 권120에 "정자가 말한 주일무적의 주일은 단지 전일하게 하는 것을 의미한다.〔程子所謂主一無適 主一只是專一〕"라는 주희(朱熹)의 말이 나온다. 녹문은 여기에서 주일무적의 '적(適)' 자를 휘(諱)하여 주일무이라고 하였는데, 이 대신에 주일무지(主一無之)라는 용어를 쓴 용례도 종종 보인다.

이(理)이고[4] 경(敬)은 예(禮)의 단(端)이니,[5] 그러고 보면 또 일찍이 말하지 않은 적이 없다고 해야 할 것이다. 게다가 이 도(圖)는 단지 일상적으로 발동하는 측면에 나아가서 공력을 들이는 요령을 말하여 경계하고 성찰하는 자료를 갖추려고 했을 뿐이다. 성정의 오묘한 뜻과 수기치인(修己治人)의 온전한 공으로 말하면, 마음으로 회통(會通)해야만 그 은미한 뜻을 통할 수 있고 몸으로 실행해야만 그 지극한 경지에 이를 수 있는 것이니, 이것을 또 어찌 반드시 도(圖)에 게시하여 그 이름을 드러내며 구별해야 하겠는가.

그러나 이 도(圖)에도 각기 본말이 있기는 하다. 이 네 가지를 가지고 말하면 마음을 보존하는 것〔存心〕이 세 가지의 근본이 되고, 하나의 도(圖)를 통합해서 논하면 경이 또 존심의 근본이 된다. 마음은 일신을 주재(主宰)하는 것이고, 경은 또 일심을 주재하는 것이니, 경을 제대로 하면 마음이 보존되고 마음이 보존되면 아래의 세 가지 모두 그 타당함을 얻지 못함이 없을 것이다. 따라서 세 가지가 타당함을 얻는 소이(所以)는 마음이 보존되는 데에 있고 마음이 보존되는 소이는 또 경에

4 의(義)는 의(宜)의 이(理)이고 : 주희의 "합해서 말하면 네 가지가 모두 심의 덕으로 인이 그 주가 된다. 그러나 나눠서 말하면 인은 애의 이이고, 의는 의의 이이며, 예는 공경하며 사손하는 이이고, 지는 시비를 분별하는 이인 것이다.〔合而言之 則四者皆心之德 而仁爲之主 分而言之 則仁是愛之理 義是宜之理 禮是恭敬辭遜之理 知是分別是非之理也〕"라는 말에서 추출한 것이다.《朱子語類 卷20 論語2》《朱子全書 卷47 性理6 仁》 네 가지는 인의예지(仁義禮知)를 뜻한다. 의(宜)는 정당(正當)하게 행하는 것을 말한다.

5 경(敬)은 예(禮)의 단(端)이니 :《맹자》〈고자 상(告子上)〉의 공도자왈장(公都子曰章)에서 사단(四端)을 설명하는 내용에 "공경지심을 사람마다 다 가지고 있다.……공경지심은 예이다.〔恭敬之心 人皆有之……恭敬之心 禮也〕"라는 대목이 나온다.

있으니, 그렇다면 학문하는 요체와 성인이 되는 근본이 어찌 여기에서 벗어나겠는가.

이른바 의(義)라는 것도 별다른 물사(物事)가 있는 것이 아니고, 바로 이 네 가지 안에 들어 있는 것으로 경의 용이 되는 것일 뿐이니, 제대로 경을 견지할 수만 있다면 의가 정밀하지 못할 걱정이 뭐가 있겠는가. 이 때문에 호씨(胡氏)가 "경을 견지하는 것은 의를 정밀하게 행하기 위함이다."[6]라고 하였고, 정자(程子)가 "내면이 곧으면 외면도 방정해진다."[7]라고 하였으니, 학자는 의당 여기에 마음을 극진히 기울여야 할 것이다. 저 '경' 자의 명의(名義)나 규모, 그리고 여기에 힘을 쓰는 방도 같은 것에 대해서는 선유(先儒)가 이미 완벽하게 설명하였으니, 지금 또다시 췌언하지 않겠다.

이른바 사계도(四戒圖)라는 것은 바로 내가 좌우(坐右)에 걸어 놓은

6 경을……위함이다 : 호굉(胡宏)의 말이다. 이 말과 관련하여 주희가 "근세에 의를 정밀하게 행한다는 설은 장재(張載)의 《정몽(正蒙)》보다 상세한 것이 없으나, 오봉의 이 말씀은 더욱 상세하고 간절하며 간략하고 합당하니, 깊이 완미하면 좋을 것이다.〔近世爲精義之說 莫詳於正蒙 而五峯此言尤精切簡當 深可玩味〕"라고 평한 말이 《심경부주(心經附註)》 권1 〈경이직내장(敬以直內章)〉에 실려 있다.

7 내면이……방정해진다 : 정이(程頤)의 말이다. 《심경부주》 권1 〈경이직내장〉에 "내면에 있는 것은 외면으로 드러나게 마련이다. 오직 내면을 곧게 하지 못할까 걱정해야 하니, 내면이 곧으면 외면은 방정해지기 마련이다.〔有諸中者 必形諸外 惟恐不直內 內直則外必方〕"라는 정이의 말이 나오고, 그 뒤에 바로 "경이직내 하는 일을 잘하면 의이방외도 잘하게 되니, 별도로 의가 있는 것이 아니다. 경을 비유컨대 거울이라고 한다면, 의는 그 거울을 비추는 것이라고 할 수 있다.〔敬以直內 便能義以方外 非是別有箇義 敬譬如鏡 義便是能照底〕"라는 주희의 해설이 이어진다.

것이니, 하나는 존심이고 둘은 검신이고 셋은 신언이고 넷은 근행이다.

이 네 가지에는 각각 일곱 조목의 계사(戒辭)가 있는데, 언(言)과 행(行)은 범씨(范氏)의 칠계(七戒)[8]를 가지고 분류해서 각각 관련시켰고, 심(心)과 신(身)은 삼가 칠계의 예(例)에 의거해서 일찍이 힘써 본 것을 가지고 종류별로 나누어 나란히 게시하였다.

존심의 조목은 첫째, 무릇 선한 일을 할 적에 남이 알아주기를 바라는 마음을 가지면 안 된다. 둘째, 과실이 있을 적에 감추거나 합리화하려는 마음을 가지면 안 된다. 셋째, 어두운 방 안에 홀로 거할 적에 남이 알지 못한다고 말하면 안 된다. 넷째, 많은 사람이 모여 앉아 있을 적에 남이 나를 뭐라고 할지 생각하면 안 된다. 다섯째, 잘못인 줄 알고서 악을 행해서도 안 되고, 이까짓 것 하고서 선을 그만두려는 마음을 가져서도 안 된다. 여섯째, 인물을 혹심하게 좋아하여 이 인물을 언제 만날까 하는 마음을 항상 지니면 안 된다. 일곱째, 과거의 잘못을 지나치게 후회하여 가슴속으로 언제나 한스럽게 생각하면 안 된다는 것이다.

검신의 조목은 첫째, 말할 적에 급박하게 하면 안 된다. 둘째, 앉거나 일어설 때에 느닷없이 하면 안 된다. 셋째, 얼굴을 찌푸리거나 찡그리면 안 된다. 넷째, 입으로 크게 탄식하면 안 된다. 다섯째, 남과 귀엣말을 주고받으면 안 된다. 여섯째, 손님 앞에서 기지개 켜며 하품하면

8 범씨(范氏)의 칠계(七戒) : 송(宋)나라 범충(范沖)의 좌우명으로, 언(言)에 관한 일곱 조목과 행(行)에 관한 일곱 조목으로 되어 있다. 그의 좌우명 내용은 《소학(小學)》 〈가언(嘉言)〉에 나온다. 《사문유취(事文類聚)》 별집 권8에는 똑같은 내용이 장역(張繹)의 좌우명으로 나와 있다.

안 된다. 일곱째, 밤에 잠잘 때에도 단정한 자세를 흐트러뜨리면 안 된다는 것이다.

무릇 이 네 가지를 좌우, 상하에 나누어 놓고는 또 경이직내(敬以直內)와 의이방외(義以方外)를 관건(關鍵)으로 삼았으니, 이만하면 성찰의 요령과 진수(進修)의 방도가 대략 갖추어졌다고 하겠다. 이것이 어찌 감히 남의 안목을 번거롭게 하려는 계책에서 나온 것이겠는가. 단지 일상생활을 할 때에 가장 절실하고 밀접한 것을 기록하여 스스로 경계하고 반성하며 때때로 익히는 자료로 활용하는 동시에, 함께 거하는 사람들과 다 같이 노력해 보려고 이렇게 한 것이다.

진 문공이 왕을 맞아들인 일을 기록한 《좌전》의 고사를 읽고 지은 글

讀左傳晉文公逆王事

노(魯)나라 희공(僖公) 25년에 주 양왕(周襄王)이 자대(子帶)[9]의 난(亂)을 피해 출분해서 사(汜)에 거하자, 진백(秦伯 진나라 군주인 백작)이 왕을 호송해서 경사(京師)로 들여보내려 하였다. 이에 호언(狐偃)[10]이 진 문공(晉文公)에게 말하기를 "제후의 우두머리가 되기를 구한다면 근왕(勤王)[11]하는 것보다 좋은 것이 없다. 이렇게 하면 제후가 믿어 줄 것이고, 또 이렇게 하는 것이 대의(大義)이기도 합니다."라고 하였다. 이 말을 듣고는 문공이 거북점을 치게 하여 길한 점괘를 얻자, 마침내 진(秦)나라 군대를 저지하고 스스로 내려가서 왕을 맞아들이고 자대를 주살하였다. 내가 이런 내용을 읽다가 다 읽기도 전에 방불하게 마음속으로 깨달은 점이 있기에 말하기를 "이와 같은 점이 바로 왕도

9 자대(子帶) : 주 양왕의 이모제(異母弟)인 왕자 대(帶)로, 숙대(叔帶)라고도 한다. 양왕 17년에 반란을 일으켜 양왕이 출분하자 스스로 왕이 되었으나 이듬해 진(晉)나라 군대에 의해 죽음을 당하였다.

10 호언(狐偃) : 진 문공(晉文公)이 국외에서 19년 동안 망명 생활을 할 때 수행(隨行)하였으며, 초(楚)나라와 성복(城濮)에서 대전(大戰)을 벌일 때 상군(上軍)을 지휘하여 대승(大勝)을 거두었다. 구범(咎犯), 자범(子犯), 구계(臼季), 구계(咎季), 사공계자(司空季子) 등으로 칭해지기도 한다.

11 근왕(勤王) : 왕사(王事)에 진력한다는 뜻과 왕이 위험할 때 신하가 군대를 일으켜 구원한다는 뜻이 있는데, 여기서는 전자의 뜻이다.

(王道)와 패도(伯道)가 나뉘는 갈림길이다."라고 하였다.

대저 근왕하는 것은 천하의 대의로 제후가 우선해서 행해야 할 일이니, 가령 요(堯), 순(舜), 탕(湯), 무(武)가 문공의 세상에 처하여 문공의 사태를 만났더라도 그들이 근왕한 명분은 역시 문공 같은 데에 불과했을 것이다. 그러나 문공은 패(伯)가 되어 요, 순, 탕, 무와 더불어 그 도(道)를 함께할 수 없으니, 그 이유는 무엇이겠는가. 그가 마음을 쓴 것은 이(利)일 뿐 의(義)가 아니었고, 일인(一人)의 사(私)를 따라 행한 것일 뿐 천하의 공의(公義)를 공유(共有)하지 못했기 때문이다.

양왕이 사(汜)에 처했을 때를 당하여, 가령 호언이 목욕하고 자기 임금에게 청하기를 "왕자(王子)가 반란을 일으켜 천왕(天王)이 밖에 있게 된 것은 천하의 대변(大變)이고, 제후가 서로 이끌고서 왕실을 바로잡아 구원하는 것은 천하의 대의이니, 협심하고 합력하여 천하의 대변을 평정하고 천하의 대의를 온전히 해야 마땅하다."라고 하고, 문공의 입장에서도 그 이해를 계산하거나 그 길흉을 따지지 말고 우선 의병(義兵)을 앞장서서 일으키고는 그날 바로 출동하면서 격문(檄文)을 제후에게 전하되 대의로 타이름으로써 각기 기병하여 위난(危難)을 구하러 오게 했더라면, 공의(公議)가 격동하는 곳에 어느 나라가 응하지 않았을 것이며, 의려(義旅)가 향하는 곳에 어떤 반란인들 평정되지 않았겠는가.

대저 이와 같이 했더라면 그가 마음을 쓰고 일을 행한 것이 광명정대(光明正大)하고 뇌락통달(磊落洞達)하여 푸른 하늘의 빛나는 태양 같고 성대하기가 천둥 치며 폭우가 쏟아지는 것처럼 분명하였을 것이니, 비록 요순의 인(仁)과 탕무의 의(義)라고 하더라도 이보다 더할 수는 없었을 것이다. 이는 천하의 공의(公義)를 온전히 한 것이니, 그 누가 감히 일인의 사리(私利)라고 말하겠는가.

그런데 지금은 그렇게 하지 않았다. 신하 된 자가 자기 임금에게 청한 것을 보건대 그 모책(謀策)을 말한 것이라고 해야 제후의 우두머리가 되기를 구하는 것일 뿐이었고, 그 효과를 말한 것이라고 해야 제후가 믿어 줄 뿐이었으며, 임금 된 자가 처리한 것을 보아도 점을 쳐서 길흉 여부를 알아보거나 이해와 공명 여부를 따지는 것에 지나지 않아서, 진(秦)나라가 장차 출병하려 하는 것조차 저지하여 아예 출병하지 못하게까지 하였다. 그리하여 근왕을 하는 것을 핑계로 제후의 우두머리가 되기를 구하였고 대의를 가탁하여 공명을 독점하려고 하였다. 만약 문공이 거북점을 쳐서 불길하게 나왔거나 꾀한 것이 불리하였다면, 그는 또한 수수방관하며 진(秦)나라 사람의 살지고 여윈 것을 쳐다보듯 하였을 것이니,[12] 문공이 대의를 행하여 대명(大名)을 이룬 그 일이 천하 만세(萬世)의 죄인이 되지 않은 것만도 다행이라고 해야 할 것이다.

이 때문에 그가 행한 일은 의(義)였지만 꾀한 것은 이(利)일 뿐이었고, 천하의 공(公)처럼 보였지만 사실은 일인의 사(私)에 불과하였다. 그가 어떻게 푸른 하늘의 빛나는 태양과 천둥 치며 폭우가 쏟아지는 것처럼 분명하고 성대할 수 있었겠으며, 요, 순, 탕, 무와 조금이라도 근사한 점이 있을 수 있었겠는가. 이것이 바로 패술(伯術)의 말단이

12 수수방관하며……것이니 : 진 문공이 자신의 이해와 직결된 일이 아니기 때문에 무관심한 태도를 보였으리라는 말이다. 한유(韓愈)의 〈쟁신론(爭臣論)〉에 "마치 남쪽의 월나라 사람이 북쪽 진나라 사람의 살지고 여윈 것을 보는 것처럼 무관심해서, 마음속으로 기쁨이나 슬픈 느낌을 전혀 갖지 않는다.〔若越人視秦人之肥瘠 忽焉不加喜戚於其心〕"라고 하였다. 《古文眞寶 後集 卷3》

되어 왕도(王道)의 정대함과는 함께할 수 없게 된 이유이다. 오늘날 현상을 가지고 그가 공을 이룬 결과를 살펴본다면 참으로 하늘과 땅처럼 서로 뒤섞일 수 없고 얼음과 숯불처럼 서로 용납될 수 없겠지만, 내가 생각한 것을 가지고 그가 마음을 쓴 애초의 동기를 살펴본다면 대개 오늘날과 비교해 보아도 호발(毫髮)이나 망홀(芒忽)의 차이[13]에 불과하다고 할 것이다.

《역》에서 "털끝만 한 잘못으로 천리의 차이가 벌어진다.〔失之毫釐差以千里〕"[14]라고 말한 것이 참으로 이것을 의미하니, 어찌 경계하지 않을 수 있겠으며, 두려워하지 않을 수 있겠는가. 이것이 바로 내가 방불하게 마음속으로 깨닫게 된 사실이다. 이에 대한 설을 지어서 스스로 경책(警策)하였는데, 그 설은 다음과 같다.

아, 왕도와 패도가 나뉘는 것은 의(義)와 이(利)의 사이에 있을 뿐이다. 의와 이라고 하는 이것이 또 어찌 꼭 외면으로 나타나고 일로 드러난 뒤에야 구분된다고 말할 수 있겠는가. 한 생각이 발동하는 것이 천리(天理)를 향하면 의가 되고, 인욕(人慾)을 향하면 이가 되니, 근독(謹獨)하는 것이 바로 성찰하여 천리를 확충하고 인욕을 막아 끊는

13 호발(毫髮)이나 망홀(芒忽)의 차이 : 별반 다를 것이 없는 아주 작은 차이를 비유한 말이다. 호와 발은 가는 실과 터럭이라는 말과 같은 뜻으로 지극히 작고 미세한 것을 가리키고, 망과 홀 역시 모두 지극히 작은 계량(計量)의 단위들이다.

14 털끝만……벌어진다 : 현존하는 《주역》에는 이런 말이 없다. 《사기(史記)》〈태사공자서(太史公自序)〉에 나온 말인데, 남조(南朝) 송(宋) 배인(裴駰)의 집해(集解)에서 "《역위》에 이 말이 있다.〔易緯有之〕"라고 해설하였다. 《역위》는 '위서(緯書)인 역'이라는 말이다. 《위서》는 유가(儒家)의 경의(經義)에 의탁하여, 부록(符籙)이나 서응(瑞應) 등을 선양한 책을 말하는데, 길흉을 점치고 흥망을 예언하는 등 허탄한 내용도 많으나, 천문, 역법, 지리, 신화 등에 관한 희귀한 자료도 많이 수록되어 있다.

공부가 된다. 근독을 잘하면 천리가 보존되고 인욕이 끊어지니 이를 확충하여 덕행을 이루고 이를 발동하여 왕업을 이루는 것이 바로 여기에 있고, 제대로 근독하지 못하면 인욕이 자라나고 천리가 줄어드니 전복되어 소인(小人)이 되고 휩쓸려서 패술이 되는 것이 바로 여기에 있는 것이다. 이것이 바로 선악(善惡)이 나뉘는 기틀이고 인귀(人鬼)가 나뉘는 관문이다. "천하의 이치가 모두 이로 말미암아 나온다."[15]라고 말한 것은 이것을 가리킨다.

이 때문에 천덕(天德)이 있으면 곧 왕도라고 말할 수 있으니 그 요체는 단지 근독에 있을 뿐이요, 사심(私心)이 있으면 곧 패술이라고 말할 수 있으니 그 근본은 단지 자기(自欺)에 있을 뿐이다. '스스로 속인다〔自欺〕'는 것은 근독하지 못한 것을 말하니, 가슴속에 조금이라도 사심에 끌려가는 의사(意思)가 있으면 이것이 곧 자기인 것이다. 이와 같은 공부는 지극히 정밀하고 긴절하다. 이를 알 수 있으면 도(道)를 알 수 있을 것이요, 도를 알 수 있으면 의(義), 이(利)의 구분과 왕(王), 패(伯)의 나뉨은 굳이 분석할 필요도 없이 절로 분명하게 될 것이다. 어찌 이에 대해서 심력을 다 쏟지 않을 수 있겠는가.

15 천하의……나온다 : 《중용장구》 제1장의 "중이란 것은 천하의 대본이다.〔中也者天下之大本也〕"라는 경문에 대해 주희가 《집주(集註)》에서 "대본은 하늘이 명한 성으로, 천하의 이치가 모두 이로 말미암아 나오니, 도의 체이다.〔大本者 天命之性 天下之理皆由此出 道之體也〕"라고 하였다. 대본에는 '天下之事皆由此出'로 되어 있는데, 《중용장구》 제1장에 의거하여 '事'를 '理'로 바로잡아 번역하였다.

전사한 《대학혹문》 뒤에 쓴 글 경술년(1730, 영조6)

傳寫大學或問後題 庚戌

병오년(1726, 영조2) 가을, 내가 함아(咸衙)[16]에서 《대학》을 읽을 때 유감스럽게도 《장구(章句)》의 해설이 너무 간략해서 이해하기 어려워, 마침내 이른바 《혹문(或問)》이라는 책을 사방으로 구해 보았으나 얻지 못하였다. 그런데 그 고을의 유자(儒者)인 안생 태신(安生泰信)을 따라 간간이 노닐다가 말이 《혹문》에 미치자 그가 말하기를 "내 집에 보관한 것이 있으니, 어찌 감히 드리지 않겠소."라고 하였다. 이에 내가 매우 기뻐하여 얼른 구해다 읽어 보니, 《장구》에서 단서만 제기하고 결론을 맺지 않은 것과 소략하게 처리해서 미비한 것들에 대하여 상세히 설명하며 끝까지 구명(究明)하지 않은 것이 없었으며, 자신의 논점을 세울 때에도 반드시 문답을 통해 의문을 해명하는 형식을 취해 반복해서 토론하고 정정(訂正)하는 것처럼 하여 빠짐없이 정녕하게 되풀이하곤 하였다. 이를 읽는 동안 사람으로 하여금 방불하게 사제(師弟) 간에 친히 가르침을 받드는 듯한 느낌을 갖게 하여 천년의 먼 시간도 스스로 느끼지 못하게 하였다. 이에 손으로 직접 전사하되 그 책의 모양을 조그맣게 만들었으니, 주머니에도 넣고 소매 안에도 넣어 두고

16 함아(咸衙) : 함흥(咸興)의 관아를 말한다. 녹문의 부친인 임적(任適)이 1725년 함흥부 판관으로 부임할 적에 녹문이 15세의 나이로 따라갔다가 1726년 이이(李珥)의 글을 읽고 발분하여 성리학에 뜻을 두고 〈자서(自序)〉를 지었으며, 1727년 부친을 따라 서울 자택으로 돌아왔다.

보고 싶을 때마다 읽어 보며 몸에서 잠시도 떨어지지 않게 하기 위해서였다.

그중에 들어 있는 이른바 〈경연강의(經筵講義)〉라는 것은 바로 영종(寧宗) 초년에 주 선생(朱先生 주희)이 강관(講官)으로 소명(召命)을 받고 나아갔을 적에 상에게 진달하여 아뢴 것들인데, 내가 이것도 문집[17] 속에서 관련된 내용을 뽑아내어 장(章)마다 부록하여 검열하기 편리하게 하였다. 다만 한스러운 것은 영종이 선생을 예우하는 처음의 뜻을 이어 나가지 못한 탓에 순월(旬月) 동안이라도 더 머물러 있게 하지 못함으로써 이른바 강의한 그 내용이 겨우 제6전(傳)에 이르러 중단되고 말았다는 사실이다.

한편 생각건대 옛날에 윤화정(尹和靖)의 문인(門人)들이 자기들의 스승을 찬미하여 말하기를 "위대한 성현의 가르침이 육경(六經)에 구비되었나니, 그 깊은 뜻을 들어서 알고 마음속으로 터득하여 당신의 말씀처럼 암송하셨네."라고 하였다. 주자(朱子)가 이 말을 듣고는 깊이 탄상(歎賞)하여 말하기를 "이런 정도는 되어야 비로소 글 읽은 사람이라고 할 수 있다."라고 하였다.[18] 내가 이 책을 베껴 써 놓은 것이 지금 5년이나 되었는데도 암송할 수 없는 정도만이 아니고 보면, 높은 다락 위에 묶어 둔 것[19]과 비교해도 거의 차이가 없다고 해야 할 것이다.

17 문집 : 《회암집(晦庵集)》 권15 〈경연강의〉 대학편(大學篇)을 말한다.

18 윤화정(尹和靖)의……하였다 : 《회암집》 권38 〈답범문숙(答范文叔)〉과 《주자독서법(朱子讀書法)》 권4 〈허심함영(虛心涵泳)〉에 이 내용이 보인다. 대본에는 주희의 평이 '如此方是讀書人'으로 되어 있는데, 《회암집》과 《주자독서법》에는 '要當至此地位始是讀書人耳'로 되어 있다. 화정은 정이(程頤)의 문인인 윤돈(尹焞)을 말한다.

19 높은……것 : 쓸모없다고 여겨서 그냥 방치해 두는 것을 비유하는 말이다. 진(晉)

근래 객지에 우거하면서 다시 읽어 보려고 시도하였으나 역시 끝내지를 못하였다. 윤자(尹子 윤화정)야 물론 쉽게 바라다볼 수 없다고 하겠지만, 그래도 당일에 스스로 기약하며 남에게 말한 것은 나도 미상불 그렇게 한번 해 보겠다는 것이었다. 뒷날 안생(安生)이 나를 찾아와서 《혹문》을 과연 몇 번이나 읽었는지 물어본다면, 필시 얼굴이 붉게 달아오르고 입도 뻥긋하지 못한 채 말이 막혀서 어떻게 대답해야 할지 알지 못할 것이니, 어찌 두렵지 않겠는가. 이에 우선 이렇게 기록해서 뒷날을 경계하는 바이다.

나라 유익(庾翼)이 당시에 명성을 독점하고 있던 두예(杜乂)와 은호(殷浩)에 대해서 "이 사람들은 마땅히 높은 다락 위에 묶어 두었다가, 천하가 태평해진 뒤에야 써먹을 일을 의논해야 할 것이다."라고 평한 고사에서 유래하였다. 《晉書 庾翼列傳》

눌재의 시축 뒤에 쓴 글 임자년(1732, 영조8)

題訥齋詩軸後 壬子

말한다는 것은 참으로 두려운 일이다. 대저 선비가 깊은 산속에 거처하여 산짐승이나 목석과 무리 지어 살 뿐 그 족적(足跡)이 문밖으로 나간 적이 없어서, 향당(鄕黨)의 붕우나 경사대부(卿士大夫)와 종유(從遊)하며 그들과 안부를 묻거나 위아래로 의논한 적이 없는데도 불구하고, 그의 성명(姓名)이 멀리 천리만리까지 전해지고 훼예가 천 사람 만 사람의 입에 오르내린 나머지, 작게는 원수처럼 여기기도 하고 크게는 간과(干戈)가 뒤따르기도 한다. 어찌 말이 빌미가 되어서 그런 것이 아니겠는가.

대저 말은 꼭 호기(豪氣)를 한껏 부리며 장단(長短)과 곡직(曲直)을 따져서 이해(利害)를 불러일으키고 위복(威福)을 만들어 낸 뒤에야 해롭게 되는 것이 아니다. 말을 꺼낸 것은 지극히 은미해도 전해지는 것은 지극히 현저해지고, 근원은 지극히 미세해도 물줄기는 지극히 광대해진 나머지, 왕왕 동쪽에서 말한 것이 서쪽에서 와전되는 것을 결국은 어떻게 저지하거나 억제할 수 없는 지경에 이르고 만다. 말한다는 것은 참으로 두려운 일이라고 하겠다.

깊은 산속에 거처하여 산짐승이나 목석과 무리 지어 사는 경우에도 그러한데, 하물며 깊은 산속에서 나와 연곡(輦轂 도성)의 아래 성리(聲利)가 판치는 거리에 거처하여 날마다 사람과 접하며 그 옳고 그름에 대해 맞서 싸우는 경우야 더 말해 무엇 하겠는가. 말이 두려운 것이 의당 갑절은 된다고 해야 할 것이다.

나의 둘째 형인 양보(襄甫) 씨는 서울에서 나서 자란 지가 30년이 되어 간다. 그가 처음에는 명성을 얻는 데에 뜻을 두고서, 멀리는 조정의 의론으로부터 가까이는 이웃 마을의 사건에 이르기까지 자기 뜻대로 이러쿵저러쿵 비평하지 않는 것이 없었다. 대저 갑절이나 두려운 형세에 처한 위에 호기를 한껏 부리는 것이 또 이와 같았고 보면, 비방하는 말이 떠들썩하게 일어난 것도 당연하였다. 그래서 내가 일찍이 규계(規戒)하여 말하기를,

"형의 뜻이 곧지 않은 것은 아니지만, 오늘날의 세상에서 행할 수 있는 것은 아니다. 형이 비록 자기가 좋아하는 바를 갑자기 그만둘 수는 없다고 하더라도, 역시 조금 절제해야 하지 않겠는가. 그리고 군자는 남이 알지 못하게 닦아 나가는 것을 귀하게 여기는 법이니, 어찌 명성을 취해야만 하겠는가."

하니, 양보 씨가 아무 말 없이 뭔가 생각이 있는 것 같았다. 그러고는 몇 달이 지나서 자기가 지은 10여 편의 시를 두루마리에 말아 옥계동(玉溪洞)에 있는 나에게 보냈는데, 앞면에 쓴 제목을 보니 '눌재 근체시(訥齋近體詩)'라고 하였고, 시를 지은 뜻을 보니 또 모두 고요히 지내며 유유자적하는 정취를 자술한 것이었다. 이에 나도 모르게 깜짝 놀라 벌떡 일어나서 다음과 같이 말하였다.

"정말 대단하도다, 우리 형이 충고를 잘 받아들임이여. 눌(訥)이란 말은 입을 다문다는 뜻이다. 입을 다문다는 것은 단지 말을 조절하는 정도나 호기를 한껏 부리지 않는 정도에 그치는 것이 아니요, 은미한 것과 미세한 것까지도 모두 없애는 것이니, 정말 대단하도다, 우리 형이 충고를 잘 받아들임이여."

《시》에 이르기를 "흰 옥돌에 묻어 있는 오점은 깎아서 없앨 수 있지

만, 말을 한 번 잘못해서 생긴 오점은 어떻게 해 볼 수가 없다."[20]라고 하였고, 공자(孔子)는 삼함(三緘)의 명문(銘文)을 보고 탄식하기를 "몸가짐을 이와 같이 한다면 어찌 입으로 인한 잘못을 걱정하겠느냐." 라고 하였다.[21] 그렇기 때문에 묵언하지 못할 것을 걱정해야지, 묵언할 수만 있다면 날마다 성시(城市)에 앉아 길 가는 사람을 끌어와 노닐더라도 훼예가 어디로부터 생겨나며 와언이 어디로부터 일어나겠는가. 더군다나 형이 또 그 마음을 담박하게 하고 그 몸을 한가로이 처하고서 날마다 글을 읽고 시를 읊는 것만을 자신의 과업으로 삼을 수 있다면, 이는 몸과 입 모두가 가만히 있게 되는 것이다. 이렇게 하고서 두렵다고 말할 것은 있지 않을 것이다.

비록 그렇기는 하지만 이는 그래도 화(禍)와 복(福)의 사이에서 논해 본 설일 따름이다. 부자(夫子)가 이르기를 "군자는 말은 어눌하게 하고, 행동은 민첩하게 하려고 한다."라고 하였고, 또 "강하고 굳세며 질박하고 어눌한 것이 인(仁)에 가깝다."[22]라고 하였는데, 이는 대개

20 흰……없다 : 《시경》 〈대아(大雅) 억(抑)〉에 나오는 구절이다. 공자의 제자인 남용(南容)이 매일 이 구절을 세 번씩 반복해서 외우자, 공자가 이를 훌륭하게 여겨 자신의 조카사위로 삼은 고사가 있다. 《論語 先進》

21 삼함(三緘)의……하였다 : 삼함은 입을 세 겹으로 꿰맸다는 뜻으로, 말조심하는 것을 비유하는 말이다. 공자가 주(周)나라 태묘(太廟)에 갔을 적에 입을 세 겹으로 꿰맨 금인(金人)을 보았는데, 그 등 뒤에 "옛날에 말조심하던 사람이다. 경계하여 많은 말을 하지 말지니. 말이 많으면 실패가 많은 법이다.……참으로 입조심을 잘하는 것이 복을 받는 뿌리가 된다."라고 새긴 명문을 보고는 제자들을 돌아보며 "자네들은 기억해 두어라.……몸가짐을 이와 같이 한다면 어찌 입으로 인한 잘못을 걱정하겠느냐."라고 탄식했다는 고사가 전한다. 《孔子家語 卷3 觀周》

22 군자는……가깝다 : 《논어》 〈이인(里仁)〉과 〈자로(子路)〉에 보인다.

행동이 민첩하고 말이 어눌하면 명(名)과 실(實)을 돌이켜 보아 성(誠)으로 나아가고, 강하고 굳세며 질박하고 어눌하면 마음이 밖으로 치달리지 않으면서 인(仁)에 가깝게 되기 때문이다. 인(仁)하고 성(誠)한 이것은 바로 군자가 지향하는 것이다. 그렇다면 군자의 도(道)라는 것도 실로 눌(訥)이라는 한마디 말에서 벗어나지 않는 것이다.

우리 형은 뜻이 구차하지 않고 공부가 치우치지 않는 만큼, 이에 대해서 취하는 점이 있으리라는 것을 나는 알고 있다. 우리 형은 부디 노력해 주시기 바란다. 내가 형이 묵언할 수 있다는 것이 기쁠 뿐만 아니라 군자의 길로 나아가게 된 것이 기쁘기도 하기에, 마침내 이렇게 설을 지어 돌려 드렸다. 그리고 시를 잘 지었는지는 내가 시를 잘 짓는 자가 아니라서 감히 말할 수도 없고, 지금 그런 것을 말할 계제(階梯)도 아니라고 생각한다. 둘째 형의 이름은 찬주(贊周)이다.

경자년(1720, 숙종46) 산릉도감의 계병[23] 뒤에 쓴 글

무진년(1748, 영조24) 겨울

題庚子山陵稧屛後 戊辰冬

위의 경자년(庚子年) 산릉도감(山陵都監)의 계병(稧屛)은 도암(陶菴) 선생이 글을 지었고, 우리 선군(先君)이 실로 그 글씨를 썼다. 그때 나는 바야흐로 10세였는데, 선군이 계(稧)에서 돌아와서 백부(伯父)와 서로 마주하고 도암의 글을 논했던 것과 또 "치맹(蚩氓)의 치(蚩)가 수(蚩)로 잘못되어 있으니 교정해야겠다."라고 말하고는 이어서 도화(圖畫)를 손가락으로 가리키며 품평했던 것이 아직도 기억난다. 이 모든 일이 어제 일처럼 눈에 선한데, 지금 어느덧 29년이 흘러서, 선군의 묘목(墓木)이 벌써 아름드리나무가 되고 백부와 도옹(陶翁) 모두 이미 하세하였으며, 나의 머리카락도 성글어져 듬성듬성해진 실정이다. 더군다나 또 그 와중에 신임(辛壬)의 화(禍)[24]를 겪으면서 계병의 제공(諸公) 대부분이 당적(黨籍)의 인사가 되었으므로, 받들어 열람하는 동안 감정이 복받쳐 나도 모르게 눈물과 콧물이 종횡으로 교차하기

23 계병(稧屛) : 국가의 큰 행사를 담당한 도감(都監)의 관원들이 당시의 일을 그림으로 그려서 병풍을 만들고 그 가운데에 관원의 성명도 쓰고 그 말미에 사실을 기록한 것을 말한다. 본문의 계병은 숙종이 즉위한 지 46년 만인 경자년(1720) 6월에 승하하자 산릉도감을 설치하여 10월에 장례를 마친 것을 기념하기 위한 것으로 도암(陶菴) 이재(李縡)가 그 발문(跋文)을 썼는데, 《도암집(陶菴集)》 권24에 〈산릉도감계병발(山陵都監稧屛跋)〉이라는 제목으로 그 내용이 상세히 나와 있다.

24 신임(辛壬)의 화(禍) : 신임옥사(辛壬獄事)를 가리킨다.

에, 공경히 그 왼쪽에다 나의 감회를 서술하여 기록하고, 또 원령(元靈 이인상(李麟祥))에게 부탁하여 미불도기(米芾圖記)[25]를 그 아래에다 써 넣게 하였다.

계병 위의 제공 가운데 가령 총호사(摠護使) 이공(李公), 제조(提調) 조공(趙公)과 도암 등은 모두 화망(禍網)에 걸려든 분들이다.[26] 바야흐

25 미불도기(米芾圖記) : 미불은 시서화(詩書畫) 삼절(三絶)로 일컬어졌으며, 소식(蘇軾), 황정견(黃庭堅), 채양(蔡襄)과 더불어 송사가(宋四家)로 칭해졌다. 하문(下文)에 소식과 황정견의 이름과 명년사반(明年社飯)의 말이 거론되고, 또 이 글이 산릉과 관계된 점을 감안할 때, 송나라 선인태후(宣仁太后)의 사후(死後)에 산릉을 조성하고 나서 미불(米芾)이 소식과 황정견 등을 위시한 도화를 그려 넣고 그 기문(記文)을 써서 남겨 둔 듯하다. 경자년에 산릉도감의 계병을 만들 적에도 바로 이 도화를 응용하였으므로, 녹문이 그 기문까지도 원령의 필법으로 써넣게 한 것이 아닐까 추론해 본다. 선인태후는 영종(英宗)의 후비(后妃)였는데, 태황태후(太皇太后)로 추존된 뒤에, 어린 철종을 대신하여 섭정하면서, 왕안석(王安石)의 신법당(新法黨)을 몰아내고 사마광 등의 구법당(舊法黨)을 등용하여 원우의 성세(盛世)를 이뤘으므로 여중요순(女中堯舜)이라고 일컬어지기도 하였다. 선인태후가 병들어 위독할 때 범순인(范純仁)과 여대방(呂大防) 등이 찾아오자 자신이 죽고 나면 정국이 변할 것이므로 일찍 물러날 것을 권유하고 사반을 하사하며 "공 등은 각기 가서 사반을 한 숟가락씩 맛보도록 하라. 내년에 사반을 먹을 때쯤이면 이 늙은이가 생각날 것이다."라고 하였는데, 이것이 명년사반의 고사이다. 사반은 춘사(春社)와 추사(秋社)의 두 사일(社日)에 돼지고기와 양고기 등의 진미를 갖춰서 토지신에게 올리는 음식으로, 제사가 끝나면 왕후가 신료들에게 나누어 주는 것이 관례였다. 《宋史全文 卷13下 宋哲宗3》

26 총호사(摠護使)……분들이다 : 이공(李公)은 총호사로서 장례를 총괄한 우의정 이건명(李健命)을 가리킨다. 신임옥사 때에 전라도 흥양(興陽)의 뱀섬〔蛇島〕에 유배되었다가 참형(斬刑)을 당하였다. 제조(提調) 조공(趙公)은 미상이나, 조태채(趙泰采)가 아닐까 추측해 본다. 《숙종실록》 46년 6월 8일 기사에 나오는 산릉도감 제조의 명단에는 조씨 성의 인물은 없다. 제조라는 직함이 녹문의 착오가 아니라면, 산릉 공사

로 제공이 계병을 만들 때에는 물론 이 도화에 의도가 있지는 않았겠지만, 지금의 관점에서 살펴보건대 도화 안에 들어 있는 소황(蘇黃) 등의 제인(諸人)도 바로 원우(元祐)의 당인(黨人)으로서 세대를 뛰어넘어 서로 모습을 드러내고 있으니, 이 속에는 우연치 않은 점이 들어 있는 것같이 여겨지기도 한다. 산릉의 역사(役事)가 끝나고 나서 겨우 1년 만에 사화(士禍)가 일어난 것도 명년사반(明年社飯)이라는 말과 흡사하게 부합하기에, 원령과 서로 마주 보고 이를 말하면서 거듭 길게 탄식하였다. 원령은 이공(李公)의 족손으로 이름은 인상(麟祥)이다.

중간에 조태채가 제조로 참여했거나 그가 역임한 내의원 제조를 가리키는 것은 아닐까 추론해 본다. 조태채는 신임옥사 때 판중추부사로 있다가 진도(珍島)에 유배되었고 이듬해에 적소(謫所)에서 사사(賜死)되었다. 이건명과 조태채 모두 이른바 노론 사대신(老論四大臣)에 속한 인물로, 소론으로부터 집중적인 공격을 받았다. 도암 이재(李縡)는 당시에 예조 참판으로 있다가 삭탈관직을 당하였으며 숙부 이만성(李晚成)이 옥사한 뒤로는 아예 정계를 은퇴하고 성리학 연구에 전념하였다.

《감흥시집람》 발문 경오년(1750, 영조26)

感興詩集覽跋 庚午

주 부자(朱夫子)의 〈감흥시(感興詩)〉[27]는 위로 음양(陰陽)과 성명(性命)의 오묘한 도리를 궁구하면서도 하학(下學)의 내용을 빠뜨리지 않았으며, 밖으로 치란(治亂)과 흥망(興亡)의 기요(機要)를 설파하면서도 이를 일심(一心)으로 돌이키는 등, 그 규모가 광대하고 그 공부가 엄밀하기만 하니, 선유(先儒)가 이를 〈태극도(太極圖)〉와 〈서명(西銘)〉과 똑같이 중시했던 것도 수긍이 간다. 다만 그 문자가 간략하면서 심오하고 그 의리(義理)가 정밀하면서 은미한 까닭에, 궁벽한 시골에서 만학(晩學)하는 선비가 읽을 때면 망연자실하여 그 뜻이 어디에 있는지 알 수 없었으므로 배우는 이들이 이 점을 병으로 여겼다.

근래에 내가 명나라 유학자 유섬(劉剡)이 편집해 놓은 호운봉(胡雲峯)과 유 상우(劉上虞) 2인의 주(註)[28]를 구하여 반복해서 참고해 보니, 글자마다 훈석(訓釋)이 달려 있고 구절마다 해설이 붙어 있었다. 여기에서는 옛날에 망연자실해서 알 수 없었던 것들을 모두 알기 쉽게 빠짐없이 설명해 놓았으므로, 이런 책이 있는데도 여태까지 세상에

27 감흥시(感興詩) : 주희(朱熹)가 진자앙(陳子昂)의 감우시(感寓詩)를 본받아 지은 〈재거감흥이십수(齋居感興二十首)〉를 말한다. 〈무이도가(武夷櫂歌)〉와 서로 표리를 이루는 것으로 칭해지는데, 《회암집(晦庵集)》 권4에 보인다.

28 호운봉(胡雲峯)과……주(註) : 운봉 호씨(雲峯胡氏), 즉 원나라 호병문(胡炳文)의 《감흥시통(感興詩通)》과 원말(元末) 명초(明初)의 문인으로 상우현(上虞縣) 출신인 유리(劉履)의 《선시속편보주(選詩續編補註)》를 말한다.

파묻혀서 행해지지 않은 것을 참으로 애석하게 여겼다.

그렇지만 그 설 가운데에는 혹 번거롭고 자질구레한 것도 많았고, 여기에 또 편집하여 수록한 것이 조리가 없었으며 그 사이에 또 빠뜨리거나 생략한 곳이 있기도 하였다. 그래서 마침내 그 내용 중에서 중복된 것은 삭제하고 잘못된 것은 바로잡아 대략 차제(次第)를 이루었으며, 또 김인산(金仁山)의 《염락풍아(濂洛風雅)》의 주(註)[29] 및 우암(尤庵 송시열(宋時烈)) 선생의 《주자대전차의(朱子大全箚疑)》를 취하여 단락마다 첨가해 넣고는 이를 통틀어서 하나의 책으로 엮어 보았다.

그중에 미비한 점이 있으면 또 율곡(栗谷 이이(李珥)) 선생의 《소학집주(小學集註)》의 예(例)를 본받아서 동그라미를 치고 덧붙여 보완하였는데, 그런 경우는 한두 개 정도의 문의(文義)에 불과하였다. 이렇게 해 놓고는 다시 당세(當世)의 선달(先達 학덕이 있는 선배)에게 여쭙기도 하고 일시(一時)의 사우(士友)들에게 널리 상의하였으며, 감히 한 번도 자기 의견을 멋대로 적용해서 한 글자라도 함부로 놓아 참람한 죄를 범하지는 않았다.

이 책을 이루고 나서 그 이름을 "집람(集覽)"이라고 하였으니, 이 책을 편집한 본래의 목적이 다양한 설을 모두 기재하여 고열하기에 편리하게 하려는 것이었을 뿐, 감히 전주(傳註)의 규모와 형식을 내 방식으로 재단하여 전인(前人)의 것보다 낫다는 평가를 받으려 함이 아니었기 때문이다.

29 김인산(金仁山)의 염락풍아(濂洛風雅)의 주(註) : 남송(南宋) 말기의 유학자로서 호가 인산인 김이상(金履祥)이 송대(宋代) 성리학자들의 시를 채집하여 해설한 《염락풍아비주(濂洛風雅批註)》를 말한다.

의종황제의 어필 아래에 쓴 글

題毅宗皇帝御筆下

위는 의종황제(毅宗皇帝)의 어필(御筆)인 네 개의 대자(大字)와 송 문정공(宋文正公)이 써넣은 여섯 글자[30]로, 화양동(華陽洞)의 첨성대(瞻星臺)에 새겨져 있다. 지금 그 인본(印本)에 의거하여 삼가 그대로 모사(模寫)해서 벽 위에 걸어 놓고는, 맑은 대낮에 향불을 피우고 엄숙히 손을 맞잡고서 우러러보며 완미(玩味)하노라니, 흡사 선어(仙馭 황제의 수레)가 동방으로 순행(巡幸)할 때 선정(先正 송시열)이 모시고 호종(扈從)하는 것처럼 느껴지기에, 손목을 불끈 쥐고 길게 탄식하며 삼가 그 아래쪽에 써서 간직하였다.

30 의종황제(毅宗皇帝)의……글자 : 충북 괴산군 화양동 만동묘(萬東廟)의 첨성대 석벽(石壁)에 새긴 '비례부동(非禮不動)'이라는 네 개의 대자와 그 옆에 새긴 '숭정황제어필(崇禎皇帝御筆)'이라는 여섯 개의 소자(小字)를 말한다. 숭정은 명(明)나라 마지막 황제인 의종의 연호이고, 문정은 송시열(宋時烈)의 시호이다.

《소학본주》 발문

小學本註跋

위의 내용은 《소학(小學)》에 대한 주 선생(朱先生 주희(朱熹))의 본주(本註)로, 하씨(何氏 하사신(何士信))의 《소학집성(小學集成)》에 보이는데, 읽는 이들이 소홀히 보아 넘겨서 그것이 선생이 기술한 것인지 몰랐다. 정묘년(1747, 영조23) 여름에 송형 사행(宋兄士行 송문흠(宋文欽))이 나에게 이 사실을 말하기에, 내가 가져다가 고찰해 보니 정말 사실 그대로였다.

아, 선생이 경서를 해설한 여러 글이 모두 해가 하늘 한복판에 떠 있는 것같이 분명할 뿐 아니라, 그 밖에 한 글자나 한 조각의 말이라도 은폐되어 전해지지 않는 것이 없는데, 유독 《소학》의 이 주(註)만은 매몰된 지 수백 년이 지나서야 오늘날에 드러나게 되었으니, 어찌 기이한 일이 아니겠는가.

이에 거기에 교정(校正)을 가하며 골라내고 추려서 직접 베껴 쓰는 한편, 《주자대전(朱子大全)》과 《주자어류(朱子語類)》 및 제유(諸儒)의 논설 중에서 증거로 삼을 만한 것들을 취하여 그 아래에 덧붙이고 약간 변설(辨說)하였으며, 또 범례(凡例)와 고증(考證) 몇 조항을 만들어 말미에 수록하였다. 이만하면 선생의 구본(舊本)과 크게 차이가 없게 되었고 제가(諸家)의 주 역시 통일된 바가 있다고 할 것이다. 선생이 문인(門人)들과 문답하며 이 책에 대해서 많이 언급하였는데, 당일에 편차하려는 뜻을 확인할 수 있겠기에 이것도 부록으로 기재하였다.

책을 일단 완성하고 나서 들으니, 사행(士行) 형에게도 일찍이 손으로 베껴 둔 책이 있다고 하므로 즉시 가져다가 살펴보았는데, 제설(諸說)을 고증해 보건대 꽤나 차이가 있기에 2본(本)을 합쳐서 다시 수정하였다.

생각건대 이 주는 아직 선생의 수개(脩改)를 거치지 않았으므로 만년(晩年)의 설과 같지 않아서 후학이 의아하게 여길 걱정도 있기에, 마침내 이에 대한 내용을 하나하나 골라내어 소학주(小學註)라고 이름을 붙이고는, 《통해(通解)》 등 제서(諸書)의 다양한 고증들과 함께 범례와 고증의 아래쪽에다 덧붙여 놓았다.

송사능[31]이 안사정에게 답한 서한 뒤에 쓴 글

題宋士能答安士定書後

사능(士能)의 이 서한을 그의 문인(門人)인 한희담(韓希聃)의 집에서 얻어 읽어 보았는데, 이를 통해서도 여전히 호쾌하고 초탈하여 천고의 세월을 뛰어넘어 우뚝한 그의 기상(氣像)을 상상해 보기에 충분하였다.

그가 "언어와 문자가 있은 이래로 인(人)과 물(物)의 성(性)이 같다고 말한 적은 있지 않았다."라고 말한 것이나 또 《맹자》의 생지위성장(生之謂性章) 및 주자(朱子)의 주설(註說)을 인용하여 "지금 분란을 일으키는 자들은 번번이 옛사람이 성(性)을 논한 곳을 가지고 모조리 기질(氣質)까지도 아울러 가리킨 것으로 몰아가는데, 이는 너무나도 경솔하게 처리한 것이다."라고 말한 것은 정말 '한마디 말로 송사(訟事)를 판결한 것'이라고 말할 만하다.

다만 그가 "오늘날 세도(世道)에 해를 끼치는 것은 인물성동론(人物性同論)보다 더 심한 것이 없다."라고 한 것은 말이 지나쳤다고 하겠다. 게다가 그가 애천자(艾千子)[32]의 논설을 인용한 것은 너무 천근하니,

31 송사능(宋士能) : 송능상(宋能相, 1710～1758)으로, 본관은 은진(恩津), 호는 운평(雲坪)・동해자(東海子), 송시열(宋時烈)의 증손이다. 《운평집(雲坪集)》 권4 〈답안사정(答安士定)〉에 본문과 관련된 내용들이 상세히 수록되어 있다.

32 애천자(艾千子) : 명(明)나라 말기의 문인(文人)인 애남영(艾南英, 1583～1646)으로, 자는 천자, 호는 천용자(天傭子)이다. 임천(臨川) 단계(段溪) 애가촌(艾家村)에서 생장하였으며, 특히 구양수(歐陽脩)의 글을 좋아하였으며, 팔고문(八股文)을 개혁하는 등 당시의 문풍(文風)을 일신(一新)하는 데에 앞장서서 임천 사재자(臨川四才子)

어떻게 그의 마음을 굴복시키고 그의 입을 다물게 할 수 있겠는가.

사우(士友)가 전하는 말을 들어 보건대 그는 심(心)의 선악론(善惡論)에 대해서 일시적으로 바꿨다가도 곧바로 의혹하면서 여전히 자기의 설을 끝까지 고집했다고 한다. 대저 심과 성(性)은 하나이니, 심이 선하거나 악하면 그에 따라서 성도 선하고 악하게 마련이다. 그가 심에 대해서 그와 같은 입장을 취했다면, 이 성의 본체와 간단하고 명백한 근원에 대해서 어찌 다만 몇 겹의 재와 관문 정도만 떨어져 있다고 하겠는가. 어쩌면 그때까지도 맹자와 주자의 글을 미처 숙독하지 못해서 그런 것이 아니겠는가.

다만 생각건대 그가 사람들과 토론할 때에는 기꺼이 마음을 비우고 기운을 평온히 하여 공정하게 듣고 아울러서 살피려 하였으니, 그가 아직도 살아 있다고 가정할 경우, 우리가 이웃해 살면서 강평하다 보면 마치 비래(飛來)의 당일[33]처럼 불현듯 자기의 견해를 고치지 않을 줄 어찌 알겠는가. 유감스럽게도 내가 내려오는 것이 조금 늦었던 것이 참으로 천고(千古)의 유한(遺恨)이 되었기에, 이 때문에 이 서한을 매만지며 길게 탄식하고는 마침내 그 뒤에다 써서 돌려주었다.

의 한 사람 꼽혔다. 《고금전사(古今全史)》 1000여 권을 지었으나 병화(兵火)에 불타 없어지고 현재 《천용자집(天傭子集)》만 전한다. 송능상은 《운평집》에서, 애천자가 임천 사재자의 한 사람인 장대력(章大力), 즉 장세순(章世純)의 인물성동론을 비판한 내용을 장황하게 인용하였는데, 녹문은 그의 주장이 천박한 만큼 중국의 대표적 학자의 설로 인용하여 상대방을 설득하기에는 아무래도 미흡하다는 견해를 피력하고 있다.

33 비래(飛來)의 당일 : 1736년(영조12) 겨울 녹문이 회덕(懷德) 옥류각(玉溜閣)의 비래암(飛來庵)에서 송명흠(宋明欽), 송문흠(宋文欽) 형제와 송능상, 김원행(金元行), 김양행(金亮行) 등 5인과 함께 《대학》을 강독하였는데, 그 내용을 〈옥류강록(玉溜講錄)〉으로 정리하여 남겼던 당시의 일이다.

김유도의 오상설[34]에 대해 쓴 글 신사년(1761, 영조37)
書金幼道五常說 辛巳

이 권(卷) 안에서 '실체(實體)'라는 글자를 많이 좋아하며 설한 것이 참으로 좋으니, 한번 이 조목들을 가지고 실체와 관련해서 말해 볼까 한다.

인의예지(仁義禮智)는 성(性)의 실체이고 무망지선(無妄至善)은 이 실체의 아름다움을 형상한 것이니, 인의예지가 천지(天地)와 같다면 무망지선은 천지의 방원(方圓) 같은 것이다. 따라서 천지를 말하면 방원이 그 안에 들어 있지만, 방원만 말하면 방원이 무슨 물건인지 알지 못하고, 인의예지를 말하면 무망지선이 그 안에 들어 있지만, 무망지선만 말하면 무망지선이 무슨 일인지 알지 못하는 것이다.

그런데 지금 인의예지와 무망지선을 나누어 두 개로 만들고서, 인의예지는 기(氣)에 소속시켜 인(人)과 물(物)이 다르다고 말하고, 무망지선은 성에 소속시켜 인과 물이 같다고 말한다면, 무망지선이라고 하는 것은 호자(胡子)가 '찬탄한 말〔贊嘆之辭〕'이라고 한 것[35]과 비슷하

34 김유도(金幼道)의 오상설(五常說) : 김지행(金砥行, 1716~1774)으로, 자는 유도, 호는 밀암(密菴)·밀옹(密翁)이며, 김상용(金尙容)의 후손이다. 오상설은 《밀암집(密菴集)》 권10 〈잡지(雜識)〉에 여러 조목으로 나뉘어 실려 있다.

35 호자(胡子)가……것 : 호자는 송(宋)나라 호안국(胡安國)의 아들 호굉(胡宏)으로, 오봉선생(五峯先生)이라고 일컬어졌다. 찬탄한 말이란, 맹자가 말한 성선(性善)의 선(善)은 본체론적인 언명이 아니라 그저 수사학적으로 꾸민 말에 불과하다는 뜻이다. 주희(朱熹)의 제자 진순(陳淳)이 호굉의 성무선악설(性無善惡說)을 비판하는 대목에

게 될 수도 있고, 성이라고 하는 것은 단지 공허(空虛)하고 애매모호한 물사(物事)가 되고 말 것이니, 이 어찌 말이 되겠는가.

인의예지가 기에 따라서 편(偏)하고 전(全)하는 것을 실체가 참으로 그러한 것이라고 말하고, 또 성을 인과 물이 같은 것으로 여겨서 다름이 없다고 한다면, 성이라고 하는 것은 자연히 실체의 밖에 있는 것으로 귀결될 것이다. 성이 실체가 아니고서야 또 어떻게 그것을 성이라고 할 수가 있겠는가.

이 말이 등장하는데, 관련 부분만 발췌해서 소개하면 다음과 같다. "오봉 호씨(五峯胡氏)는 또 성(性)에는 선악이 없다고 하였다.……맹자가 성은 선하다고 설한 그것도 단지 이(理)가 그렇다는 말일 뿐인데, 다만 선이라는 글자 대신에 이라는 글자를 지목해 써서 보다 확실하게 해 놓는 것만은 못하였다. 그런데 호씨는 이를 투철하게 살피지 못한 나머지, '선은 맹자가 찬탄한 말이다.'라고 하여 또 잘못을 저질렀다. 찬탄했다고 한다면 바로 좋은 것이기 때문에 찬탄하게 된 것이니, 어찌 좋지 않은 것인데 그것을 찬탄할 리가 있겠는가."《北溪字義 卷上 性》《북계자의》는 북계 진씨(北溪陳氏)로 많이 알려진 진순의 문집이다. 이 내용은《성리대전(性理大全)》권31 〈성리(性理) 3 기질지성조(氣質之性條)〉에도 북계 진씨의 말로 소개되어 있다.

이경사[36]가 생전에 남긴 서독 뒤에 쓴 글

題李敬思遺牘後

기질지성(氣質之性)을 미발(未發)의 상태에서도 말할 수 있는가, 이발(已發)의 상태에서만 말할 수 있는가. 이 문제에 대해서 나는 이렇게 생각한다.

인생이정이상(人生而靜以上)에서는 성(性)을 말할 수 없으니, 그때에 성을 말한다면 그것은 이미 성이 아니다.[37] 그런데 사람이 태어

36 이경사(李敬思) : 이상목(李商穆)으로, 본관은 전주(全州), 자는 경사, 호는 평호(萍湖)이며, 현감 이황중(李黃中)의 아들이다. 《녹문집》 권4 〈이백눌에게 답하는 글〔答李伯訥〕〉 중 무술년(1778, 정조2)과 임인년(1782)의 답서에 경사 이상목의 이 서한에 대해서 녹문이 써 준 발문(跋文)과 관련된 내용이 언급되어 있고, 권6에 〈이경사에게 보내는 글〔與李敬思〕〉이라는 글이 수록되어 있으며, 권8 〈이임지에게 답하는 글〔答李任之〕〉 중 무진년(1748, 영조24)의 서한에서 '심(心)과 성(性)과 기질(氣質)'에 대한 경사의 설이 명백하고 상세하여 거의 여지가 없게 하였으니 지극히 감탄할 만하다는 녹문의 평가가 주목된다. 그리고 김원행(金元行)의 《미호집(渼湖集)》 권6 〈이경사에게 답하다〔答李敬思〕〉에 그를 상대로 경학(經學)을 논한 편지 두 통이 들어 있으며, 송명흠(宋明欽)의 《역천집(櫟泉集)》 권9 〈김원지에게 답하다〔答金遠之〕〉에도 외척인 그가 가학(家學)인 성리학을 잘 잇고 있다는 말이 나온다.

37 인생이정이상(人生而靜以上)에서는……아니다 : 정호(程顥)가 《맹자》 〈고자 상(告子上)〉 3절의 이른바 생지위성장(生之謂性章)과 관련하여 "생을 성이라고 이른다. 따라서 인생이정이상에서는 성을 말할 수 없다. 성이라고 말할 때에는 이미 그것은 성이 아니다.〔生之謂性 人生而靜以上 不容說 才說性時 便已不是性也〕"라고 설명한 말을 인용한 것이다. 이 말은 《이정유서(二程遺書)》 권1 〈단백부사설(端伯傳師說)〉에 나오고, 《근사록집해(近思錄集解)》 권1 〈도체(道體)〉에도 소개되어 있다. 인생이정이상에 대해서는 인생이정, 즉 미발 이전의 상태로 보는 해석과 미발을 포함하여 그 이전

난 이후에 이미 자연히 기질지성이 있으니, 그렇다면 미발의 때에도 이 성이 없다고 말할 수는 없을 것이다.

대개 기질을 버려두고 그 이(理)만 단지(單指 단독으로 가리킴)할 때에는 그것을 본연지성이라고 하고, 기질을 겸하여 그 이를 병지(幷指 아울러 가리킴)할 때에는 그것을 기질지성이라고 한다. 따라서 본연과 기질의 구분은 단지하고 겸지(兼指)하는 사이에 불과한 것인 만큼, 일시일처(一時一處)[38]에서 구하는 것임을 알 수 있다.

의 상태로 보는 해석과 미발은 성(性)이지만 그 이전, 즉 태어나지 않았을 때는 성이 아니라 이(理)라고 하는 해석과 이정(而靜)이라는 두 글자는 아예 군더더기로 여겨 무시하고 인생이상(人生以上), 즉 태어나기 이전의 상태로 보아야 한다는 등 해석이 다양한데, 이에 따라 이 글 안의 각각의 성을 해석하는 것도 달라진다. 그런데 문맥으로 볼 때 경사 이상목은 태어나기 이전의 상태로 해석한 것으로 보이고, 녹문도 그다음 글인 〈또 짓다〔又題〕〉의 '인생이후……'의 말에서 알 수 있듯이 이상목과 같은 입장을 취한 것으로 보인다. 또 정호의 이 글에 대해서 주희가 제자들의 질문을 받고 답변한 내용이 각각 다른데, 녹문은 그중에서 황상백(黃商伯)에게 답한 글이 정론(定論)이라는 소견을, 《녹문집》 권3 〈역천 송형에게 보내는 글〔與櫟泉宋兄〕〉에서 피력하기도 하였다. 황상백은 주희의 문인인 황호(黃灝)인데, 《회암집(晦庵集)》 권46 〈답황상백(答黃商伯)〉에 사제 간의 이 문답 내용이 실려 있다. 거기에서 주희는 "정자가 《주역》의 '계지자선(繼之者善)'이라는 말을 인용한 것은, 바로 그 구절을 차용하여 인성의 측면에서 설한 것으로, 이미 발동한 소위를 가리킨다. 성(性)을 말할 수 없다의 그 성은 바로 성의 본체이다. 예컨대 물은 단지 물일 뿐 다른 한 글자를 붙일 수 없지만, 선이라고 말하면 이는 곧 성이 발현한 것으로 물이 아래로 내려가는 것과 같다."라고 하고, 또 말미에서 "대저 이 하나의 조항에서 성이라는 글자를 설한 것이 매우 많으니, 어느 구절이 본래지성이고 어느 구절이 기질지성인지 분별해야만 어맥이 분명해질 것이다."라고 당부하는데, 이러한 그의 설명에 따라 정호의 글을 해석하면 "사람이 태어난 뒤에야 성(性)이라는 말을 할 수가 있으니, 태어나기 이전에는 본연지성이라는 말도 할 수가 없다. 그러나 기질지성을 언급할 시점이 되면 그것은 이미 본연지성이 아닌 것이다."라는 것으로 정리할 수 있을 것이다.

그러나 성은 본래 심(心)에 갖추어진 것이다. 따라서 만약 미발의 때에 악한 성이 있는데, 이 악한 성을 심을 떠나서 구할 수 없다고 한다면, 미발의 심체(心體) 역시 누(累)가 없을 수 없어서 대본(大本)이 순수하지 못하게 될 것이다.

기질지성이라는 용어는 본래 성이 기질에 의해 국한되기 때문에 그런 명칭을 얻은 것이다. 그렇다면 미발의 때에도 국한되는 점이 있다고 말할 수 있는가. 만약 이발의 때에 와서야 비로소 말할 수 있다고 한다면, 이발은 정(情)이라고는 할 수 있어도 성이라고는 할 수 없는데, 형체가 생긴 이후에 바로 있게 되는 물건[39]을 어떻게 이발의 말류(末流)의 뒤에 와서 말할 수 있겠는가.

무릇 이상의 조목들에 대해서 모두 의심하지 않을 수 없으니, 바라건대 한마디 말로 분석하는 가르침을 내려 주어 미혹에 잠겨 있는 나를 깨우쳐 주고 이와 함께 강평할 수 있는 단서를 열어 주시기 바란다.

38 일시일처(一時一處) : 동일한 때 동일한 곳이라는 뜻으로, 기질지성이나 본연지성을 구하는 것이 미발의 '시(時)'와 대본의 '처(處)'에서 모두 똑같이 가능하다는 것을 비유할 때 쓰는 용어이다. 미발과 대본은 《중용장구》 제1장의 중화(中和) 구절 중에서 추출한 말이다. 이상목은 기질지성도 이발에만 국한되는 것이 아니라 미발의 상황에서도 구할 수 있으리라는 추론과 함께 이에 따른 의문을 제기하는데, 녹문은 이후의 글에서 오직 이발에서만 가능하다는 논리를 전개하였다.

39 형체가……물건 : 기질지성을 말한다. 《장자전서(張子全書)》 권2 〈정몽(正蒙) 성명편(誠明篇)〉에 "형체가 생긴 뒤에는 기질지성이 있게 된다. 그러나 이것을 잘 돌이키면 천지지성이 보존된다. 그러므로 기질지성을 군자는 성으로 여기지 않는다."라고 하였다. 《맹자》 〈고자 상(告子上)〉 제6장 해설에도 인용되어 있다.

아, 이것은 망우(亡友) 이경사(李敬思)가 신사년(1761, 영조37) 9월에 보낸 서한이다. 이 서한을 받고 미처 답하기도 전에 경사가 갑자기 병에 걸려 죽고 말았다. 지금 우연히 예전의 서궤(書櫃)를 정리하다가 이 서한을 발견하고는 나도 모르게 눈물이 방울져 떨어졌다. 돌아보건대 오늘날 세상에서 경사처럼 선(善)을 좋아하고 배우기를 좋아하며 정밀히 사색하고 철저히 탐구하는 자를 어디에서 찾아볼 수 있겠는가. 이 때문에 한참 어루만지다가 마침내 그 아래쪽에 답어(答語)를 간략히 기록하여 보관하였는데, 구원(九原)에서 일어날 수 있다면 그가 뭐라고 할지 모르겠다.

대저 기질에 관한 설은 정자(程子)와 장자(張子)로부터 비롯된다.[40] 그 기원(起源)은 대개 공자(孔子)의 성상근(性相近)[41]과 주자(周子)의 강유선악(剛柔善惡)[42]의 가르침이라고 할 것인데, 모두 성이 발하는

40 기질에……비롯된다 : 《맹자집주》 〈고자 상(告子上)〉 제6장 말미의 해설에 정자가 "재는 기에서 받는데, 기에는 맑고 흐린 차이가 있다.〔才稟於氣 氣有淸濁〕"라고 한 말이 나오고, 장재가 "형체가 생긴 뒤에는 기질지성이 있게 된다."라고 한 말이 나오는데, 이에 대해서 주희가 "맹자는 오로지 성에서 발하는 것만을 가지고 말했기 때문에 재(才)에는 불선이 없다고 하였지만, 정자는 기에서 받은 것까지 겸해서 말하였기 때문에 사람의 재질에 원래 어둡고 밝은 것과 강하고 약한 차이가 있게 되었다고 한 것이니, 장자가 기질지성이라고 말한 것이 바로 이것이다."라고 하였다. 또 "불선하는 것으로 말하면 재의 죄가 아니다.〔若夫爲不善 非才之罪也〕"라는 경문(經文)의 주석에 "재는 재질과 같으니, 사람이 잘하는 것이다."라는 주희의 해설이 나온다.

41 성상근(性相近) : 《논어》 〈양화(陽貨)〉에 "성은 서로 비슷하나, 습으로 인해 서로 멀어진다.〔性相近也 習相遠也〕"라는 공자의 말이 나온다. 주희는 이 성에 대해서 "여기에서 말한 성은 기질을 겸해서 말한 것이다."라고 하였다.

42 강유선악(剛柔善惡) : 주돈이(周敦頤)의 이른바 성오품설(性五品說)에 나오는 용어이다. 그는 《통서(通書)》 〈사(師)〉에서 "성이라는 것은 강유의 선악과 중일 뿐이

것을 가리킨 것일 뿐이요, 성의 체(體)를 가리킨 것은 아니다. 주자(朱子)는 정자가 설한 '재(才)' 자를 논하여 "바로 장자가 기질지성이라고 말한 것이다."라고 하였으며, 또 '재' 자를 해석할 때에는 "사람이 잘하는 것이다."라고 하고 "성에서 발하는 것이다."라고 하였으니, 이것을 보면 기질지성을 발후(發後 이발(已發))의 측면에서 말한 것임이 어찌 너무나도 분명하지 않은가.

대개 성이라고 하는 것을 정(情)의 상대 개념으로 말한다면 물론 정(靜)과 동(動)의 구분이 있다고 하겠지만, '성' 자를 단독으로 거론하여 그것만을 말한다면 미발과 이발 모두에 대해서 성이라고 말할 수가 있는 것이다. 예컨대 지금 사람들이 아무개는 성이 엄려(嚴厲)하고 아무개는 성이 조포(粗暴)[43]하다고 말들을 하는데, 저 미발의 때에 어

다.〔性者剛柔善惡中而已矣〕"라고 하여, 인성(人性)을 강선(剛善), 유악(柔惡), 유선(柔善), 강악(剛惡), 중(中)의 5품으로 나누고, 중(中), 중절(中節)의 경지에 이르는 것을 목표로 하였는데, 강선에 속하는 것은 의(義), 직(直), 단(斷), 엄의(嚴毅), 간고(幹固)이고, 강악은 맹(猛), 애(隘), 강량(强梁)이며, 유선은 자(慈), 순(順), 손(巽)이고, 유악은 나약(懦弱), 무단(無斷), 사영(邪佞) 등이라고 하였다. 그의 《태극도설(太極圖說)》이 이론서라면, 《통서》는 그 응용서라고 할 수 있다.

43 조포(粗暴) : 성질이 거칠고 사납다는 뜻이다. 《심경부주(心經附註)》 권1 〈징분질욕장(懲忿窒慾章)〉에 주희가 친구인 여조겸(呂祖謙)에 대해서 "지난번에 여조겸을 만났더니, 그가 말하기를 '젊었을 적에 성질이 거칠고 사나워서 음식이 마음에 안 들면 언짢게 여겨 집안의 살림살이를 때려 부수곤 하였는데, 뒷날 오래도록 병을 앓으면서 《논어》 한 책을 가지고 조석으로 익히 보다가 「자기를 책망함은 후하게 하고 남을 책망함은 적게 한다.」라는 대목에 이르러 홀연히 마음속 생각이 한순간에 평온해짐을 깨달았으며, 그 뒤로는 죽을 때까지 분노를 폭발하는 일이 없었다.'라고 하였으니, 이는 기질을 변화시키는 법으로 삼을 만하다."라고 평한 말이 실려 있다. 녹문은 아마도 이 고사를 떠올리며 이 용어를 썼을 것으로 보인다.

찌 엄려하고 조포한 것을 말할 것이 있기야 하겠는가. 단지 발후의 시점에 나아가 말한 것으로 그냥 통틀어 성이라고 말하는 것일 뿐이다.

비록 그렇기는 하지만 사람이 태어나는 처음에 기질을 얻고 나서는 청탁(淸濁)과 수박(粹駁)이 바뀌지 않고 일정하게 된다는 점에서 본다면, 발후의 선악도 모두 여기에 근원하는 만큼, 지금 이발의 상황에만 나아가서 말하려고 한다면, 이것 역시 의심할 만한 점이 있을 것 같기도 하다. 따라서 경사(敬思)의 말 중에 "본연과 기질의 구분은 단지하고 겸지하는 사이에 불과하니, 일시에서 구해야지 않겠느냐."라고 한 이것도 절실한 질문이라고 하겠다.

그러나 단지와 겸지라고 하는 것도 미발과 이발이라는 말과 서로 통하는 것으로 그냥 개괄적으로 말했을 뿐이다. 이렇게 간주하지 않고 미발의 위에 나아가 성(性)의 체(體)를 가리키며 "이 성의 경우에도 기질을 겸하여 말한다면 곧 미악(美惡)의 차이가 있다."라고 말을 하거나 또 나아가 "기질지성을 일시일처에서 구해야 한다."라고 말하기까지 한다면, 순양(荀揚)[44]의 주장과 비슷하게 되지 않겠는가.

대개 담일(湛一)한 것은 기질의 본체이고, 탁박한 것은 기질의 사재(渣滓)이다. 미발의 때에는 방촌(方寸)이 담연(湛然)하여 혼미하고 산란한 것이 모두 정화(淨化)된 가운데 담일한 본체가 뚜렷이 환하게 드러나면서 하나의 성이 혼연(渾然)하여 만 개의 선(善)이 두루 갖추어지게 된다. 이런 때에 사재라고 하는 것이 비록 혼연히 동화되었다고 말할 수 없어도 꼼짝 못하고서 물러나 엎드려 묘맥(苗脈)이 보이지도

44 순양(荀揚) : 순자(荀子)와 양웅(揚雄)의 병칭이다. 순자는 성악설(性惡說)을 주장하고 양웅은 선악혼재설(善惡混在說)의 인성론(人性論)을 주장하였다.

않는데, 도대체 어떻게 그것이 이 성의 본체에 나쁜 영향을 미칠 수가 있겠는가.

이런 사정을 감안해서 "미발의 때에도 기질의 사재가 있다고 말할 수 있다."라고 말한다면 그것은 가능하지만 "기질의 미악의 성이 있다."라고 말한다면 그것은 안 될 일이다. 왜냐하면 '성' 자를 내려쓰는 순간에 바로 대본에 연루(連累)가 되기 때문이니, 이는 맹자가 말한 성선(性善)의 본지(本旨)가 아닌 것이다. 내가 그래서 "단지와 겸지라는 용어를 써서 의견을 내세우기보다는, 이발과 미발이라는 용어를 써서 말하는 것이 허물이 적다."라고 말하는 것이다.

기축년(1769, 영조45) 7월에 쓰다.

또 짓다

又題

《성학집요(聖學輯要)》 기질지성조(氣質之性條)에 이르기를 "본연지성(本然之性)과 기질지성(氣質之性)은 두 개의 성(性)이 아니다. 기질의 위에 나아가 그 이(理)만을 단지(單指 단독으로 가리킴)하면 본연지성이라고 하고, 이와 기질을 합쳐서 명명하면 기질지성이라고 한다."[45] 하였다. 남당(南塘 한원진(韓元震)) 등 제공(諸公)의 '단지와 겸지(兼指)' 설은 대개 여기에서 나왔는데, 경사(敬思 이상목(李商穆))의 서한 중에 '일시일처……(一時一處……)'라고 한 것 역시-일시일처의 설도 남당의 설이다. 경사는 이 설을 인정했다기보다는 그 설을 인용해서 토론의 자료로 삼으려 하였다.- 참으로 그렇게 의심할 만한 점이 있다고도 하겠다.

그러나 《성학집요》 아래쪽의 심성총론(心性總論)을 보면, 거기에는 "혹자가 나에게 '정(情)에는 선악(善惡)이 있어도 성은 완전히 선하다고 주자(朱子)가 말하였다. 그렇다면 기질지성에도 불선(不善)이 없는 것인가?'라고 묻기에 내가 '기질지성에는 본래 선악이 같지 않은 점이 있다. 다만 주자가 말한 성은 미발(未發)을 전지(專指)해서 말한 것이다. 사람이 비록 지극히 악하더라도 미발의 때에는 본래 불선이 없지만 일단 발하면 그때 바로 선악이 있게 되는데, 그 악한 것은 기질이나

45 본연지성(本然之性)과……한다 : 《율곡전서(栗谷全書)》 권20 〈성학집요 수기(修己) 제2상〉의 "형체가 있은 후에 기질의 성이 있다.〔形而後 有氣質之性〕" 조목 말미의 자주(自註)에 나온다.

물욕에 매이고 가려서 그런 것이지 그 성의 본체는 아니다. 그래서 주자가 성은 완전히 선하다고 말한 것이다.'라고 대답하였다."라고 되어 있다.

이에 의거하면 율옹(栗翁 이이(李珥))의 뜻도 기질지성을 발후(發後 이발(已發))에 나아가 말했다는 것이 의심할 여지 없이 명백하다고 할 것이요, 상문에서 '이와 기질을 합쳐서,……' 하며 말한 것도 동정(動靜) 같은 뜻으로 개괄적으로 말한 것임을 또한 알 수 있다. 그렇다면 그가 〈답우계서(答牛溪書)〉에서 "성에도 선악이 있는데, 하물며 정의 경우이겠는가."[46]라고 대답한 것은 언어가 명쾌하지 못하고 논리가 부족했던 것으로 《성학집요》의 내용과도 서로 어긋난다. 아마도 미처 정리되지 않은 초년(初年)의 설이라고 해야 마땅할 듯하다. 남당 등 제공은 율옹을 존중할 줄은 알면서도 이 글에 대해서는 상세히 고찰하지 못한 나머지 이렇게 오인하고 잘못 원용하는 실수를 범했으니, 참으로 개탄할 일이다.

혹자가 말하기를 "그렇다면 정자(程子)가 '성이라고 말할 때에는 이미 그것은 성이 아니다.'라고 한 것은 또 무슨 말인가?"라고 하기에, 내가 다음과 같이 말하였다.

"정자의 뜻도 그렇다. 성이라는 말을 하기만 하면 이는 '사람이 태어난 이후'를 가리키는 것이라서 기질의 사재(渣滓)가 그와 동시에 생

46 성에도……경우이겠는가 : 《율곡전서》 권12 〈답안응휴(答安應休)〉에 "그 본연을 가지고 말한다면 성(性)도 선하고 정(情)도 선하지만, 기를 겸하여 말한다면 성에도 선악이 있는데 정에 어찌 선악이 없겠는가."라는 율곡의 말이 나온다. 응휴(應休)는 율곡의 문인인 안천서(安天瑞)의 자이다. 우계(牛溪) 성혼(成渾)에 대한 답서라고 한 것은 녹문의 착오인 듯하다.

겨나 그 안에 잠복하고 있으므로, 발동하는 일과 저촉이 되기만 하면 성이 그에 의해 가려서 본모습을 잃는 까닭에 '성이 아니다.〔不是性〕'라고 말한 것이지, 미발의 본체 위에 이미 흉악한 요소를 포장하고 있다고 말한 것은 아니다. 그래서 '성 가운데에 원래 선과 악이라는 이 두 개의 물건이 있어서 서로 짝이 되어 나오는 것은 아니다.'[47]라고 말하였으니, 상하의 어의(語意)를 상호 참작해 보면 어찌 분명히 알 수 있지 않겠는가. 지금 만약 일시일처라는 용어를 써서 주장을 내세운다면 이는 진짜로 두 개의 물건이 성 안에서 서로 짝하는 것이 되고 말 것이니, 이 어찌 될 말이겠는가."

이해 11월에 또 쓰다.

47 성……아니다 : 《이정유서》 권1에 정호(程顥)가 "고자(告子)는 '생(生)을 성(性)이라고 한다.'라고 규정하였다. 성은 바로 기이고 기는 바로 성이니, 이것이 바로 그가 말한 생지위성(生之謂性)의 의미이다. 사람이 태어날 때의 기품에는 이치상 선과 악이 있게 마련이지만, 그렇다고 해서 성 가운데에 원래 선과 악이라는 두 개의 물건이 있어서 서로 짝이 되어 나오는 것은 아니다."라는 말이 나온다.

우계 선생 서독의 첩에 쓴 글 을미년(1775, 영조51) 9월
題牛溪先生書牘帖 乙未九月

이것은 우계(牛溪 성혼(成渾)) 선생이 은봉(隱峯) 안공(安公 안방준(安邦俊))에게 손수 써 준 서한 넉 장인데, 은봉이 옷 솔기 안에 넣어 둔 덕분에 병선(兵燹)의 와중(渦中)에서도 온전할 수 있었다. 후손인 정흠(正欽) 안성일(安聖一)이 이것을 첩(帖)으로 만들어 소중히 보관하였는데, 그사이에 나에게 가지고 와서 보여 주기에 내가 공손히 받들어 완미(玩味)하며 엄숙히 염송하노라니 당일에 맞닥뜨린 시대 상황에서 사생(師生) 간에 서로 주고받은 의리와 관련하여 깊이 느껴지는 점이 있었다.

가령 그 서한에서 말한 것 가운데 "먼저 자신의 기질(氣質)의 병통을 살펴본 뒤에 사욕(私慾)을 극복하고 바로잡아 다스려서 남는 것은 덜어 내고 부족한 것은 보충해야 할 것이다. 반드시 효제(孝悌)와 충신(忠信)을 근본으로 삼고, 겸손(謙遜)과 졸눌(拙訥)을 바탕으로 삼으며, 침잠(沈潛)과 독실(篤實)을 공부로 삼아서 부지런히 글을 읽으며 깊이 새겨 음미하고 견고하게 마음을 잡아 지켜야 할 것이다."[48]라고 한 부분은 실로 학자가 덕(德)으로 들어가는 기지(基址)요 공부를 잘하는 본령(本領)으로, 한 구절 한 글자나 한 점 한 획도 참된 성의에서

48 먼저……것이다 : 《우계집(牛溪集)》 권5 〈답안사언서(答安士彦書)〉와 《은봉전서(隱峯全書)》 부록 상 〈연보(年譜)〉에 나오는 내용인데, 녹문이 중요 부분만 발췌해서 인용하였다.

흘러나오지 않은 것이 없다. 180여 년이 지난 지금에 와서도 그때에 남겨 준 빛과 향기가 사람에게 끼쳐 주는 것을 여전히 느낄 수 있다.

안성일이 바야흐로 학문에 뜻을 두고서 나태하지 않고 용감하게 나아가니, 참으로 이 내용에 대해서 완미한다면 스스로 터득하는 점이 있을 것이다. 함양하고 극치(克治)하여 도(道)에 나아가는 방도를 다른 데에서 구할 필요가 뭐가 있겠는가. 이 때문에 감히 그 뒤에 써서 돌려주노니, 요컨대는 함께 노력하자는 뜻이라고 하겠다.

호경재의 《거업록》을 읽고 지은 글

讀胡敬齋居業錄

호경재(胡敬齋 호거인(胡居仁))의 《거업록(居業錄)》을 예전에 한두 번 훑어본 적이 있는데, 근래에 다시 상세히 읽어 보니 그 말이 질박하고 성실하며 정심(精深)하였으며 명백하고 완미(完美)하였다. 그 설이 몸소 행하고 마음으로 터득하며 추탁(追琢)하고 단련하는 가운데에서 나왔으니, 정자(程子)의 책이 나온 이후로는 이러한 문자가 있는 것을 보지 못하였다.

그가 학문을 논할 때에는 경(敬)을 위주로 하였고, 치도(治道)를 논할 때에는 순전히 왕도(王道)를 적용하였는데, 그 경을 설한 곳을 보면 어느 말이나 진절(眞切)하고 어느 구절이나 경발(警發)하였다. 이는 참으로 "자기 자신이 그것을 가지고 있었기 때문에 그것을 말하는 것이 친절해서 맛이 있었던 것이다."[49]라는 말에 해당하였다. 그리하여 표리(表裏)가 막힘없이 관통하고 체용(體用)이 혼연히 이루어져서, 그야말로 세대를 뛰어넘는 진유(眞儒)라고 할 수 있으므로, 명말(明末)부터 청(淸)나라까지의 유자(儒者)가 그를 추존(推尊)하였다.

모두들 설호(薛胡)라고 병칭하는데, 나의 소견으로 살펴보면 호

49 자기……것이다 : 《맹자》 〈공손추 상(公孫丑上)〉의 "염우와 민자와 안연은 덕행을 잘 말하였다.〔冉牛閔子顔淵 善言德行〕"라는 경문(經文)에 대해서, 주희(朱熹)가 "세 사람이 덕행을 잘 말했던 것은, 자기 자신이 그것을 가지고 있었기 때문에 그것을 말하는 것이 친절해서 맛이 있었던 것이다."라고 하였다.

(胡)가 설(薛 설선(薛瑄))에 비해서 견처(見處)가 훨씬 친절하고 조예가 뛰어났으며 행처(行處)가 훨씬 돈독(敦篤)하고 순수했다고 여겨진다. 다만 이기(理氣)의 근원에 대해서 간단명료하고 투철히 깨달아 안 면에서는 양계(梁溪 고반룡(高攀龍))에게 조금 뒤진 것 같기도 하지만, 문호(門戶)가 순정(純正)하고 성덕(成德)이 숭심(崇深)한 면에서는 양계가 미칠 수 있는 바가 아니라고 하겠다. 이것을 가지고 말해 본다면, 그가 주자(朱子) 이후의 일인자가 되어야 함은 의심할 여지가 없는 사실이다. 공맹(孔孟)의 정맥(正脈)이 단적으로 여기에 있는데도 불구하고 우리 동방의 사람들은 그의 성명(姓名)을 아는 자도 드문 형편이니, 이 어찌 개탄할 일이 아니겠는가.

그의 《거업록》 2책과 문집 1책이 모두 《이학전서(理學全書)》[50]에 수록되어 있으니, 만약 이 3책을 합쳐서 한 질(帙)로 만들고 "호자전서(胡子全書)"라는 이름으로 간행해서 널리 유포(流布)한다면 세상의 교화에 도움이 될 수도 있을 것 같다. 우리 동방의 학술이 구이(口耳)만을 숭상한 나머지 벌써 100년 동안이나 고질적인 폐단을 이루어 어떻게 구제해 볼 수가 없게 되었는데, 만약 이 책을 표장(表章)하여 사람들로 하여금 도학(道學)의 진정한 풍광을 알고 성현(聖賢)의 진정한 면목을 보게 한다면, 여기에 부합(符合)하여 흥기하는 자가 있어서 우리 동방 사람들의 불량한 습속도 점차로 바뀔 수 있게 되지 않을까 생각해 본다.

50 이학전서(理學全書) : 청나라 정주학자(程朱學者)인 장백행(張伯行)이 편집하였다.

병신년(1776, 정조 즉위년) 3월 10일 전교 뒤에 삼가 쓴 글

敬題丙申三月初十日傳敎後

전교의 내용은 다음과 같다.

과인(寡人)은 사도세자(思悼世子)의 아들이다. 그런데 선대왕(先大王 영조)께서 종통(宗統)의 중함 때문에 나로 하여금 효장세자(孝章世子)의 뒤를 잇게 하셨다. 아, 전일에 선대왕께 올린 글을 보면 불이본(不貳本)[51]에 대한 나의 뜻을 잘 알 수 있을 것이다. 그런데 예(禮)를 엄하게 하지 않을 수도 없지만, 정(情) 역시 펴지 않을 수 없다. 따라서 향사(享祀)의 절차는 제이대부(祭以大夫)[52]의 예법을 따라야 하겠지만 태묘(太廟)의 의례(儀禮)와 똑같게 해서는 안 될 것이요, 혜빈궁(惠嬪宮)의 경우도 응당 경외(京外)에서 공헌(貢獻)하는 의절(儀節)이 있어야 하겠지만 이 역시 대비(大妃)와 똑같

51 불이본(不貳本) : 근본을 둘로 하지 않는다는 뜻으로, 지파(支派)에서 들어와 대통(大統)을 이어받은 경우에는 자신의 사친(私親)을 부친으로 대하지 않고 오직 대통만을 계승하는 것을 말하는데, 정조(正祖) 역시 자기의 사친인 사도세자 대신 왕통(王統)을 중시하겠다는 결의를 밝힌 것이다. 《의례(儀禮)》〈상복(喪服)〉 참최장(斬衰章)의 "인후가 된 자를 위하여 입는다.〔爲人後者〕"라는 경문(經文)의 전(傳)과 부장기장(不杖期章)의 "인후가 된 자가 그 부모를 위해서 입는다.〔爲人後者 爲其父母〕"라는 경문의 전에 이와 관련된 내용이 상세히 나온다.

52 제이대부(祭以大夫) : 《중용장구》 제18장의 "부친이 사이고 아들이 대부일 때에는 사의 예법으로 장례를 행하고 대부의 예법으로 제사를 행한다.〔父爲士 子爲大夫 葬以士 祭以大夫〕"라는 말에서 나온 것으로, 정조가 사친인 사도세자에게 왕의 예법을 적용해서 제사를 올리겠다는 말인데, 이는 정을 펴는 일에 해당한다.

게 해서는 안 될 것이다. 해당 관사(官司)로 하여금 대신(大臣)에게 의논하여 절목(節目)을 강정(講定)해서 아뢰도록 하라. 이 하교(下教)가 있고 나서 도깨비 같은 불령(不逞)한 무리들이 이를 빙자하여 추숭하자는 의론을 낼 경우에는, 아, 선대왕의 유교(遺教)가 있으니, 응당 해당하는 형률로 논죄하여 선대왕의 영전(靈前)에 고할 것이다. 모두 잘 알아 두도록 하라.

우리 성상(聖上)께서 등극하신 날에 맨 먼저 윤음을 내려 위의 내용과 같이 의리(義理)를 팔역(八域)에 분명히 보여 주셨다. 성의(聖意)가 비길 데 없이 간측(懇惻)하고 주도면밀하여 한 글자 한 구절도 참된 정성에서 우러나오지 않은 것이 없으니, 비록 우하(虞夏 우순(虞舜)과 하우(夏禹))의 훈고(訓誥)라고 할지라도 어찌 이보다 더하겠는가. 한번 풍송(諷誦)할 때마다 나도 모르게 눈물과 콧물이 뺨을 가득 적시곤 한다.

백관(百官)에게 수의(收議)할 적에 연석(筵席)에서 내린 분부 가운데 "손자의 신분으로 조부를 잇거나 아우의 신분으로 형을 잇거나 모두 예(禰 돌아가신 부친)로 모셔야 한다."라는 등의 말씀으로 말하면, 삼대 이후로 천고(千古)의 제왕가(帝王家)에서 이런 견식(見識)을 지닐 수 있었던 분이 누가 있겠는가. 가령 노사(老師) 대유(大儒)에게 헌의(獻議)하게 하더라도 어떻게 여기에다 한 글자를 더할 수나 있겠는가. 이 두 가지를 통해서도 예학(睿學 성명(聖明)의 학식)이 정심(精深)하고 성심(聖心)이 정대한 것을 모두 추측할 수 있다.

만약 다시 이를 확충해서 사업에 적용하여 행한다면 그야말로 맹자(孟子)가 "그 패연한 형세를 누가 막을 수 있으리오."라고 한 말에 해당할 것이다. 아, 어찌 참으로 우리 동방의 무궁한 행복이 되지 않겠는가.

이달 16일에 초야의 천신(賤臣) 임성주는 무릎 꿇고 절하며 머리를 조아리고 삼가 쓴다.

논論

등유론 기유년(1729, 영조5)

鄧攸論 己酉

등유(鄧攸)가 석륵(石勒)의 난(亂)을 피해서 자기 아들과 아우의 아들을 등에 업고 달아나다가 두 아이를 모두 살릴 수 없다고 판단되자, 처에게 말하기를 "아우가 일찍 죽고 자식 하나만 두었는데 도리 상 후사(後嗣)가 끊기게 할 수 없으니 스스로 내 아이를 버려야만 하겠다."라고 하고는 마침내 자기 아이를 버리고 떠났는데, 끝내 자기 후사를 두지 못하자 당시 사람들이 이를 의롭게 여겨 슬퍼하면서 "하늘이 무지해서 등백도에게 아들이 없게 했다."라고 말하였다.[53]

아, 이것이 과연 의로운 행동이겠는가. 이것이 과연 당연히 아들을 두어야 하는데 아들을 두지 못한 것이겠는가. 대저 하늘이 사람을 내는 소이(所以)와 사람이 사람이 되는 소이는 인(仁)일 따름인데, 그 인이

53 등유(鄧攸)가……말하였다 : 진(晉)나라 등유와 관련한 '백도무아(伯道無兒)'의 고사를 소개한 것이다. 백도는 등유의 자이다. 이 기사가 《진서(晉書)》 〈양리열전(良吏列傳) 등유〉에 나오는데, '無子'가 '無兒'로 되어 있다. 《소학(小學)》 〈선행(善行)〉에 이 내용이 실려 있는 것은 편집자의 실수로, 결코 주희의 본의가 아닐 것이라는 것이 녹문의 의견이다.

발하는 것은 차마 그렇게 하지 못하는 것이 그것이라고 하겠다. 그렇기 때문에 마음으로 차마 하지 못하는 그곳이 바로 인이 존재하는 곳인데, 인이 존재하는 그곳에는 의(義)도 예외 없이 존재하게 마련이다. 만약 차마 할 수 없는 짓을 차마 하기라도 한다면 인을 해치는 것으로 이보다 더 큰 것이 뭐가 있겠으며, 의를 해치는 것으로 이보다 더 심한 것이 뭐가 있겠는가. 이를 통해서 판단한다면 등유의 일도 분변할 수가 있을 것이다.

등유가 아들을 버릴 적에 가령 아들이 말을 할 줄 알고 고락(苦樂)을 알았다면, 필시 옷깃을 잡아끌고 발을 구르면서 아버지, 어머니를 부르며 어버이가 자기를 버리는 것을 원망하고 자기가 장차 죽게 될 것을 비통하게 여겼을 것이다. 그리고 그럴 만한 나이가 되지 않았더라도 젖을 먹으면 기뻐하고 배고프면 우는 것은 적자(赤子)도 할 줄 아니, 역시 슬피 울부짖고 흐느끼면서 기진맥진하여 목소리도 끊어지려 했을 것이다. 아, 이런 일을 어떻게 차마 할 수 있단 말인가.

급기야 어버이를 불러도 돌봄을 받지 못하고 온종일 울부짖어도 젖을 먹지도 못하는 상황에서 엉금엉금 기어가다 엎어지기도 하고 굴러 떨어져서 몸이 뒤틀리기도 했을 것이며, 풍우가 몰아치고 칼날이 미치는가 하면 여우와 살쾡이가 짓밟아 으깨고 파리와 모기가 물고 뜯어먹어서 살덩이는 썩어 문드러지고 골수는 나부껴 흩어졌을 것이다. 아, 타인의 입장에서 생각해 보더라도 뼈가 시리고 살이 떨려서 차마 하지 못할 일인데, 어버이가 되어서 차마 자기 손으로 이런 일을 저질렀단 말인가.

그렇다면 등유는 과연 어떤 사람이라고 하겠는가. 그 일을 추적해 보면 아들을 죽여서 자기 목숨을 구한 것이고, 그 마음을 헤아려 보면 잔인하고 독살스러웠다고 할 것인데, 그 죄목을 총괄해서 한 마디로 단안(斷案)을 내린다면 또 '차마 못할 짓을 차마 했다.〔忍〕'라고 말하는 데에 불과할 것이다. 사람으로서 그런 인(忍)한 짓을 했다면 그를 어떻게 사람이라고 할 수가 있겠는가. 천리(天理)와 인륜(人倫)이 이로 인해 완전히 없어지고, 삼강(三綱)과 구법(九法)[54]이 이로 인해 모조리 무너질 것이다. 그렇다면 조금 전에 "인을 해치고 의를 해친다."라고 한 그 말도 실로 이런 경우를 위해 설정된 말이라고 할 것이요, 선유(先儒)가 "짐승만도 못한 자이다."[55]라고 한 말을 또 그에게 가하더라도 무슨 말로도 변명할 수가 없을 것이다. 이와 같은데도 그의 행동을 여전히 의로웠다고 말할 수 있겠는가.

선인(善人)에게 복(福)을 내리고 악인(惡人)에게 화(禍)를 내리는 것은 이(理)의 떳떳함이다. 지금 등유가 윤기(倫紀)를 어지럽히고 천리를 거역한 것이 이와 같고 보면, 그에게 하늘의 복이 내려지겠는가, 아니면 하늘의 화가 내려지겠는가. 도를 아는 자로 하여금 이를 논하게

54 구법(九法) : 《서경》 〈홍범(洪範)〉에 나오는 구주(九疇)로, 정치와 도덕의 원칙이 되는 아홉 가지 항목을 말한다. 한유(韓愈)의 〈여맹상서서(與孟尙書書)〉에 "양주(楊朱)와 묵적(墨翟)이 교대로 어지럽혀 성현의 도가 밝혀지지 않자, 삼강이 몰락하고 구법이 무너졌으며, 예악이 붕괴되고 이적이 횡행하였다."라고 하였다. 《古文眞寶 後集 卷2》

55 짐승만도 못한 자이다 : 정이(程頤)의 문인 주행기(周行己)가 술자리에서 기녀(妓女)에게 뜻을 두고는 "윤언명(尹彦明)이 모르게 하라."라고 하고, 또 "알아도 무슨 상관이냐. 이것은 의리를 해치는 일이 아니다."라고 하였는데, 정이가 부릉(涪陵)의 유배지에서 낙양(洛陽)으로 돌아온 뒤에 화정(和靖)이 이런 사실을 고하니 "이자는 짐승만도 못한 자이다. 어찌 의리를 해치지 않을 수 있겠는가."라고 꾸짖은 고사가 전한다. 《二程外書 卷12 傳聞雜記》

한다면, 장차 "천도(天道)가 떳떳하지 못하여 등유로 하여금 환난 속에서 살아나게 하였으니, 도대체 그가 나중에 아들을 두고 두지 못하는 것이야 따질 것이 뭐가 있는가."라고 말할 것이 분명하다.

혹자는 말하기를 "일단 둘 다 보전할 수 없는 상황이 되자, 차라리 자기 아들을 스스로 버릴지언정 죽은 아우의 후사를 차마 끊지 못한 것이다. 이것이 바로 의(義)가 되는 소이인 것이요, 이것이 바로 나중에 아들을 두어야 마땅한 소이인 것이다."라고 하지만, 이 말에 대해서 나는 이렇게 응답할 것이다.

그렇지 않다. 대저 사람과 동행하게 되면 서로 목숨 걸고 살려 줘야 하는 의리가 있으다.-《논어》〈선진(先進)〉 자외어광장(子畏於匡章)의 소주(小註)에 보이는데, 정자의 설이 매우 상세하다.-[56] 이는 그와 동행을 한 이상 환난을 당했을 때 상대방을 버리는 일을 차마 하지 못하기 때문이다. 타인의 경우에도 그러한데, 하물며 지친(至親)이야 더 말할 것이 있겠는가.

등유 같은 경우는 더욱 다른 점이 있다. 그가 난리를 피할 당시 함께 데리고 간 자는 처와 두 아들이었는데, 그들 모두가 등유에게 목숨을 의지하고서 사생(死生)과 감고(甘苦)를 오직 등유만 바라보는 실정이었고 보면, 등유의 처지에서는 있는 힘을 다해 보호하면서 처음부터 끝까지 그들과 같이해야만 했을 것이다. 저 '버린다〔棄〕'라는 한 글자야

56 논어……상세하다 : 정자(程子)가 "지금 두 사람이 동행하여 먼 길을 간다면, 환난을 당했을 때 목숨을 걸고 서로 살려 줘야 하는 도리가 있는데, 하물며 안회(顔回)야 공자에 대해서 더 말할 것이 있겠는가."라고 전제하고는, 구체적인 상황에 따라 대응하는 방책을 문답 형식으로 제시하고 있다. 《二程粹言 卷下》

말로 차마 마음속으로 생각이라도 하거나 차마 입으로 벙긋할 수도 없는 것이었다. 그렇다면 버리지 않는 정도만으로는 선(善)이라고 할 수도 없었는데 버리고 말았으니, 이는 그야말로 천하에서 가장 잔인한 짓을 저질렀다고 해야 할 것이다. 따라서 등유를 논하는 자는 단지 그가 아들을 버린 죄만을 거론하여 배척해야 하는데 지금 저 행위를 끌어다가 이 행위를 용서하는가 하면 용서만으로 끝나지 않고 거꾸로 의로운 행위였다고 치켜세우고 있으니, 이 또한 미혹된 일이 아니겠는가. 사정이 이와 같은데도 등유가 아들을 두지 못한 책임을 하늘에 떠넘기고 있으니, 이것도 잘못된 일이 아니겠는가.

둘 다 보전할 수도 없고 버리는 일도 행할 수 없다면 장차 어떻게 처신했어야 하는지 질문할 수도 있겠지만, 이 문제에도 달리 무슨 해답이 있을 수 있겠는가. 그저 "함께 따라 죽는 길"뿐이라고 말할 수밖에는 없다. 이와 같이 해야만 비로소 천리에 합당하게 되고 인심(人心)에도 편안할 수가 있다. 만약 이렇게 하지 않고서 조금이라도 이해(利害)를 계교(計較)하는 마음을 지닌다면 모두 하늘의 뜻을 거역하는 죄인이 됨을 면치 못할 것이니, 이것이 바로 떳떳한 이(理)인 것이다.

주 부자(朱夫子)도 이 일에 대해서 일찍이 논급한 것이 있는데, 지금 《소학(小學)》에 이 고사가 실려 있는 것은 뭔가 착오가 있어서 그런 것이 아니겠는가. 이 글을 읽는 자가 저 이(理)를 살피지 않고서 으레 이 일을 옳게만 여긴다면 그 해가 클 것이라는 걱정이 들기에, 내가 이를 미루어서 이렇게 설을 지어 보았다.-사계(沙溪) 선생이 등유의 이 일을 논하면서 "아들을 두지 못한 것이 당연하다.〔宜乎無子〕"라고 하였다. 비록 처신해야 할 도리를 분명히 말하지는 않았지만, 그 뜻을 미루어 보면 지금 내가 논한 것에 불과할 것 같기도 하다.-

갱알후[57]에 관한 논

羹頡侯論

맹자(孟子)가 말하기를 "《서경》의 내용을 모두 믿는다면 차라리 《서경》이 없는 것이 나을 것이다. 나는 〈무성(武成)〉에서 두세 쪽만 취할 뿐이다."[58]라고 하였다. 대저 〈무성〉은 주(周)나라의 역사를 기록한 것이다. 당시에는 인심이 순박하고 예스러워서 와언(訛言)이 행해지지 않았고, 목야(牧野)의 일은 또 천하의 제후(諸侯)가 다 함께 목도(目覩)한 사실로, 사관(史官)이 기록하고 공자(孔子)가 수록하였으니, 당연히 믿을 수 있을 것 같기도 하다. 그럼에도 맹자의 말이 오히려 이와 같았으니, 더군다나 주(周)나라와 한(漢)나라가 교차하는 전국(戰國) 시대 말기에 여항(閭巷)에서 입으로 전해 이야기하며 부회(傅會)한 것들이야 더 말할 나위가 있겠으며, 규문(閨門)의 일로서 타인의 견문이 미치지 못하는 것들이야 더 말할 나위가 있겠는가.

57 갱알후(羹頡侯) : 한 고조(漢高祖) 유방(劉邦)의 조카인 유신(劉信)의 봉호(封號)이다. 갱알(羹頡)은 갱알(䡖戛)과 같은 말로, 남은 음식이 없다는 것을 알려 줄 목적으로 솥 밑바닥을 닥닥〔戛戛〕 소리 내어 긁는 것을 말한다. 유방이 젊어서 하는 일도 없이 친구들을 데리고 뻔질나게 형수를 찾아와서 음식을 축내곤 하자, 형수가 이를 싫어하여 먹을 것이 없다는 표시로 갱알을 하여 친구들을 떠나가게 했다. 나중에 황제가 되고 나서 유신을 봉해 주면서 형수가 괄시하던 일을 생각하고 그 이름을 지어 주었다는 고사가 전한다. 《史記 楚元王世家》

58 서경의……뿐이다 : 주 무왕(周武王)이 은 주왕(殷紂王)을 정벌하여 목야에서 싸울 적에 "피가 흘러서 절굿공이를 떠내려가게 했다.〔血流漂杵〕"라는 글이 《서경》 〈무성〉에 나오는데, 이에 대해서 맹자가 비판한 말이다. 《孟子 盡心下》

옛날에 사마천(司馬遷)이 기록한 바에 따르면, 한 고조(漢高祖)가 신분이 미천할 때 빈객과 함께 밥을 얻어먹으러 맏형수의 집에 들렀을 적에 구수가 이를 싫어하여 고깃국이 다 떨어졌다는 시늉으로 솥 바닥을 긁었으므로, 이 때문에 형수를 원망하고 있다가 뒤에 그 아들 유신(劉信)을 봉할 적에 '갱알후'라고 이름 지었다고 하였다. 아, 이것이 어찌 의심할 여지 없이 믿을 만한 사실이라고 하겠는가.

대저 고조는 천하의 영웅이다. 역사책에서 그는 매우 넓고 큰 도량을 지니고 뜻이 활달하였다고 칭하였으니,[59] 그 기상을 대체로 상상해 볼 수 있다. 아녀자를 상대로 자질구레하게 먹을 것을 가지고 잘잘못을 따지기나 하고, 끝내는 그 아들에게 앙갚음이나 하는 짓은 화를 곧잘 내는 소장부라도 하지 않을 텐데, 고조처럼 큰 도량을 지닌 이가 그런 일을 하리라고 생각이나 할 수 있겠는가.

고조는 일찍이 옹치(雍齒)에게 봉호(封號)를 내렸고, 또 계포(季布)에게 벼슬을 내렸다.[60] 그가 타인에 대해서는 자기를 죽이려 했던 큰 원한도 잊었으면서, 자기 형의 아들에 대해서는 그 어머니가 홀겨봤다

59 역사책에서……칭하였으니 : 《사기(史記)》 〈고조본기(高祖本紀)〉에 "그는 인자하여 사람을 사랑하며 베풀기를 좋아하였고 뜻이 활달하였다. 항상 큰 도량을 지니고서 가인의 생산 작업을 일삼지 않았다."라고 하였다.

60 고조는……내렸다 : 옹치는 고조가 가장 미워하면서도 공이 많아서 죽이지 못했던 사람인데, 제후로 봉함을 받지 못한 여러 장수의 불안을 해소하기 위하여 장량(張良)의 계책에 따라 그를 먼저 십방후(什方侯)에 봉해 준 고사가 있다. 옹치는 처음에 고조를 따랐다가 뒤에 배반하고 다시 귀순하여 공을 세웠다. 《史記 留侯世家》 계포는 본래 항우(項羽)의 장수로 여러 번 고조를 곤경에 몰아넣었으므로 고조가 통일한 뒤에 현상금을 내걸고 그를 잡으려 하였는데, 대협(大俠)인 주가(朱家)의 부탁을 받고서 등공(藤公)이 주선하자 고조가 그를 사면하고 낭중(郎中)에 임명하였다. 《史記 季布列傳》

는 작은 혐의를 잊지 못해서 기필코 앙갚음을 했다고 한다면, 이것이 어찌 이치에 맞는 일이겠는가.

가령 그 형수에게 참으로 이런 일이 있었다고 하더라도 평상시 고조의 기상으로 미루어 보면, 필시 그가 천자(天子)로 즉위한 뒤에 맨 먼저 그 아들을 봉해 주려 하면서 그 형수에게 "형수가 일찍이 손님을 데리고 오는 나를 싫어하여 솥을 긁었었는데 지금은 과연 어떠한가."라고 말을 하며 과시함으로써 상대방이 부끄러워 굴복하게 만들었을 것이다. 어찌 번잡스럽게 소인(小人)이 보복하는 일 따위를 행함으로써 천하 후세 사람들이 기롱(譏弄)하는 비평을 불러들이려 하였겠는가. 분명히 그렇게 하지는 않았을 것이다.

그리고 고조는 그 당시에 일개 촌부(村夫)에 불과하였고, 그 일은 또 규문의 잘 알 수 없는 일일 뿐이라서 사관(史官)의 기록이 있는 것도 아니고 문사(文士)의 기록이 있는 것도 아니었다. 그렇다면 사마천이 어디에서 그런 자료를 얻었겠는가. 고작해야 민간의 구전(口傳)에서 나와 호사자(好事者)의 손에 의해 퍼뜨려진 것으로 후세의 패관소설(稗官小說) 같은 것일 뿐이었으니, 저 패관소설의 내용을 어떻게 모두 진짜로 있었던 일이라고 여겨 믿을 수가 있겠는가. 그럼에도 사마천이 경솔하게 믿고서 신사(信史)에 기재하였고 반고(班固)가 또 그대로 전하여 기술하고 말았는데, 지금 1000여 년이 지나도록 한 사람도 고조를 위해 변호하는 자가 없어서 마침내 활달한 고조를 자질구레하여 별 볼 일 없는 하나의 소인으로 만들었으니, 이 어찌 애석한 일이 아니겠는가.

그렇다면 '갱알후'라고 칭한 것은 무슨 연유에서인가? 단지 지명(地名)에서 취했을 뿐이다. 《괄지지(括地志)》를 상고해 보건대 규주(嬀

州) 회융현(懷戎縣) 동남쪽 15리 지역에 이른바 갱알산(羹頡山)이 있는데, 고조가 어쩌면 유신을 이 지역에다 봉해 주고는 그 이름을 그대로 붙였을 것이다. 그래서 호사자가 마침내 부회하여 이런 설을 지어냈을 뿐이다.

아, 유환(流丸)은 구유(甌臾)에서 멈추고, 유언(流言)은 지자(智者)에게서 멈추며,[61] 사람들의 말이 혼란스러우면 성인들의 말씀으로 절충(折衷)하는 법이다.[62] 주 부자(朱夫子)의 《통감강목(通鑑綱目)》의 글을 보면, 역대(歷代)의 일 중에 믿을 만하고 전할 만한 것에 대해서는 갖추 기재하지 않은 것이 없는데도 이 일에 대해서만은 유독 생략하였으니, 어쩌면 이것도 맹자가 "《서경》이 없는 것이 낫다."라고 말한 그런 뜻이 아니겠는가. 나는 사리(事理)가 반드시 그렇지 않다는 점을 밝히고 나서, 주자(朱子)를 인용하여 절충함으로써 고조가 무함당한 것을 변론하는 한편, 이와 함께 나중에 사필(史筆)을 쥐고서 민간의 말을 경솔하게 믿는 자들을 경계하고자 하였다.

61 유환(流丸)은……멈추며 : 유환은 굴러다니는 탄자(彈子)이고 구유는 와기(瓦器)를 말하는데, 유환이 구유처럼 오목한 곳에 들어가면 더 이상 구를 수 없듯이 세간의 유언비어도 지혜로운 자에게는 그 효력을 상실한다는 말이다.

62 사람들의……법이다 : 《양자운집(揚子雲集)》 권1 〈오자편(吾子篇)〉에 "만물이 어지럽게 뒤섞여 있으면 공중에 높이 걸어서 살펴보고, 사람들의 말이 혼란스러우면 성인들의 말씀으로 절충하면 된다.〔萬物紛錯 則懸諸天 衆言淆亂 則折諸聖〕"라고 하였다.

양중립[63]이 조정의 징소에 응한 것을 논하는 글
楊中立赴召論

성인(聖人)은 천지 같고 귀신 같은 분이시다. 그분의 일상적인 평범한 말과 행동 들이야 물론 어떤 사람이든지 다 함께 알고서 법도로 삼을 수 있지만, 한계가 없는 용(用)과 헤아릴 수 없는 권(權)을 발휘하여, 상정(常情)을 벗어나서 열고 닫으며 사법(死法)을 뛰어넘어 신묘하게 변화하는 그런 것들로 말하면, 단지 성인만이 행할 수 있을 뿐이요 대현(大賢) 이하의 사람들로서는 행할 수가 없는 것이다.

옛날에 공자(孔子)는 양화(陽貨)를 만나 보고 남자(南子)를 만나 보았으며, 또 일찍이 공산(公山)과 필힐(佛肸)의 부름에 응하려고도 하였다. 후세의 군자가 이를 본받아 행하다가 마침내 이 때문에 구덩이에 빠지고 도랑에 떨어진 경우도 있었으니, 예컨대 양구산(楊龜山)이 채경(蔡京)의 천거로 징소에 응했던 것이 바로 그런 경우라고 하겠다.

아, 채경은 과연 어떤 사람이었던가. 그가 간신들과 결탁하여 충현(忠賢)을 해친 갖가지 죄악들이야 실로 하나둘 셀 수 없을 지경이지만, 가령 그가 선인태후(宣仁太后)를 무함한 일[64] 하나만 보아도 그는 바로

63 양중립(楊中立) : 북송(北宋)의 성리학자 양시(楊時)로, 자는 중립이다. 정호(程顥)를 사사(師事)하다가 정호가 죽자 정이(程頤)에게 수학(受學)하였는데, 남송(南宋) 때 학자들에게 정씨(程氏)의 정종(正宗)으로 숭봉되었다. 구산선생(龜山先生)이라고 일컬어졌으며, 사양좌(謝良佐), 여대림(呂大臨), 유작(游酢)과 함께 정문 사선생(程文四先生)으로 칭해졌다. 《이정수언(二程粹言)》을 지었다.

64 선인태후(宣仁太后)를 무함한 일 : 송 철종(宋哲宗) 원부(元符) 1년(1098)에 장

난신적자(亂臣賊子)로서 천지 사이에 용납될 수 없는 자라고 할 것이다. 비록 하인(下人)[65]과는 차이가 있다고 말할지라도, 그가 그 일에 참여하여 내막을 알고 있었던 것은 분명한 사실이니, 어떻게 빠져나갈 수가 있겠는가.

당일의 신자(臣子) 된 자로서는 참으로 속을 까맣게 태우고 머리를 질끈 싸매고는 얼굴을 피로 물들이고 눈물을 삼키면서 그들을 주벌(誅罰)할 방법을 생각해야 마땅할 텐데, 구산은 그렇게 하지 못했을 뿐만 아니라 또 뒤따라 그의 천거에 응하여 조정에 몸을 들여놓고 말았다. 가령 구산의 처지에서 자기가 성인(聖人)이라면 그렇게 할 수도 있겠지만, 그렇지 않다면 이 어찌 크게 의심할 일이 아니겠는가.

그리고 채경이 구산을 천거했던 것이 어찌 진실로 그의 덕을 흠모해서 그런 것이었겠는가. 그가 공의(公議)에 용납되지 못할 것을 스스로 알고서 구산의 중망(重望)을 이용하여 자기의 형세를 스스로 수립해 보고자 한 것에 불과했을 뿐이다. 그때에 가령 구산이 참으로 의연(毅

돈(章惇)과 채변(蔡卞)이 주동이 되어, 예전에 선인태후가 황제를 위해(危害)하려 했다고 무고(誣告)하고는, 태후를 소급해서 폐위하고 서인(庶人)으로 강등할 것을 강력히 청했으나, 황제가 "경들이 나를 영종(英宗)의 사당에 들어가지 못하게 하려는가."라고 하면서 격노하여 끝내 거절한 사건을 말한다. 《宋史紀事本末 卷10 宣仁之誣》 채변은 채경의 아우이다.

65 하인(下人) : 녹문이 채경을 가리켜 사용한 멸칭(蔑稱)으로 보인다. 이때 채경도 내시(內侍) 장사량(張士良) 등을 고문하여 거짓 자백을 받아 낼 목적으로 형구(刑具)를 진열해 놓고 "그런 사실이 있었다고 말하면 예전의 직책으로 돌아가겠지만, 없다고 말하면 형을 받을 것이다."라고 협박했는데, 장사량이 하늘을 우러러보고 큰 소리로 곡하며 "태황태후는 무함할 수 없고, 천지신명은 속일 수 없으니, 얼른 나를 죽여라."라고 꾸짖으며 끝까지 절조를 지킨 고사가 유명하다. 《宋史紀事本末 卷10 宣仁之誣》

然)히 마음을 움직이지 않고 확연히 몸을 일으키지 않을 수 있었다면, 채경의 처지에서는 명의(名義)를 권세로 빼앗을 수 없고 유자(儒者)를 이익으로 유혹할 수 없음을 알아서 그 간악한 속셈을 그나마 조금 접을 수도 있었을 것이다.

구산은 그렇게 하지 않고 거꾸로 냉큼 황공해하며 그 농락을 감수하고 진출해 조정에 처해서는 오늘 하나의 일을 논하고 내일 한 사람을 탄핵하며, 마치 남의 청명한 조정에 서서 그 도(道)를 행하는 것 같은 점이 있었다.[66] 비록 그런 자취가 공맹(孔孟)의 사적(事迹)과 서로 근사한 점이 있는 것 같았다 해도 그가 자기가 할 수 없는 것을 가지고 공맹이 할 수 있는 것을 배웠더라면 이것이 어찌 노 남자(魯男子)가 유하혜(柳下惠)를 잘 배운 그런 것이 아니었겠는가. 그런데도 호 문정(胡文定)은 "유하혜가 떠나려 하다가도 붙잡고서 만류하면 멈추었다."라는 것으로 비유하였으니, 이는 또한 내가 들은 것과는 다르다고 하겠다.[67]

66 마치……있었다 : 양시가 녹사(祿仕), 즉 봉록을 위해 별 수 없이 벼슬했다면 또 모르지만, 마치 혼군(昏君)이 아닌 성군(聖君)의 조정에서 도를 행하기 위해 벼슬하는 것처럼 행세했다고 녹문이 비판한 말이다. 《맹자》 〈만장 하(萬章下)〉에 맹자가 벼슬에 나아가는 도리에 대해 설명하면서 "지위가 낮은데도 고위직의 일을 말하는 것은 죄받을 일이요, 남의 조정의 높은 지위에 서 있으면서 도가 행해지지 않는 것은 부끄러운 일이다.〔位卑而言高 罪也 立乎人之本朝而道不行 恥也〕"라고 하였다.

67 비록……하겠다 : 양시가 성현의 흉내를 내지 않고 자기의 분수를 지켜서 징소에 응하지 않는 절조를 보여 주었더라면 좋았을 터인데 호 문정, 즉 호안국(胡安國)은 양시가 유하혜의 방식으로 행동했다고 변호하였으니, 이는 녹문 자신의 생각과 완전히 다르다고 비평한 것이다. 노 남자는 노나라의 독신 남자, 즉 홀아비를 뜻한다. 옛날 노나라의 한 과부가 폭풍우가 몰아치는 밤에 이웃에 사는 홀아비 집으로 피신하려 했으

혹자는 말하기를 "이때 조정이 날로 혼란스러워져서 종사(宗社)가 장차 망할 지경이었는데, 가령 구산의 처지에서는 자기가 쓰이기만 하면 얼마간 구제할 수도 있었을 것이다. 이것이 바로 그가 다른 것을 돌아볼 틈이 없었던 소이(所以)이다."라고 하는데, 이는 매우 옳지 않은 말이다. 대저 출처는 사람의 중대한 규율로 결코 넘나들 수 없는 것이니, 여기에 조금이라도 혹 잘못됨이 있다면 그 나머지는 볼 가치도 없는 것이다. 가령 구산의 처지에서 채경을 통하여 조정에 진출했다고 한다면, 설령 도(道)가 천하에 행해지고 정치가 삼대(三代)의 수준에까지 올라가서 북쪽으로 거란(契丹)을 취하기까지 했다고 해도 귀하게 여길 것이 없을 것이다. 더군다나 자기를 굽히고서 남을 곧게 할 수 있는 경우는 지금까지 있지 않았는 데야 더 말해 무엇 하겠는가. 이것이 바로 주자가 매양 불만스러운 뜻을 표명하면서, 심지어는 "사람을

나 그가 문을 열어 주지 않자 "그대는 어찌하여 유하혜가 했던 것처럼 하지 않는가."라고 추궁하니, 그 홀아비가 "유하혜는 그렇게 할 수 있어도 나는 실로 그렇게 할 수 없으니, 나는 장차 내가 할 수 없는 것을 가지고 유하혜의 할 수 있는 것을 배우려다."라고 하였는데, 공자가 그 말을 듣고는 유하혜를 제대로 배운 자라고 칭찬했다는 고사가 전한다. 《孔子家語 卷2 好生》 유하혜는 춘추 시대 노나라의 대부(大夫)인데, 맹자가 그의 풍도를 듣게 되면 "속이 좁은 자도 관대해지고, 야박한 자도 돈후해진다."라고 평하고, 또 그를 '성인 중에 화에 속하는 자〔聖之和者〕'라고 논한 말이 《맹자》 〈만장 하〉에 나온다. 그런가 하면 《맹자》 〈공손추 상(公孫丑上)〉에는 또 "더러운 임금을 섬기는 것도 부끄러워하지 않았고, 작은 벼슬도 낮게 여기지 않았으며,……떠나려 하다가도 붙잡고서 만류하면 멈추었다."라고 유하혜를 평한 맹자의 말이 나오는데, 호안국이 비유한 말은 여기에서 발췌한 것이다. 그런데 《주자어류(朱子語類)》 권101 〈양중립(楊中立)〉을 보면, 주희(朱熹)가 양시의 이 출처(出處)와 관련하여 "호 문정이 '유하혜가 떠나려 하다가도 붙잡고서 만류하면 멈추었다.'라는 것을 가지고 비유한 것이 지극히 좋다."라고 하여 녹문과는 다른 입장을 표명한 것이 주목된다.

놀랍고 두렵게 만든다."[68]라고 하고 "구산은 처세한 것이 구차했다."[69] 라고까지 말한 소이라고 하겠다.

아, 구산의 드넓은 학식과 드높은 식견에 비추어 볼 때, 채경이 천하 만세의 죄인이 됨을 어찌 알지 못하였겠는가. 이는 참으로 공자가 행한 것을 사람마다 모두 본받아 행할 수 있다고 생각했을 뿐, 일상적인 그것은 본받을 수 있어도 권변(權變)에 속한 것은 본받을 수 없어서 성인은 행할 수 있지만 타인은 행할 수 없다는 사실을 전혀 알지 못했기 때문이다. 그리하여 마침내는 평생의 대절(大節)이 구덩이에 빠지고 도랑에 떨어지는 결과를 면치 못하게 하였으니, 어찌 애석하지 않겠는가. 내가 그래서 특별히 이 일을 갖추 논하여, 세상의 유자(儒者)가 배움이 지극하지 못하면서 무턱대고 성인의 권변을 본받으려 하는 것을 경계하고자 하였다.

68 사람을……만든다 : 주희가 문생으로부터 양시의 "인의는 도를 다하기에 부족하다.〔仁義不足以盡道〕"라는 말에 대한 논평을 요구받고 설명하는 대목에 "근래에 구산의 열자설을 얻어서 한 편을 읽어 보니, 사람을 놀랍고 두렵게 만들었다. 그가 무엇 때문에 줄곧 이렇게 배치되는 지경에 이르게 되었는지 알지 못하겠다."라고 대답하였다. 《晦庵集 卷51 答萬正淳》

69 구산은……구차했다 : "구산이 당시에 무슨 뜻으로 조정에 나왔는가?"라는 질문을 받고, 주희가 "구산은 처세한 것이 구차했다. 이때에 어쩔 수 없이 봉록 때문에 벼슬해야 했으므로 별 생각 없이 나아간 것이다."라고 대답하였다. 《朱子語類 卷101 楊中立》

진서산이 이종을 섬긴 것을 논하는 글[70]

眞西山事理宗論

군자가 사람을 논할 때에는 언제나 사람들이 '똑같이 그렇게 여기는 것' 가운데에서 변별하고, 반드시 사람들이 '미처 알지 못한 것'을 고찰하는 법이다. 천하 사람들이 모두 그렇다고 하여도 도리에 비추어 볼 때 그렇지 않은 점이 있으면 반드시 도리로써 변별하여 그것이 그렇지 않다는 것을 밝혀내고, 천하 사람들이 모두 그렇지 않다고 하여도 이치에 비추어 볼 때 그런 점이 있으면 반드시 이치로써 고찰하여 그것이 그렇다는 것을 드러내는 것이다. 그렇게 한 뒤에야 천하의 시비(是非)가 가려지고 백세(百世)의 공의(公議)가 정해질 수 있는 것이다.

선유(先儒)가 진서산(眞西山)이 일찍이 제왕(濟王)을 섬겼다가 이

70 진서산(眞西山)이……글 : 진서산은 진덕수(眞德秀)로, 호는 서산, 남송(南宋)의 학자이다. 영종(寧宗)의 뒤를 이어 이종(理宗)이 즉위하고 나서 서산을 불러 중서사인(中書舍人)으로 삼고 뒤이어 예부 시랑(禮部侍郎)과 직학사원(直學士院)으로 발탁하였는데, 직언한다는 이유로 승상(丞相) 사미원(史彌遠)의 미움을 받아 낙직했다가 사미원이 죽은 뒤에 들어와서 호부 상서(戶部尙書)가 되었으며, 단평(端平) 2년(1235) 참지정사(參知政事)가 되어 시정(時政)에 대해 건의한 바가 많았다. 영종은 아들이 없어서 가정(嘉定) 14년(1221) 황질(皇姪)인 제왕 조횡을 황자로 삼았다. 17년에 영종의 병이 위독하자 조횡과 갈등을 빚던 사미원이 조령(詔令)을 가탁하여 영종의 아우 기왕(沂王)의 후사인 조윤(趙昀)을 황자로 삼았으며, 영종이 죽자 사미원이 양 황후(楊皇后)의 명을 받아 그를 황제로 세우고는, 양 황후를 황태후(皇太后)의 신분으로 청정(聽政)하게 하는 한편 자신은 독상(獨相)으로 정사를 독점하였다. 그 뒤 사미원이 죽자 이종이 비로소 친정(親政)하면서 서산과 위요옹(魏了翁) 등을 불러 중용하였는데, 이를 역사에서 '단평경화(端平更化)'라고 칭한다. 《宋史紀事本末 卷24 史彌遠廢立》

종(理宗)의 신하가 되었다는 이유로, 그의 출처가 온당하지 못하다고 의심하자, 천하 사람들 대부분이 그 설을 좇아서 분연(紛然)히 일어나 말하기를 "서산은 실절(失節)한 사람이다."라고 말하였는데, 퇴계(退溪) 이 선생(李先生)만은 그것이 그렇지 않은 것을 깊이 밝혀내어 말하기를 "서산은 동궁(東宮)과 빈사(賓師)의 관계였으니, 어찌 제왕의 신하였겠는가."라고 하였다.[71] 아, 마음이 공정하고 견식이 밝지 않고서야 어떻게 온 세상이 똑같이 그렇게 여기는 가운데에서 이처럼 분명하게 변별할 수가 있겠는가. 다만 그 말이 이 정도에서 그치고 그 밖의 것은 언급하지 않아서 마치 진서산의 출처에 처음부터 끝까지 흠잡을 것이 하나도 없다고 여긴 것 같은 인상을 준 것은 미진한 점이 있는 것도 같지만, 이것만으로도 실로 사람들이 '미처 알지 못한 것'을 고찰했다고 하겠다. 그런데 나의 생각에는 서산이 제왕에 대해서는 물론 절조를 지켜야 할 의리가 없지만, 이종은 섬기면 안 되었다고 여겨진다. 그가 이종을 섬기면 안 되는 이유는 제왕 때문이 아니라 자기 몸을 욕되게 할 수 없기 때문인데, 이에 대해 여기에서 상세히 논해 볼까 한다.

서산이 제왕의 왕궁 교수(王宮教授)가 되었을 적에, 그 작위로 말하면 대조(大朝)의 경재(卿宰)였고, 그 존귀함으로 말하면 연치(年齒)와 덕행(德行)이 모두 높았으며, 제왕은 아직 동궁 자리에 정식으로 오르

71 퇴계(退溪)……하였다 : 이황(李滉)이 진덕수 같은 대현(大賢)의 행적을 함부로 비판하면 안 된다면서, 진덕수가 왕부(王府)의 교수로서 빈사의 지위에 처하였고, 이종이 태후(太后)의 명으로 책립(冊立)되었다는 등의 몇 가지 이유를 들어 서산을 극구 변호한 내용이 《퇴계집(退溪集)》 권27 〈답정자중별지(答鄭子中別紙) 경오(庚午)〉에 상세히 나온다. 그러나 녹문은 이 글에서는 서산을 실신(失身)한 사람이라고 비평하는 등 퇴계와는 다른 의견을 보이고 있다.

지도 않은 상태였다. 서산이 궁교를 겸했던 것도 그로 하여금 보양(輔養)하여 교도(敎導)하게 했을 뿐이니, 이는 옛날의 이른바 빈사에 해당하였다. 대저 빈사의 의리로 말하면 신자(臣子)와는 같지 않았으니, 증자(曾子)와 심유씨(沈猶氏)의 관계[72]를 살펴보면 알 수가 있다.

역사의 기록을 상고해 보건대 제왕이 일찍이 사미원(史彌遠)에 대해서 불평하는 말을 하자, 서산이 간하기를 "황자께서 만약 자모에게 효도를 잘하고 대신을 잘 공경한다면 천명이 돌아오겠지만, 그렇지 않으면 앞으로의 일이 매우 염려스럽습니다."라고 하였으나 제왕이 들어주지 않았으므로, 이에 극력 외방의 직책을 요청하여 떠나갔다고 하였다.[73] 이는 그가 미리 기미를 살펴보고서 분명하게 결단을 내린 것이니, 제왕에 대해서 애당초 신하가 될 마음이 없었던 것임을 알 수 있다. 그에게 이미 신하 된 자로서의 의리가 없었을 뿐만 아니라 신하 될 마음도 없었고 보면, 또 어찌 제왕을 위해 죽어야 할 의리가 있었겠는가. 그를 위해 죽어야 할 의리가 없다면, 이종에 대해서도 복수해야 할 의리가 없다는 것을 또 어찌 분명하게 알 수 있지 않겠는가.

72 증자(曾子)와 심유씨(沈猶氏)의 관계 : 증자가 제자 70인과 함께 심유씨의 집에 머물렀을 때에 부추(負芻)라는 자가 심유씨를 공격하였는데, 이때 증자는 빈사의 신분이었으므로 함께 참여하여 도와주지 않고 제자들과 떠났다. 《孟子 離婁下》

73 제왕이……하였다 : 사미원이 독단으로 전횡하는 것을 제왕 조횡이 증오하여 "사미원을 8000리 멀리 유배 보내야겠다."라고 하는가 하면, 여지도(輿地圖)의 경주(瓊州)와 애주(崖州)를 가리키면서 "내가 뒷날 뜻을 얻게 되면 사미원을 여기에 안치(安置)하겠다."라고 하고, 또 그를 신은(新恩)이라고 부르면서 장차 신주(新州)나 은주(恩州)로 귀양 보내겠다고 불평을 늘어놓곤 하였는데, 이를 눈치챈 사미원에 의해 결국 황자에서 폐출되고, 끝내는 그가 보낸 진천석(秦天錫)의 핍박을 받고 호주(湖州)에서 스스로 목매어 죽었다. 《宋史紀事本末 卷24 史彌遠廢立》

비록 그렇기는 하지만 유자(儒者)의 진퇴로 말하면, 반드시 먼저 그 임금이 섬길 만한 인물인지와 그 시대가 뜻있는 사업을 이룰 만한 때인지를 살펴보아야 하고, 또 반드시 그 임금이 경의(敬意)를 표하며 예(禮)를 다하기를 기다려야 하는 법이니, 그런 뒤에야 비로소 조정에 나아갈 수 있는 것이다. 그런 까닭에 공자(孔子) 같은 성인의 차원에서는 가한 것도 없고 불가한 것도 없었겠지만 그래도 위첩(衛輒)의 신하가 되지는 않았고, 계환자(季桓子)가 제(齊)나라의 여악(女樂)을 받아들였을 때에는 뒤도 돌아보지 않고 떠나갔으니, 이는 참으로 출처의 도리를 털끝만큼이라도 방과(放過)해서는 안 되었기 때문이다.

당 태종(唐太宗)이 자기 형을 죽이고 그 지위를 뺏었고 보면 왕규(王珪)와 위징(魏徵)뿐만이 아니라 그때에 유자가 있었다면 그들도 반드시 섬기려 하지 않았을 것이고, 송 태조(宋太祖)가 자기 임금을 내쫓고 그 나라를 찬탈하였고 보면 범질(范質)과 왕부(王溥)와 위인포(魏仁浦)뿐만이 아니라 그때를 당하여 유자가 있었다면 그들도 반드시 그 조정에 서려고 하지 않았을 것이다. 그렇다면 이종의 일에 있어서도 어찌했어야 옳을지 알 수가 있는 것이다.

대저 제왕(濟王)은 황자(皇子)가 된 일수(日數)가 오래되어 인심이 이미 그에게 속하였고 천명(天命)이 이미 그에게 돌아갔으며, 제왕에게는 또 일찍이 실덕한 것이 없었다. 그렇다면 제왕이야말로 사직(社稷)과 민인(民人)의 주인이 될 자였다고 할 것이다. 그런데 이종(理宗)이 기꺼이 사미원의 기화(奇貨)[74]가 되어 옆에서 훔쳐보면서 배제(排

74 기화(奇貨) : 장래에 고가(高價)로 팔릴 여지가 많은 진기한 보배라는 뜻으로, 이종이 사미원에게 장차 이익을 챙길 수 있는 좋은 이용물이 되었다는 뜻이다.

擠)하려고 힘쓰다가, 하루아침에 선제(先帝)의 조령(詔令)을 가탁할 때는 권간(權奸)의 위세를 옆에 끼고 그 모친을 겁박(劫迫)하여 형의 지위를 탈취하였으며, 또 얼마 지나지 않아서 형에게 형륙을 가하고 관작을 깎아내렸다. 그렇다면 이것이 어찌 태종(太宗)이 형제의 핏물을 밟고 제위(帝位)에 나아간 것이나 예조(藝祖)[75]가 황제의 자리를 강제로 빼앗은 것과 다르겠으며, 그 명분이 올바르지 못하고 그 말이 순조롭지 못한 것이 또 어찌 출공(出公)의 경우와 다르다고 하겠는가.

아, 가령 서산의 처지에서 유자가 되지 않았다면 모르지만, 그렇지 않다면 정녕 몸을 깨끗이 하고 세상을 피해서 산림에서 지조를 지켜야 했을 것이다. 그리하여 삼강(三綱)과 오상(五常)의 도리가 땅에 떨어지지 않게 하고, 천하 후세 사람들이 이종이 반역을 했다는 사실을 알게 하여, 군자에게 용납되지 못하게 했어야 할 것이다. 그런데 그리하지 않고 몸을 굽혀 자리에 나아가 사미원이나 정청지(鄭清之)[76] 등의 무리와 함께 같은 반열에 섰으니, 이 어찌 치욕스러운 일이 아니겠는가.

이때는 사미원이 정권을 잡고 조정이 탁란(濁亂)해서 천하의 일을

75 예조(藝祖) : 《서경》 〈순전(舜典)〉에 나오는 말로, 문덕(文德)을 지니고 개국(開國)한 시조를 뜻하는데, 후대에는 보통 송(宋)나라 태조(太祖)를 가리키는 말로 쓰였다. 이에 대해 청나라 고염무(顧炎武)는 "사람들은 송나라 사람들이 자기 태조를 예조로 부르는 것만 알지, 이전 시대에도 태조를 예조라고 부른 사실은 모르고 있다.……그렇다면 예조는 역대 태조의 통칭이라고 하겠다."라고 하였다. 《日知錄 卷24 藝祖》

76 정청지(鄭清之) : 영종 가정(嘉定) 17년(1224) 국자학록(國子學錄)의 신분으로 승상 사미원의 음모에 가담하여 황자 조횡을 폐하고 이종을 옹립하였다. 그러나 사미원이 죽은 뒤에 좌승상이 되어 진덕수와 위요옹(魏了翁) 등의 명인을 초빙하여 중용하였으므로 당시에 소원우(小元祐)라고 칭해지는 등 긍정적인 평가를 받기도 하였는데, 녹문은 이전의 악행을 씻을 수 없다고 하여 사미원과 동급의 권간으로 단죄하고 있다.

하나도 해 볼 만한 것이 없었으며, 이종은 또 겉으로는 현인을 좋아하는 척하면서도 실제로는 성심(誠心)이 없어서 서산 자신에게도 일찍이 삼빙(三聘)의 예(禮)를 갖춘 일이 없이 기껏해야 작록을 가했을 뿐인데, 냉큼 그것을 받고는 몸을 일으켜 내직 혹은 외직에 거하며 시키는 대로만 하였으니, 어찌 또 이렇게 자중(自重)하지 못했단 말인가.

논자는 말하기를 "이종이 사미원의 음모를 모조리 알았다고 단정할 수도 없다. 그리고 영종(寧宗)이 그 부황(父皇)의 자리를 옮기고 그 자리를 차지한 것은 이종에 비해서 그 정도가 훨씬 심한 것 같은데, 주자(朱子)는 오히려 영종을 섬겼다. 그런데 어찌하여 서산에 대해서만 그 출처를 의심하는 것인가."라고 하는데, 이 말은 타당하지 않은 점이 있다. 《춘추(春秋)》의 서법(書法)에 의하면, 임금이 시해당했는데 적을 토벌하지 않으면 오히려 그가 '시해했다〔弑〕'라고 쓰게 되어 있다.[77] 더군다나 이종은 사미원에게 처음부터 끝까지 몸을 의탁하고 일심(一心)으로 그에게 의지하였으니, 그 음모(陰謀)와 대계(大計)에 대해서 필시 몰랐을 리가 없다. 사미원이 조령(詔令)을 가탁하여 이종을 맞아 황제로 세울 때를 살펴보더라도 손양(遜讓)하는 한마디 말이 없었고, 제왕이 죽은 것 또한 이종의 시기와 의심에서 나왔고 보면, 이종이 사미원과 마음을 하나로 합쳤던 것을 분명히 알 수가 있다. 사실이

77 춘추(春秋)의……있다 : 진 영공(晉靈公)이 조순(趙盾)을 죽이려 하자 조순이 도망갔다가, 조천(趙穿)이 영공을 죽인 뒤에 돌아오자, 진(晉)나라 사관(史官)인 동호(董狐)가 "조순이 그 임금을 죽였다."라고 기록하여 조정에 보였다. 조순이 자기가 죽이지 않았다고 항변하자, 동호가 "그대는 일국의 정경으로서 도망가면서 국경을 넘지도 않았고, 돌아와서는 역적을 토벌하지도 않았으니, 그대가 죽인 게 아니면 누가 죽인 것이겠는가."라고 하였는데, 이 일과 관련하여 공자가 "동호는 옛날의 훌륭한 사관이었다. 그의 서법은 숨기는 일이 없었다."라고 찬양하였다. 《春秋左氏傳 宣公2年》

이러한데도 어떻게 그 죄를 면할 수 있겠는가.

반면에 영종의 일은 이것과 다른 점이 있다. 조여우(趙汝愚)는 귀척의 경(卿)으로서 충성스럽고 정직하게 왕실을 한마음으로 받들었으니, 원래 간험(奸險)하고 이기적인 사미원의 술책과 비교할 성질의 것이 아니다. 그리고 광종(光宗)이 병에 걸려서 상례(喪禮)를 봉행하지 못하자 인심이 흉흉해지면서 사직이 장차 위태로워졌기 때문에 어쩔 수 없이 위로 태후(太后)의 명을 받들고 아래로 만백성의 기대에 응하여 광종을 높여서 태상황으로 하고 그를 대신해서 다스리게 한 것이었다.[78] 이것이 과연 도리에 비추어 볼 때 무슨 해가 되기에, 이종이 권간을 옆에 끼고 형의 팔을 비튼 것[79]과 견주어 동일시할 수 있단 말인가. 그 마음을 살피지 않고 그 자취만 취하여 비교한다면, 이곽(伊霍)이 나라를 위한 것과 의온(懿溫)이 찬절(簒竊)한 것이 장차 똑같은 길을 따라간 동일한 바큇자국이 되고 말 것이다.[80] 이것이 어찌 말이 되겠는가.

78 광종(光宗)이……것이었다 : 송 효종(宋孝宗)이 죽었을 때 그 아들 광종이 심질(心疾)로 인해 상례를 집행할 수 없게 되자, 조여우가 광종의 아들인 가왕(嘉王)을 황태자로 삼아 복상(服喪)하게 하였는데, 이 가왕이 즉위하여 영종이 되었다.

79 형의……것 : 《맹자》 〈고자 하(告子下)〉의 "형의 팔을 비틀어서 밥을 빼어 먹으면 밥을 먹을 수 있고, 형의 팔을 비틀지 않으면 밥을 먹지 못할 경우, 그런 때에도 형의 팔을 비틀겠는가.〔紾兄之臂而奪之食 則得食 不紾 則不得食 則將紾之乎〕"라는 말에서 추출한 것이다.

80 이곽(伊霍)이……것이다 : 충신과 권간의 행적을 동일시하는 오류를 범할 것이라는 말이다. 이곽은 상(商)나라 이윤(伊尹)과 전한(前漢) 곽광(霍光)의 병칭이다. 이윤은 탕왕(湯王)의 적장손인 태갑(太甲)이 포학하게 굴자 동궁(桐宮)으로 축출했다가 그가 개과천선하자 3년 뒤에 다시 영입하여 복위시켰다. 곽광은 소제(昭帝)가 죽자 한 무제(漢武帝)의 손자인 창읍왕(昌邑王) 유하(劉賀)를 황제로 영입하였으나 그의 행동이 그지없이 음란하였으므로 즉위 27일 만에 태후(太后)의 명을 받들어 폐위시키

혹자는 또 말하기를 "서산이 도(道)를 행하기에 급급해서 구구하게 작은 절조 따위는 애석(愛惜)하게 여길 틈이 없었다."라고 하는데, 이 말 역시 타당하지 않은 점이 있다. 한 자를 굽혀서 한 길을 펴고 자기 몸을 굽혀서 남을 바르게 하기를 구한다면, 이것은 패자(覇者)의 술법이지 유자의 도리는 아니다. 가령 서산의 입장에서 패자로 자처했다고 한다면 애당초 그를 깊이 책망하고 말 것이 뭐가 있겠는가. 오직 그의 도덕이 고매하고 학문이 순일하여 그야말로 주자 이후의 일인자였고, 그가 임금에게 고하며 국가를 위해 모획(謀劃)한 설을 보아도 수연(粹然)하여 한결같이 왕도(王道)에서 나오지 않은 것이 없었는데, 유독 자임하는 것이 너무 중하였고 도를 근심하는 것이 너무 절실했던 까닭에 결과적으로 자기 몸을 굽히는 것이 됨을 자각하지 못했다. 이것이 바로 내가 서산을 위해 깊이 애석하게 여기는 까닭이요, 이와 함께 위요옹(魏了翁) 등 제현(諸賢)에 대해서도 똑같이 분개하는 까닭이다. 서산의 마음이 혹자가 말한 것처럼 작은 절조 따위를 애석하게 여기지 않는 데에서 나왔다고 한다면 이는 단지 패자일 따름이니, 어찌 그런 사람을 서산이라고 할 수가 있겠는가. 이른바 그를 구덩이에서 꺼내 주려다가 거꾸로 밀어 넣는 격이라고 하겠다.

아, 세속에서는 의논하기만 좋아할 뿐이요 정작 도에 대해서는 알지

고 선제(宣帝)를 세웠다. 의온은 조위(曹魏)의 사마의(司馬懿)와 동진(東晉) 환온(桓溫)의 병칭이다. 사마의는 고평릉(高平陵)의 변(變)을 일으켜 조상(曹爽) 일족을 소탕하고 정권을 장악하였으며 그의 손자 사마염(司馬炎)이 선양(禪讓)을 받아 진(晉)나라를 세우는 토대를 마련하였다. 환온은 간문제(簡文帝)를 세워 정사를 전횡하다가 그가 재위 2년 만에 병사하자 효무제(孝武帝)의 선양을 받으려고 꾀했으나 성공하지 못하고서 의문의 죽음을 당하였다.

못한 나머지, 서산이 제왕에게 군신의 의리가 없어서 애당초 절조를 세워야 한다고 논할 만한 것이 없는 점에 대해서는 억지로 배척하여 실절했다고 강변을 하고, 서산이 이종을 섬길 수 없는 것이 이와 같아서 자기 몸을 굽히는 결과를 면치 못한 점에 대해서는 또 억지로 변론하여 허물이 없다고 주장을 한다. 아, 군자가 아니라면 그 누구와 더불어 이런 것을 말할 수 있겠는가.

서산을 논한다면 과연 어떻게 단안(斷案)을 내려야 하겠는가? 옛날에 율곡(栗谷) 선생이 허형(許衡)과 오징(吳澄)을 논하여 "실신(失身)했다고는 말할 수 있어도 실절했다고는 말할 수 없다."라고 하였는데,[81] 서산을 논할 때에도 이것을 가지고 판단한다면 그런대로 근사하게 되리라 생각한다.

81 율곡(栗谷)……하였는데 : 허형과 오징은 원(元)나라의 양대 주자학자인데, 이들이 송나라에서 벼슬하지 않았으므로 실절했다고는 할 수 없어도, 이민족의 국가인 원나라에서 벼슬한 것은 실신했다고 할 수 있다는 말이다. 이 두 사람에 대한 이이(李珥)의 직접적인 언급은 확인할 수가 없다. 다만 《율곡전서(栗谷全書)》 권32 〈우계집(牛溪集)〉에 "허노재(許魯齋)가 원나라에서 벼슬한 것에 대하여 사람들이 많이 비방하지만, 이것은 그냥 실신한 것일 뿐이지 실절한 것은 아니다. 대개 노재가 원나라에서 벼슬한 것이 타당하지는 않았다 하더라도, 본래 북방에서 나고 자랐던 만큼 송나라 유민의 부류와는 같지 않기 때문이다."라고 하였고, 《율곡전서》 권10 〈답성호원(答成浩原)〉에 "진서산(眞西山)이 이종(理宗)을 섬긴 것에 대해서, 섬기지 말아야 할 임금을 섬겼다고 말할 수는 있겠지만, 어찌 실절했다고 말할 수야 있겠는가. 악의(樂毅)가 출분한 것에 대해서도, 의리상 미진했다고 말할 수는 있겠지만, 이것 역시 실절했다고 말할 수는 없을 것이다."라고 하였다. 또 《송자대전(宋子大全)》 부록(附錄) 권14 〈이희조록(李喜朝錄)〉에 "율곡이 '허노재에 대해서 실신했다고 말할 수는 있겠지만, 실절했다고 말한다면 그것은 잘못이다.'라고 하였는데, 그 말씀이 참으로 옳다."라는 우암의 말이 보인다.

설 說

매미에 대한 설 갑진년(1724, 영조 즉위년)

蟬說 甲辰

매미가 우는데 소리가 등에서 나온다. 무릇 천하에 소리를 내는 동물은 모두 입으로 소리를 내는데, 매미만 등에서 내는 이유는 무엇인가? 입으로 소리를 내는데도 사람들이 알지 못할 뿐인가, 아니면 매미라는 물건이 미소해서 이목구비(耳目口鼻)의 기관을 갖추지 못해서 그런 것인가.

벼룩과 이와 개미를 보면 지극히 자질구레한데도 입을 가지고 있고, 지렁이와 굼벵이를 보면 지극히 굼지럭거리는데도 입을 가지고 있다. 소리를 내지 않는 것들도 입을 가지고 있는데, 매미처럼 맑고 기이한 소리를 내는 것이 입으로 소리를 내지 못한다면 어찌 이상한 현상이 아니겠는가.

옛사람이 "매미는 이슬을 마신다."라고 하였으니,[82] 매미에게도 입은

82 옛사람이……하였으니 : 《예기(禮記)》 〈월령(月令)〉에 "5월에……매미가 처음 울고,……7월에……한선(寒蟬)이 운다."라고 하였는데, 이와 관련하여 서광(徐廣)의 《거복잡주(車服雜注)》에 "시신의 복장에 초선을 가하는 것은 매미가 청고하여 이슬을

있는 것이다. 입이 없다면야 사람들이 물론 이상하게 여길 것도 없겠지만, 입이 있는데도 소리가 등에서 나와야만 사람들이 "왜 그럴까?" 하고 이상하게 여길 수 있는 것이다. 세상 사람들이 말이 많은 것을 싫어해서 하늘이 매미의 입을 일부러 함봉(緘封)하여 경계한 것은 아닐까. 이에 대해서 느껴지는 바가 있기에 이렇게 써 보았다.

마시고 다른 것은 먹지 않는 것을 취한 것이다.〔侍臣加貂蟬者 取其淸高飮露而不食也〕" 라고 하였다.《初學記 卷30 蟲部 蟬》

학문에는 문정[83]이 있음을 논하는 글 정미년(1727, 영조3)
學有門庭說 丁未

학문은 들어가는 문을 찾는 것이 중요하다. 그 문을 찾아 들어가서 순서에 따라 점차적으로 나아가며 한 걸음 한 걸음 중단하지 않으면 승당입실(升堂入室)의 경지에 이를 수 있겠지만, 찾아 들어가지 못하면 보고 싶어서 안달하며 마음을 괴롭히고 기운을 지치게 하더라도 담장의 높이가 몇 길이나 되기 때문에 궁실의 아름다움과 백관(百官)의 풍부함을 결코 알 수 없을 것이다.[84]

학문에 문이 있는 것은 집에 대문(大門)과 중문(中門)과 실문(室門)이 있는 것과 같다. 비유하자면 뜻을 세우는 것은 대문에 들어가는 것이니, 성학(聖學)의 만 가지 일이 모두 여기에서부터 출발한다. 반면에 뜻이 서 있지 않으면 의거할 땅이 없고 나아갈 길이 없으니, 마치 대문에 들어가지 않으면 집의 향배(向背)와 방의 규모를 알지 못해서 중문으로 들어갈 방법이 없는 것과 같다.

83 문정(門庭) : 문과 뜰이라는 뜻으로, 어떤 목표를 향해 갈 때에 거쳐야만 하는 길, 과정, 단계, 방법 등을 비유하는 말이다.

84 담장의……것이다 : 성인의 경지는 쉽사리 엿볼 수 없음을 비유한 말이다. 노(魯)나라 대부(大夫) 숙손무숙(叔孫武叔)이, 자공(子貢)이 공자보다도 낫다고 칭찬하자, 자공이 "궁궐의 담장에 비유해 보건대 나의 담장은 어깨에 닿을 정도여서 집 안의 좋은 것들을 모두 엿볼 수 있지만, 선생님의 담장은 그 높이가 몇 길이나 되기 때문에 정식으로 문을 찾아서 들어가지 않으면 종묘의 아름다움과 백관의 풍부함을 볼 수가 없다."라고 말한 내용에서 추출한 것이다. 《論語 子張》

근사(近思)와 실천(實踐)은 바로 중문에 들어가는 것이다. 뜻을 비록 세웠더라도 곧바로 직접 체험하지 않거나 직접 체험하려 하더라도 먼 것을 생각하여 자기에게 절실하지 않게 되고 높은 것을 힘써서 실제와 부합하지 않게 되면, 참으로 도덕을 증진하는 때를 결코 볼 수 없음은 물론이요 이미 세운 그 뜻도 반드시 뒤따라서 해태(懈怠)해지고 말 것이다. 마치 대문에 들어갔어도 중문을 찾지 못하면 반드시 방과 뜰의 규모를 상세히 볼 수 없어서 몸을 실당(室堂)의 위에 올려놓지 못한 채, 결국에는 역시 배회하며 서성이다가 대문을 도로 나오는 것과 같다.

방문을 열고 방 안에 들어가는 것에 대해서는 실로 억측해서 비유할 수는 없겠으나 더욱 집중해서 생각하고 더욱 부지런히 실행하되 가까운 곳에서부터 먼 곳으로 나아가고 낮은 곳에서부터 높은 곳으로 나아가며 끊임없이 전진하여 자기의 재능을 죄다 발휘할 수만 있으면, 고견첨홀(高堅瞻忽)[85]하여 일직선으로 상달(上達)해서 성역(聖域)에 순조롭게 들어갈 수도 있을 것이다. 마치 중문으로 들어가서 순서대로 점차 나아가 뜰을 지나고 층계에 오르며 물러남이 없이 전진하면, 마루에 오르고 문지방을 넘어 방 안으로 들어가서 아랫목에 거할 수 있는 것과 같다.

이는 모두 분명히 겪어 보면 징험할 수 있는 것으로 계제(階梯)에 등급이 있음을 단적으로 알 수 있으니, 불씨(佛氏)의 돈오(頓悟)가

85 고견첨홀(高堅瞻忽) : 성인의 경지를 어림짐작할 수 있으리라는 말이다. 안회(顔回)가 공자의 덕을 칭송하며 "우러러볼수록 더욱 높고 뚫을수록 더욱 견고하며, 바라보면 앞에 계신 듯하다가도 홀연히 뒤에 계신 듯하다.〔仰之彌高 鑽之彌堅 瞻之在前 忽焉在後〕"라고 찬탄한 말을 네 글자로 압축한 것이다. 《論語 子罕》

이치에 어긋나고 진실을 어지럽히는 것과는 같지 않다.

오늘날의 학자 중에는 뜻을 세우지 않은 채 그냥 포기해 버리는 자가 있고, 뜻을 세우기는 했어도 마음이 붕 뜬 채 절실함이 없어서 도덕을 증진하지 못하는 자가 있고, 정신을 집중하고 실제를 강구하여 바람직한 경계를 분명히 맛보았으면서도 있는 힘을 다하여 크게 통달하지 못하는 자가 있다.

뜻을 세우지 않은 채 그냥 포기해 버리는 자와 좋은 경계를 맛보았으면서도 크게 통달하지 못하는 자는 모두 당사자가 힘쓰지 않은 탓일 뿐 그 방도가 갖추어지지 않아서 그런 것이 아니니 물론 논할 필요도 없겠지만, 마음이 붕 뜬 채 절실함이 없어서 도덕을 증진하지 못하는 자의 경우에는 뜻은 하고자 해도 그 요령을 얻지 못하고 공부는 착수했어도 그 효과를 보지 못하는 것이 참으로 애처로우니, 이들은 또한 가리켜서 인도해 줄 수 있을 것이다. 앞에서 내가 일단 '근사와 실천'이라는 글자를 가지고 그 단서를 열어 놓았으니, 이에 대해 더 덧붙여 설명해 볼까 한다.

대저 사람의 마음은 허령하여 만 가지 이치를 구비하고 있는데, 구비하고 있는 그 이치는 사람이 마땅히 행해야 할 것 아닌 것이 없다. 그러나 그 이치에는 높은 것과 낮은 것이 있고 실행함에는 어려운 것과 쉬운 것이 있으니, 반드시 그중에서 낮은 것과 쉬운 것을 먼저 해야 하고 그런 뒤에야 높은 것[86]과 어려운 것을 제대로 논할 수가 있다. 그렇기 때문에 옛날에 사람을 가르칠 적에 궁리(窮理)에 대해서 말할

86 높은 것 : 대본에는 '大者'로 되어 있는데, 문맥에 근거하여 '大'를 '高'로 바로잡아 번역하였다.

때면 반드시 먼저 일용(日用) 이륜(彝倫)에서부터 이회(理會)하게 하고, 역행(力行)에 대해서 말할 때면 반드시 먼저 쇄소응대하는 것에서부터 미루어 나아가게 하였으니, 모두 까닭이 있었던 것이다.

지금 만약 일용 이륜은 천루(淺陋)해서 궁구하기에 부족하다고 여겨 반드시 천인성명(天人性命)[87]의 굴혈(窟穴)을 곧장 탐색하려고나 하고, 쇄소응대하는 것을 비근해서 할 가치가 없다고 여겨 반드시 정의입신(精義入神)[88]의 영역에 단번에 이르려고나 한다면, 이런 그의 뜻은 참으로 호대(浩大)하고 이런 그의 재질은 참으로 호방하다고 하겠지만, 학문을 안다고 하기에는 아직 부족하다고 할 것이다.

대저 학문에는 차제(次第)가 있어서 건너뛰어 올라갈 수 없으니, '하나의 사물에 통하면 만 가지 이치를 모두 통하는' 그런 경지는 안자(顔子)도 도달하지 못하였고 정씨(程氏)도 자처하지 못하였다.[89] 원래

87 천인성명(天人性命) : 하늘이 부여한 명(命)과 사람이 받은 성(性)이라는 뜻의 주자학 술어이다. 《주역대전(周易大傳)》〈건괘(乾卦) 단(彖)〉에 "하늘의 도가 변화하매 각각 성과 명을 바르게 하여 큰 화기(和氣)를 보전케 해 준다.〔乾道變化 各正性命 保合大和〕"라고 하였는데, 주희의 《본의(本義)》에 "하늘이 부여한 것을 명(命)이라 하고, 물이 받은 것을 성(性)이라 한다."라고 하였다.

88 정의입신(精義入神) : 《주역》〈계사전 하(繫辭傳下)〉 5장에 나오는 말로, 미묘한 의리를 정밀히 연구하여 신묘한 경지에 진입한다는 뜻이다.

89 하나의……못하였다 : 《근사록(近思錄)》 권3 〈치지(致知)〉에 혹자가 "격물은 사물마다 연구하는 것인가, 아니면 하나의 사물을 연구하면 만 가지 이치를 모두 알게 되는 것인가?"라고 묻자, 정이(程頤)가 "어떻게 곧장 관통할 수 있겠는가. 한 사물만 연구하면 곧장 많은 이치를 통달한다는 식의 이런 말은 비록 안자라고 할지라도 감히 그렇게 말하지 못할 것이다. 모름지기 오늘 한 가지를 연구하고 내일 또 한 가지를 연구해야 할 것이니, 쌓고 익히기를 일단 많이 하고 나면 그 뒤에 초탈하여 관통하는 곳이 자연히 있게 될 것이다."라고 하였다.

태어나면서 아는 자질의 소유자가 아니라면 여기에 끼일 수가 없으니, 지금 만약 그럴 수 있다고 말한다면 이것은 망언이라고 할 것이다.

가령 우연히 그런 인식에 도달하여 혹 방불한 점이 있게 되었더라도 그것은 실로 불교의 허무와 다를 바가 없다. 더군다나 이(理)는 잠깐 생각해서 궁구할 수 없는 것이고 도(道)는 단번에 도달할 수 없는 것이라서, 직접 단계별로 겪어 보지 않으면 그 맛을 참되게 알 수 없는 데야 더 말해 무엇 하겠는가. 이것이 종신토록 열심히 노력해도 온전히 터득하지 못하게 되는 이유이다. 예로부터 호걸지사(豪傑之士)가 학문에 뜻을 두고서도 성취하지 못한 것은 대체로 모두 여기에 걸려서 그렇게 된 것이니, 어찌 경계하지 않을 수 있겠는가.

대저 근사라는 것은 자기 몸에 붙게 하는 것을 일컫고,[90] 실천이라는 것은 전일(專一)하게 행하는 것을 말한다.

책을 읽고 글을 논할 적에 만나는 족족 궁구하여 한 글자 한 구절마다 나에게 돌이켜 묵묵히 인식하는 가운데 간절하게 마음속에 간직하면서 즉각 착수하기도 하고 깊이 사색하고 상세히 변별하면서 미리 그 이치를 연구해 보기도 한다. 그리하여 다른 날에 이 일을 만나면 이 이치로 대응하고 저 일을 만나면 저 이치로 대응함으로써 글은 글대로 나는 나대로 별개가 되는 병통이 없게끔 하고, 참으로 구절마다 글자마다 약석(藥石)이 되는 효험이 있게끔 한다. 비록 천인성명의 이치에 대해서 또한 궁구하지 않을 수 없다 하더라도, 고원(高遠)한

90 근사라는……일컫고 : 《근사록》 권2 〈위학(爲學)〉에 정호(程顥)가 "학문이란 단지 채찍질하여 내면으로 접근해서 자기 몸에 붙게 하는 것일 뿐이다. 그러므로 간절히 물으면서 가까운 것부터 생각하면 인이 그 가운데에 있다."라고 하였다.

데에 마음을 노닐지 말고 이때에도 반드시 자기에게 돌이켜 절실하게 한다면, 마음이 붕 떠서 얻지 못할 걱정이 어찌 있겠는가. 이렇게 하는 것이 이른바 근사라고 하는 것이다.

뜻을 돈독히 하여 열심히 공부하고 일건석척(日乾夕惕)[91]하면서 신심(身心)을 수습(收拾)하고 정신(精神)을 보호하여 아낀다. 어묵(語默) 동정(動靜)의 절도(節度)를 반드시 신중히 하고, 구용(九容) 구사(九思)[92]의 조문(條文)을 반드시 살펴서 허물이 있으면 가볍게 여기지 말고 그 즉시 주저함이 없이 고칠 것이요, 선(善)을 보면 작다고 여기지 말고 빠뜨리는 일이 없이 힘써 행해야 할 것이다. 지경(持敬)[93]을 할 때에는 반드시 정제엄숙(整齊嚴肅)[94]을 먼저 하고, 몸가짐을 단속할 때에는 반드시 조포(粗暴)와 경거(輕遽 경솔하고 당황함)의 요소를 제거한다. 생각 속의 선악(善惡)을 치밀하게 관찰하여 채우고 막으며, 일의 당부(當否)를 공평한 마음으로 취사하면서 조금씩이라도 계속해서 공력을 쌓아 가며 물러남이 없이 전진한다면 점차로 차서(次序)가 있게 되고 점차로 조리가 있게 되는 가운데 눈앞에 대로(大路)가 펼쳐지며

91 일건석척(日乾夕惕) : 《주역》 〈건괘(乾卦) 구삼(九三)〉의 "군자가 해가 지도록 건실한 자세를 유지하고, 해가 지면 또 두려워하는 마음으로 조심하면, 비록 위태로운 지경을 당할지라도 허물이 없게 될 것이다.〔君子終日乾乾 夕惕若 厲無咎〕"라는 말에서 추출한 것이다.

92 구용(九容) 구사(九思) : 군자가 갖추어야 할 아홉 가지의 몸가짐과 아홉 가지의 마음가짐이라는 뜻으로, 《예기(禮記)》 〈옥조(玉藻)〉와 《논어》 〈계씨(季氏)〉에 나온다.

93 지경(持敬) : 공경하는 마음을 유지하며 항상 지켜 나가는 것을 말한다.

94 정제엄숙(整齊嚴肅) : 외면을 정제하고 엄숙하게 해야 한다는 뜻으로, 정이가 주일(主一)하는 방법으로 제시한 말이다. 《근사록》 권4 〈존양(存養)〉에 이에 대한 설명이 나온다.

곧바로 성역을 향하게 될 것이다. 이에 월(越)나라로 가는 수레를 비로소 바로잡아[95] 산을 만드는 공부〔爲山之功〕[96]에 더욱 힘쓴다면 하학(下學)의 공부가 점차 익어 가며 상달의 효과를 볼 수 있을 것이니, 분명히 도덕을 증진시키지 못할 리가 없을 것이다. 이렇게 하는 것이 이른바 실천이라고 하는 것이다.

뜻이 있는 자가 참으로 여기에 힘을 쓸 수만 있다면 문정(門庭)을 찾지 못할 것을 어찌 걱정하겠는가. 이락(伊洛 정자(程子)) 이후로 이 문정에 대한 설이 어느 시대나 있어 왔는데, 학자들은 으레 매우 비밀스러워서 알 수 없다고 여기고는 모두 말하기를 "문정이라는 것이 과연 어떤 것이겠는가."라고만 할 뿐이요 '근사하고 실천하면 찾지 않아도 절로 보이지만, 공허한 담론으로 상상만 하면 고심해도 찾을 수 없다'는 사실은 전혀 알지 못하고 있으니, 정말 애처로운 일이다.

내가 어려서 학문에 뜻을 둔 뒤로부터 지금 17세가 될 때까지 성리(性理)에 관한 제서(諸書)를 거의 모두 읽었고 고인(古人)의 명언을 거의 모두 보았으며, 마음을 괴롭히며 골똘히 생각한 것이 이미 오래되었다. 그런데 문정을 찾지 못했을 뿐만 아니라 도리어 정신이 피로해지

95 월(越)나라로……바로잡아 : "남쪽에 있는 월나라로 가야 하는데 북쪽으로 수레를 몬다."라는 '북원적월(北轅適越)'의 성어(成語)를 인용한 것이다. 보통 행위와 목적이 상반되는 것을 비유하는 말로 쓰는데, 여기서는 잘못 들어선 길에서 더 이상 우왕좌왕하지 말고 다시 되돌려 바로잡아 목표를 향해 매진하라는 말로 썼다. 북원적초(北轅適楚) 혹은 남원북철(南轅北轍)이라고도 한다. 《戰國策 魏策4》

96 산을 만드는 공부 : 《서경》 〈여오(旅獒)〉에 "마치 아홉 길의 산을 만들 적에 한 삼태기의 흙이 부족해서 그 공이 허물어지는 것과 같다.〔爲山九仞 功虧一簣〕"라고 한 고사를 인용한 것으로, 완성 단계에 들어섰더라도 마지막까지 공들여서 유종의 미를 거두라는 말이다.

고 기운이 소모되는 것만 느끼겠기에, 혼자서 나름대로 괴이하게 여기고는 한밤중에 잠을 이루지 못한 채 끌끌 혀를 차며 스스로 탄식하기를 "내가 학문에 뜻을 두고서 몇 년이 되도록 중단하지 않았으니 뜻이 세워졌다고 이를 만하고, 성현의 글을 읽으면서 잠자는 것도 잊고 밥 먹는 것도 잊었으니 힘을 쏟았다고 이를 만하다. 그렇다면 당연히 일취월장하는 효과가 있어야 할 터인데, 어찌하여 어물쩍거리고 제자리걸음만 하며 한 치쯤 나아가면 한 자나 뒤로 물러나서, 이처럼 느려 빠진 채 축 늘어지고 말았단 말인가."라고 하였다.

이윽고 뒤따라 자책하기를 "공력을 들였는데 효과가 없었던 경우는 지금까지 있지 않았다. 내가 지금 이 모양이 된 것은 뜻이 수립되지 않고 힘을 쏟은 것이 지극하지 못해서 그런 것이 아니겠는가."라고 하면서, 이와 관련하여 평소에 행해 왔던 바를 스스로 점검해 보다가 나도 모르게 한숨을 쉬며 탄식하기를 "내가 행해 온 것이 이처럼 박약한데 기대하는 것이 저처럼 크기만 하니, 이 어찌 우스운 일이 아니겠는가. 비록 학문에 뜻을 두었다 하더라도 일찍이 발분(發憤)하여 진작하지 못했으니 뜻을 세웠다고 말할 수 없고, 글 읽기를 매우 좋아했다고 하더라도 일찍이 자기를 돌이켜 보며 공부하지 않았으니 힘을 쏟았다고 말할 수 없다. 이와 같은데도 문정을 찾기를 구한다면 어려운 일이 아니겠는가."라고 하였다.

그리하여 며칠 동안 문을 닫고 깊이 생각한 끝에 비로소 어렴풋이 깨달아지고 석연(釋然)히 이해되는 점이 있는 것 같기에 학문에는 문정이 있다는 주제로 글을 지어 보고는, 뒤이어 근사와 실천을 도에 들어가는 요체로 삼아 후세의 학자로 하여금 이른바 문정이라는 것은 공허한 담론으로는 얻을 수 없다는 것을 알게 하였다. 나 역시 중문에 들어가서 실당을 바라보는 자가 아니라 여전히 대문과 중문의 사이에서 주저하며 서성이고 있는 처지이기는 하지만, 참으로 이 몸이 죽지 않고 공력을 온전히 다 쏟을 수만 있으면 승당입실하는 경지에 이르게 될는지도 알 수 없는 일이다. 그 첫걸음을 내딛는 것이 실로 오늘로부터 시작되는 것이기에, 우선 이렇게 기록해 둠으로써 뒷날 고험(考驗)하는 자료로 삼고자 한다.

눌재 주인에게 준 글 경술년(1730, 영조6)

贈訥齋主人說 庚戌

부부(夫婦)와 붕우(朋友)는 타인끼리 합쳐진 관계이다.[97] 성인(聖人)이 이 두 가지를 오륜(五倫)의 과조(科條)에 배치하여 부자(父子) 및 형제와 동등하게 한 것은 참으로 부부는 사람을 생육하는 시초가 되고 붕우는 사람을 생육하는 도(道)가 이로 말미암아 바르게 되는 것이라서, 부부가 없으면 사람을 생육하는 시초가 될 수 없고 붕우가 없으면 생육의 도가 바르게 될 수 없기 때문이다. 그 의의(意義)가 어찌 중차대하지 않겠는가. 부부의 관계일 뿐이고 붕우의 관계일 뿐이라도 중차대한 것이 이와 같은데, 하물며 부부이면서 붕우의 도를 겸했다면 더 말할 나위가 있겠는가.

아, 붕우의 도가 무너진 것이 오래되었다. 세상에서 높다란 관에 소매 넓은 옷을 착용하고 입으로 경론(經論)을 담론하는 자들은 무수히 많지마는, 제대로 선(善)을 따르도록 권면하고 인(仁)을 배양하도록 도와주는 붕우의 도를 얻은 자를 찾는다면 몇 사람이나 되겠는가.

97 부부(夫婦)와……관계이다 : 《소학집주(小學集註)》〈총목(總目) 명륜(明倫) 붕우지교(朋友之交)〉 조목에서 주희(朱熹)가 오륜을 설명하면서 "오직 부자와 형제만이 천륜인 친속이고, 타인끼리 합쳐진 것이 세 가지이다. 그러나 부부는 천륜인 친속이 이를 통해서 이어지는 것이고,……붕우로 말하면 천륜인 친속이 이를 의지하여 바름을 취하는 것이다.……그러니 붕우가 선을 따르도록 권면하고 인을 배양하도록 돕지 않는다면, 그 어떤 것이 다른 네 가지 윤리로 하여금 제대로 될 수 있게 하겠는가."라고 하였다.

높다란 관에 소매 넓은 옷을 착용하고 입으로 경론을 담론하는 자들도 그렇게 하지 못하는데, 오히려 부인에게 그런 것을 요구할 수 있겠는가. 그런 부인이 없다 해도 당연하다고 하겠으나, 다행히 있다고 한다면 또 얼마나 귀하게 여기며 공경해야 하겠는가.

나의 둘째 형인 눌재(訥齋 임찬주(任贊周)) 주인(主人)에게 현부인(賢夫人)이 있으니, 그 성이 맹씨(孟氏)이다. 주인이 공명(功名)에 뜻을 두고 과거 급제에 힘을 기울여 날마다 열심히 하는 것이 오직 과거 공부뿐이었는데, 그럴 때면 부인이 "지금 세상에 태어나서는 오직 문을 닫고 독서하며 홀로 자신을 닦아 선하게 해야 마땅한데, 어찌하여 과거를 일삼으십니까."라고 하면서, 깊이 경계할 뿐만 아니라 또 힘껏 저지하였다. 주인이 교유하기를 좋아하여 항상 나귀를 타고 친지(親知)들을 왕래하며 종일 시간을 보내기도 하였는데, 그럴 때면 부인이 "지금 세상에 처해서는 오직 내행(內行)을 철저히 닦아야 하는데, 어찌하여 교유를 일삼으십니까."라고 하면서, 깊이 경계할 뿐만 아니라 또 힘껏 저지하였다.

옛날에 부인이 한마디 말이나 한 가지 일을 가지고 그 군자(君子 남편)를 보좌한 경우는 혹 있었지만, 큰 출처와 큰 기미를 가지고 이처럼 분명하고 절실하게 부석(剖析)하여 판결했다는 말은 들어 보지 못하였는데, 부인이 큰일을 이와 같이 하였고 보면 작은 일을 어떻게 했을지 실로 알 만하다. 부인 같은 경우는 이 세상에서 절대로 찾아볼 수 없고 겨우 한 번 있을까 말까 하다고 말해야 옳을 것이요, 부부이면서 붕우의 도를 겸했다고 말해야 옳을 것이다. 비록 옛날에 칭한 '닭이 울었다고 부인이 말하는 시'[98]라고 할지라도 어찌 이보다 더할 수가 있겠는가.

아, 이런 부인은 참으로 공경해야 할 것이요 귀하게 여겨야만 할 것이다. 주인이 실제로 이 부인을 신뢰하고 자기 일에 적용할 수만 있으면 책선(責善)하고 보인(輔仁)하는 즐거움을 실로 규문(閨門)과 임석(衽席)의 사이에서 얻을 것이니, 어찌 꼭 드높은 관에 소매 넓은 옷을 착용하고 입으로 경론을 담론한 뒤에야 붕우가 되겠는가. 주인은 부디 노력하시기 바란다.

부인은 나의 처의 언니이다. 부인의 이런 도를 예전에 나의 처가 잘 행하였는데, 불행히도 명이 짧아 일찍 죽었으므로 매양 애석하게 여겼다. 듣건대 부인이 또 이와 같이 행한다고 하기에, 이렇게 써서 나의 소회를 부치는 동시에, 그 주인에게 권면하여 오직 공경하면서 그 부인을 신뢰하고 자기의 일에 적용하도록 하였다.

98 닭이……시 : 《시경》 〈정풍(鄭風) 여왈계명(女曰鷄鳴)〉 시를 말하는데, 이 시는 부부가 서로 경계하며 권면하는 내용이다.

한 문공의 〈체협의〉[99]에 대한 설 임자년(1732, 영조8)

韓文公禘祫議說 壬子

한 문공(韓文公)의 〈체협의(禘祫議)〉에 대하여, 주자(朱子)가 《한문고이(韓文攷異)》에서 말하기를 "한공(韓公)의 본의(本意)는 이러하다. 헌조(獻祖)는 시조이니 응당 초실(初室)에 거하게 하여 백세(百世)토록 옮기지 말아야 하고, 의조(懿祖)의 신주(神主)는 태묘(太廟)의 서쪽 협실(夾室)로 옮겨야 하며, 태조(太祖) 이하는 차례로 제실(諸室)에 배열해야 한다. 사시(四時)의 제향을 올릴 때에는 오직 의조만

99 한 문공(韓文公)의 체협의(禘祫議) : 한 문공, 즉 당나라 한유(韓愈)가 덕종(德宗) 정원(貞元) 18년(802)에 논란이 된 체협(禘祫)의 사안과 관련하여 황제에게 헌의한 글이다. 《新唐書 儒學列傳下》《韓昌黎文集 卷14》 체협은 제왕이 시조를 비롯하여 원근(遠近)의 선조들을 제사하는 대제(大祭)의 명칭이다. 협(祫)은 합(合)이니, 소목(昭穆)에 의거하여 태조의 묘(廟)에 합사(合祀)하는 것을 말하고, 체(禘)는 체(諦)이니, 그 존비(尊卑)의 지위를 자세히 살펴서 제사하는 것을 말한다. 천자는 원래 칠묘(七廟)로, 중앙에 태조를 안치하고, 좌우로 삼소(三昭) 삼목(三穆)을 배열하게 되어 있다. 그런데 중종(中宗) 때에 경황제(景皇帝)를 추존하여 별도로 태조의 묘를 세워서 홍성(興聖)이라고 하고, 현종(玄宗) 개원(開元) 10년(722)에 또 경황제의 조부(祖父)의 묘를 세워서 헌조, 의조라고 하는 등 태묘를 늘려 구실(九室)로 하는 이른바 구묘(九廟) 제도를 세우면서부터 예문(禮文)이 복잡하게 되어 사람들의 의론이 일정치 않았으므로, 황제가 백관에게 칙지(勅旨)를 내려 5일 안에 헌의하게 하자 한유가 자신의 의견을 올린 것이다. 참고로 구묘는 헌조, 의조, 태조, 세조(世祖), 고조(高祖), 태종(太宗), 고종(高宗), 중종(中宗), 예종(睿宗)을 말한다. 헌조는 당나라를 세워 초대 황제가 된 고조 이연(李淵)의 고조부 이희(李熙)이고, 의조는 이연의 증조부 이천석(李天錫)이고, 태조는 이연의 조부인 경황제 이호(李皓)이고, 세조는 이연의 부친인 원황제(元皇帝) 이병(李昞)이다.

참여하지 않고 헌조 이하는 각각 그 실에서 제사하여 실마다 스스로 존엄함을 지키며 상대방 때문에 강압(降壓)되지 않으니, 이것이 이른바 '펴는 제사는 항상 많다.〔所伸之祭常多〕'라고 하는 것이다. 그러나 체협(禘祫)을 올릴 때에는 오직 헌조가 동향(東向)의 지위에 거하고 의조와 태조 이하는 모두 소목(昭穆)에 따라 남북으로 서로를 향하니, 이것이 이른바 '조(祖)는 손(孫) 때문에 높여지고 손은 조 때문에 굽혀지는 것으로 굽혀지는 제사는 항상 적다.'라고 하는 것이다."라고 하였다.[100]

내가 상고해 보건대 주자의 이 설은 예(禮)의 원리로 보면 적합하고 인정(人情)에 비추어 보면 순리적이니, 백세토록 바뀌지 않을 정론(正論)이라고도 하겠다. 그러나 한공의 본문(本文)을 가지고 그 본의를 추구해 보면 꼭 이 설과 같지는 않을 듯하니, 혹 선생이 우연히 조관(照管 검토 해석)을 잘못한 것이 아닌가 싶기도 하다.

대개 헌조와 의조 2조(祖)는 당시에 이미 모두 조천(祧遷)[101]을 해서 협실에 안치된 상태였다.-고례(古禮)에 "조고(祖考)의 신주를 자손의 협실에 내려 안치한다."라는 글이 없고 보면,[102] 헌조와 의조를 태조의 협실에 안치한

100 주자(朱子)가……하였다 : 《문헌통고(文獻通考)》 권101 〈종묘고(宗廟考) 11 협체(祫禘)〉에 이 내용이 실려 있다. 청나라 진혜전(秦蕙田)이 《오례통고(五禮通考)》 권98 〈길례(吉禮) 체협〉에서 주희(朱熹)의 이 설명은 한유를 잘못 이해한 것이라고 단편적으로 비판한 내용이 나오는데, 주희의 이 글에 대해서 본격적으로 반박한 것은 녹문의 이 설이 효시가 아닐까 한다.

101 조천(祧遷) : 규정된 대수(代數)를 넘긴 조종(祖宗)의 신주를 원조(遠祖)의 묘(廟)로 옮겨 봉안하는 것을 말한다.

102 고례(古禮)에……보면 : 《회암집(晦庵集)》 권15에 "옛날에 오직 자손의 조주를 조고의 협실에 올려 안치하는 법만 있었지, 조고의 조주를 자손의 협실에 내려 안치한 예문은 없었다."라는 주희의 말이 나온다. 조주는 세대가 오래된 사당의 신주를 뜻한다.

것은 예(禮)가 아니니, 당시에 제대로 알지 못하고서 함부로 행한 것이다.-

당시에 의논하는 자들이 제기한 의견은 단지 체협을 행할 때에 헌조와 의조의 조주(祧主)를 만약 모두 태묘에서 합식(合食 합제(合祭))하면 태조가 동향의 지위를 바르게 지킬 수 없어서 뒤로 물러나 소목의 반열을 따라야 하는데, 이는 태조의 존엄을 굽히는 것이 된다고 하는 것이었다. 이렇게 해서 다섯 가지 설[103]이 있게 되었는데, 그 말들이 각기 다르기는 하지만 그 의견이 나온 유래를 살펴보면 모두가 동일하다.

한공의 뜻을 살펴보건대 대개 "헌조와 의조 2조가 이미 조천되었다고 하더라도 체협을 행할 때에는 합식하지 않을 수 없고, 합식하게 되면 헌조가 동향의 지위를 차지해야 마땅하니 태조로서는 잠시 소목의 반열에 나아가지 않을 수 없다. 만약 의논하는 자들의 설처럼 해서 2조의 신주를 다른 곳에 옮기거나 땅에 묻는다면 미안(未安)하게 된다."라는 것이었을 뿐이요, 주자가 《한문고이》에서 설명한 것처럼 '헌조는 제1실에 거하여 태조가 되게 하고, 태조는 물러나 제2실에 거하게 하려고 한 것'은 아니었다.

한번 한공의 설을 가지고 해석해 보고자 한다.

그가 "은(殷)나라는 현왕(玄王)을 조로 삼았고, 주(周)나라는 후직(后稷)을 조로 삼았다.……태조(太祖)가 동향의 지위를 바르게 지킬

103 다섯 가지 설 : 첫째는 헌조와 의조의 묘주(廟主)는 협실에 영원히 보관해야 옳다는 것이고, 둘째는 헌조와 의조의 묘주는 훼철하고 땅속에 묻어야 옳다는 것이고, 셋째는 헌조와 의조의 묘주는 각각 그 능소(陵所)에 옮겨야 옳다는 것이고, 넷째는 헌조와 의조의 묘주는 흥성(興聖)에 부묘해야 옳다는 것이고, 다섯째는 헌조와 의조는 경사(京師)에 별도로 묘를 세워야 옳다는 것인데, 한유는 이 다섯 가지 모두 불가하다면서 자신의 의견을 구체적으로 제시하였다.

수 있었다.……"[104]라고 한 것은 "은나라는 설(契)을 태조로 삼았고, 주나라는 후직을 태조로 삼았는데, 후직과 설 모두 제곡(帝嚳)으로부터 나왔으니 본래부터 제(帝)의 신분이었다. 그리고 그 대수(代數)가 지극히 멀어졌으므로 처음부터 제사를 다시 지내지 않았으니, 그 신주를 옮겨서 협실에 보관할 일이 애당초 없었으며, 체협을 행할 때에도 합향(合享)을 하지 않았다. 그래서 태조가 동향의 지위를 바르게 유지할 수 있어서 뒤로 물러나 소목의 반열을 따를 일이 자연히 없었던 것이다."라는 의미의 말이다.

"예(禮)에서 칭한 것은 대개 한 시대에 적합한 것을 기록하였을 뿐이니, 후대에 전할 것이 못 된다."라고 한 것은 "예에서 '태조는 동쪽을 향한다.'라고 칭한 것[105]은 단지 은주(殷周)의 일을 가지고 기록하였을 뿐이니, 후세에 체협을 행하면서 태조의 부조(父祖)를 함께 제향하는 것 같은 경우는 이 설에 구애받을 필요가 없다."라는 의미의 말이다.

104 은(殷)나라는……있었다 : 한유의 〈체협의〉에는 "은나라는 현왕(玄王)을 조(祖)로 삼았고, 주나라는 후직(后稷)을 조로 삼았는데, 태조의 윗분들 모두가 원래 제(帝)의 신분이었으며, 또 그 대수가 이미 멀어져서 제사를 다시 지내지 않았다. 그래서 태조가 동향의 지위를 바르게 유지할 수 있었고 자손이 소목(昭穆)의 반열을 따르게 되었던 것이다."라고 하였다. 현왕은 은나라의 시조인 설을 가리킨다. 그가 현조(玄鳥)에서 나왔다는 출생 신화가 있고, 은나라를 세운 탕(湯) 역시 수덕(水德), 즉 현덕(玄德)이었기 때문에 그런 이름이 붙었다고 한다.

105 예에서……것 : 《구당서(舊唐書)》 〈예의지(禮儀志)〉에 《예기(禮記)》 〈왕제(王制)〉의 "천자는 7묘이니, 3소 3목과 태조의 묘를 합쳐서 7묘이다.〔天子七廟 三昭三穆與大祖之廟而七〕"라는 말을 인용하면서 "처음 봉해진 임금을 누구나 높여서 태조라 한다."라고 하고, 또 "태조의 실에서 합식할 경우 태조는 동향이고 소는 남향이고 목은 북향이니, 상나라의 현왕과 주나라의 후직의 예가 바로 그것이다."라고 하였다.

"경황제(景皇帝)가 비록 태조라고 할지라도 자손이다. 조는 손 때문에 높아지고, 손은 조 때문에 굽혀진다.……"[106]라고 한 것은 "경황제가 비록 태조라고 할지라도 헌조와 의조에게는 그들의 자손일 뿐이니, 상시(常時)에는 물론 제1실에 거하는 것이 마땅하겠지만, 체협을 행할 때 헌조와 의조를 함께 제사 드릴 경우에는 헌조가 동향의 지위를 차지하는 것이 옳고, 경제(景帝)는 소목의 반열을 따르는 것이 옳다. 이것이 그 존엄함을 굽히는 것 같지만, 조에게 눌려서 잠깐 굽히는 것에 불과할 따름이다. 인정에 비추어 보아도 실로 순탄해서 해로울 것이 없는데, 신도(神道) 역시 어찌 이런 인정과 동떨어지겠는가."라는 의미의 말이다.

"상시로 지내는 제사는 매우 많고 합쳐서 지내는 제사는 매우 적으니, 굽혀지는 것은 지극히 적고 펴지는 것은 지극히 많다. 손을 펴려고 조를 폐하는 것에 비하면, 또한 순리적이 아니겠는가."[107]라고 한 것은 "사시의 제향에서는 헌조와 의조를 제향하지 않으니 태조가 항상 제1실에 거하고, 3년에 한 번 지내는 체협 때에 와서야 비로소 합식을 하며 잠시 굽힐 따름이다. 그렇다면 태조가 펴지는 제사는 지극히 많고 굽혀

106 경황제(景皇帝)가……굽혀진다 : 《창려집》 권5 〈체협의〉에 "경황제가 비록 태조라고 할지라도, 헌조(獻祖)와 의조(懿祖)에게는 자손일 뿐이니, 체협을 행할 때를 당해서는 헌조가 동향의 자리를 차지하는 것이 옳고, 경황제는 소목의 반열을 따르는 것이 옳다. 조(祖)는 손(孫) 때문에 높아지고 손은 조 때문에 굽혀지니, 이를 신도(神道)에 비추어 보아도 어찌 인정과 동떨어지겠는가."라고 하였다.

107 상시로……아니겠는가 : 《창려집》 권5 〈체협의〉에 "상시로 지내는 제사는 매우 많고 합쳐서 지내는 제사는 매우 적으니, 그렇다면 태조가 굽혀지는 제사는 지극히 적고 펴지는 것은 지극히 많다. 손(孫)의 존귀함을 펴려고 조(祖)를 폐하는 제사에 비하면 순리적이 아니겠는가."라고 하였다.

지는 제사는 지극히 적으니, 태조가 한때 굽혀지는 것을 혐의하여 마침내 헌조와 의조의 체협의 제사를 철폐하는 것에 비하면 순리적이 아니겠는가."라는 의미의 말이다.

"일이 은나라나 주나라와 달라서 예도 이에 따라 변하였으니, 예를 잘못한 것이 아니다."라고 한 것은 "은나라나 주나라에서는 태조 이상을 제사 지내지 않았기 때문에 체협을 행할 때에 태조가 동향의 자리를 바르게 유지할 수 있었다. 하지만 지금은 태조 이상에 대해서 원조묘(遠祖廟)의 신주라고 하여 협실에 안치하였고 체협을 행할 때 그들도 함께 제향하기 때문에 태조가 잠시 소목의 반열로 나아가지 않을 수 없다. 이처럼 그 일이 다르기 때문에 그 예도 다른 것이다. 그러나 이렇게 하는 것이 사리에도 맞고 인정에도 순탄하니, 미상불 예의 뜻에 합치되는 것이다."라는 의미의 말이다.

무릇 이 몇 가지 조항을 보면 문리(文理)와 맥락이 잘 통하고 의의(意義)가 귀결되어 막히는 바가 없이 명백하게 관통하고 있다. 반면에 《한문고이》의 설을 가지고 해석할 경우에는 "한 시대에 적합한 것을 기록하였을 뿐이니, 후대에 전할 것이 못 된다."라고 하였으나 "일이 은나라나 주나라와 달라서 예도 이에 따라 변하였다."라고 말한 것들 모두가 뜻이 통하지 않게 된다.

그리고 한공이 의논하는 자들의 설을 반박하기를 "헌조와 의조 2조는 바로 훼철된 묘(廟)의 신주이니, 지금은 비록 협실에 보관되어 있더라도 체협을 행할 때가 되면 어찌 태묘에서 제사하지 않을 수 있겠는가."[108]라고 하였고, 또 "예법(禮法)은 강등해야 할 때가 있고 인정은

108 헌조와……있겠는가 : "헌조와 의조의 묘주는 영원히 협실에 보관해야 한다.〔獻

감쇄해야 할 때가 있다. 옛날에 노(魯)나라가 양궁(煬宮)을 세웠을 때《춘추(春秋)》에서 이를 비난하면서 이미 헐어 버리고 보관해 둔 묘주(廟主)를 가져다가 다시 궁(宮)을 세워서 제사하는 것을 부당하게 여겼는데, 지금 만약 2조를 위해서 별도로 묘(廟)를 세운다면 이 양궁의 경우와 똑같이 될 것이다."[109]라고 하였다. 이 말을 가지고 살펴보건대 한공이 헌조를 시조로 삼아 제1실에 거하게 하고 백세토록 옮기지 못하게 하려 함이 아니었음을 더욱 분명히 알 수 있다.

내가 나름대로 생각해 보건대 주자는 "조는 손 때문에 높아지고, 손은 조 때문에 굽혀진다."라는 말과 "펴지는 것은 지극히 많고 굽혀지는 것은 지극히 적다."라는 말 등 몇 개의 어구가 명절(明切)하고 간당(簡當)하여 예(禮)에 합당하다고 보았고, 또 한공이 은나라와 주나라의 일을 인용한 것을 보고는 마침내 "한공의 뜻은 헌조를 현왕이나 후직으로 간주하여 태조로 삼으려 한 것이다."라고 여기고서 더 이상 의심을 두지 않은 채 그와 같이 설명한 것이 아닐까 한다. 이와 같은

懿廟主 宜永藏之夾室〕"라고 의논하는 자들의 설을 반박한 한유의 말 중에서 녹문이 중요 부분을 뽑아 인용한 것이다.

109 예법(禮法)은……것이다 : "헌조와 의조는 별도로 경사에 묘를 세우는 것이 옳다.〔獻懿二祖 宜別立廟京師〕"라고 의논하는 자들의 설을 반박한 한유의 말 중에서 녹문이 중요 부분을 뽑아 인용한 것이다. 양궁은 양공(煬公)의 사당이다. 《춘추》 정공(定公) 1년에 "양궁을 세웠다.〔立煬宮〕"라는 경문(經文)이 나오는데, 두예(杜預)의 해설에 "양공은 백금(伯禽)의 아들이다. 그 묘(廟)가 이미 훼철되었는데, 계씨가 그에게 기도하려고 그 궁을 세웠으므로, 《춘추》에서 이를 기록하여 기롱한 것이다."라고 하였다. 이 경문에 대해서 《춘추공양전》은 "예가 아니어서 기록한 것이다.〔非禮也〕"라고 평하였고, 《춘추곡량전(春秋穀梁傳)》은 "세운 것이 옳지 않아서 기록한 것이다.〔不宜立也〕"라고 평하였다. 백금은 주공(周公)의 아들로, 노나라의 시조가 된 자이다.

한공의 문자는 경전의 문자와는 차이가 있는 만큼 주자가 미처 상세히 고증하지 못해서 실수할 수도 있었으리라는 생각이 든다.

대저 한공의 이 의론은 그 당시에 행해야 할 일에 대해서 인정에 조금 편안한 것을 구한 것일 뿐이요, 원래 본원을 끝까지 밝히려고 주장한 것이 아니다.-만약 그 본원을 끝까지 밝혀서 말하는 경우라면 주자가 논한 것처럼 반드시 헌조를 태조로 삼아야만 옳을 것이다.- 그런데 "조고의 신주를 자손의 협실에 내려 안치하는 것은 부당하다."라고 하는 것에 대해서는 한공도 미처 구명(究明)하지 못한 것이 아닌가 한다.

임금의 후계자는 적과 장을 위주로 세워야 함을 논하는 설
立子以嫡以長說

후계자를 세울 때에는 어떻게 해야 하는가? 적자(嫡子)를 세우고 나이로 하지 않는다. 모두 적자일 때에는 어떻게 하는가? 연장자를 세운다. 적자가 없으면 어떻게 하는가? 그때에도 연장자를 세운다. 그렇다는 것을 어떻게 증명할 수 있는지 아래에서 설명해 보겠다.

대도(大道)가 자취를 감추어 쟁탈이 홍기함에 따라 여현(與賢)의 법이 무너지고 세급(世及)의 예(禮)가 행해졌는데,[110] 혼란의 근원을 막고 백성의 뜻을 하나로 정하기 위한 것이었다. 성인(聖人)이 이렇게 한 것은 무궁한 뒷날까지 천하를 걱정하여 만세토록 이어 나갈 상경(常經)을 세워 준 것이었다.

그러나 아들에는 적서(嫡庶)와 장소(長少)의 구별이 있고, 현불초의 차이가 있게 마련이다. 따라서 일정하게 구분하여 엄하게 제한하는

110 여현(與賢)의……행해졌는데 : 요(堯) 임금이 순(舜)에게 선양(禪讓)한 것처럼 현인에게 왕위를 물려주는 일이 후대에는 없어지고, 그 대신 통치자의 가계(家系) 안에서 왕위를 세습하는 일이 일상화되었다는 말이다. 여현은 《맹자》 〈만장 상(萬章上)〉의 "하늘이 현인에게 임금의 자리를 주게 하면 현인에게 주는 것이고, 하늘이 자식에게 임금의 자리를 물려주게 하면 자식에게 주는 것이다.〔天與賢則與賢 天與子則與子〕"라는 말에서 나왔다. 세급은 세대 간에 상전(相傳)한다는 뜻으로, 세습과 같은 말이다. 《예기(禮記)》 〈예운(禮運)〉에 "대인은 세급을 예로 삼는다.〔大人世及以爲禮〕"라고 하였는데, 공영달(孔穎達)의 소(疏)에 "세급은 제후가 전위할 때 스스로 집안사람에게 주는 것이니, 부자를 세라고 하고, 형제를 급이라고 한다. 즉 아버지가 아들에게 전해 주고, 아들이 없으면 형이 아우에게 전해 주는 것을 말한다."라고 하였다.

법을 세워 놓되, 마치 천지를 바꿀 수 없고 사시(四時)를 옮길 수 없는 것처럼 해 놓지 않으면, 자리를 엿보는 자가 많아지고 인심(人心)이 뿔뿔이 흩어져서 찬역(簒逆)의 화(禍)가 그치는 때가 없을 것이다.

이 때문에 성인이 천리(天理)의 그만둘 수 없는 것에 근거하여 분명한 법을 제정하되, 적서의 구분을 엄격히 하여 천한 자가 귀한 자를 넘보지 못하게 하고, 장유(長幼)의 차서를 분명히 하여 연소자가 연장자를 넘보지 못하게 하였다. 그리하여 부왕(父王)이 사적인 애증을 가지고 취사할 수 없게끔 하였고 신하가 현우(賢愚)를 구별하여 간택할 수 없게끔 하였으니, 실로 천(天)의 경(經)이고 지(地)의 의(義)이며 삼강(三綱)의 요체이고 오상(五常)의 근본으로, 만고에 걸쳐 그 누구도 피할 수가 없는 것이다.

옛날에 세자(世子)가 태어나면 태뢰(太牢)로 부인(夫人)을 접대하였고, 사흘째 되는 날에는 점을 쳐서 사(士) 중에 길인(吉人)을 골라 세자를 업히고 사(士)의 처(妻)가 젖을 먹이게 하였다. 석 달이 지나면 임금이 목욕한 뒤에 조복(朝服)을 착용하였고 부인도 이와 같이 하고서 모두 조계(阼階)에 올라섰으며, 세부(世婦)가 세자를 안고 서계(西階)로 올라오면, 임금이 세자의 이름을 지어 주고는 계단을 내려왔다.[111] 세자가 처음 태어났을 때에 이처럼 융숭하게 예를 베풀었으니,

111 옛날에……내려왔다 : 《춘추좌씨전(春秋左氏傳)》 환공(桓公) 6년의 "9월 정묘일에 아들 동이 태어났다.〔九月丁卯 子同生〕"의 경문(經文)과 그 주(註)에 의거하여 내용을 약간 보충하여 번역하였다. 동은 노 장공(魯莊公)의 이름이고, 모친은 문강(文姜)이다. 태뢰는 소, 양, 돼지를 갖춘 성대한 음식인데, 이 태뢰의 예(禮)로 부인을 접대하는 것은 적자를 소중히 여기는 뜻에서 나온 것이다. 여기에서 부인은 제후의 처를 말한다.

이것부터 서자(庶子)들과는 예법이 완전히 달랐던 것이다.

그러므로 《춘추(春秋)》에서 장공(莊公)의 출생과 관련하여 "아들 동(同)이 태어났다."라고 기록하였으니, 이는 모든 이의 기대를 여기에 결부하고 백성들의 뜻을 하나로 정하기 위해서였다. 반면에 경보(慶父)와 숙아(叔牙)의 경우는 그들이 장공 이전에 태어났는데도 아예 생략하고 드러내지 않았다.[112] 그런 까닭에 공중(共仲)이 시해한 사건이 자반(子般)이 즉위했을 때에 발생하였고,[113] 장공의 세상에서는 감히 작란(作亂)하지 못했으니, 이는 적서의 분수가 정해졌기 때문이다.

송 환공(宋桓公)의 병이 위독해지자 태자(太子) 자보(玆父)가 간청하기를 "목이(目夷)가 나이도 많고 인자하기도 하니 임금님은 그를 후계자로 세우소서."라고 하니, 환공이 자어(子魚)에게 보위(寶位)를 계승하라고 명하였다. 자어는 순리(順理)가 아니라고 사양하면서 도주하여 퇴피하였으니, 순리가 아니라고 한 것은 적첩(嫡妾)의 분수에

112 경보(慶父)와……않았다 : 경보는 장공의 첫째 아우이고, 숙아는 장공의 둘째 아우이다. 막내아우는 계우(季友)이다. 경보는 공중이라고도 한다. 환공의 지차(之次) 아들인 이들 세 사람이 나중에 노(魯)나라의 실권을 장악한 삼환(三桓), 즉 맹손씨(孟孫氏), 숙손씨(叔孫氏), 계손씨(季孫氏)의 시조가 된다. 그들이 장공보다 먼저 태어났다고 한 것은 녹문의 착오이다.

113 공중(共仲)이……발생하였고 : 공중, 즉 경보가 장공의 부인인 애강(哀姜)과 사통하다가 장공이 죽은 뒤에 계우가 자반을 임금으로 세우자 공중이 락(犖)을 사주하여 자반을 살해하고 민공(閔公)을 세웠다. 그러나 공중은 민공도 복의(卜齮)를 시켜 살해하고는 자기가 임금이 되려고 하였으나, 죽음의 위기에 몰려 거(莒)로 도망쳤다가 결국 핍박을 받고 자살하였다. 당시에 "경보를 죽이지 않으면 노나라의 난리는 끝나지 않을 것이다."라는 소문이 파다하였다. 자반은 장공이 맹임(孟任)의 딸인 맹녀(孟女)를 총애하여 낳은 아들로, 반(斑)이라고도 한다. 《春秋左氏傳 莊公27年・32年, 閔公1年》

비추어 볼 때 순리가 아니라는 것이었다.[114]

경(經)에서 "중자(仲子)의 봉(賵)"이라고 기록하고 "중자의 궁(宮)"이라고 기록한 것은 적(嫡)인지 첩(妾)인지의 실상을 밝혀서 은공(隱公)이 군위(君位)를 사양한 것을 드러내기 위해서였다. 중자가 실제로 부인이었고 환공(桓公)이 그 부인의 소생이었다고 한다면, 은공이 비록 형이라도 임금이 될 수 없었을 것이 분명하다. 이것이 바로 성인이 그렇게 기록한 뜻이었다.[115]

공양자(公羊子)가 말하기를 "서자를 후계자로 세우되 신분이 귀한 자로 하고 나이 많은 자로 하지 않는다."[116]라고 하였는데, 하휴(何休)

114 송……것이었다 : 《춘추좌씨전》 희공(僖公) 8년에 이 기사가 실려 있다. 자보는 송 양공(宋襄公)이다. 목이는 자보의 서형(庶兄) 자어인데 "나라를 사양하다니 이보다 더 큰 인이 어디에 있겠습니까. 신은 태자에게 미칠 수 없고, 또 순리도 아닙니다."라고 하면서 자리를 사양하였다.

115 경(經)에서……뜻이었다 : 노나라 은공과 환공은 모두 서자였으니 그중에서 형인 은공이 후계자가 된 것은 당연한 일이었는데, 은공이 아우인 환공에게 군위를 양보한 것은 법도에 맞지 않는 일이었다는 말이다. 환공의 부친인 혜공(惠公)이 중자를 부인으로 맞아들이고 그녀의 소생인 환공을 태자로 삼았다는 이유를 들어 환공을 적자로 보는 시각도 있으나 "예법에 따르면 제후는 다시 장가를 들지 않으니 중자는 혜공에게 첩에 지나지 않을 따름이요,……따라서 은공과 환공은 모두 서자로서 은공이 형이요 환공은 그의 아우이다."라는 설을 녹문도 받아들이고 있다. 《春秋質疑 卷1 隱公 不書卽位》 《춘추좌씨전》 은공 1년에 "가을 7월 천왕이 재훤을 보내와서 혜공과 중자의 봉을 주었다.〔秋七月 天王使宰咺來 歸惠公仲子之賵〕"라고 하였고, 5년에 "9월 중자를 위한 별도의 사당을 낙성하였다.〔九月考仲子之宮〕"라고 하였는데, 둘째 부인이라는 뜻의 중자라는 단어 속에 이미 그녀가 첩이라는 사실을 공자가 밝혔다는 것이 녹문의 논리이다. 첫째 부인인 맹자(孟子)의 신주는 이미 혜공의 사당에 들어가 있는 상태였다. 봉은 상가(喪家)에 부조하는 거마(車馬) 등의 물품을 말한다.

116 서자를……않는다 : 《춘추공양전(春秋公羊傳)》 은공 1년 경문의 "1년 봄 왕정월

가 해설하기를 "예(禮)에 의하면, 부인에게 아들이 없으면 우잉(右媵)을 세우고 우잉에게 아들이 없으면 좌잉(左媵)을 세우고 좌잉에게 아들이 없으면 질제(姪娣)를 세우니, 모두 총애를 다투는 일을 예방하기 위해서이다."라고 하였다. 우(右)의 좌(左)에 대한 관계나 잉(媵)의 질제에 대한 관계는 그 귀천의 차이가 또한 미세한데도 이렇게 구분해 놓았으니, 그 설이 너무 심한 것 같지만 여기에도 대략 전(傳)에 의거한 것이 분명히 있을 것이다. 더군다나 부인과 중첩(衆妾)에 대한 신분상의 분별을 어떻게 어지럽힐 수 있겠는가.

하휴가 또 말하기를 "남자는 60세에 폐방(閉房)하는데, 그때까지 세자가 없을 경우에는 귀공자(貴公子)를 명한다. 장차 죽게 되었을 때에도 이와 같이 한다."라고 하였는데, 그 소(疏)에 이르기를 "남자는 60세에 양도(陽道)가 폐장(閉藏)되는데, 그때에도 세자가 없으면 그 부인 역시 세자를 낳을 도리가 없을 것이기 때문에 귀공자를 명하여 세자로 삼는 것이다. 만약 나이가 60에 차지 않았으면 서자를 세워서 세자로 삼는 법은 없다. 왜냐하면 그를 세웠다가 다시 축출하는 것은 난도(亂道)가 되기 때문이다. 60에 차지 않았더라도 죽게 되었을 때에는 귀공자를 명하여 세자로 삼는다."라고 하였다. 이것을 보면 부인에게 아들이 없더라도 시간을 미루며 기다려야 하고 갑자기 서자를 세우지는

〔元年 春 王正月〕"을 해설한 부분의 "은공은 나이도 많고 현능한데, 어째서 왕의 후계자가 되면 안 되는가? 적자를 후계자로 세우되 나이 많은 자로 하고 현능한 자로 하지 않으며, 적자가 없을 때에는 서자를 후계자로 세우되 신분이 귀한 자로 하고 나이 많은 자로 하지 않기 때문이다. 환공은 어째서 신분이 귀한가? 모친이 귀하기 때문이다. 모친이 귀하면 아들이 어째서 귀한가? 아들은 모친 때문에 귀해지고, 모친은 아들 때문에 귀해지는 것이다."라는 내용에서 발췌한 것이다.

않는 법인데, 더군다나 세자가 이미 태어난 상황에서야 어떻게 장소(長少)와 현부(賢否)를 가지고 어지럽힐 수 있겠는가.

그리고 형제는 하늘이 안배한 순서이니, 사람이라면 해제(孩提) 때부터 자기 형을 공경할 줄 모르는 자가 없다. 천천히 걸음을 옮겨 어른의 뒤를 따라가는 것을 공경한다고 하고, 빨리 걸어서 어른보다 앞서가는 것을 공경하지 않는다고 하며, 의복과 음식을 반드시 연장자보다 뒤에 하는 것이 예(禮)이다. 그러므로 성인(聖人)이 인정(人情)에 근거하여 예법을 만들면서 지위가 같으면 장자(長者)를 세우도록 한 것이다. 그리하여 예(禮)에서 "아버지가 장자를 위해서는 삼년복을 입는 것"[117]으로 하였고, 또 "첫째 아들이 죽으면 둘째 아들을 세우는데, 그를 또한 장자라고 이름한다."[118]라고 하였을 뿐 첫째 아들이 죽으면 현능한 자를 가려서 세운다고 말하지 않은 것이다.

그렇기 때문에 숙제(叔齊)가 감히 부친의 명이 존엄하다고 하여 자기 형보다 앞서려 하지 않았으므로 공자(孔子)가 인(仁)을 추구하다가 그 인을 얻었다고 하였다.[119] 태왕(太王)이 계력(季歷)을 세우려고 하

117 아버지가……것 : 《의례(儀禮)》 〈상복(喪服)〉 삼년참최장(三年斬衰章)에 나온다.

118 첫째……이름한다 : 《의례》 〈상복〉 참최장에 나오는 가공언(賈公彦)의 소(疏)에 "첫째 아들이 죽으면, 적처 소생의 두 번째 연장자를 취하여 세우는데, 그를 또한 장자(長子)라고 이름한다."라고 하였다.

119 숙제(叔齊)가……하였다 : 《사기(史記)》 〈백이열전(伯夷列傳)〉에 "백이와 숙제는 고죽군의 두 아들인데, 부친이 숙제를 후계자로 세우려 했다. 부친이 죽자 숙제가 백이에게 양보하니, 백이가 부친의 명이라고 하고는 마침내 도주하였다. 이에 숙제도 즉위하려 하지 않고 도주하니, 나라 사람들이 가운데 아들을 세웠다."라고 하였다. 또 《논어》 〈술이(述而)〉에 공자가 백이와 숙제에 대해서 "원래 인을 추구하다가 그 인을

였지만 태백(泰伯)과 중옹(仲雍)이 도주한 뒤에야 계력의 자리가 정해졌으니, 태백이 도주했어도 중옹이 그대로 남아 있었다면 계력은 후계자가 되지 못했을 것이다.

은공과 환공이 똑같이 혜공(惠公)의 첩(妾)의 아들이었고 보면 저위(儲位)는 당연히 은공이 차지할 자리였으니, 혜공이 환공을 세우려고 한 것은 사심(私心)이 개입되었다. 그런데 은공이 자기의 지위를 스스로 편안하게 여기지 못한 탓에 찬시(簒弑)의 화(禍)[120]를 불러들였으므로 군자가 그를 좋게 보지 않는 것이다.

한 경제(漢景帝)가 태자(太子)를 폐출하고 교동왕(膠東王)을 세운 것에 대해서 사마공(司馬公)이 말하기를 "경제의 아들이 14인이었는데, 율태자(栗太子)가 폐출되었을 때에 헌왕(獻王)이 가장 나이가 많았다. 그 당시에 대의(大義)에 따라 천하를 그에게 위탁했더라면 제왕(帝王)의 치세(治世)가 회복되었을 것이다."라고 하였는데,[121] 헌왕을

얻었으니, 어찌 또 원망을 했겠는가.〔求仁而得仁 又何怨〕"라고 하였다.

120 찬시(簒弑)의 화(禍) : 우보(羽父)가 은공에게 환공을 죽이기를 청했으나, 은공이 "내가 임금이 된 것은 그가 어렸기 때문이니, 이제는 장성한 그에게 자리를 물려주고자 한다. 나는 도구(菟裘)에 집을 짓고 거기에서 노년을 보내려 한다."라고 하며 거절하자, 우보가 겁을 내어 도리어 환공에게 참소하여 은공을 죽이기를 청하고는 자객을 보내 은공을 시해하였다.《春秋左氏傳 隱公11年》

121 한……하였는데 : 사마광(司馬光)이 헌왕을 기린 찬문(贊文)에 "경제의 아들이 14인이었는데, 율태자가 폐출되었을 때에 헌왕이 가장 나이가 많았다. 과거에 대의에 따라서 천하를 그에게 위탁하여 그 덕을 쓰고 그 뜻을 베풀었더라면, 무제(武帝)가 신선과 사사(祠祀)를 칭송한 것이나 궁실과 관유(觀遊)에 국고를 낭비한 것이나 무력을 남용해서 괴롭힌 것이나 부역과 전수(轉輸)의 폐단이 반드시 없었을 것이요, 당연히 헌왕의 인의가 흡족히 베풀어지고 잘못된 풍속이 바로잡혀서 찬란하게 제왕의 치세가

세우는 것이 대의였다고 한다면 차서를 뛰어넘어 교동왕을 세운 것은 의(義)가 아니었다고 하겠다.

대개 형제의 순서와 선후의 차서는 천명(天命)에 기인하고 인심에 근원한다. 천천히 걸어가고 빨리 걸어가는 것은 일 중에 지극히 미세한 것이요, 음식과 의복은 물건 중에 지극히 미세한 것이다. 그러나 한번 그 차서를 어기기라도 하면 마음속으로 편안하게 여길 수가 없는 법인데, 더군다나 선왕(先王)의 종사(宗祀)를 받들어 인민(人民)의 위에 군림하는 경우에 자기 형보다 앞서고도 스스로 편안할 수가 있겠는가. 인심이 불안하게 여기는 것은 곧 천리에도 옳지 않은 것이다. 천리를 거역하고 인심을 위배하는 것은 상서롭지 못한 것 중에 큰 것이니, 비록 군부(君父)의 존엄한 신분으로서도 감히 그 사이에 사심을 용납하지 못하는 것은 바로 이 때문이다.

공양자(公羊子)는 말하기를 "적자를 후계자로 세우되 나이 많은 자로 하고 현능한 자로 하지 않는다."라고 하였고, 목숙(穆叔)은 말하기를 "태자가 죽었을 때에 모제(母弟)가 없으면 연장자를 세우고 나이가 같으면 현능한 자를 택하는데, 이것이 옛날의 도(道)이다."라고 하였다.[122] 여기에서 모제는 태자의 모제로서 정부인(正夫人)의 차자(次子)

회복되었을 것이니, 필시 문제나 경제의 시대보다도 훨씬 뛰어났을 것이다."라고 하였다. 《宋文鑑 卷75 河間獻王贊》 율태자 유영(劉榮)은 경제의 장자로 율희(栗姬)의 소생인 관계로 율태자로 칭해졌으며, 태자에서 폐위되어 임강왕(臨江王)이 되었다가 금령을 어겨 경사(京師)로 소환되어 옥중에서 자결하였다. 헌왕 유덕(劉德)은 율희의 둘째 아들로 하간왕(河間王)에 봉해졌는데, 학문을 좋아하고 성품이 인후해서 현군의 자질을 갖추었다는 평가를 받았다. 교동왕 유철(劉徹)은 왕 황후(王皇后)의 유일한 소생으로 경제가 즉위한 뒤에 출생하였는데, 뒤에 즉위하여 무제가 되었다.

를 의미하는데, 태자가 적자가 아닌 경우에는 모제를 세울 필요가 없다. 그리고 나이가 같아야만 현능한 자를 택하고, 나이가 같지 않으면 비록 현능하다고 해도 순서를 바꾸지 않는다. 여기에서 옛날의 도라고 말한 것은 바로 옛 성인(聖人)의 유법(遺法)을 가리킨다.

이를 통해서 살펴보건대 장유와 선후의 관계가 어찌 자른 듯 분명해서 범할 수 없는 것이 아니겠는가. 후세 사람들은 이를 알지 못한 탓에 군부 된 자는 함부로 사의(私意)를 개입시켜 적자를 폐하고 서자를 세우는가 하면 연장자를 폐하고 연소자를 세우기도 하는 등 오직 자기 한 사람의 호오(好惡)를 따르기만 하였으며, 신자(臣子) 된 자는 또 사의로 임금의 뜻을 받들며 말하기를 "대도(大道)가 행해지던 세상에서는 천하를 공적인 물건으로 여겼다. 지금 비록 그렇게는 하지 못한다 하더라도, 어찌 우리 임금의 아들 중에서 현능한 이를 택할 수야 없겠는가."라고 한 결과, 마침내 대의가 밝혀지지 않고 인심이 안정되지 못한 가운데 찬탈의 화(禍)가 이 세상에 줄을 잇게끔 하였다. 동자(董子)가 이르기를 "인군(人君)이 되어서 《춘추》를 모르면 반드시 원흉(元凶)의 이름을 뒤집어쓰게 되고, 인신(人臣)이 되어서 《춘추》를 모르면 반드시 찬역의 죄에 빠지게 된다."라고 하였는데,[123] 참으로 옳은 말이다.

그렇다면 임금에게 아들이 없으면 어떻게 해야 하는가? 마땅히 목숙

122 목숙(穆叔)은……하였다 : 목숙은 노 양공(魯襄公) 때의 대부(大夫)인 숙손표(叔孫豹)의 시호이다. 《춘추좌씨전주소(春秋左氏傳註疏)》 권40 양공(襄公) 31년 자야졸조(子野卒條)의 해설에 나오는 내용이다.

123 동자(董子)가……하였는데 : 한(漢)나라 동중서(董仲舒)가 말한 내용으로 《사기》 〈태사공자서(太史公自序)〉와 《호씨춘추전(胡氏春秋傳)》 강령(綱領)에 나온다.

의 말처럼 해야 옳을 것이다. 즉 임금에게 모제가 있으면 모제를 세우고 모제가 없으면 서곤제(庶昆弟) 중에서 연장자를 세워야 하며, 곤제가 없으면 곤제의 아들을 세우고 또 곤제의 아들이 없으면 곤제의 손자를 세우되, 반드시 모두 적자로 하고 연장자로 해야 할 것이다. 그리고 곤제의 손자가 없으면 또 차서에 따라 종부곤제(從父昆弟)와 종조곤제(從祖昆弟)에까지 미치되, 반드시 친근한 데에서부터 소원한 데로 나아가고 연장자에서부터 연소자에게로 나아가고 적자에서부터 서자로 나아가야 할 것이다. 고의로 이런 일체의 법을 행하는 것이 아니요, 천서(天敍 하늘의 질서)를 받들어 인심에 따르고 인민의 뜻을 하나로 정하여 쟁탈의 화근을 막기 위해서이다.

제 양공(齊襄公)이 시해당했을 때에 소백(小白)과 규(糾) 모두 서제(庶弟)의 신분으로 규가 나이가 적었고 소백이 그보다 연장이었다. 그래서 《춘추》에서 "공이 규를 그 나라 임금으로 들여보내려 하였다."라고만 기록하고 제나라를 연계(連繫)하지 않음으로써 규가 임금이 되면 안 되는데도 노나라가 들여보내려 한 것을 기롱하였고, 소백에 대해서는 특별히 "제나라 소백이 제나라로 들어갔다."라고 기록함으로써 그가 제나라를 다스려야 함을 드러냈으니, 관중(管仲)이 환공(桓公)을 도운 것은 사의(徙義)한 것이었고, 소홀(召忽)이 규를 위해 죽은 것은 필부필부(匹夫匹婦)가 조그만 신의를 지키려 한 것이었다.[124]

124 제……것이었다 : 소백과 규는 춘추 시대 제 양공의 아우인데, 소백이 규의 아우라는 설이 유력하다. 소백이 양공의 아들이라는 설이 있기는 한데, 소백이 규의 형이라는 설은 전거 미상이다. 두 사람 모두 황음무도한 양공을 피해서 국외에 망명해 있다가 공손무지(公孫無知)가 양공을 시해하고 혼자 즉위했다가 살해당하자 각자 군대를 이끌고 돌아와 왕위 쟁탈전을 벌인 끝에 소백이 승리하여 공자 규를 죽이고 왕위에 오르니,

노 장공(魯莊公)이 죽고 자반이 시해당했을 때에 희공(僖公)이 차서에 따라서 즉위해야 마땅하였다. 그런데 애강(哀姜)과 공중이 어리고 약한 군주(君主)를 이롭게 여겨서 민공(閔公)을 세웠으니, 실로 사람들 누구나 주벌(誅伐)해야 함은 더 말할 것도 없다.

송 철종(宋哲宗)이 죽고 나서 아들이 없어 장돈(章惇)이 간왕(簡王)을 세우려고 하니, 태후(太后)가 이르기를 "제왕(諸王)이 모두 신종(神宗)의 서자들이라서 분별할 수가 없으니, 차서로 본다면 단왕(端王)이 즉위하는 것이 마땅하다."라고 하였다.[125] 이에 장돈이 "단왕은 경조(輕

그가 제 환공(齊桓公)이다. 《춘추》 장공 9년의 "공이 제나라를 토벌하여 규를 그 나라 임금으로 들여보내려 하였다. 그러나 제나라 소백이 먼저 제나라로 들어가 있었다.〔公伐齊 納糾 齊小白入于齊〕"라는 경문에 대하여, 녹문은 소백이 제나라를 다스리는 것이 합당하다는 뜻을 밝힌 것이라는 해석을 취하고 있는데, 《춘추공양전》과 《춘추곡량전》에서는 각각 소백이 찬탈했다는 뜻과 소백을 미워하는 뜻이 들어 있다고 하여 부정적인 의미로 해석하였다. 소홀과 관중은 모두 규를 섬겼는데, 환공이 규를 죽일 적에 소홀은 함께 죽었던 반면에 관중은 함거(檻車)에 갇히기를 자청하여 돌아온 뒤에 정승의 지위에 올라 환공을 제후의 패자(覇者)로 만들었다. 이러한 관중의 행동에 대해서 자로(子路)가 인(仁)하지 못한 것이 아니냐고 묻자, 공자가 "관중이 그렇게 하지 않았다면 우리는 머리를 풀고 옷깃을 왼편으로 하는 오랑캐가 되었을 것이다. 어찌 필부필부가 조그만 신의를 지키답시고 도랑에서 스스로 목매어 죽어 아무도 아는 이가 없는 것처럼 하겠는가."라고 대답한 고사가 《논어》 〈헌문(憲問)〉에 나온다. 사의는 의(義)를 보고는 즉시 뜻을 바꿔 따르는 것을 말한다.

125 송……하였다 : 장돈이 처음에는 "예(禮)로 보나 율(律)로 보나 모제인 간왕 사(簡王似)를 세워야 한다."라고 주장하고, 그 뒤에 다시 "나이 순으로 보면 신왕 필(申王佖)을 세워야 한다."라고 고집하였으나, 태후가 "신왕은 눈병이 있으니 안 된다. 차서로 보면 단왕 길(端王佶)이 적임자이다."라고 하고, 또 "선제가 일찍이 단왕은 복수(福壽)가 있고 인효하다고 말씀하였다."라고 하여 마침내 단왕을 세우니, 그가 휘종(徽宗)이다. 《宋史紀事本末 卷11 建中初政》

佻)하니 천하를 다스릴 수 없다."라고 하자, 간관(諫官)인 임백우(任伯雨)와 진관(陳瓘) 등이 "선제(先帝)의 변고(變故)를 틈타서 다른 뜻을 품고는 만승(萬乘)의 자리를 엿보고 있다."라고 장돈을 논핵하였고, 주자(朱子)도 장돈이 불충하다고 하였다. 간왕이나 단왕이나 모두 선제의 아우들인데, 단왕은 꼭 세워야 하고 간왕은 꼭 세우면 안 되는 이유와 장돈의 언행이 불충에 해당되는 이유는 바로 장유의 구분 때문이었으니, 제왕(諸王)의 아들의 경우는 아예 이 논의에 들어가지도 않았다.

한 소제(漢昭帝)가 죽었을 때에 무제(武帝)의 아들로는 오직 광릉왕(廣陵王) 유서(劉胥)가 있었다. 그러나 유서는 본래 도의(道義)에 어긋나는 행동 때문에 선제가 채용하지 않았으므로 곽광(霍光)이 스스로 불안하게 여기다가, 태백(泰伯)과 백읍고(伯邑考)의 고사를 인용하는 말을 듣고 나서야 비로소 창읍왕(昌邑王)을 영입하였으니, 창읍왕은 무제의 손자였다.[126] 대저 유서의 악행이 창읍왕보다 심했고 또 선제가

126 한……손자였다 : 소제는 무제의 막내아들이었다. 따라서 소제의 유일한 형제인 광릉왕 유서가 즉위해야 마땅한데 그럴 수 없는 점을 곽광이 고민하다가 무제의 손자인 창읍왕을 대신 세웠다는 말이다. 태백과 백읍고의 고사를 인용했다는 말은, 두 사람 모두 장자로서 원래 후계자가 되었어야 마땅하지만 타인에게 왕위를 물려주었다는 뜻으로, 곽광에게 권도(權道)를 발휘하라고 권유했다는 말이다. 태백은 주(周)나라 태왕의 장자인데도 태왕의 뜻을 알아차리고는 동생 중옹과 함께 형만(荊蠻) 땅으로 도망가서 막냇동생인 계력에게 왕위를 전해 주었고, 백읍고(伯邑考)는 주 문왕(周文王)의 장자인데, 《예기》 〈단궁 상(檀弓上)〉에 "옛날에 문왕은 백읍고를 버리고 무왕을 세웠다."라는 말이 나온다. 창읍왕 유하(劉賀) 역시 행동이 음란하기 그지없어 황제로 즉위한 지 27일 만에 태후의 명에 의하여 폐위되었으며, 이에 곽광이 또 광릉왕 유서를 세우지 않고 무제의 증손인 유순(劉詢)을 세우니, 이자가 선제(宣帝)이다.

채용하지 않았으니 그는 실로 후계자로 논의할 대상이 아니었는데도 곽광이 여전히 의심을 하자, 이를 해명하는 자가 주(周)나라의 일을 인용하여 비유하기까지 하였다. 가령 유서의 악행이 그렇게 심하지 않았다면 창읍왕이 아무리 현능했어도 즉위할 수 없었을 것이니, 이것이 형제를 우선하고 아들을 뒤로 하는 증거라고 하겠다. 이런 식으로 나아가 구해 본다면 모든 일들이 가까운 데에서부터 멀리까지 미루어 간다는 것을 말하지 않아도 알 수 있을 것이다.

적서를 변별하는 것으로 말하면 장유를 변별하는 것에 비해서 더욱 분명하여 알기 쉬우니 다시 고사(故事)를 거론하여 증명할 필요도 없을 것이다. 다만 친분이 같은 뒤에야 비로소 적서를 논하는 것이요, 친분이 같지 않으면 비록 적자라고 해도 그를 앞세우지는 않는다.

"대부(大夫)와 사(士)에게 아들이 없으면 반드시 이 때문에 양자(養子)를 들여서 후계자로 세웠고 아우를 세우는 법은 일찍이 없었으니, 이는 소목(昭穆)을 바르게 하기 위해서였다. 그런데 국군(國君)의 경우에는 어찌하여 유독 그렇게 하지 않는 것인가?"라고 의문을 제기할 수도 있는데, 이것이 임금과 대부, 사의 예(禮)가 같지 않은 점이다. 대부와 사는 종통(宗統)을 위주로 하기 때문에, 형이 죽었을 때 아우가 그 뒤를 이으면 종통이 아우에게 전해져서 형이 이 때문에 반부(班祔)[127]하게 되거나 나가서 소종(小宗)과 유사한 신세가 되기도 한다. 이 때문에 예(禮)를 아는 집안에서는 반드시 아들이 잇게 하였지 아우

127 반부(班祔) : 반차(班次)에 따라 부위(祔位)를 종가(宗家)의 사당에 합부(合祔)하는 것을 말한다. 부위는 방친(旁親) 가운데 후사(後嗣)가 없거나 항렬이 낮고 나이가 어린 자로서 먼저 죽은 자의 신위(神位)를 말한다.

에게 잇게 하지는 않았다. 반면에 국군은 대대로 전하는 것을 위주로 하기 때문에, 서열에 구애받지 않고 오직 세차(世次)로써 소목을 삼는다. 그런 까닭에 희공이 형이고 민공이 아우였지만 노(魯)나라가 제희공(躋僖公)을 하자, 전자(傳者 전(傳)의 저자)가 "부친을 앞에 두고 조부를 뒤로 하여 소목을 어지럽혔다."라고 비판하였으니,[128] 군신은 부자(父子)와 같은 만큼, 희공이 일찍이 북면하고 민공을 섬긴 이상에는 부자의 도(道)에 문제 될 것이 없기 때문이었다. 주자가 〈조묘의장(祧廟議狀)〉에서 송나라의 태조(太祖), 태종(太宗), 철종(哲宗), 휘종(徽宗), 흠종(欽宗), 고종(高宗)을 각기 1세(世)로 삼았는데, 이는 《춘추》의 뜻을 반영한 것이라고 말할 수 있다.

그런데 "태왕과 문왕(文王)은 어찌 성인(聖人)이 아니겠는가. 곽광으로 말하더라도 유서를 버리고 유하(劉賀)를 세운 것은 현능한 자를 택한 것이 아니겠는가. 과연 그대의 말대로라면 유서가 도의를 위배했다고 하더라도 버리면 안 되었다. 정자(程子)는 심지어 현능한 자를 택하지 않고 창읍왕을 세운 것을 가지고 곽광에게 죄를 묻기까지 하였으니, 실로 친소(親疎)에 구애받지 않고 오직 현능한 자를 취하게 한 것이다. 왜냐하면 임금이 되어 후계자를 세우고 신하가 되어 군주를 모실 때에는 원래 천하와 사직(社稷)을 중히 여겨야 마땅하고, 적서와 장유의 멀고 가까운 사이에서 구차하게 처리하면 안 되기 때문이다."라

128 노(魯)나라가……비판하였으니 : 제희공은 《춘추》 문공(文公) 2년의 경문에 나오는 말로, 노나라가 희공의 신주를 민공의 앞자리로 올려놓았다는 뜻이다. 문공이 부친인 희공의 신주를 앞자리에 놓아두고 조부에 해당하는 민공의 신주를 뒤에 배치한 것은 상하의 위차(位次)를 문란하게 한 역사(逆祀)라고 《춘추좌씨전》과 《춘추공양전》에서 비판하였다.

고 반박할 수도 있는데, 이에 대해서는 내가 다음과 같이 말하겠다.

그렇게 행했던 것이 물론 성인의 뜻이기는 하나, 후세에 항상 행해야 하는 것은 아니다. 가령 요순(堯舜) 같은 성군(聖君)과 사악(四岳)이나 고기(皐夔)[129] 같은 현신(賢臣)이 항상 세상에 있다면야 어찌 꼭 아들을 택하겠는가. 비록 오늘날의 세상에 와서도 선양(禪讓)하는 것이 옳을 것이다. 다만 군상(君上)이 현능하다고 여기는 자가 반드시 진짜로 현능하다고 할 수도 없고 혹 사적인 호오에서 나온 것일 수도 있으며, 신하가 추대하는 자가 꼭 적임자라고 할 수도 없고 혹 반원(扳援 덕 보려고 빌붙는 것)에서 나온 것일 수도 있다. 대저 적자로 하고 연장자로 하면 일통(一統)[130]의 의리가 분명해지면서 인심이 진작부터 정해질 것이니, 비록 간악하고 포악한 삿된 뜻을 지니고 있다 하더라도 스스로 그 싹을 틔울 수가 없을 것이다. 반면에 현능한 자를 세워야 한다고 말하면, 각자 자기의 사심을 끼고서 일어나 말하기를 "아무개가 현능하다."라고 하고, 혹은 말하기를 "아무개가 재능이 있다."라고 할 것이니, 대란(大亂)을 일으키는 길이 되고 말 것이다. 삼대(三代) 이후

129 사악(四岳)이나 고기(皐夔) : 사악은 제요(帝堯) 때에 천문을 관찰하고 역법(曆法)을 제정했던 희씨(羲氏)와 화씨(和氏) 4형제로 사악의 제후를 분장(分掌)해서 그런 이름을 얻었다. 고기는 고기직설(皐夔稷契)의 준말로, 고는 고요(皐陶)로 제순(帝舜) 때에 법의 집행을 맡은 사(士)였고, 기는 교육과 음악을 전담한 전악(典樂)이었고, 직은 후직(后稷)으로 농업을 담당하였고, 설은 민정 장관이라 할 사도(司徒)의 직책을 관장하였다.

130 일통(一統) : 대일통(大一統)의 준말로, 천하가 모두 주(周)나라 왕에게 귀의하여 이를 중심으로 통일되어야 한다는 의미이다. 《춘추공양전(春秋公羊傳)》 은공 1년의 "어째서 왕정월(王正月)이라고 하였는가. 대일통을 밝히기 위해서이다."라는 말에서 유래하였다.

로 성군과 현보(賢輔)가 어찌 현능한 자를 택하는 것이 좋다는 것을 몰랐겠는가. 그럼에도 적장(嫡長)의 법을 엄격히 확립하여 만세(萬世)에 드리워서 위반하지 못하게 한 것은 한때의 이로움은 덜할지라도 만세의 복록(福祿)이 장구할 것이기 때문이었다.

일에는 경(經 상도(常道))이 있고 권(權 변통)이 있으니, 경은 만세의 상법(常法)이고, 권은 일시의 편의이다. 권도(權道)는 부득이하지 않으면 행해서는 안 되니, 잠시 행하는 것은 괜찮지만 항상 행하면 안 된다. 부득이한데 권도를 행하지 않으면 일이 이루어지지 않을 것이요, 부득이하지도 않은데 권도를 행하면 환란이 그치지 않을 것이다. 신하로서 임금을 치는 것은 천하의 대악(大惡)이지만 상탕(商湯)과 주 무왕(周武王)이 행하면 대의가 된다. 지금 덕이 상탕과 주 무왕 같지 않고 악이 걸주(桀紂)와 같지 않은데도 감히 군주를 방축(放逐)하고 주살하는 일을 행하면서 "상탕과 주 무왕도 일찍이 행했다."라고 말한다면 이는 천하를 이끌어 역적이 되게 하는 짓이다.

적자를 세우고 연장자를 세우는 것은 천지의 상경(常經)이다. 그러나 적장이 되는 자가 도덕을 위배하여 종사(宗祀)를 받들 수 없는 경우에는 부득이 폐질(廢疾)의 경우[131]에 견주어서 그다음의 사람을 세우는 것이다. 예컨대 광릉왕이 선제(先帝)에게 버림을 받은 이상 그를 세울 수 없는 것이 분명하기 때문에 곽광이 부득이해서 창읍왕을 세운 것과 같다. 창읍왕이 무도(無道)한 것을 곽광이 어찌 몰랐겠는가마는 광릉

131 폐질(廢疾)의 경우 : 세자가 폐질 때문에 왕이 될 수 없어서 서자가 왕위를 이어받은 경우를 말하는데, 《예기》 〈상복소기(喪服小記)〉의 주(註)에 이 내용이 나온다. 이때의 서자는 세자 이외의 아들을 말한다.

왕처럼 그렇게 심하다고는 여기지 않았을 것이다. 한 번 차서를 어기기도 어려운데 어떻게 두 번이나 어길 수 있겠는가. 그래서 감히 또 차서를 뛰어넘어 다른 사람을 세우지 못했던 것이다. 하지만 곽광이 광릉왕을 세울 수 없는데도 의심하였고, 창읍왕이 무도한데도 그를 세웠고 보면, 장유의 차서는 자른 듯 분명해서 범할 수 없는 만큼 반드시 부득이한 연후에야 변통하는 것임을 알 수가 있다. 정자(程子)가 곽광에게 죄를 돌린 것은 또 그 일의 종말을 보고서 그 시초를 책망한 것임을 알 수 있으니, 이미 세우고 나서 폐출시키기보다는 후계자를 정하기 전에 자세히 살폈으면 훨씬 좋았을 것이라는 뜻이다. 이것도 부득이하면 권도를 행할 수 있다는 주장인데, 곽광 또한 창읍왕의 악행이 이렇게까지 극도에 이를 줄은 알지 못했을 것이다. 철종이 죽었을 때에 신왕(申王)이 단왕보다 연장이었지만 태후가 눈병을 이유로 그를 세우지 않았다. 이것은 폐질 때문에 전중(傳重)하지 않은 경우에 해당하는데, 광릉왕 유서와 창읍왕 유하를 세우면 안 되었던 것도 여기에 견줄 수가 있다.

대저 악행이 유서와 유하 같고 충심이 곽광 같아야만 비로소 이런 일에 대해서 의논할 수 있으니, 이른바 부득이해서 권도를 행한다는 것이요, 잠시 행하는 것은 괜찮지만 항상 행하면 안 된다고 하는 것이다. 상황이 그렇지 않은데도 약간의 차이를 문제 삼아서 그들의 우열(愚劣)을 따지며 말하기를 "이자는 나이가 적지만 세워야 마땅하고, 저자는 나이가 많지만 세우면 안 된다."라고 하면서, 겉으로는 현능한 이를 택하는 설을 가탁하고 속으로는 자기의 사익(私益)을 도모한다면, 이는 사미원(史彌遠)이 역적이 된 소이라고 하겠다.[132] 순식(荀息)이 죽은 것을 군자는 오히려 순수하게 여기지 않으니,[133] 어찌 조심하지 않아서야 되겠는가. 저 태왕(太王)과 문왕(文王) 같은 일은 주자(朱子)가 말한 '마간(馬肝)의 의리'라고나 해야 할 것이니, 후세에서 인용할 성질의 것은 아니라고 하겠다.[134]

132 사미원(史彌遠)이……하겠다 : 사미원에 대한 고사는 76쪽 주70 참조.

133 순식(荀息)이……않으니 : 순식이 목숨을 바쳤어도 적자 대신 서자를 왕으로 옹립하려 한 책임은 면하지 못할 것이라는 말이다. 순식은 진 헌공(晉獻公)의 신하이다. 헌공이 총애하는 여희(驪姬)가 태자 신생(申生)을 폐하고 그녀의 소생인 해제(奚齊)를 세우려고 신생을 모함하여 자결하게까지 하였는데, 헌공이 병이 위독해지자 순식을 불러서 해제를 다음 임금으로 세울 수 있겠느냐고 묻자, 순식이 목숨을 걸고 보증하면서 임금의 명을 저버리지 않겠다고 약속하였다. 헌공이 죽은 뒤에 해제가 이극(里克)에게 살해되자 순식이 따라 죽으려 하다가, 해제의 아우인 탁자(卓子)를 세워 보좌하는 것이 옳다는 말을 듣고 탁자를 임금으로 세웠으나, 탁자가 또 조정에서 이극에게 살해당하자 순식도 마침내 목숨을 버렸다. 탁자는 헌공과 여희의 여동생 사이에서 태어난 아들이다. 《史記 晉世家》

134 태왕(太王)과……하겠다 : 태왕과 문왕이 변칙적으로 후계자를 세운 것 같은 경우는 경(經)이 아니라 권(權)에 속하는 일인 만큼 후세 사람들이 섣불리 이 고사를 인용하여 자신의 행위를 합리화하면 안 될 것이라는 말이다. 진안경(陳安卿)이 "문왕과 무왕의 입장이 바뀌면 모두 그렇게 했겠느냐."라고 질문하자, 주희가 "이런 곳이야말로 공자가 '권을 함께 행할 수는 없다.'라고 말한 대목이라고 할 것이니, 마간(馬肝)을 먹지 않아도 고기 맛을 모르는 사람이 되지는 않을 것이다."라고 대답한 고사가 전한다. 《晦庵集 卷57 答陳安卿》 마간은 말의 간으로, 독이 있어서 사람이 먹으면 죽는다고 하는데, 한 경제(漢景帝)가 원고생(轅固生)과 황생(黃生)의 탕무(湯武)에 대한 쟁론을 듣고 나서 "마간을 먹지 않아도 고기 맛을 모르는 사람이 되지 않는다는 말이 있다. 이와 마찬가지로 학자들이 탕무가 천명(天命)을 받은 일에 대해서 말하지 않아도 어리석은 자가 되지는 않을 것이다."라고 하여 위험한 논의를 중단한 고사가 전한다. 《史記 儒林列傳》

상복에 관한 설 경진년(1760, 영조36) 11월

祥服說 庚辰十一月

《예기(禮記)》에 이르기를 "호관(縞冠)에 흰 가선을 두른 것은 상제(祥祭)를 지낸 뒤에 쓰는 관이다."라고 하였고,-〈옥조(玉藻)〉에 나온다.- 또 말하기를 "대상(大祥)에는 소호(素縞)에 베옷을 착용한다."라고 하였으니,-〈간전(間傳)〉에 나온다.- 이것이 상복(喪服)의 큰 절목이다.

공안국(孔安國)은 《서경》의 현섬호(玄纖縞)[135]를 해석하기를-〈우공(禹貢)〉에 나온다.- "호(縞)는 흰 비단이다."라고 하였고, 모장(毛萇)은 《시경》의 호의기건(縞衣綦巾)[136]을 해석하기를-〈정풍(鄭風)〉에 나온다.- "호는 흰색이다."라고 하였고, 정현(鄭玄)은 《예기》의 "호의(縞衣)로 노인을 봉양하였다."를 해석하기를-〈왕제(王制)〉에 나온다.- "은(殷)나라는 흰색을 숭상하여 의상을 흰색으로 하였다."라고 하였고, 공영달(孔穎達)은 소(疏)에서 한 고조(漢高祖)가 의제(義帝)를 위하여 흰색의 상복을 입은 고사[137]를 인용하여 호가 흰색 비단임을 증명하였고,-

135 현섬호(玄纖縞) : 세 가지 색깔의 비단이니, 현(玄)은 적흑색(赤黑色)의 비단이고, 섬(纖)은 검은 날줄에 흰 씨줄의 비단이고, 호(縞)는 흰색의 비단이다. 그런데 《집전(集傳)》에서는 "광주리에 담아서 바치는 폐백은 현섬호이다.〔厥篚玄纖縞〕"라는 경문(經文)에 대해, 현(玄)은 색(色)으로 해석하고, 섬(纖)과 호(縞)는 단지 모두 비단이라고만 말하여, 섬과 호도 모두 검은색을 띤 것처럼 여기게 하였다. 그래서 언해(諺解)에서도 "광주리에 담아서 바치는 폐백은 검은 비단과 섬과 호라는 비단이다."라고 해석하는 오류를 범하였다. 《書經 禹貢》

136 호의기건(縞衣綦巾) : 《시경》 〈정풍 출기동문(出其東門)〉에 "흰옷에 쑥색 건을 쓴 나의 아내여, 그나마 나의 마음 즐겁게 해 주도다.〔縞衣綦巾 聊樂我員〕"라고 하였다.

〈우공〉의 소(疏)에 나온다.- 또 말하기를 "호는 흰색의 생견(生絹)인데, 소(素)라고 부르기도 한다."라고 하였고,-〈왕제〉의 소(疏)에 나온다.- 또 말하기를 "호는 흰 명주이다."라고 하였고,-〈증자문(曾子問)〉의 "호로 머리털을 묶고는 분상한다."의 소(疏)에 나온다.- 진호(陳澔)의 《예기집설(禮記集說)》에서는 말하기를 "호는 생견이고, 소는 삶아서 짠 명주이다."라고 하였고,-〈옥조〉의 주에 나온다.- 황면재(黃勉齋 황간(黃幹))가 지은 《상복도식(喪服圖式)》의 〈대상복도(大祥服圖)〉에서도 "호는 생견인데 길(吉)에 가까운 것이다."라고 말하였다.-본래 〈옥조〉의 소(疏)에 나온다.-

주소(註疏) 및 자서(字書)를 두루 살펴보아도 모두 이와 같이 해석하였을 뿐, 호를 참색(黲色 흑색)으로 해석한 경우는 어디에서도 찾아볼 수 없다. 오직 《시경》 〈소관(素冠)〉[138]의-〈회풍(檜風)〉에 나온다.- 소(疏)에서 〈간전〉의 주(註)를 인용하기를 "검은 날줄에 흰 씨줄이 있는 것을 호라고 한다."라고 하였는데, 주 부자(朱夫子)가 이 해석을 《집전(集傳)》에서 채택하였으니, 《가례(家禮)》에서 참색을 대상의 복색으로 삼은 것은 대개 여기에서 나왔다고 할 것이다. 그런데 율옹(栗翁)이 또 이것을 《요결(要訣)》에서 드러내 보였고,[139]-《격몽요결(擊蒙要訣)》에

137 한……고사 : 《사기(史記)》 〈고조본기(高祖本紀)〉에 "지금 항우가 의제를 강남에서 방축하고 시해하는 대역무도한 짓을 저질렀다. 과인이 친히 발상을 하노니, 제후들은 모두 흰색의 상복을 입도록 하라."라고 하였다.

138 소관(素冠) : 《시경》 〈회풍〉의 편명으로, 사람들이 삼년상을 제대로 행하지 못하는 것을 풍자한 시인데, 그 안에 "행여 소관을 쓴 상인(喪人)의 야윈 모습을 볼 수 있을까. 마음 괴로워 걱정하며 애태우노라.〔庶見素冠兮 棘人欒欒兮 勞心慱慱兮〕"라는 말이 나온다. 소관은 흰색의 관을 말하는데, 주희가 《집전》에서 잘못 인용해서 해설한 것을 녹문이 지적하고 있다.

호는 흑백이 뒤섞인 색이라고 하였다.- 사계(沙溪 김장생(金長生))가 다시 이것을 《비요(備要)》에 써 놓았는데,-《상례비요(喪禮備要)》 대상조(大祥條)에서 흑경백위(黑經白緯)의 설을 인용하면서 〈상복소기(喪服小記)〉의 소(疏)라고 하였는데, 사실은 〈소기(小記)〉의 소가 아니라, 바로 〈소관〉 시의 소이다.- 이쯤 되어서는 호가 흑경백위라는 것이 마침내 바뀔 수 없는 훈석이 되고 말았다.

상고해 보건대 〈간전〉의 주(註)에서는 단지 '흑경백위왈섬(黑經白緯曰纖)'이라고 하였을 뿐이니, 대개 담이섬(禫而纖)[140]의 1구(句)를 해석했을 따름이요 원래 호를 흑경백위라고 한 것이 아니었는데, 시(詩)의 소(疏)에서 잘못 인용한 뒤를 이어 주자(朱子)가 제대로 검토해 보지 않은 채 그 설을 채택하고 말았다. 그런데 호의기건 대목에 대해서는 《서경집전(書經集傳)》에서 또한 백색(白色)으로 해석하였으니, 여기서나 저기서나 주자가 모두 옛날의 주소(註疏)를 별 생각 없이 인용만 하였지 미처 교감(校勘)하여 재택(裁擇)하지는 못했다는 사실을 이를 통해서 또한 알 수 있다.

아, 〈회풍〉의 시인(詩人)이 〈소관〉을 보지 못한 것 때문에 슬퍼서 마음이 상하기까지 했고 보면, 대상 때 입는 순백의 상복은 당연히

139 율옹(栗翁)이……보였고 : 《율곡전서(栗谷全書)》 권27 〈제의초(祭儀鈔) 기제의(忌祭儀)〉에 "호는 흑백이 뒤섞인 색이고, 참은 엷은 청흑색이니 지금의 옥색이다.〔縞 白黑雜色也 黲 淺青黑色 卽今之玉色也〕"라고 하였다. 《격몽요결》이라고 한 것은 녹문의 착오이다.

140 담이섬(禫而纖) : 《예기》 〈간전〉의 "담제(禫祭)를 지냈으면 섬을 입고 장신구를 착용하지 못하는 것이 없다.〔禫而纖 無所不佩〕"라는 말에서 추출한 것이다. 섬은 세로 올과 가로 올을 각각 검은색과 흰색으로 짠 천을 말한다.

자소(齊疏)나 전죽(饘粥)[141]과 그 비중을 같이해야 할 것이다. 지금 명색이 삼년상인데도 대상을 마친 날에 느닷없이 참건(黲巾)과 참의(黲衣)를 착용한다면, 시인이 이를 보고서 뭐라고 하겠는가. 우리나라가 《오례의(五禮儀)》를 준행(遵行)하여 백립(白笠)을 착용하는 것은 그래도 예(禮)의 뜻을 잃지 않았다고 할 수 있다. 다만 검은 말총을 써서 망건(網巾)을 만드는 것은 너무나도 예법에 어긋났음에도 이를 잘못으로 인식하지 못하고 있는데, 이런 것도 대개는 흑경백위의 설 때문이라고 할 것이니, 한 글자를 밝히지 못한 폐해가 이 지경에까지 이르고 말았다. 이제 백포(白布)로 망건을 만들어 백립과 백포직령(白布直領)의 차림을 출입하는 복장으로 삼고, 백포건(白布巾)과 포심의(布深衣 마의(麻衣)) 차림을 평거(平居)의 복장으로 삼으려 하니, 그런대로 옛 법을 참작하여 오늘날에 변통하면서 무리 없이 행할 수 있을 것이다.

상제 때의 호와 담제(禫祭) 때의 섬은 복색이 완전히 다른데, 《가례》에서는 담복(禫服)을 대상 때의 옷으로 추천하였을 뿐, 담제 때에는 복장을 바꾸는 절차가 있지 않다. 대개 호와 섬을 모두 흑경백위로 해석할 경우에는 상제와 담제의 복장도 그 색깔이 실로 다르지 않기 때문인데, 《가례》가 미처 완성되지 않은 글이라서 이런 오류가 있게 되었다. 《상복도식》에서는 호를 생견으로 훈석하여 호관과 마의를 별도의 상복으로 만들었으니, 여기에는 분명히 전수(傳受)받은 바

141 자소(齊疏)나 전죽(饘粥) : 자소는 자최(齊衰)의 상복을 말하고, 전죽은 미음과 죽을 먹는 것을 말한다. 《孟子 滕文公上》

가 있을 것이다. 《비요》에서는 담(禫)에 대해서 단지 길복(吉服)이라고만 설명하였는데, 대개는 담복을 대상 때에 이미 설명해 놓아서 그런 것이겠지만, 이 역시 매우 미안한 일이 되지 않을까 싶다. 따라서 지금 상복(祥服)을 바로잡은 이상에는 섬관(綅冠)의 예문(禮文)[142]에 의거하여 흑립(黑笠)과 흑대(黑帶) 차림을 담복으로 삼아야 할 것이다.

142 섬관(綅冠)의 예문(禮文) : 섬관은 검은 날줄과 흰 씨줄로 짠 관을 말한다. 《예기》 〈잡기 하(雜記下)〉의 조복(朝服)을 해설한 정현(鄭玄)의 주(註)에 "이때의 조복은 섬관을 착용한다."라고 하였다.

처를 위한 상복에 관한 설 임진년(1772, 영조48)

妻服說 壬辰

처(妻)를 위해서는 상장(喪杖)을 짚는 기년복이 바로 본복(本服)인데 상장을 짚지 않는 경우가 있으니, 부친이 생존한 적자(嫡子)의 경우는 부친이 상주(喪主)가 되기 때문에 상장을 짚지 못한다. 그 밖에 서자(庶子) 및 부친이 작고한 적자의 경우는 모두 본복에 의거하여 상장을 짚는다. 그러므로《의례(儀禮)》〈상복(喪服)〉의 주(註)에서 말하기를 "적자는 부친이 생존했으면 처를 위해 상장을 짚지 못하니, 부친이 상주가 되기 때문이다.《예기(禮記)》〈복문(服問)〉에 '임금이 상주가 되는 경우는 부인(夫人)인 처와 태자(太子)와 적부(嫡婦)에 대해서이다.'라고 하였다. '부친이 생존한 아들이 처를 위하여 상장을 짚고 자리에 나아간다.'-〈상복〉의 소주(小註)에 나오는 말이다.-라고 할 때의 그 아들은 서자를 말한다."라고 하였고,-〈상복〉의 주(註)는 여기까지이다.- 가소(賈疏 가공언(賈公彦)의 소)에서도 말하기를 "천자로부터 사서인(士庶人)에 이르기까지 부친은 모두 서자의 처를 위해서는 상주가 되지 않는다. 그러므로 남편이 모두 처를 위해 상장을 짚을 수 있는 것이다."라고 하였다.

경전(經傳)으로부터 주소(註疏)에 이르기까지 모두 적(嫡)과 서(庶)만을 가지고 판단했을 뿐이요, 동궁(同宮 같은 집에서 사는 것)과 이궁(異宮 다른 집에서 사는 것) 등 허다한 설은 일절 찾아볼 수가 없다. 동궁과 이궁을 구별하는 설은《예기》〈분상(奔喪)〉의 "어떤 상(喪)이든 부친이 살아 있으면 부친이 상주가 된다."의 소문(疏文)에서 나왔는데, 이에 대한 정현(鄭玄)의 주를 보면 단지 "빈객을 상대로 예를 행하는 것은 의당 존자가 하게 해야 한다."라고 하였을 뿐이니, 그 뜻이 소(疏)와는 같지 않은 것 같다. 가령 〈분상〉의 본의(本意)가 공소(孔疏 공영달(孔穎達)의 소)의 뜻과 똑같다고 하더라도, 〈상복〉의 경문(經文)이 그토록 명백한 이상 참으로 경문을 버리고 《예기》의 글을 취하면 안 되는데, 더군다나 《예기》의 뜻이 꼭 그렇지도 않은 데야 더 말할 것이 있겠는가. 또 더군다나 동궁과 이궁을 구별하는 것은 주(周)나라 때 '귀한 이를 귀하게 대하던〔貴貴〕' 예법인데, 지금 명사(命士)[143] 이상이 확실히 어떤 직급의 관원인지도 모르는 데다, 또 신분이 귀한 자가 꼭 이궁을 하는 것도 아니고 천한 자가 꼭 동궁을 하는 것도 아니고 보면, 어떻게 그것을 기준으로 해서 예제(禮制)를 정할 수가 있겠는가. 주자(朱子)의 《가례(家禮)》를 보면 귀한 이를 귀하게 대하던 법을 죄다 없애 버렸는데, 이는 인시제의(因時制宜)한 것으로 회통(會通)함을 관찰하여 전례(典禮)를 행한 것[144]이니, 지금 주자의 뒤에 태어난 사람으로서 감히 또 다른 설을 용납해서는 안 될 것 같다. 혹자가 묻기를,

"서자가 이미 처를 위하여 상장을 짚었는데, 그 부친이 주상(主喪)을 하고 제주(題主)[145]를 하였다면, 그 남편으로서는 연제(練祭)와 담

143 명사(命士) : 작명(爵命)을 받은 사(士)라는 뜻인데, 《예기》 〈내칙(內則)〉에 "명사로부터 그 이상은 부친과 아들이 모두 다른 집에서 산다.〔由命士以上 父子皆異宮〕"라는 말이 나온다.

144 회통(會通)함을……것 : 《주역》 〈계사전 상(繫辭傳上)〉의 "성인이 천하가 변동하는 것을 보고서, 그 회통함을 관찰하여 전례를 행한 것이다.〔聖人有以見天下之動 而觀其會通 以行其典禮〕"라는 말에서 추출한 것이다. 회통은 회합(會合)과 변통(變通)이고, 전례는 제도(制度)와 예의(禮儀)를 말한다.

제(禫祭)를 장차 어떻게 해야 하는가?"

하기에, 내가 대답하기를,

"부친이 서자 며느리를 위해서 주상을 하는 것은 비례(非禮)이다. 제주를 한 것을 갑자기 고치기는 어렵다고 해도, 처를 위해서는 상장을 짚고서 담제를 행하는 것이 원래 상례(常禮)이다. 지금 이미 상장을 짚었다고 하였는데, 상장을 짚은 이상 연제와 담제도 뒤따라 행해야 할 것이니, 어떻게 이를 폐할 수 있겠는가. 《가례》에 의하면 적자와 서자를 막론하고 처를 위해서는 모두 상장을 짚되, 적자의 경우에는 부친이 살아 있으면 원래 부친을 상주로 하는 것이 마땅하다. 이것을 참조해 보면 그런대로 의거할 바가 있을 것이니, 연제와 담제를 행한다고 해도 문제가 없을 듯하다."

하였다. 혹자가 또 묻기를,

"적자가 부친이 생존해서 처를 위해 상장을 짚지 못했다면, 연제와 담제를 행해야 할지 어떨지 모르겠다."

하기에, 내가 대답하기를,

"처를 위해서는 삼년상의 체(體)를 갖추었기 때문에 상장을 짚고서 연제를 행하고 담제를 행하는데, 부친이 생존해서 적부를 위해 주상하는 경우에는, 그 남편이 압존(壓尊)을 하는 관계로 상장을 짚지 못하는 것이다. 따라서 상장을 짚지 못했다면 삼년상의 체를 갖추지

145 제주(題主) : 신주(神主)에 망자의 이름을 써넣는 것을 말한다. 옛날 망자의 목패(木牌)에 묵필로 "○○○之神王"이라고 먼저 써 놓고 나서, 출빈(出殯)하기 전에 명망 있는 자로 하여금 붉은붓으로 '왕(王)' 자 위에 점을 찍어 '주(主)'라는 글자를 만드는 점주(點主)의 예법에서 유래한 것이다.

못한 것이니, 연제와 담제에 대해서는 거론할 수 없다. 오늘날 사람들 중에는 혹 처를 위해서 상장을 짚지 않았는데도 담제를 행하는 자가 있는데, 이는 잘못이다. 대개 상장을 짚는 것과 상장을 짚지 않는 것은 유례(類例)가 원래 다르니, 상장을 짚는 것은 부친이 살아 있을 때에 모친을 위해 입는 경우와 같은 예(例)이고, 상장을 짚지 않는 것은 조부모(祖父母)와 세숙부모(世叔父母 백부모와 숙부모)를 위한 상복과 같은 예이다. 따라서 상장을 짚지 않았는데도 연제와 담제를 행하는 것과 상장을 짚고서도 연제와 담제를 행하지 않는 것은 모두 예(例)가 아니니, 어찌 될 말이겠는가. 〈상복〉을 상고해 보면 자연히 알 수 있을 것이다."

하였다.

동지는 일과 천이 만나는 것과는 상관이 없다는 설을 지어서 치공[146]에게 보여 주다 갑오년(1774, 영조50)

冬至與日與天會不相關說示穉共 甲午

24기(氣)[147]의 진퇴는 전적으로 일행(日行 태양의 운행)이 남쪽과 북쪽으로 멀리 가고 가까이 오는 것에 말미암고, 일행의 남북(南北) 원근(遠近)은 일체 음양(陰陽)이 줄어들고 늘어나며 갔다가 돌아오는 것에 따르며-동지에 양이 발생하면 일행이 점차 전진하여 북쪽으로 가다가 하지(夏至)에 이르러 극에 달하고, 하지에 음이 발생하면 일행이 점차 후퇴하여 남쪽으로 가다가 동지에 이르러 극에 달한다. 대개 일(日)은 양의 정(精)이니, 그 진퇴와 승강이 일체 음양의 소장(消長)에 따르는 것은 자연의 이치이다.- 음양의 소장과 왕복은 또 '일(日)과 천(天)이 만나는〔日與天會〕' 365일과 4분의 1일의 기한[148]을 벗어나지 않고서 한 바퀴 돌았다가 다시 시작하니,

146 치공(穉共) : 녹문의 막냇동생 임정주(任靖周)의 자이다.

147 24기(氣) : 역법(曆法)에서 태양의 황도(黃道)상의 위치에 근거하여 1년을 24절기로 나눈 것을 말한다. 24절기 혹은 24절(節)이라고도 한다. 황도는 지구에서 봤을 때 태양이 1년 주기로 하늘 위에서 원의 형태를 그리며 이동하는 노선을 말한다.

148 일(日)과……기한 : 일은 태양이 운행하는 도수(度數)를 말하고, 천(天)은 역원(曆元)이 되는 별자리의 도수를 말한다. 역원은 고대에 역법을 추산할 때의 기산점을 말하는데, 동지의 야반(夜半), 즉 밤 12시를 가장 이상적인 역원으로 삼았다. 그런데 제요(帝堯) 때의 동지에는 태양이 북방칠수(北方七宿) 중의 허성(虛星)에 있었기 때문에, 이 허성이 있는 북방을 기준으로 추산했으므로 《서경집전(書經集傳)》 〈요전(堯典)〉에서 "천은 점점 차이가 나면서 서쪽으로 옮겨 가고, 세는 점점 차이가 나면서 동쪽으로 옮겨 간다.〔天漸差而西 歲漸差而東〕"라는 이른바 세차(歲差)의 설을 제기한 것이다.

그렇다면 24기와 일여천회(日與天會) 사이에는 당연히 상관관계가 있어서 서로 어긋나지 않아야 할 것처럼 보이기도 한다.

그런데 지금 《서경》의 주(註)를 고찰해 보건대 제요(帝堯) 당시 동지 때의 일전(日躔)[149]은 지금 동지 때의 일전과 비교해 볼 때 무려 50여 도(度)나 차이가 난다. 역법(曆法)에서 동지를 배치하는 것이 만약 일여천회를 기준으로 결정된다면, 동지 때에 태양이 허성(虛星)에 있었던 것이 자연히 만고토록 그 1년과 같아야 할 터이니, 어찌 다시 두성(斗星)에 있고 기성(箕星)에 있는 차이가 날 수 있겠는가. 그러고 보면 동지는 일과 천이 만나는 것과는 관계가 없다는 것이 또한 분명한 사실이라고 할 것이요, 동지가 이와 같다면 그 밖의 절후(節候)가 또 어떠할지도 이를 통해 알 수 있다고 하겠다. 그런데 이렇게 되는 것은 과연 무엇 때문이라고 할 것인가?

이에 대해서 일찍이 생각해 본 적이 있다. 365일과 4분의 1일이라는 것은 세기(歲期 1년의 기한)의 상한(常限)이다. 따라서 일여천회하는 것이 실로 이 기한 안에 들어 있고, 음양의 소장과 일행의 남북 역시 그 시종(始終)과 지속(遲速)이 또한 이것과 부합되는데, 이는 꼭 상호 의존해서 행해지고 상호 관련해서 이루어지는 것이 아니라, 일기(一氣)가 유통하며 추탕(推盪 변화 이동)하고 운전하는 과정에서 그렇게 기약하지 않았는데도 그렇게 되는 점이 있기 때문이다.

그러나 이른바 상한이라는 것은 단지 그 대수(大數 대략 계산한 수)를 말했을 뿐이니, 그것이 왕래하고 승강할 때의 상황으로 말하면 자연히

149 일전(日躔) : 황도상에 보이는 태양의 궤적을 말한다. 전(躔)은 일월성신(日月星辰)이 황도상에서 운행하는 일정한 궤도를 말할 때 쓰는 천문 용어이다.

영축(贏縮 진퇴, 다소, 장단)의 차이가 있는 것 또한 이치상 면할 수 없는 일이라고 할 것이다. 이 때문에 '일(日)과 천(天)이 만나는 것'은 매양 상한의 밖에서 초(抄)와 분(分)만큼 더해지게 되고,-일여천회는 대략 4분의 1일보다 1각(刻) 4, 5분(分) 뒤에 있다.- '일양(一陽)이 와서 회복되는 것'은 매양 상한의 안에서 사(絲)와 홀(忽)만큼 덜해지게 되는데,-동지는 매양 4분의 1일보다 10분(分)쯤 앞에 있다.- 이런 차이가 점차로 계속 쌓이면서 잘못되면 호리(毫釐)에서 시작하여 나중에는 천 리만큼이나 벌어지게 되니, 이것이 바로 세차(歲差)의 설이 일어나게 된 까닭이다. 처음에는 비록 부합된다고 할지라도 끝에 가서는 이와 같이 어긋나고 마니, 어떻게 억지로 끌어당겨 하나로 합칠 수가 있겠는가.

대저 구(姤)와 복(復)[150]이 아래에서 작동하는 순간 일행이 벌써 위에서 변화하면서, 율관(律管)에서 징험되고 일영(日景)에서 징험되어 욱한(燠寒 덥고 추운 날씨)과 영단(永短 길고 짧은 낮의 길이)이 조금도 착오가 없고 보면, 절후가 재성(裁成)되는 것이 여기에서 벗어나지 않는 것도 당연하다. 그런데 천(天)이 365일과 4분의 1일을 운행해도 아직 하늘을 한 바퀴 도는 도수를 완전히 채우지는 못하기 때문에, 반드시 구각(晷刻)을 더 진행해야만 비로소 일(日)과 만나게 되고 보면, 동지의 시점에서 천(天)과 일(日)은 실제로 만나지 못하는 것이다.

그러나 사상(事象)을 통해서 우리 눈에 보이는 것은 일전과 혼중(昏中)[151]이 점점 차이가 나는 것에 불과할 따름이니, 비록 그 차이가 쌓여

150 구(姤)와 복(復) : 초효(初爻)에서 일음(一陰)이 시생(始生)하는 천풍구괘(天風姤卦)와 초효에서 일양이 시생하는 지뢰복괘(地雷復卦)를 말하는데, 여기에서는 각각 음과 양을 비유하는 말로 쓰였다.

서 하늘 한 바퀴를 돌 만큼 퇴행하는 지경에 이른다고 할지라도, 욱한과 영단의 현상이 이 때문에 변천하는 경우는 있지 않다. 그렇다면 사시(四時)를 정하고 한 해를 이루는 데에는 아무런 방애가 되지 않는 것이다. 따라서 역수(曆數)를 다스려 때를 밝히는[152] 전문가로서는, 단지 그 일전이 어느 별자리에 있는지와 혼중이 어느 별인지를 살펴보고 그 소이연을 연구함으로써 〈요전(堯典)〉의 기록과 서로 통하기를 구하고 중인(衆人)의 미혹을 깨뜨려야 마땅할 것이니, 24기의 진퇴에 대해서까지 이런 일 때문에 싸잡아 의심하면 안 될 것이다. 대개 이들이 일단 상호 의존 관계가 아니라서 하나로 합칠 수 없다고 한다면, 자연히 이들을 분리해서 별개의 두 개로 살펴보지 않을 수가 없는 것이다.

그렇다면 제요(帝堯)가 희화(羲和)에게 명할 때에, 어째서 일행의 남북을 가지고 명백하게 효유하지 않고, 단지 일과 천이 만나는 기한만을 말한 것인가? 이 문제에 대해서는 앞에서 이미 언급하였다. 365일과 4분의 1일이 세기의 상한이니, 천과 일이 만나는 것이야 물론 이 기한 안에 있지만 일(日)이 남북으로 옮겨 가는 것도 이 기한을 벗어나지 못하니, 저 태양이 실로 혼자서 멋대로 운행할 수는 없는 일이다. 그리고 상문에서 이미 해의 길이가 길고 짧고 중간이 되는 것과 백성이 흩어져 살고 평화롭게 아랫목에 있는 것을 갖추 말했고 보면, 한서(寒暑)가 일행에 연유한다는 그 뜻이 충분히 드러났다고 하겠다. 그러므

151 혼중(昏中) : 혼지중성(昏之中星)의 준말로, 28수(宿) 중 초저녁 하늘 중앙의 남방(南方)에 보이는 별을 말하는데, 이 별을 관찰하여 사시(四時)를 확정할 수 있다.

152 역수(曆數)를……밝히는 : 《주역》 〈혁괘(革卦) 상(象)〉에 "못 가운데 불이 있는 것이 혁이니, 군자가 이를 보고서 역수를 다스려 때를 밝힌다.〔澤中有火革 君子以治歷明時〕"라고 하였다. 역(歷)은 역(曆)과 통한다.

로 여기에서 또 상한의 대수를 거론하여 통합적으로 말하여 고거(考據)할 바가 있게 하였고, 소소하게 영축하며 말류에서 이합하는 것들은 오직 유사(有司)가 때에 따라 점검하면 되는 사항이기 때문에 다시 상세히 말하지 않았을 뿐이다. 그런데 오로지 주천(周天)의 도수만을 가지고 366일을 해석한 것으로 말하면, 《집전(集傳)》의 주해(註解)가 미비하다고 할 수 있으니, 이 점을 또 알아두지 않으면 안 될 것이다.

《주자대전(朱子大全)》을 상고해 보건대 〈요전〉의 "북방에 거하게 하다.〔宅朔方〕" 구절의 주(註)에 말하기를 "당나라 일행(一行)이 세차라고 말한 것은 일(日)과 황도(黃道)가 함께 차질을 빚는 것이다."라고 하였다. 그런데 채침(蔡沈)의 《서경집전》이 주자의 설을 그대로 받아서 썼으면서도 '일여황도구차자(日與黃道俱差者)' 일곱 글자가 거기에 없는 것에 대해서 혹자는 "이것은 채씨가 산삭한 것이 아니라, 두 개의 차자(差字)가 있으므로 전사(傳寫)하는 자가 잘못 탈루한 것이다."라고 하였는데, 그 설이 옳다. 다만 이 일곱 글자를 가지고 절후가 빠르고 늦은 것은 일전과 중성(中星)이 변화하여 바뀌는 것과는 관계가 없다는 것을 증명하였는데, 이것은 무슨 말인지 이해하지 못하겠다. 내 생각에는 여기에서 말한 일(日)은 바로 세(歲)를 가리키고, 황도는 바로 천(天)을 가리키는 것으로 여겨진다. 따라서 '일여황도구차'는 단지 상문의 '천점차 세점차(天漸差歲漸差)'[153]의 뜻으

153 천점차 세점차(天漸差歲漸差) : "천은 점점 차이가 나면서 서쪽으로 옮겨 가고, 세는 점점 차이가 나면서 동쪽으로 옮겨 간다.〔天漸差而西 歲漸差而東〕"라는 《서경집전》의 말을 요약한 것이다. 134쪽 주148 참조.

로, 이를 인용하여 자기의 설을 증명하려고 했을 뿐 다른 뜻은 없다고 생각된다.

대개 제요 때에 동지에 일(日)이 허성(虛星)에 있었고 보면 허가 바로 황도였고, 그 뒤에 허가 물러나 서쪽으로 가고 일(日)이 두(斗)에 있으면 두가 황도이고, 또 그 뒤에 두가 또 서쪽으로 가고 일이 또 기(箕)에 있으면 기가 또 황도인 것이다. 황도의 측면에서 말하면, 허와 두와 기가 점점 물러나 서쪽으로 가니, 이것이 바로 "천(天)은 점점 차이가 나면서 서쪽으로 옮겨 간다."라고 말한 것이고, 일(日)의 측면에서 말하면, 허성에서 두성과 기성으로 점점 나아가 동쪽으로 가니, 이것이 바로 "세는 점점 차이가 나면서 동쪽으로 옮겨 간다."라고 말한 것이다. 그런데 채전(蔡傳)에 나오는 "천도는 그만큼 여유가 있고, 세일은 그만큼 부족하다."의 뜻과 "동쪽으로 옮겨 가고 서쪽으로 옮겨 간다."라고 할 때의 동서 두 글자의 뜻에 대해서는 이미 서차(書箚) 및 치공(穉共)에게 준 글에서 논하였으니, 여기에서는 다시 말하지 않겠다.

맹자의 부동심장에 관한 설
孟子不動心章說

내가 어려서 《맹자》 부동심장(不動心章)에 대한 《집주(集註)》를 읽다가 '무포기기(無暴其氣)'를 '치양기기(致養其氣)'로 해설한 대목에 이르러 곧바로 크게 기뻐하면서, 마침내 "집의(集義)가 무포(毋暴)이고, 지지(持志)가 집의의 근본이다."라고 여기고는 더 이상 의심하지 않았는데,[154] 요즈음 다시 자세히 읽어 보니 전혀 그렇지 않았

154 무포기기(無暴其氣)를……않았는데 : 무포기기는 기(氣)를 포악하게 하지 말라는 뜻이고, 치양기기는 기를 기르는 것을 극진히 한다는 뜻이다. 《맹자》 〈공손추 상(公孫丑上)〉 부동심장에서 맹자가 "말하다가 막혔을 경우에는 그 원인을 마음속에서 찾지 말고, 마음속으로 이해되지 않을 때에는 그 원인을 기의 발동에서 찾지 말라."라는 고자(告子)의 말을 인용한 뒤에 "후자의 말은 그래도 괜찮지만 전자의 말은 옳지 못하다."라고 비평하고는 그 이유로 "마음이 향하는 지는 기를 이끄는 장수요, 기는 몸을 꽉 채우고 있는 것이니 지가 가장 중요하고 기가 다음으로 중요하다. 그래서 나는 말하기를 '그 지를 견지하면서도 그 기가 과격해지게 하면 안 된다.'라고 하는 것이다.〔夫志 氣之帥也 氣 體之充也 夫志至焉 氣次焉 故曰 持其志 無暴其氣〕"라고 말한 경문이 나오는데, 주희가 《집주》의 해설 말미에서 '지기지 무포기기(持其志 無暴其氣)'의 단락에 대하여 "사람은 참으로 그 지를 공경히 지켜야 마땅하지만, 그와 동시에 그 기를 기르는 것을 극진히 하지 않으면 안 된다."라고 하였다. 그리고 이 경문 뒤에 "호연지기의 속성은 지극히 크고 지극히 강하니, 직(直), 즉 정직한 도의(道義)로 길러 가며 해치는 일이 없게 하면 천지 사이에 가득 찬다. 이 기는 의와 도에 배합이 되는 것으로, 이것이 없으면 쭈그러들어서 도의를 행하지 못하게 되니, 이 호연지기는 의로운 언행이 축적되어 생기는 것이다."라는 말이 나온다. 집의, 즉 '의를 축적한다.'는 뜻의 유가의 용어는 바로 여기에서 나왔다. 그리고 이후 본문에 나오는 '이직양(以直養)'이나 '도(道)와 의(義)' 등의 개념도 이 경문에서 추출한 것이다. 지지는 물론 지기지(持其志)를 줄인 말이다.

다. 이 장(章)의 대지(大旨)는 전적으로 지(志)를 견지하여 기(氣)를 기르고, 작위(作爲)하여 해치는 일이 없게 하는 것에 있을 따름이요, 집의는 단지 지지의 내면의 일일 뿐, 지지하는 이외에 별도로 집의의 공부가 있는 것이 아니었다. 만약 《맹자》의 본문을 가져다가 첫머리부터 마음을 비우고서 서너 번 읽어 보면 자연히 씻은 듯 의심이 없어질 것이다. 만약 구설(舊說)처럼 해석한다면, 1장의 의취(義趣)가 완전히 골력(骨力)이 없어지고 상하의 어맥(語脈)이 도무지 상응하지 않게 됨은 물론이요, 맹자가 스스로 "잘 기른다.〔善養〕"[155] 라고 말한 것도 단지 십(什)에서 하나를 동하는 기[156]에 힘쓰는 것밖에 되지 않아 근본적으로 주재(主宰)하는 지를 거꾸로 누락하고 말 것이니, 이것이 어찌 될 말이겠는가. 이에 감히 어리석은 소견을 아래에 대략 개진하여 뒷날 다시 읽어 볼 때 자료로 삼고자 하였다.

부동심(不動心)은 용(勇)에 있고, 용은 지킴〔守〕에 있는데, 이 수(守)는 바로 지이고, 이 용은 바로 기이다.[157] 북궁유(北宮黝)의 지는 반드

155 잘 기른다 : 호연지기를 잘 기른다는 말이다.

156 십(什)에서……기 : '지기지 무포기기'라는 경문과 관련하여 정호(程顥)가 "지가 기를 동하는 것은 10분의 9요, 기가 지를 동하는 것은 10분의 1이다.〔志動氣者 什九 氣動志者 什一〕"라고 해설한 내용을 인용한 것이다. 《孟子 公孫丑上》

157 부동심(不動心)은……기이다 : 맹자가 마음을 동요하지 않는 방법에 대한 질문을 받고, 북궁유와 맹시사의 용 및 증자의 이른바 대용(大勇)을 예로 든 뒤에, 북궁유와 맹시사의 방법보다는 증자가 "스스로 반성하여 정직하다면, 비록 천만 인이 있더라도 내가 가서 대적할 것이다.〔自反而縮 雖千萬人 吾往矣〕"라고 한 것처럼 지를 지키는 것이 훨씬 낫다고 대답한 내용을 녹문이 정리하여 인용한 것이다. 《孟子 公孫丑上》

시 이기는 것을 위주로 하고, 맹시사(孟施舍)의 지는 겁내지 않는 것을 위주로 한 반면에, 증자(曾子)의 지는 스스로 반성하여 정직한 것을 위주로 하였다. 지가 있는 곳에는 기가 반드시 따르기 때문에 스스로 반성하여 정직하기만 하면 천만인이 있더라도 내가 가서 대적하겠다는 용이 나오는 것이다.

대개 지를 견지하는 것〔持志〕이 바로 기를 기르는〔養氣〕 방법이니, 지지하고서 양기(養氣)하지 못한 경우가 없고 지지하지 않고서 제대로 양기한 경우도 없다. 그렇기 때문에 "마음속으로 이해되지 않을 때에는 그 원인을 기의 발동에서 찾지 말라고 한 고자(告子)의 말은 괜찮다." 라고 맹자가 말한 것이다. 이는 1장의 요체를 첫머리에다 배포(排鋪)해 놓은 것이니, 정신을 기울여 살필 곳은 전적으로 '지지'라는 두 글자에 있다고 하겠다.

'무포기기'라는 말로 말하면 지를 견지하는 측면에서 앞으로 잘못이 없도록 단속하며 예방한 것일 뿐이니, 그 의미는 대개 "양기가 비록 지지에 있지만, 혹 작위하여 그 기를 해치기라도 하면 그 마음을 거꾸로 발동하는 부작용을 면치 못한다."라는 것이지, 무포를 양기의 일로 여기고 지지는 그 근본이 되는 것일 뿐이라는 말이 아니다. 이 장의 대의(大意)는 여기에 모두 갖추어져 있으니, 하문은 이를 바탕으로 다시 상세히 설명하였을 뿐이다.

잘 기르는 것은 지지와 무포를 합쳐서 말했으니, 정직으로 기르는 것이 지지이고, 해치는 일이 없게 하는 것이 무포이며, 천지 사이에 꽉 차는 것은 "천만인이 있더라도 내가 가겠다."라는 것이다. 정직으로 기르는 것은 체(體)와 용(用)을 겸해서 설한 것으로 이 직(直)이 발동하여 집의가 되는데, 스스로 반성하여 항상 정직하면 비록 고요하여 일이 없는 때라도 그 정직한 것은 실로 이 안에 들어 있는 것이다.

혹자가 주자(朱子)에게 "극기(克己)는 발동할 때의 공부이다. 발동하지 않을 때에는 어떻게 해야 하는가?"라고 묻자, 주자가 "발동하지 않을 때에도 사나운 불길을 범할 수 없는 것처럼 해야 옳을 것이다."[158] 라고 대답한 것이 바로 이 뜻이니, 《역》에서 "경(敬)으로써 안의 마음을 곧게 한다."[159]라고 한 것은 바로 발동하지 않을 때의 직을 말한 것이다.

그래서 맹자가 "그 기는 의(義)와 도(道)에 배합되는 것이다."라고 하였으니, 이때 의는 용이고 도는 체에 해당한다. 지지를 하면 발동할 때에도 곧게 되고 고요할 때에도 곧게 되는데, 고요할 때에 곧은 것이 곧 도이고, 발동할 때에 곧은 것이 곧 의이다. 이 도와 의가 지의 골자(骨子)이니, 지지를 하면 도와 의가 자연히 그 안에 있게 되는데 〈서명(西銘)〉에서 "천지를 이끄는 장수가 나의 성이 되었다.〔天地之帥 吾其性〕"라고 말한 것은 곧장 도와 의로써 지를 삼은 것이다.

처음에 고요할 때 도를 보존하고 발동할 때 의를 축적하여〔集義〕 그 기를 기르는 것은 지이고, 마지막에 고요할 때 도에 배합하고 발동할 때 의에 배합하여 그 지를 행하는 것은 기이니, 이것이 이른바 "기(器)가 또한 도이고 도가 또한 기이다."[160]라는 것으로 내외의 도를 합

158 발동하지……것이다 : 임안경(林安卿)의 질문에 대한 주희의 답변이다. 《朱子語類 卷41 論語 顔淵問仁章》

159 경(敬)으로써……한다 : 《주역》 〈곤괘(坤卦) 문언(文言)〉의 말이다. 이 말 바로 뒤에 "의로써 밖의 일을 바르게 한다. 이와 같이 경과 의가 세워짐으로써 덕이 외롭지 않게 된다.〔義以方外 敬義立而德不孤〕"라는 말이 붙어 있다. 이후 본문에서 상대 개념으로 수차 거론되는 경과 의는 여기에서 나온 것이다.

한 것이다.

집의의 한 단락은 전적으로 용(用)의 측면에서 설한 것이니, 이는 대개 공부가 대부분 작용하는 곳에 있기 때문이다. 그러나 아래에서 곧장 이어받아 말하기를 "행한 것이 마음에 흡족하지 않으면 기(氣)가 쭈그러든다."라고 하고, 또 말하기를 "고자는 전혀 의를 알지 못했다. 왜냐하면 그는 의가 밖에 있다고 주장했기 때문이다."라고 하였고 보면, 이는 분명히 의와 지를 합해서 말한 것이니, 매우 적절하게 드러내 밝혔다고 말할 수 있다.

'필유사언(必有事焉)' 한 단락[161]은 지지와 양기의 공정(功程)과 절도(節度)를 설명하면서, 경과 의를 합하여 말하고 발동할 때와 고요할 때를 통틀어 말한 것이다. 맹자가 "잘 기른다."라고 말한 그 뜻이 대개 이와 같으니, 상문에서 "그 지를 견지하고 그 기(氣)를 과격하게 하지 않는다."라고 말한 두 구절의 말이 여기에서 비로소 명백하게 설파되고 있다.

일삼으면서 잊지 않는 것은 지지이고 미리 기한을 정하지 않고 조장하지 않는 것은 무포인데, 모개미를 뽑아 올리는 것을 설명하는 대목에

160 기(器)가……기이다 : 《주역》 〈계사전 상(繫辭傳上)〉의 "형이상의 것을 도라고 하고 형이하의 것을 기라고 한다.〔形而上者謂之道 形而下者謂之器〕"라는 말을 정호가 해설하면서 "기가 또한 도이고 도가 또한 기이다."라고 하고, 또 "원래 다만 이것이 바로 도이다."라고 하였다. 《二程遺書 卷1 端伯傳師說, 卷11 師訓》

161 필유사언(必有事焉) 한 단락 : 맹자가 "반드시 호연지기를 기르는 것을 일삼되, 미리 기한을 정하지 말고서, 마음속으로 잊지도 말고 억지로 조장하지도 말아야 한다.〔必有事焉而勿正 心勿忘 勿助長也〕"라고 말한 대목이다. 그리고 "잊는 것은 농부가 아예 밭을 돌보지 않는 것이며, 조장하는 것은 밭에 자라는 곡식을 빨리 자라게 하기 위하여 모개미를 뽑아 올리는 것과 같다."라는 비유가 뒤에 이어진다. 《孟子 公孫丑上》

와서는 그 뜻이 더욱 드러났으니, 이와 같이 해설한 뒤에야 문자의 의취가 글자마다 서로 부합하고 구절마다 서로 부응하여 그 형세가 마치 대나무를 쪼개는 것처럼 될 것이다.

《집주》의 해설이 대체로는 물론 명백하게 완비되었다고 하겠다. 다만 '치양기기' 1구(句)를 보면 아무래도 집의를 무포에 소속시킨 것 같은 점이 있고, 또 하단의 주(註)를 보아도 지지라는 두 글자를 전혀 제기하지 않아 마침내 지지가 귀숙할 곳이 없게끔 하였는데, 이런 점은 매우 의심스러우니 다시 자세히 살펴볼 일이다.

정자(程子)가 '필유사언'을 경(敬)이라고 한 것에 대해서 호경재(胡敬齋)가 언외(言外)의 뜻을 드러내 밝힌 것이라고 주장하였는데, 내 생각에는 꼭 그렇지는 않을 듯싶다.[162] 이른바 '일삼는다'는 것은 본래 집의에 속한다. 지금 "반드시 일삼되 미리 기한을 정하지 않는다."라고 하고, 또 "마음속으로 잊지도 않고 조장하지도 않는다."라고 하였다. 그 말뜻을 자세히 완미해 보면 비록 경이라는 글자가 없어도 살아 있는 경이 눈앞에 출현해 있으니, 경이 세워지고 의가 모여서 지지의 온전한 공이 바로 거기에 존재하는 것이다. 정자가

162 정자(程子)가……듯싶다 : '필유사언'에는 원래 경의 뜻이 들어 있지 않은데 정이(程頤)가 새로 그 뜻을 발명했다는 호경재의 주장에 대하여 녹문은 그 단락 속에 이미 그런 뜻이 포함되어 있다면서 반론을 제기하고 있다. 《심경부주(心經附註)》 권1 〈경이직내장(敬以直內章)〉에 "'경이직내'의 말에서 알 수 있듯이, 내면으로 주도하는 것이 있으면 마음이 비워져서 자연히 그릇되고 편벽된 마음이 없어진다. '필유사언'의 말에서 알 수 있듯이, 모름지기 경을 견지하고서 1건의 일을 해 나가야 한다."라는 정이의 말이 실려 있다.

타일에 일삼음이 있을 때의 경에 대한 문인(門人)의 질문을 받고는 또 집의를 가지고 설명하였으니,[163] 이를 보면 정자의 대답이 전후로 같지 않은 것이 아니다. 이를 합쳐서 살펴보면 그 뜻을 알 수 있을 것이다.

163 정자가……설명하였으니 : 정호의 문인이 "'필유사언'의 경우에 경을 써야 합니까?"라고 묻자, 정호가 "경은 함양하는 하나의 일이요, '필유사언'은 집의를 써야 하니, 경을 쓸 줄만 알고 집의할 줄을 모른다면, 이는 모두 일삼음이 없는 것이다."라고 대답하였다. 《近思錄 卷2 爲學》

성성존존 도의지문[164]에 대한 설

成性存存道義之門說

근래에 내가 상계(上繫 〈계사전 상(繫辭傳上)〉) 제7장의 내용에 재미를 느껴서 음송(吟誦)하고 완색하며 아침저녁으로 그치지 않았는데, '성성존존 도의지문(成性存存道義之門)' 여덟 글자에 대해서는 끝내 얼음이 풀리듯 말끔히 해소되지 않는 미진함이 느껴졌다. 그러다가 홀연히 정미년(1787, 정조11) 9월 15일 새벽에 잠에서 막 깨어나 서너 차례 풍송(諷誦)하며 완미(玩味)하노라니, 문득 이 여덟 글자가 '천지설위(天地設位)'의 1구(句)와 융회 관통(融會貫通)하여 딱 맞아떨어지면서 그 의미가 무궁해짐을 알게 되었다. 이에 아침에 일어나 마침내 자그마한 설을 지어 기록하였다.

164 성성존존 도의지문(成性存存 道義之門) : 《주역》 〈계사전 상〉 7장의 "천지가 자리를 베풀면 역이 그 가운데 행해지니, 성을 이루어 보존하고 보존함이 도의의 문이다. 〔天地設位 而易行乎其中矣 成性存存 道義之門〕"라는 경문(經文)에서 추출한 것이다. 성성은 '성을 이룬다.'와 '이루어진 성'이라는 두 가지 해석이 가능한데, 여기서는 본문의 뒤에 나오는 '지(知)와 예(禮)가 성(性)을 이룬 것'이라는 말에서 알 수 있듯이 녹문이 전자의 해석을 취한 것으로 보이기에 그에 따라 번역하였다. '성을 이룬다.'의 주어는 이 경문의 위 구절에 나오는 지와 예로, 지와 예가 천성처럼 이루어진다는 말이고 '이루어진 성'은 본래 타고난 천성이라는 말로 이 역시 지와 예를 가리킨다. 주희(朱熹)는 《본의(本義)》에서 후자의 설을 제기하였는데, 그 내용을 소개하면 다음과 같다. "천지가 자리를 베풀면 변화가 행해지는데, 이것은 지와 예가 성에 보존되어 도의가 나오는 것과 같다. 성성은 본래 이루어진 성이요, 존존은 보존하고 또 보존한다는 말이니, 그치지 않는다는 뜻이다."

지(知)는 한껏 높이는 것을 공(功)으로 삼으니,[165] 예컨대 "심(心)을 다하면 성(性)을 알고 성을 알면 천(天)을 안다."[166]라는 것이나 "궁리(窮理)하고 진성(盡性)하여 명(命)에 이른다."[167]라는 것이나 "주야(晝夜)의 도(道)를 통하고, 궁신지화(窮神知化)를 아는 것이 덕의 성대함이다."[168]라는 것 등이 이것이요, 예(禮)는 한껏 낮추는 것을 체(體)로 삼으니, 예컨대 물 뿌려 청소하고 응대하며 진퇴하는 것이나 예악사어서수(禮樂射御書數)를 비롯하여 〈제자직(弟子職)〉[169]과 《논어》 〈향당

165 지(知)는……삼으니 : 《주역》 〈계사전 상〉에 "대저 역은 성인이 덕을 높이고 업을 넓히려는 것이다. 지는 높여야 하고 예는 낮춰야 하니, 높음은 하늘을 본받고 낮춤은 땅을 본받은 것이다.〔夫易 聖人所以崇德而廣業也 知崇禮卑 崇效天 卑法地〕"라고 하였다. 이에 대해서 주희는 "이치를 궁구하면 지혜의 높음이 하늘과 같아서 덕이 높아지고, 이치를 따르면 예로 낮춤이 땅과 같아서 업이 넓어진다."라고 하였다.

166 심(心)을……안다 : 《맹자》 〈진심 상(盡心上)〉에 나온다.

167 궁리(窮理)하고……이른다 : 《주역》 〈설괘전(說卦傳)〉에 "물리(物理)를 궁구하고 인성(人性)을 극진히 하여 모든 근원인 천명(天命)에 이른다.〔窮理盡性以至於命〕"라고 하였다.

168 주야(晝夜)의……성대함이다 : 《주역》 〈계사전 상〉 4장의 "천지의 조화를 틀에 집어넣듯 하여 벗어나지 않게 하였으며, 만물을 곡진히 이루어 주어 빠뜨림이 없게 하였으며, 주야의 도를 통하여 알았다. 그러므로 신은 일정한 방소가 없고, 역은 일정한 체가 없는 것이다.〔範圍天地之化而不過 曲成萬物而不遺 通乎晝夜之道而知 故神無方而易無體〕"라는 말과 〈계사전 하(繫辭傳下)〉 5장의 "사람이 정의입신하는 것은 쓰임을 지극히 하기 위함이고, 이용안신하는 것은 덕을 높이기 위함이다. 이 단계를 지나서 더 나아가면 혹 헤아릴 수도 없으니, 궁신지화하면 덕이 성대한 성인의 경지라고 할 것이다.〔精義入神 以致用也 利用安身 以崇德也 過此以往 未之或知也 窮神知化 德之盛也〕"라는 말에서 추출하여 혼합한 것이다. 주야는 유명(幽明), 생사(生死), 귀신(鬼神)을 비유한 것이고, 궁신지화는 사물의 신묘한 변화를 궁구하여 조화의 이치를 아는 것이다.

(鄕黨)〉에 기재된 것들이 모두 이것이다. 존존(存存)은 보존하고 또 보존하는 것이니, 평일에 마음을 씻고 재계하며 수성(修省)하고 체험하는 공정(功程)과 법식인 것이다.

지를 한껏 높인 위에 이것을 또 보존하고 보존하여 마지않으면 그 높아진 것이 더욱 고명해지고 광대해진 결과 한량(限量)이 없어지며 끝을 알 수 없어서 하늘과 하나가 될 것이요, 예로 한껏 낮춘 위에 이것을 또 보존하고 보존하여 마지않으면 그 낮추어진 것이 더욱 주잡(周匝)하고 섬밀(纖密)해진 결과 지극히 박후(博厚)해지며 한계가 없어져서 땅과 하나가 될 것이다. 대개 지와 예가 성을 이룬 것이 지극히 높고 지극히 낮더라도, 한 번이라도 태만하거나 소홀히 하면 그 즉시 공효가 중단되어 이지러지게 되니, 이것이 바로 보존하고 보존하는 공부가 천(天)을 본받고 지(地)를 본받는 요결(要訣)이 되는 까닭이다.

이와 같이 하면 이간(易簡)의 덕(德)[170]과 고후(高厚)[171]의 체(體)가 언제나 심목(心目) 사이에 환히 드러나서, 일상적으로 밥 먹고 숨 쉬며 수작(酬酢)하고 응접하거나, 크든 작든 정상적인 상황이든 변통할 상황이든 좌로 오고 우로 가되 어디서나 근원을 만나 동용주선(動容周旋)할 적에 예에 맞지 않음이 없을 것이니, 《본의(本義)》에서 "도의(道義)

169 제자직(弟子職) : 춘추 시대 제(齊)나라 관중(管仲)이 지었다고 전해지는 《관자(管子)》의 편명인데, 《소학(小學)》 〈입교(立敎)〉 본문에서 그 글을 인용하기도 하였다.

170 이간(易簡)의 덕(德) : 《주역》 〈계사전 상〉 6장의 "이간의 선은 지덕에 짝한다.〔易簡之善配至德〕"라는 말에서 나온 것으로, 평이하고 간략한 역(易)의 선도(善道)가 크고 넓은 천지의 지극한 덕과 배합됨을 말한다.

171 고후(高厚) : 천지(天地)를 비유한 말이다. 고명(高明)과 박후로 천지를 비유하여 설명한 내용이 《중용장구》 제26장에 보인다.

가 나온다."라고 말한 것이 정확한 표현이라고 하겠다.

천지의 측면에서 말을 하면 역(易)이 바로 도의이고, 사람의 측면에서 말을 하면 도의가 바로 역이다. 사람이 보존하고 보존하는 것이 천지에서는 오목불이(於穆不已)[172]인데, 이를 요약하면 단지 하나의 경(敬)일 뿐이니, 정자(程子)가 "'천지가 자리를 베풀면 역이 그 가운데에 행해진다.'라고 《역》에서 말한 것은 단지 경을 말한 것이다."[173]라고 말한 것이 이것이다.

지를 높인 위에 이것을 또 보존하고 보존하면 삼천삼백(三千三百)[174]이 찬연히 밝게 드러나서 하나의 이(理)로 관통할 것이니, 이것이 바로 "천도(天道)는 아래로 내려와 교제하여 광명해진다."[175]라고 하는 것이

172 오목불이(於穆不已) : 심원(深遠)하여 그치는 때가 없다는 뜻으로, 《시경》 〈주송(周頌) 유천지명(維天之命)〉에 나온다. 《중용장구》 제26장 말미에 오목불이는 하늘이 하늘 된 소이(所以)이고, 순역불이(純亦不已)는 문왕(文王)이 문왕 된 소이라는 뜻의 경문이 나오는데, 정주학에서는 이것이 바로 하늘과 인간의 경(敬)으로서 서로 어긋나지 않고 일치하는 증거라고 주장하곤 한다.

173 천지가……것이다 : 정호(程顥)의 말이다. 이 말 바로 뒤에 "경하면 간단함이 없다.〔敬則無間斷〕"라고 하였다. 《近思錄集解 卷4 存養》

174 삼천삼백(三千三百) : 《중용장구》 제27장에 "넉넉하게 크도다, 예의 삼백과 위의 삼천이여. 그러나 이것은 성인 같은 분이 나온 뒤에야 행해질 수 있을 것이다.〔優優大哉 禮儀三百 威儀三千 待其人而後行〕"라고 하였다. 예의는 경례(經禮), 즉 큰 예법을 말하고 위의는 곡례(曲禮), 즉 작은 예법을 말한다.

175 천도(天道)는……광명해진다 : 《주역》 〈겸괘(謙卦) 단(彖)〉의 "겸이 형통함이 되는 이유는 천도는 아래로 내려와 교제하여 광명해지고, 지도는 낮아서 위로 행하기 때문이다. 천도는 가득한 것을 덜어 내고 겸손한 것을 보태 주며, 지도는 가득한 것을 바꾸어 겸손한 데로 흐르게 한다.〔謙亨 天道下濟而光明 地道卑而上行 天道虧盈而益謙 地道變盈而流謙〕"라고 하였다. 정이(程頤)의 정전(程傳)에 따라 '천도하제(天道下濟)'의 '제(濟)'를 '제(際)'로 바꿔서 번역하였다.

요, 예(禮)로 낮춘 위에 이것을 또 보존하고 보존하면 행하면서 분명하게 알고 익히면서 정밀하게 살펴서[176] 접촉하는 곳마다 막힘없이 뚫어져 발전하여 마지않을 것이니 이것이 바로 "지도(地道)는 낮아서 위로 행한다."라고 하는 것이다.

하나는 아래로 내려가고 하나는 위로 올라가며 교대로 번갈아 도와주고 일깨워서, 건원(乾元)과 곤원(坤元)이 하나의 생생(生生 끝없이 생육하는 것)의 공(功)을 이루어 주니, 건(乾)과 곤(坤)이 둘이지만 역(易)으로 보면 하나이고, 지와 예가 둘이지만 도의로 보면 하나인 것이다. 이를 종합해서 말하면 삼재(三才 천지인(天地人))의 도가 모두 하나의 태극(太極)에 지나지 않으니, 이것이 바로 "신(神)은 일정한 방소(方所)가 없고, 도는 상대할 것이 없다."[177]라고 하는 것이다.

176 행하면서……살펴서 : 《맹자》 〈진심 상(盡心上)〉의 "행하면서도 분명하게 알지 못하고 익히면서도 정밀하게 살피지 못하기 때문에, 종신토록 그 길을 따르면서도 도를 알지 못하는 자가 많은 것이다.〔行之而不著焉 習矣而不察焉 終身由之而不知其道者衆矣〕"라는 말을 전용(轉用)한 것이다.

177 신(神)은……없다 : 《주역》 〈계사전 상〉의 "신은 일정한 방소가 없고, 역은 일정한 체가 없다.〔神無方而易無體〕"라는 경문과 《근사록집해》 권1 〈도체(道體)〉에서 주희가 인용한 "오직 도는 상대할 것이 없다.〔惟道無對〕"라는 정호의 말을 녹문이 혼합한 것이다.

녹문집

제22권

贊찬 箴잠 銘명

祭제文문 祝축文문

명 銘

둔정재명 경술년(1730, 영조6)

鈍靜齋銘 庚戌

둔하면 느리고 느리면 확고하니	維鈍則魯魯則確
옛날에 증자가 이로써 득도했고[1]	昔曾夫子以是得
고요하면 텅 비고 텅 비면 밝아지니	維靜則虛虛則明
주정의 교육은 이것이 강령이었어라[2]	周程教人此其綱

1 둔하면……득도했고 : 《논어》 〈선진(先進)〉의 "삼은 노둔하다.〔參也魯〕"라는 경문(經文)에 대하여, 정호(程顥)가 해설하기를 "증삼(曾參)은 끝내 노둔함으로써 도(道)를 얻었다."라고 하였고, 또 "증자의 학문은 성실함과 독실함일 뿐이었다. 성문의 학자들을 보면 총명과 재변의 소유자가 많지 않은 것이 아니었으나, 마지막에 그 도를 전한 것은 바로 질박하고 노둔한 사람이었다. 그러므로 학문은 성실함을 귀중하게 여기는 것이다."라고 하였으며, 윤돈(尹焞)은 "증자의 재질이 노둔하였으므로 그의 학문이 확고하였으니, 이것이 바로 그가 깊이 도에 나아갈 수 있었던 까닭이다."라고 하였다.

2 고요하면……강령이었어라 : 주정(周程)은 주돈이(周敦頤)와 정이(程頤)를 말한다. 《통서(通書)》 권20 〈성학(聖學)〉에 주돈이가 성인(聖人)을 본받는 공부를 논하면서 "일이 요체이니, 일이라는 것은 무욕을 말한다. 무욕이 되면 정할 때에는 허하고 동할 때에는 직하다. 정할 때에 허하면 명하고 명하면 통하며, 동할 때에 직하면 공하고 공하면 부한다. 그리하여 명해서 통하고 공해서 부하면 거의 가깝게 될 것이다.〔一爲要 一者無欲也 無欲則靜虛動直 靜虛則明 明則通 動直則公 公則溥 明通公溥 庶矣乎〕"라고

그러나 치우치면 응체하니 어찌 치우쳐서야	然不可偏偏則滯
고요함은 선에 둔함은 조야(粗野)에 빠질 수도	靜或墮禪鈍或野
곤의 후박함 본받아서 실어 줌을 위주하고	法坤之厚主於載
건의 전일함 체득해서 직수할 수 있어야지[3]	體乾之專能直遂
성현의 훈계 명심하여 바름 잃지 말지니	聖範賢訓傳勿爽正
습성이 천성이 되면[4] 둔정에 가까우리라	習與性成 庶幾乎鈍靜

하였다. 또《근사록집해(近思錄集解)》 권4 〈존양(存養)〉에서 정이가 "경하면 마음이 저절로 텅 비고 고요해진다. 그러나 텅 비고 고요한 것만을 가지고 경이라고 부를 수는 없다.〔敬則自虛靜 不可把虛靜喚做敬〕"라고 하였다.

3 곤(坤)의……있어야지 : 땅처럼 후덕하게 만물을 포용하여 보살펴 주고, 하늘처럼 순일하게 곧바로 나아가 이룰 수 있어야 한다는 말이다.《주역》〈곤괘(坤卦) 단(彖)〉에 "곤이 두터워 물건을 실어 줌은 덕이 무강한 것에 합한다.〔坤厚載物 德合無疆〕"라고 하였고, 〈곤괘 상(象)〉에 "지세가 곤이니, 군자가 이를 보고서 후한 덕으로 만물을 실어 준다.〔地勢坤 君子以厚德載物〕"라고 하였다. 또《이정유서(二程遺書)》 권11 〈사훈(師訓)〉에서 정호가 건곤(乾坤)의 동정(動靜)을 논하면서 "건은 양이니……전일하지 않으면 곧바로 나아가 이루지 못하고, 곤은 음이니……취합하지 않으면 발산하지 못한다."라고 하였다.《근사록집해》 권1 〈도체(道體)〉에도 주희가 이것을 인용하여 해설한 글이 나온다. 뒤에서 말한 성현의 훈계란 이 곤괘의 전(傳)과 정자의 말을 가리킨다.

4 습성이 천성이 되면 :《서경》〈태갑 상(太甲上)〉에 이 말이 나온다. 정이의 〈사물잠(四勿箴)〉 중 동잠(動箴) 말미에도 "바른 습관이 오래되어 천성처럼 굳어지면, 성현과 똑같은 경지로 돌아가리라."라는 표현이 보인다.

시습재명 병서○임자년(1732, 영조8)
時習齋銘 竝序○壬子

내가 일찍이 생각건대 《논어》 20편(篇) 중에서는 오직 〈학이(學而)〉 1편이 가장 중요한 입덕(入德)의 문이 되고 이 1편 중에서는 오직 수장(首章)의 수절(首節)[5]이 더욱 절실하고 가장 긴요하다고 여겼다. 왜냐하면 지(知)를 통해서 선(善)을 밝히고 행(行)을 통해서 실제로 이행하는 것을 학(學)이라고 하고, 이 학을 하고 난 뒤에 반복해서 완역(玩繹)하며 돈독하게 복습하는 것을 습(習)이라고 하며, 이 학과 습의 공부를 어느 때나 혹시라도 중단함이 없게 하는 것을 '때때로'라고 하니, 학을 하되 반드시 습을 하고 습을 하되 반드시 때때로 하면서, 오랜 시간을 두고 익숙하게 하면 반드시 도달하는 바가 있을 것이기 때문이었다. 따라서 공자(孔子)의 교훈과 정주(程朱)의 학술도 그 대요(大要)를 논하면 모두 여기에서 벗어나지 않는다고 생각하였다.

그러다가 나중에 주자(朱子)의 《혹문(或問)》의 글을 읽어 보건대 "학을 하되 습을 하지 않으면 안팎이 서로 저촉되어 용납되지 않고, 습을 하되 때때로 하지 않으면 공부가 중간에 단절되곤 하니, 비록 애를 써서 스스로 나아가 보려 해도 무미건조하고 껄끄럽기만 해서 흥미를 느낄 수 없게 될 것이요, 위태하고 불안해서 편안함을 느낄 수 없게 될 것이다."라고 말하고, 또 "학을 하되 때때로 습을 하면 심

5 수장(首章)의 수절(首節) : 《논어》 〈학이〉의 "배우고 그것을 때때로 익히면 또한 기쁘지 않겠는가.〔學而時習之 不亦說乎〕"라는 말을 가리킨다.

(心)이 이(理)와 더불어 함영(涵泳)하여 아는 것이 더욱 정밀해지고 신(身)이 사(事)와 더불어 편안해져 할 수 있는 능력이 더욱 견고해짐으로써, 종용(從容)히 아침저녁으로 부앙(俯仰)하는 가운데 반드시 마음속으로 자득하여 남에게 말로 전해 줄 수 없는 경지가 있게 될 것이다."라고 말한 대목[6]이 있었는데, 그 말이 명백하고 심절(深切)하여 더욱 부자(夫子)의 언외(言外)의 뜻을 드러내 밝히기에 충분하였으므로, 이를 읽는 동안에 나도 모르게 심(心)과 신(神)이 융회하며 손으로 춤추고 발로 구를 정도로 환희하였다. 이에 마침내 게시하여 서재에 이름을 짓되 시습(時習)이라고 명명하고는, 명(銘)을 지어서 스스로 경책(警策)하였는데, 그 내용은 다음과 같다.

학문하는 방법으로 그 종류가 매우 많지만	維學之方 其端有萬
매우 많다 해도 요체는 지극히 간단한 것	雖則有萬 要之至簡
그 요체가 뭐냐 하면 바로 지와 행이니	厥要伊何 維知維行
지와 행이 아니면 어떻게 밝히며 참되리오	非知曷明 非行曷誠
참되게 하고 밝히는 것이 학문에 드는 문이니	維誠維明 斯學之門
하나라도 폐하랴 새의 날개 수레의 바퀴인걸	寧或廢一 鳥翼車輪
알고 나서 행하매 오직 진전은 익힘에 있나니	旣知而行 惟進在習
익힘은 어떻게 하나 때때로 안 하면 껄끄럽다네	習之如何 不時則澁
성정의 오묘한 이치 인륜의 떳떳한 도리로	性情之妙 人倫之經
천지는 높고 깊으며 귀신은 어둡고 일월은 밝은	天高地深 鬼幽日明

6 주자(朱子)의……대목 : 녹문이 《사서혹문(四書或問)》 권6 〈논어 학이〉 제1에서 중요 부분만 발췌하였다.

만물의 실상을 연구하되 미진함이 없게 하고	凡諸萬物 咸格無遺
실마리 끌어내 심화하는 이것이 지를 익힘이요	紬而益繹 諟習于知
들어와 어버이를 섬기고 나와서 어른을 따르며	或入事親 或出從長
가까이 있고 멀리 있으며 혹 동하고 정하며	或近或遠 或動或靜
재계하듯 서 있거나 시동처럼 앉아 있는 일을[7]	或齊其立 或尸其坐
익힘은 행에 속하니 언제나 게을리 말 것이요	習之在行 惟恒靡惰
중단됨이 없고 해이해지지 않게 경계하여	無儌或間 無念或弛
끊임없이 부지런히 이어 나감을 시라고 하나니	亹亹纚纚 是之謂時
이상 세 개의 말은 그 쓰임이 무궁한 만큼	凡此三言 其用不窮
오래도록 익숙히 하면 내 덕성이 충만해지리라	苟久而熟 我性則充
억지로는 안 되나니 경이 아니면 어찌 서리오	然不可强 非敬曷立
전전긍긍하는 이것이 때때로 익히는 방법이라	乃兢乃戰 時習之法
공자가 가르침 내려 요강(要綱)을 보이셨고	先聖垂訓 有的其綱
심오한 그 뜻 밝힌 분은 우뚝한 저 주자로세	孰發其蘊 卓彼紫陽
소경처럼 진흙 길 헤매다가 늦게야 보았기에	小子擿埴 晩乃有見
시습 이름 내걸고 보든 안 보든 열심히 하리라	爰揭斯篇 乾乾幽顯

7 재계하듯……일을 : 《예기(禮記)》〈곡례 상(曲禮上)〉에 "앉아 있을 때에는 시동처럼 하고, 서 있을 때에는 재계할 때처럼 하라.〔坐如尸 立如齊〕"라는 말이 나온다. 또한 《논어》〈학이〉 1장 1절의 주석에 "앉아 있을 때에 시동같이 하는 것은 앉아 있을 때의 익힘이요, 서 있을 때에 재계하듯 하는 것은 서 있을 때의 익힘이다.〔坐如尸 坐時習也 立如齊 立時習也〕"라는 사양좌(謝良佐)의 해설이 있다.

삼충사명 병서
三忠祠銘 竝序

세 명의 충신은 바로 무신년(1728, 영조4)에 대의(大義)를 지키다 죽은 신하인 호서 병마절도사(湖西兵馬節度使) 이봉상(李鳳祥)과 중영장(中營將) 남연년(南延年)과 비장(裨將) 홍림(洪霖)을 가리킨다.[8] 변란이 시작될 당시에 와언(訛言)이 먼저 급속히 퍼지면서 인심(人心)이 두려워하며 흉흉해지자, 인장(印章)을 품고서 병부(兵符)를 내버린 채 산림(山林) 속으로 뿔뿔이 흩어져 도망치는 자들이 서로 줄을 이었으며, 후한 은혜를 받고 후한 녹봉(祿俸)을 먹으면서 한 지방을 전제(專制)하는 자도 왕왕 그 성패를 앉아서 바라보다가 자신의 향배(向背)를 정하려 하였다. 이들은 단지 자기 몸이 있는 것만 알았을 뿐 국가가 있는 줄은 알지 못하였으며, 이해(利害)가 절실한 것만 알았을 뿐 군신의 의리야말로 하늘과 땅 사이의 어느 곳에서도 피할 곳이 없다는 것은 알지 못하였다.

그런데 이 삼공(三公)으로 말하면 그저 소원(疎遠)하고 미천한 신분의 신하로서 홀로 의연(毅然)히 스스로 분발하여 적당(賊黨)을 꾸짖으며 굴복하지 않음으로써 적당의 기세가 밖에서 꺾이고 의로운 인사들이 안에서 분기(奮起)하게 하여, 강상(綱常)의 의리가 다시금 세상에 밝아지고 난신적자(亂臣賊子)가 만대(萬代)토록 두려워할 줄을 알게 하였

8 세……가리킨다 : 이인좌(李麟佐)의 난에 청주성이 함락되면서 대표적으로 희생당한 세 사람이다.

으니, 어찌 위대하지 않은가. 조정이 포휼(褒恤 포장(褒奬)하고 무휼(撫恤)함)을 하고 증작(贈爵)하는 한편 사당을 세워서 그들을 제향하게 한 것은 당연한 일이라고 하겠다. 내가 청주(清州)에 가서 유사(遺事)를 순문(詢問)하여 그 전말을 더욱 상세히 알게 되었는데, 이에 감회가 더욱 절실해지기에 마침내 의고체(擬古體)로 사언시(四言詩) 1편을 지어 기록하였다. 모두 528자로 된 이 시의 내용은 다음과 같다.

해는 신(申)에 속하고 달은 삼월이 되는 때에 歲在涒灘 月旅姑洗
도적이 남방에서 유언을 먼저 퍼뜨리며 有盜在南 流言是先
태양을 쏠 수 있고 하늘을 속일 수 있다면서 謂日可射 謂天可誣
우리 사대부를 포섭하고 평민을 유인한 뒤에 締我簪紳 誘我黔首
오래 형세를 조성하고는 은밀히 거사를 엿보았네 旣久其釀 密鋪潛覦
당시에 이후가 청주에서 군병을 지휘하며 時維李侯 按兵于淸
지주[9]처럼 우뚝하게 왕경을 보위했으므로 有屹砥柱 藩于王京
적당이 이후를 먼저 없애기로 모의했나니 賊黨聚謀 此宜先除
더구나 이 명부는 군량과 병기가 많았음에랴 矧玆名府 有糧有械
군대를 숲속에 숨기고 첩자를 민간에 숨기고는 藏兵于藪 藏人于州
우리 막비를 꾀어서 영문을 밤중에 열게 했네 賺我幕裨 營門夜開
이후는 이때 막부에서 방비를 하는 대신에 侯時在府 不置堤防

9 지주(砥柱) : 중국 삼협(三峽)의 지주산(砥柱山)을 말하는데, 이 산이 탁한 황하(黃河)의 급류 속에 우뚝 버티고 서서 거센 물결을 혼자 감당하고 있다는 뜻을 취하여, 보통 한 몸에 중책을 지고서 난국을 수습하는 사람의 비유로 쓰인다. 여기서는 당시 호서 병마절도사 이봉상을 가리킨다.

동요시킬까 두려워하며 소문을 허위로 여겼다가 煽動是恐 人言唯妄
변을 듣고 놀라 일어나니 적이 이미 뜰에 가득 聋變驚起 賊已充庭
몸에 옷 걸칠 틈도 없이 맨주먹으로 막았으니 身不及衣 隻拳徒張
끝도 없는 도적 떼를 힘이 다한 걸 어떻게 하랴 茫茫竹林 奈何力竭
적이 기뻐해 말하기를 겁박하면 굴복하리라 하고 賊喜謂黨 可刦而服
달래고 으르며 이마에 칼을 들이댔으나 利啗威怵 熠刀于額
굶지 않고 분격해 욕된 삶보단 죽음을 택했으니 侯奮不屈 死榮生辱
당당하다 그 의열이여 조상님들께 영광이로다 堂堂毅烈 光于乃祖
씩씩한 우리 남공은 중군을 지켰는데 赳赳南公 中軍是守
적이 와서 붙잡고는 범처럼 위세를 부리며 賊來執之 其威眈眈
형구(刑具)로 겁을 주고 형틀을 펴 놓고서 恇以鈇鋸 夾以質砧
자기를 따르면 죽이지 않겠다 하였으나 曰汝我順 我卽不殺
공은 발수자열[10]하며 크게 꾸짖기를 公忿大罵 髮豎眥裂
나는 조정의 관원이니 어찌 적에게 굴복하랴 我官于朝 寧爲賊屈
적당이 이에 노하여 공갈하고 으르렁대며 賊黨是怒 有虓其喝
칼을 마구 휘둘러 허벅지와 등을 내려치고 揮刀紛紜 股膂先剮
칼질하며 힐문하고 협박과 유인을 계속하니 且剮且詰 以脅以誘
핏물이 낭자하고 온전한 살점이 없었으나 血流淋漓 體無完膚
공은 조금도 꺾이지 않고 더욱 분격하며 公不少挫 逾厲逾奮

10 발수자열(髮豎眦裂) : 머리카락이 치솟고 눈자위가 찢어진다는 뜻으로, 매우 분개하는 모습을 형용한 것이다. 《사기(史記)》 〈항우본기(項羽本紀)〉에 번쾌(樊噲)가 항왕(項王)을 성난 눈으로 노려보며 머리카락이 위로 치솟고 눈자위가 모두 찢어졌다는 말이 나온다.

기운이 다할 때까지 꾸짖어 마지않았다네　口不絶罵 聲與氣盡
열렬한 우리 홍군은 이후의 막부에 거하다가　烈烈洪君 居李之幕
급한 상황에 벽을 허물어 열 손가락이 피범벅　蒼黃毁壁 十指皆血
적이 이때 뜰에서 원융을 찾아내고자　賊時在庭 元戎是索
불을 환히 밝히고 함성이 땅을 뒤흔들자　燄燄烈火 聲震于地
홍군이 들어가 소리치기를 내가 바로 원융이로다　君入疾呼 曰我則是
적이 거짓이라 눈치채고는 돌아보려고도 않자　有認其非 莫我或顧
홍군이 적을 가격하여 그 무기를 뺏어 들고는　君乃掠賊 揪厥刀兵
일만 칼날 속에서 고함치며 격렬히 공격하니　叫呼噴搏 萬鋒之中
적당이 그만 경악하여 고슴도치 털처럼 모여들어　賊黨乃驚 其集如蝟
그 담력을 칭찬하고 의리를 찬탄하기를　有賞其膽 有嘖其義
살려 주고 싶다마는 우리가 다칠까 겁나누나　謂欲而活 傷我是懼
우리 일이 성공하면 그대 자손을 돌봐 주리라　我事若濟 我錄而後
쥐새끼들아 나는 후사가 없다마는　君曰鼠輩 我固無嗣
있다 해도 도적의 쓰임이 될까 보냐 말하며　卽我或有 寧甘賊用
말과 얼굴빛 엄하고 씩씩하게 목숨을 버렸도다　辭厲氣壯 遂捐厥命
아, 삼공이여 그 절조 얼마나 위대한가　嗟嗟三公 何節之偉
큰 변고가 일어날 당시 하천 둑 무너지듯 하여　方時大變 若川其潰
흉역을 꾀하는 자가 나라의 거의 절반이라　凶謀逆肚 幾半率土
소리 내어 동조하거나 좌우로 눈치를 살피고　或聲相和 或足左右
혹은 경내를 제공하거나 꿩처럼 몸을 숨기는 등　或賫其境 或雉其伏
도도하기가 강해러니 누가 왕국을 알았으랴　滔滔江海 孰知王國
아, 삼공이여 그 의지 얼마나 우뚝한가　嗟嗟三公 有卓其立
살려고 인을 해치며 이익 때문에 의를 해치랴　寧生害仁 寧利傷義

분명히 결단하여 생선 대신 웅장을 취하였도다[11] 我明我決 魚熊取舍
단의 홀과 안의 혀로 먼저 흉도의 기를 꺾고[12] 段笏顏舌 先褫兇氣
하나의 성을 찬란히 빛낸 원이요 순이었어라[13] 炳炳一城 維遠與巡
누가 살고 죽었으며 누가 망하고 보존되었는가 孰生孰死 孰亡孰存
천추에 늠름하여 해와 별처럼 빛날 것이니 千秋凜凜 維星維日
이로써 천하의 난적을 겁주고 부끄럽게 하였도다 以懼以愧 天下亂賊

11 생선을……취하였도다 : 웅장(熊掌)은 곰 발바닥 요리를 뜻한다. 여기서는 이욕을 버리고 의리를 택했다는 말이다. 《맹자》 〈고자 상(告子上)〉에 "생선 요리도 내가 원하는 것이요, 곰 발바닥 요리도 내가 원하는 것이다. 그러나 두 가지를 동시에 얻을 수 없다면, 나는 생선을 버리고 곰 발바닥을 택하겠다. 삶도 내가 원하는 것이요, 의리도 내가 원하는 것이다. 그러나 두 가지를 동시에 얻을 수 없다면, 나는 삶을 버리고 의리를 택하겠다."라고 하였다.

12 단(段)의……꺾고 : 단수실(段秀實)과 안고경(顏杲卿)의 고사를 인용한 것이다. 당 덕종(唐德宗) 때에 주자(朱泚)가 반란을 일으켜 장안(長安)의 궁성을 점거하고는 사농경(司農卿)인 단수실을 불러 모의(謀議)하자, 단수실이 그의 말을 듣는 척하며 들어가서 일을 의논하다가 그의 얼굴에 침을 뱉고 꾸짖으며 홀을 들어 이마를 내려치니 주자가 피를 흘리며 엉금엉금 기어서 도망갔는데, 뒤에 흉당의 무리가 몰려와서 단수실을 살해하였다. 뒤에 덕종이 봉천(奉天)에서 그 일을 듣고는 그를 대우하여 일을 맡기지 않은 것을 아쉬워하며 한참 동안 눈물을 흘렸다고 한다. 《新唐書 段秀實列傳》 또 당 현종(唐玄宗) 때에 안녹산(安祿山)의 난이 일어나자 상산 태수(常山太守) 안고경이 불리한 상황 속에서도 6일 동안 밤낮으로 격전을 벌이다가 마침내는 식량과 화살이 떨어져 성이 함락되면서 포로로 붙잡힌 뒤에 갖은 악형(惡刑)을 받으면서도 끝까지 굴복하지 않고 혀가 잘릴 때까지 준열하게 꾸짖다가 죽음을 맞은 고사가 있다. 《新唐書 忠義列傳中 顏杲卿》

13 하나의……순(巡)이었어라 : 장순(張巡)과 허원(許遠)이 강회(江淮)의 보장(保障)이라고 일컬어지는 수양성(睢陽城)을 지키며 고립무원(孤立無援)의 상황에서 안녹산의 군대에 끝까지 항거하다가 성이 함락되면서 함께 장렬히 순절한 고사를 인용한 것이다. 《舊唐書 忠義列傳下 張巡》

밝고 밝은 임금님이 숭상하고 감탄하여 明明我王 是崇是歎
높은 작위를 추증하고 제향을 올리게 하였나니 贈以崇秩 薦以苾芬
휘황한 편액이요 엄숙한 사당이로다 煌煌寶額 肅肅靈宇
이 일이 민멸될까 두려워 내가 이 명을 지으면서 我作斯銘 泯滅時懼
자세히 내용을 갖추어 후세에 길이 보이노라 爰備爰悉 永示來後

주일명 병서○기해년(1779, 정조3)

主一銘 竝序○己亥

내가 옛날에 정자(程子)의 주일(主一)의 가르침[14]을 읽을 때에는 단지 전일(專一)의 뜻으로만 해석해서 이해하였으니, 예컨대 설 문청공(薛文淸公)이 "첫걸음을 뗄 때에는 마음이 첫걸음 위에 있고, 두 걸음을 뗄 때에는 마음이 두 걸음 위에 있다."[15]라고 말한 것과 같았는데, 만년에 징험해 보고 나서야 그 해석이 옳지 않다는 것을 비로소 깨달았다. 말하자면 일(一)은 단지 순일(純一)의 일로, 바로 성(性)의 체(體)이고 심(心)의 체였으니, 《서경》의 유일(惟一),[16] 극일(克一)[17]과 《주역》

14 정자(程子)의 주일(主一)의 가르침 : 정이(程頤)가 경(敬)을 설명하기 위해서 제시한 주일무적(主一無適)이라는 명제를 말한다. 《이정수언(二程粹言)》 권상 〈논도편(論道篇)〉에 "일(一)을 위주로 함을 경(敬)이라 하고,……옮겨 감이 없는 것을 일이라 한다."라는 정이의 말이 나오고, 《주자어류(朱子語類)》 권120 〈주자(朱子) 훈문인(訓門人)〉에 "정자가 말한 주일무적의 주일은 단지 전일하게 하는 것을 의미한다."라는 주희(朱熹)의 말이 나온다. 안으로는 주일무적을 지향하고, 밖으로는 몸가짐을 정돈하여 바르게 하는 것이 성리학의 수양법이다. 녹문은 주일무적의 '적(適)' 자를 휘(諱)하여 주일무지(主一無之)라는 표현을 쓰고 있다.

15 첫걸음을……있다 : 명(明)나라 설선(薛瑄)의 "첫걸음을 뗄 때에는 마음이 첫걸음 위에 있고, 두 걸음을 뗄 때에는 마음이 두 걸음 위에 있으며, 세 걸음과 네 걸음에도 이와 같이 하지 않음이 없는 것이 경(敬)이라고 하는 것이다.……하나의 일을 행할 때에 마음이 그 하나의 일에 있어서 어느 경우나 전일하게 하는 것이 곧 경이니, 이것이 바로 정이가 '주일지위경 무적지위일(主一之謂敬 無適之謂一)'이라고 말한 뜻이다."라는 말에서 발췌한 것이다. 《讀書錄 卷3》

16 유일(惟一) : 순(舜) 임금이 우(禹)에게 전했다는 이른바 '십육자 심전(十六字心

의 정부일(貞夫一)[18]과 《논어》의 일관(一貫)[19]과 《중용》의 행지자일(行之者一),[20] 그리고 주자(周子)가 말한 일자무욕(一者無欲)[21]과 정자(程子)가 말한 함양오일(涵養吾一)[22]이 모두 이 물건이었다.

즉 일(一)이라는 것은 성(誠)이고 주일이라는 것은 경(敬)으로 성(誠)과 경(敬)은 하나이니, 그 사이에는 다만 능소(能所)[23]의 구별만이

傳)' 중의 "오직 정밀하게 살피고 순일하게 행해야 한다."라는 말에서 추출한 것으로, 《서경》 〈대우모(大禹謨)〉에 나온다.

17 극일(克一) : 《서경》 〈함유일덕(咸有一德)〉의 "덕은 일정한 법이 없어서 선을 주로 함이 법인 것이며, 선은 일정한 주인이 없어서 능히 순일함에 합하는 것이다.〔德無常師 主善爲師 善無常主 協于克一〕"라는 말에서 추출한 것이다.

18 정부일(貞夫一) : 《주역》 〈계사전 하(繫辭傳下)〉 1장의 "천지의 도는 일관되게 보여 주는 것이요, 일월의 도는 언제나 밝은 것이요, 천하의 동은 항상 일에 귀결되는 것이다.〔天地之道 貞觀者也 日月之道 貞明者也 天下之動 貞夫一者也〕"라는 말에서 추출한 것이다.

19 일관(一貫) : 공자가 제자 증삼(曾參)에게 "나의 도는 하나의 이치로써 모든 일을 꿰뚫고 있다.〔吾道一以貫之〕"라고 말한 고사에서 나온 것이다. 《論語 里仁》

20 행지자일(行之者一) : 《중용장구》 제20장의 "지와 인과 용, 이 세 가지는 이 세상에 공통적으로 적용되는 덕인데, 이것을 행하게 하는 것은 하나 즉 성(誠)일 뿐이다.〔知仁勇三者 天下之達德也 所以行之者 一也〕"라는 말에서 추출한 것이다.

21 일자무욕(一者無欲) : 주돈이(周敦頤)의 "성인은 배워서 될 수 있는 것인가? 그렇다. 요체가 있는가? 있다. 그 요체가 무엇인가? 일(一)이 요체이니, 일이라는 것은 무욕을 말한다."라는 말에서 추출한 것이다. 《通書 卷20 聖學》

22 함양오일(涵養吾一) : "나의 순일한 마음을 함양해야 한다."라는 뜻으로, 《근사록집해(近思錄集解)》 권4 〈존양(存養)〉에 나오는 정호(程顥)의 말이다.

23 능소(能所) : 주객(主客)의 관계를 뜻하는 불가(佛家)의 개념에서 나온 것으로, 능(能)은 능동적으로 주재(主宰)하는 당체(當體)를 가리키고, 소(所)는 피동적으로 그 대상이 되는 것을 가리킨다.

있을 따름이라고 하겠다. 그런데 정자가 또 이를 밀어 올려 끝내 "'천지가 자리를 베풀면 역이 그 가운데에 행해진다.'라고 말한 이것은 단지 천지의 경을 설명하였는데, 이런 도리를 체득할 때에 참으로 활발발한 경지를 맛볼 것이다.〔天地設位 易行于其中 只是敬 會得時眞是活潑潑地〕"라고 하였으니,[24] 전일의 뜻 같은 것도 물론 그 속에 포함되어 있다고 하겠지만, 단지 '전일'의 뜻으로만 해석한다면 어떻게 경(敬)의 묘리(妙理)를 다 밝혀낼 수가 있겠는가. 이에 내가 〈존존감기(存存龕記)〉를 지어 정자의 뜻을 밝히고 나서, 그 요체를 간추려 〈주일명(主一銘)〉을 지어 보았는데, 그 명은 다음과 같다.

24 정자가……하였으니 : 녹문이 정호의 말을 종합해서 자의적(恣意的)으로 인용한 것이다. '지시경(只是敬)'까지는 《주역》 〈계사전 상(繫辭傳上)〉의 "천지가 자리를 베풀면 역(易)이 그 가운데 행해진다.〔天地設位 而易行乎其中矣〕"라는 경문에 대한 정호의 해설 중 일부인데, 이 말 바로 뒤에 "경하면 간단함이 없는 것이다.〔敬則無間斷〕"라는 정호의 말이 이어진다. 《二程遺書 卷11 師訓》《近思錄集解 卷4 存養》 '회득시……(會得時……)' 한 것은 《중용장구》 제12장의 '연비어약(鳶飛魚躍)' 부분에 대해서 정호가 "이 한 단락은 자사가 긴요하게 사람을 위해 말해 준 것으로 '반드시 일삼는 것이 있어야 하지만 미리 효과를 기대하지 말고서 마음속으로 잊지도 말고 억지로 조장하지도 말아야 한다.'라는 뜻과 활발발한 경지를 함께하는 것인데, 이런 도리를 체득할 때에는 활발발해지겠지만, 체득하지 못할 때에는 그저 정신만 수고롭게 할 것이다."라고 해설한 부분에서 발췌한 것으로, 《이정유서(二程遺書)》 권3 〈사현도기억평일어(謝顯道記憶平日語)〉의 첫머리에 나온다. 그리고 위의 해설에 대해서 "이상은 명도 선생의 말이다."라고 하여 정호의 말임을 적시(摘示)하였다. 그런데 녹문은 본문에서 정이와 정호를 구분하지 않고 그냥 정자라고만 칭함으로써, 독자들이 주일무적을 경(敬)으로 정의한 정이의 이론과 맥락이 동일한 것으로 혼동하게 할 여지를 남기고 있다. 활발발은 생기(生氣)가 충만한 것을 말한다.

망각하면 놓치고 조장하면 빠져서 집착하니[25]	忘則失 助則泥
순일한 내 마음 함양해서 상제를 대하듯 해야지	養吾一 對越帝
적감이어니 무엇을 생각하고 염려하리오[26]	寂而感 何思慮
만 가지 변화 속에 일이 자재하는 것을	萬其變 一自在
요체는 신독(愼獨)이라 안과 밖이 없는 것	要在獨 無外內
묵묵히 이루며 순역불이(純亦不已)하리니[27]	默而成 純不已

25 망각하면……집착하니 : 《맹자》〈공손추 상〉에 나오는 물망물조장(勿忘勿助長)의 한 단락을 인용한 것인데, 이 경문 바로 뒤에 "망각하는 것은 농부가 아예 밭을 돌보지 않는 것이며, 조장하는 것은 밭에 자라는 곡식을 빨리 자라게 하기 위하여 모개미를 뽑아 올리는 것과 같다."라는 비유가 이어진다.

26 적감(寂感)이어니……염려하리오 : 적감은 적연부동(寂然不動)과 감이수통(感而遂通)의 준말로, 각각 정(靜)과 동(動)에 대응하는 말인데, 마음의 체(體)와 용(用)을 비유할 때에도 곧잘 쓰이는 성리학의 용어이다. 《주역》〈계사전 상〉에 "역은 생각도 없고 하는 것도 없어서 고요히 움직이지 않고 있다가 느끼게 되면 마침내 천하의 일을 통하나니, 천하의 지극히 신령스러운 자가 아니면 그 누가 여기에 참여할 수 있겠는가.〔易無思也 無爲也 寂然不動 感而遂通天下之故 非天下之至神 其孰能與於此〕"라는 말이 나온다. 또 〈계사전 하〉 5장에 "하늘 아래의 무엇을 생각하고 무엇을 염려하겠는가. 천하의 모든 것이 돌아가는 곳은 같으나 가는 길은 다르며, 이치는 하나이나 생각은 백 가지이니, 천하의 무엇을 생각하고 무엇을 염려하겠는가.〔天下何思何慮 天下同歸而殊塗 一致而百慮 天下何思何慮〕"라는 공자의 말이 있다.

27 묵묵히 이루며 순역불이(純亦不已)하리니 : 괘효(卦爻)의 신묘한 변화를 밝히는 것은 덕에 있음을 말한 《주역》〈계사전 상〉 12장의 대목에 "묵묵히 이루며 말하지 않아도 믿게 되는 것은 덕행에 있다.〔默而成之 不言而信 存乎德行〕"라는 말이 나온다. 순역불이는 《중용장구》 제26장에 나오는 말로, 순수함이 천도(天道)와 똑같이 계속 유지되는 것을 의미한다. 참고로 《시경》〈주송(周頌) 유천지명(維天之命)〉의 주(註)에 "심원하여 그치는 때가 없는 것〔於穆不已〕은 하늘이 하늘 된 소이(所以)이고, 순역불이는 문왕(文王)이 문왕 된 소이이다."라는 뜻의 해설이 나온다.

인이 멀지 않은지라 늙는 것도 잊으리라[28] 仁不遠 忘老至

28 인(仁)이……잊으리라 : 공자가 "인이 어디에 멀리 있겠는가. 내가 인을 하려고만 하면 인이 당장 나에게 이를 것이다.〔仁遠乎哉 我欲仁 斯仁至矣〕"라고 말하고 "학문에 분발하면 먹는 것도 잊고 학문이 즐거워서 근심도 잊은 채 늙어 가는 줄도 알지 못한다.〔發憤忘食 樂而忘憂 不知老之將至〕"라고 자평한 말을 인용한 것이다.《論語 述而》

존존감명
存存龕銘

하늘은 높고 땅은 낮으니 이간[29]이 이루어지고	天高地下 易簡始成
일월 한서 교대하여[30] 천지의 화육이 행해진다	日月寒暑 化育以行
이를 성으로 삼아 예로 낮추고 지로 높이나니[31]	人得爲性 禮卑知崇
적감[32]하며 진퇴하면 도가 그 몸에 쌓이리라	寂感行藏 道積厥躬
날줄과 씨줄로 삼아 하나의 경으로 관통하며	經而緯之 一敬貫通

29 이간(易簡) : 평이하고 간략한 역(易)의 선도(善道)를 말한다. 《주역》 〈계사전 상(繫辭傳上)〉에 "평이하면 알기 쉽고, 간략하면 따르기 쉽다.……평이하고 간략해서 천하의 이치를 터득하게 되나니, 천하의 이치를 터득해서 그 중에 자리를 이루는 것이다.〔易則易知 簡則易從……易簡而天下之理得矣 天下之理得 而成位乎其中矣〕"라고 하였다.

30 일월(日月)과……교대하여 : 《주역》 〈계사전 하〉에 "해가 가면 달이 오고 달이 가면 해가 와서 해와 달이 서로 교대하매 밝은 빛이 생겨나며, 추위가 가면 더위가 오고 더위가 가면 추위가 와서 추위와 더위가 서로 교대하매 한 해가 이루어진다.〔日往則月來 月往則日來 日月相推而明生焉 寒往則暑來 暑往則寒來 寒暑相推而歲成焉〕"라고 하였다.

31 예(禮)로……높이나니 : 《주역》 〈계사전 상〉에 "대저 역은 성인이 덕을 높이고 업을 넓히려는 것이다. 지는 높이는 것이고 예는 낮추는 것이니, 높임은 하늘을 본받고 낮춤은 땅을 본받은 것이다.〔夫易 聖人所以崇德而廣業也 知崇禮卑 崇效天 卑法地〕"라는 말이 나온다. 이에 대해서 주희(朱熹)는 "이치를 궁구하면 지혜로 높임이 하늘과 같아서 덕이 높아지고, 이치를 따르면 예로 낮춤이 땅과 같아서 업이 넓어진다."라고 하였다.

32 적감(寂感) : 169쪽 주26 참조.

보존하고 또 보존하면 천명이 끝없이 이어지리 存而又存 於穆無窮
위아래가 같이 흘러 능소가 혼융 원만하나니 上下同流 能所渾圓
도체가 활발발함을 정자가 드러내었도다 程門啓秘 道體躍然
무엇을 염려하랴 물조물망하면 그뿐 何思何慮 勿助勿忘
물속 고기 하늘의 새 어디나 그 이치 환한 것을 川魚雲鳥 隨處昭朗
눈 안에 분명한 요체는 바로 일 그것이니 了了眼中 其要則一
둘도 셋도 아니 되면[33] 동정에 잘못이 없으리라 弗貳弗參 動靜無失
탕왕이 오르고 문왕이 순일함은[34] 익히기 나름 湯躋文純 惟在乎熟
하학상달의 묘한 도리는 말로 다 할 수 없도다[35] 下學上達 妙不可極
있는 힘 다하여 끊임없이 자강불식할지니 願言竭力 乾乾不息
홀로 있을 때를 삼감이 지켜야 할 법도니라 曰惟愼獨 守之之則

33 둘이……되면 : 주희의 〈경재잠(敬齋箴)〉에 "두 개의 일이 있다고 해서 마음이 둘이 되면 안 되고, 세 개의 일이 있다고 해서 마음이 셋이 되면 안 되니, 오직 마음을 전일하게 하여 온갖 변화를 제대로 살펴서 대처해야 할 것이다."라고 하였다. 《晦庵集 卷85》

34 탕왕(湯王)이……순일함은 : 《시경》 〈상송(商頌) 장발(長發)〉에 "탕왕의 성경의 덕이 날로 위로 올랐다.〔聖敬日躋〕"라고 하였고, 〈주송(周頌) 유천지명(維天之命)〉에 "아, 뚜렷하지 않은가, 문왕의 덕의 순일함이여.〔於乎不顯 文王之德之純〕"라고 하였다.

35 하학상달(下學上達)의……없도다 : "나는 하늘을 원망하지도 않고 사람을 탓하지도 않는다. 아래로는 사람의 일을 배우고 위로는 하늘의 이치를 터득하려고 노력하는데, 나를 알아주는 분은 아마도 하늘뿐일 것이다.〔不怨天 不尤人 下學而上達 知我者 其天乎〕"라는 공자의 말에 대해서, 정이(程頤)가 "학자는 모름지기 하학과 상달에 관한 이 말씀을 지켜야 하니, 이것이 바로 학문의 요점이다. 대개 아래로 사람의 일을 배우면 곧 위로 하늘의 이치를 터득하게 된다. 그러나 익히기만 하고 제대로 살피지 않으면 또한 상달할 수 없다."라고 하였다. 《論語集註 憲問》

창명

窓銘

너의 안색을 엄숙히 하고 너의 어깨를 꿋꿋이 할 것이니 기력이 쇠했다고 말하지 말라 整爾顔 竦爾肩 莫曰旅力之愆

인덕은 돈후함을 생각하고[36] 의리는 입신을 생각할지니[37] 숨이 붙어 있는 동안 나태하지 말라 仁思敦 義思神 靡懈一息之存

36 인덕은 돈후함을 생각하고 : 《주역》 〈계사전 상(繫辭傳上)〉에 "성인은 천명을 즐기고 알기 때문에 근심이 없고, 처하는 곳마다 편히 여기면서 인덕을 돈후하게 지니기 때문에 사람을 제대로 사랑할 수 있는 것이다.〔樂天知命 故不憂 安土敦乎仁 故能愛〕"라고 하였다.

37 의리는 입신을 생각할지니 : 《주역》 〈계사전 하〉에 "자벌레가 몸을 굽히는 것은 장차 펴기 위해서이고, 용과 뱀이 땅속에 들어앉은 것은 몸을 보존하기 위해서이다. 이와 마찬가지로 사람이 의리를 정밀히 연구하여 신묘한 경지에 드는 것은 장차 극진하게 쓰기 위해서이고, 이용안신하는 것은 덕을 높이기 위해서이다.〔尺蠖之屈 以求信也 龍蛇之蟄 以存身也 精義入神 以致用也 利用安身 以崇德也〕"라고 하였다.

장명
杖銘

자립하여 방소를 바꾸지 않고[38]	立不易方
행할 때는 반드시 때에 알맞게	行必以時
나무로 심어 두면 과일도 열겠지만	植條則果
교탁을 울리면 피행(詖行)이 될 뿐[39]	拄卓則詖

38 자립하여……않고 : 《주역》 〈항괘(恒卦) 상(象)〉에 "우레와 바람이 항이니, 군자가 이를 보고 자립하여 방소를 바꾸지 않는다.〔雷風恒 君子以立不易方〕"라고 하였다.

39 교탁(校卓)을……뿐 : 불승(佛僧)이 주장자(拄杖子)를 들어 교탁을 한 번 울리고 나서 설법하곤 하는데, 지팡이를 이런 식으로 사용하는 것은 올바른 행위가 아니다는 말로, 불교 등의 이단을 막아 보겠다는 녹문의 결의가 엿보이는 대목이다. 맹자(孟子)가 "내가 이 때문에 두려워하여 선성의 도를 보호하면서, 양주(楊朱)와 묵적(墨翟)을 막고 부당한 말을 추방하여 삿된 주장이 일어나지 못하게 하려 한다.〔吾爲此懼 閑先聖之道 距楊墨放淫辭 邪說者不得作〕"라고 하고, 또 "인심을 바로잡아 사설을 종식하며 비뚤어진 행동을 막고 부당한 말을 추방함으로써 우(禹)와 주공(周公)과 공자(孔子)의 뜻을 계승하겠다.〔正人心 息邪說 距詖行 放淫辭 以承三聖者〕"라고 하였다. 《孟子 滕文公下》

잠 箴

자잠 병서○병오년(1726, 영조2)

字箴 竝序○丙午

내가 이름을 얻고 나서 아직 자(字)를 얻지 못했으므로 경전(經傳)을 두루 찾아보았지만 합당한 글자를 찾지 못하였다. 그러다가 어느 날 홀연히 생각하기를 '명자(名字)의 뜻을 꼭 멀리서 구할 것 없이 가까이 몸에서 취하는 것이 좋겠다. 선유(先儒)가 「경(敬)은 성인이 되는 요체이니, 제대로 경을 하면 성인이 될 수 있다.」[40]라는 말을 하였으니, 그렇다면 성(聖)이라는 내 이름의 자에 합당한 것으로 이보다 더 좋은 것이 뭐가 있겠는가.'라고 하고는, 마침내 경중(敬仲)이라고 자를 짓고 나서 잠(箴)을 지어 스스로 경책(警策)하였다.-뒤에 사(思)라는 글자가 더욱 친근하다고 여겨 지금의 자(字)인 경사(敬思)로 고쳤다.-

성인을 배울 수 있나니 성인처럼 하면 되고　　聖可學乎爲之則是

40 경(敬)은……있다 : 주희(朱熹)가 《대학혹문(大學或問)》 경(敬) 1장에서 경에 대해 설명한 것을 녹문이 간추려 인용한 것인데, 그 말미에 "경이라는 하나의 글자야말로 어찌 처음부터 끝까지 성학의 요체가 되는 것이 아니겠는가."라고 하였다.

배움에 요체가 있나니 오직 경이 그것이라	學有要乎惟敬是已
움직일 때는 성찰하고 고요할 때는 함양하여	動而省察靜而涵養
마음 보존해 밖에 응하며 모두 경이 되게 해야지	存中應外咸致其敬
타인이 보거나 듣지 않아도 계신하고 공구하며	戒愼不覩恐懼不聞
은미함을 살피고 독처(獨處)를 조심해야 할 터	微隱必審幽獨必謹
선심이 발하면 경으로 확충해 나아가고	善心之發敬而擴去
악념이 싹트면 경으로 제거해 버려야지	惡念之萌敬以克祛
한마디 말을 낼 때에도 조심조심 경건하게	一言之出屬屬洞洞
하나의 일을 접할 때에도 겁내며 신중하게	一事之接戰戰兢兢
위태해도 이렇게 하고 다급해도 이렇게 해서[41]	顚沛於是造次於是
안팎을 서로 바루고 동정에 어김이 없어야지	表裏交正動靜無違
하나의 뿌리가 배양되면 일천 가지가 자라나고	一根旣培千支皆長
하나의 벼리가 들어지면 만 개의 코가 펴지는 법	一綱旣擧萬目俱張
참되게 쌓으며 오래 노력하면 정허동직[42]하리니	眞積力久靜虛動直

41 위태해도……해서 : 《논어》 〈이인(里仁)〉에 "군자는 밥 한 그릇을 먹는 동안이라도 인의 정신을 어겨서는 안 되니, 아무리 다급해도 반드시 이렇게 하고, 아무리 위태해도 반드시 이렇게 해야 한다.〔君子無終食之間違仁 造次必於是 顚沛必於是〕"라고 하였다.

42 정허동직(靜虛動直) : 정(靜)의 시점에서는 텅 비게 하고 동(動)의 시점에서는 올곧게 한다는 뜻으로, 주돈이(周敦頤)가 성인이 되는 방법을 교시한 내용 중에 나오는 말이다. 《통서(通書)》 권20 〈성학(聖學)〉에 "성인은 배워서 될 수 있는가? 그렇다. 요체가 있는가? 있다. 그 요체가 무엇인가? 일(一)이 요체이니, 일은 무욕을 말한다. 무욕이 되면 정의 시점에서는 텅 비고 동의 시점에서는 올곧아진다. 정의 시점에서 텅 비면 밝아지고 밝아지면 통하게 되며, 동의 시점에서 올곧으면 공정하고 공정하면 두루 통한다. 밝아져서 통하고 공정해서 두루 통하면 성인과 가깝게 될 것이다."라고 하였다.

지키는 것은 간략하고 베푸는 것은 드넓으리[43]	所操者約所施者博
이로써 제가를 하면 부부자자할 것이요	以之齊家父父子子
이로써 치국을 하면 상상하하[44]할 것이라	以之治國上上下下
발동하기 이전에는 적연부동하다가	未發之前寂然不動
발동한 시점에는 감이수통하는 그것[45]	已發之際感而遂通
아, 이 하나의 경이 성인이 되는 요체이니	嗚呼一敬作聖之要
배움에 뜻을 둔다면 경을 버리고 어떡하랴	有志於學舍敬奚由
내가 들어서 자로 삼은 그 취지가 심오하니	我揭爲字其旨深矣
밤낮으로 종사하여 본뜻을 저버리지 말지어다	夙夜從事無負素志

43 지키는……드넓으리 : 《맹자》 〈진심 하(盡心下)〉에 "말이 천근하면서도 내포한 뜻이 심원한 것이 선한 말이요, 지키는 것이 간략하면서도 베푸는 것이 넓은 것이 선한 도이다.〔言近而指遠者 善言也 守約而施博者 善道也〕"라고 하였다.

44 상상하하(上上下下) : 군군신신(君君臣臣)과 같은 말인데, 녹문이 입순하기 위해 이렇게 바꾼 것이다. 《논어》 〈안연(顔淵)〉에 제 경공(齊景公)이 정치에 대해 묻자, 공자가 "임금은 임금 노릇을 제대로 하고 신하는 신하 노릇을 제대로 하며, 아버지는 아버지 노릇을 제대로 하고 아들은 아들 노릇을 제대로 하는 것이다.〔君君臣臣 父父子子〕"라고 하였다.

45 발동하기……그것 : 마음의 체용(體用)을 설명한 것인데, 169쪽 주26 참조. 《성리대전(性理大全)》 권33 〈성리(性理) 5 심성정(心性情)〉에 "적연부동하는 것은 성이고, 감이수통하는 것은 정이다. 그래서 횡거가 '심은 성정을 포괄한다.'라고 말한 것인데, 이 설이 가장 온당하다."라는 주희의 말이 보인다.

시습잠 임자년(1732, 영조8)
時習箴 壬子

네가 글을 읽을 때 익힐 것은 정밀함이요	爾讀爾書爾習在精
마음 보존할 때 익힐 것은 성[46]에 있도다	爾存爾心爾習在惺
모자를 쓸 땐 반듯하게 쳐다볼 땐 존엄하게	爾冠習整爾瞻習尊
머리는 꼿꼿하게 안색은 온화하게 익혀야지	爾頭習直爾色習溫
예의의 범절은 단정하고 장중하게	威儀之則爾習端莊
언어의 절도는 안정되고 편안하게	言語之節爾習安詳
일상생활 어떤 일이든 이렇게 익힐지니	爰及日用凡百事爲
강론이나 음식도 좋은 습관을 들여야겠지	講論之規飮食之宜
사친은 효성스럽게 사람 대할 땐 충심으로	事親則孝與人則忠
욕망은 억제하고 분노는 제어할 것을 생각하며	慾則思窒忿則思懲
어느 때나 중단 없이 익히지 않으면 안 되리라	無時而間罔或不習
공경하고 생각하며[47] 오래하면 몸에 밸 것이니	克敬克念旣久則熟
부지런히 차근차근 늦게도 빨리도 하지 말라	有俛循循毋徐毋速

46 성(惺) : 성성(惺惺)의 준말로, 마음이 늘 깨어 있게 하는 것이다. 사양좌(謝良佐)의 "경(敬)은 항상 깨어 있게 하는 방법이요, 심재(心齋)는 일마다 놓아 버리는 것이니, 그 도리가 같지 않다."라는 말에서 나왔다. 《上蔡先生語錄 卷中》《心經附註 卷1 敬以直內章》

47 공경하고 생각하며 : 송(宋)나라 범준(范浚)의 〈심잠(心箴)〉에 "군자가 마음속으로 참된 뜻을 보존하고서 제대로 생각하고 제대로 공경하면, 마음이 태연해져서 육신이 그 명령을 따를 것이다."라고 하였다.

진덕오잠 병서○정미년(1727, 영조3)

進德五箴 竝序○丁未

하늘은 커서 밖이 없나니 天大無外
사람의 성이 그 온전함을 품수했거늘[48] 性稟其全
순은 누구이며 나는 누구이기에 舜何予何
어찌 하늘을 원하지 않을까 보냐[49] 曷不希天
지의 소회(所懷)와 항의 지조 안에 摯懷巷執
지켜야 할 법도가 모두 들어 있으니[50] 繩墨俱存
천지 상하 사방팔방 어디를 가든지 九垓八埏
천 개 만 개의 문호가 활짝 열리리라 萬戶千門

48 하늘은……품수했거늘 : 《근사록(近思錄)》 권2 〈위학(爲學)〉에 "하늘은 커서 밖이 없다. 따라서 밖이 있는 마음이라면 하늘의 마음에 부합할 수가 없다."라는 장재(張載)의 말이 나온다. 《장자(莊子)》 〈천하(天下)〉에 "지극히 커서 밖이 없는 것을 대일이라고 한다.〔至大無外 謂之大一〕"라는 말이 있다. 또 주희(朱熹)가 《맹자》의 진심장(盡心章)을 해설한 내용 중에 "하늘은 커서 밖이 없는데, 사람의 성이 그 온전함을 품수하였다. 그러므로 사람의 본심 역시 그 체가 확연하여 한량이 없는 것이다."라는 말이 보인다. 《晦庵集 卷67 盡心說》

49 순(舜)은……보냐 : 《맹자》 〈등문공 상(滕文公上)〉에 "순 임금은 어떤 사람이고, 나는 어떤 사람인가. 그렇게 되려고 노력하면 또한 그와 같이 될 수 있다.〔舜何人也 予何人也 有爲者亦若是〕"라고 하였고, 주돈이(周敦頤)의 《통서(通書)》 〈지학(志學)〉에 "성인은 하늘처럼 되기를 원하고 현인은 성인이 되기를 원하고, 선비는 현인이 되기를 원한다."라고 하였다.

50 지(摯)의……있으니 : 주희의 〈백록동부(白鹿洞賦)〉에 "신지(莘摯)가 품은 뜻을 성실히 행하고, 항안(巷顔)이 고수한 것을 근실히 행한다."라고 하였다. 《晦庵集 卷1》

정자(程子)가 말하기를 "비유하건대 도목수가 먹줄과 먹통을 손에 쥐면, 천 개 만 개의 문호가 그 안에 절로 들어 있는 것과 같다."라고 하였다.[51] 위는 뜻을 세워서 규모를 정하는 것을 말한 것이다.

일이라는 것은 바로 성이니	一者是誠
일을 주로 하면 곧 경이라	主一則敬
조장하지도 망각하지도 말 것이니	勿助勿忘
동함과 정함이 따로 있지 않으니라	無動無靜
이 마음이 일단 수립되면	此心旣立
천지와 서로 통하는 것	與天地通
지와 예를 보존하고 보존하면	知禮存存
역이 그 가운데에 행해지리라	易行于中

정자가 말하기를 "일(一)을 주로 하는 것을 경(敬)이라고 한다. 일이라는 것은 성(誠)을 의미하고, 주는 거기에 뜻을 둔 것이다."[52]라고 하였다. ○〈계사(繫辭)〉에 "지(知)는 높이는 것이고 예(禮)는 낮추는 것이니, 높임은 하늘을 본받고 낮춤은 땅을 본받은 것이다. 천지(天地)가 자리를 베풀면 역(易)이 그 가운데 행해지니, 성성(成性)을 보존하고 보존함이 도의(道義)의 문(門)이다."[53]라고 하였고, 정자는 말하기를 "'천지가 자리를 베풀면 역이

51 정자(程子)가……하였다 : 정자의 말이 아니라 주희의 말이다. 주희가 맹자를 평한 내용 중에 "맹자는 그다지 세밀하지는 않다. 그를 비유하건대 도목수가 먹줄과 먹통을 손에 쥐면 천 개 만 개의 문호가 그 안에 절로 들어 있는 것과 같다."라고 하였다. 《朱子全書 卷52 道統1 聖賢諸儒總論》《朱子語類 卷93 孔孟周程》

52 일(一)을……것이다 : 《이정유서(二程遺書)》 권24 〈추덕구본(鄒德久本)〉의 말미에 나온다.

그 가운데에 행해진다.'라고 하였는데, 이것은 단지 경을 말한 것이다."[54]라고 하였다.

위는 몸가짐을 공경히 하여 대본(大本)을 세우는 것을 말한 것이다.

마음은 본래 텅 비어	心兮本虛
만물을 모두 갖추었나니	萬物皆備
삼천삼백[55]의 법도가	三千三百
지극히 높아 가없어라	峻極無際
천지장부라는 말과	天地臟腑
이아충어라는 말이여	爾雅蟲魚
귀로 이해하고 마음으로 터득하여	耳順心得
남김없이 일이관지(一以貫之)해야 하리라	貫一無餘

횡거(橫渠)가 말하기를 "곡례(曲禮)는 천지의 오장(五臟)과 혼백(魂魄)과 육부(六腑)를 그 안에 붙여 놓은 것이다."[56]라고 하였다. ○ 한유(韓愈)의

53 지(知)는……문(門)이다 : 《주역》 〈계사전 상(繫辭傳上)〉 7장에 나오는 말이다. 성성에 대해서 주희는 '본래 이루어진 성〔本成之性〕'이라고 《본의(本義)》에서 해설하였는데, 여기서는 지(知)와 예(禮)를 가리킨다.

54 천지가……것이다 : 정호(程顥)의 말이다. "이것은 단지 경을 말한 것이다."가 대본에는 '便是敬'으로 되어 있는데, 《이정유서》 권11 〈사훈(師訓)〉에 근거하여 '便'을 '只'로 바로잡아 번역하였다.

55 삼천삼백(三千三百) : 《중용장구》 제27장에 "넉넉하게 크도다, 예의 삼백과 위의 삼천이여. 그러나 이것은 성인 같은 분이 나온 뒤에야 행해질 수 있을 것이다.〔優優大哉 禮儀三百 威儀三千 待其人而後行〕"라고 하였다. 예의는 경례(經禮), 즉 큰 예법을 말하고 위의는 곡례(曲禮), 즉 작은 예법을 말한다.

56 곡례(曲禮)는……것이다 : 녹문의 인용 전거가 확실치 않다. 《회암집(晦庵集)》 권39

시에 "《이아(爾雅)》에서 벌레와 물고기를 주석했으니, 정녕 뇌락한 사람이 아니로다."[57]라고 하였다.

위는 이치를 밝혀 심(心)의 체(體)를 극진히 함을 말한 것이다.

도는 마음에 근원하고 道根於心
물욕은 형체 때문이니 欲由形作
마음이 형체의 부림을 받으면 心受形役
마침내 천도(天道)를 잃게 되느니라 遂喪天則
먼저 그 큰 것을 세워 놓으면[58] 先立其大
온갖 사특함이 물러나 순종하나니 百邪退聽
손대는 대로 두 조각이 나면서 觸手兩片
비로소 순수하게 정대해지리라 迺純乎正

주자(朱子)가 말하기를 "의리(義利)와 공사(公私)가 손대는 대로 곧장 두 조각으로 분리된다."[59]라고 하였다.

위는 사욕을 극복하여 천도로 복귀함을 말한 것이다.

〈답허순지(答許順之)〉에 "근래에 횡거 장재(張載)의 어록을 얻어 보건대 '곡례는 바로 천지의 오장과 혼백과 심부를 각기 그 일에 붙여 놓은 것이다.'라는 말이 있었는데, 한번 이 말을 생각해 보면 암시를 얻을 수도 있을 것이다."라는 주희의 말이 나온다.

57 이아(爾雅)에서……아니로다 : 《전당시(全唐詩)》 권341에 실린 한유(韓愈)의 시 〈황보식의 '공안원지' 시를 읽고 그 뒤에 쓰다〔讀皇甫湜公安園池詩書其後〕〉이다.

58 먼저……놓으면 : 큰 것은 마음을 말한다. 《맹자》 〈고자 상(告子上)〉에 "먼저 큰 것인 마음에 대해서 확립해 놓으면, 작은 것인 이목(耳目)의 욕구에 의해서 뺏기는 일이 없을 것이니, 이렇게 하면 바로 대인이 되는 것이다.〔先立乎其大者 則其小者弗能奪 此爲大人而已矣〕"라고 하였다.

59 의리(義利)와……분리된다 : 《회암집》 권59 〈답여정숙(答余正叔)〉에 나온는 내용을 녹문이 요약해서 소개하였다.

돈화가 끝없이 이어지고　敦化無疆

천류가 정지하지 않나니[60]　川流不息

묵묵히 이것을 이루어　默而成之

도덕에 화순해야 하리[61]　和順道德

오래도록 쌓아 융회하면　積久蒸融

덕이 고명해지고 광박해져서[62]　高明廣博

천도와 인도가 함께　天道人道

무극으로 돌아가리라　同歸無極

위는 덕을 돈독히 하여 신화(神化)[63]의 경지에 나아감을 말한 것이다.

60 돈화(敦化)가……않나니 : 돈화와 천류(川流)는 각각 큰 덕과 작은 덕을 가리킨다. 《중용장구》 제30장에 "만물이 함께 길러지면서 서로 해치지 않으며, 도가 함께 행해지면서 서로 위배되지 않는다. 작은 덕은 냇물의 흐름과 같고, 큰 덕은 교화를 돈후히 하니, 이것이 바로 천지가 위대한 까닭이다.〔萬物竝育而不相害 道竝行而不相悖 小德川流 大德敦化 此天地之所以爲大也〕"라고 하였다.

61 묵묵히……하리 : 《주역》 〈계사전 상〉 말미에 "묵묵히 이루며 말하지 않아도 믿는 것은 덕행에 있다.〔默而成之 不言而信 存乎德行〕"라고 하였고, 〈설괘전(說卦傳)〉에 "도덕에 화순하고 의에 맞게 한다.〔和順於道德 而理於義〕"라고 하였다. 화순(和順)은 주희가 《본의(本義)》에서 종용(從容)하여 어긋나거나 거슬리는 바가 없는 것이라고 하였다.

62 오래도록……광박해져서 : 《중용장구》 제26장에서 지극히 참된 사람의 덕을 설명하면서 "그 덕이 세상에 길이 지속되면 넓고 두터워지게 되고, 넓고 두터워지면 높고 밝아지게 된다.〔悠遠則博厚 博厚則高明〕"라고 말한 대목이 있다.

63 신화(神化) : 신묘하게 말 없는 가운데 교화하는 것을 말한다. 《주역》 〈계사전 하(繫辭傳下)〉의 "옛날에 성인들이 신묘하게 교화하여 백성이 마땅하게 여기게끔 하였다.〔神而化之 使民宜之〕"라는 말에서 나온 것이다.

채운 것이 나의 형체가 되어[64] 塞吾其體
애당초 가없이 넓고 크지만 浩浩厥初
사욕이 가리면 이지러지고 欲蔽則虧
말이 꿀리면 기가 죽나니 詞屈則沮
지언[65]을 하고 극기를 하여 知言克己
의기(義氣)가 몸에 쌓이면 義積于躬
의심하지도 겁내지도 않고서 不疑不懾
산처럼 서고 우레처럼 행하리라 山立雷行

네 번째 잠(箴)을 개정하려다가 예전 그대로 두고 이 잠을 아래에 붙여 두어 참고하도록 하였다.

위는 사욕을 극복하여 호연지기(浩然之氣)를 기름을 말한 것이다.

정미년(1727, 영조3) 봄에 내가 역병(疫病)을 피해 검담서원(黔潭書院)으로 가서 한두 명의 사우(士友)와 서로 종유(從遊)하며 강학하였다. 그때에 뜻을 세워 규모를 정하고, 몸가짐을 공경히 하여 대본을 세우고, 이치를 밝혀 심(心)의 체(體)를 극진히 하고, 사욕을 극복하여

64 채운……되어 : 《장자전서(張子全書)》 권1 〈서명(西銘)〉에 "천지를 가득 채운 기(氣)가 나의 형체가 되고, 천지의 기를 이끄는 장수인 지(志)가 나의 성이 되었다."라는 말을 인용한 것이다.

65 지언(知言) : 남이 하는 말의 속뜻을 정확하게 파악하는 것을 말한다. 《맹자》 〈공손추 상(公孫丑上)〉 호연장(浩然章)에서 맹자가 자신의 장점을 묻는 제자의 질문에 대해서 "나는 말을 제대로 판단할 줄 안다. 그리고 나는 나의 호연지기를 잘 기른다.〔我知言 我善養吾浩然之氣〕"라고 전제하고는, 집의(集義), 즉 의기(義氣)를 축적하는 공부에 대해 설명한 뒤에, 편파적인 말과 방탕한 말과 삿된 말과 도망쳐 숨는 말에 대해 자세히 언급하였다.

천도로 복귀하고, 덕을 돈독히 하여 신화의 경지에 나아가는 것을 골자로 하여 종신토록 행할 진덕(進德) 공부의 조목으로 삼았으니, 이는 요컨대 함께 공동으로 노력해 보자는 뜻에서였다. 이와 함께 조목별로 잠(箴)을 지어서 그들에게 보여 주었다.

찬 贊

사촌 형[66]의 화상에 기입한 찬문

四兄畫像贊

인심[67]으로 효순하고 우애하며	因心孝友
소리[68]가 성실하고 올곧으신 분	素履誠直
예의를 돈후히 하고 의리로 교화하여	敦禮敎義
집안은 물론 세속의 모범이 되었어라	型家範俗
노인이 되도록 《위편》[69]에 침잠하였나니	黃髮韋編
즐거워한 것은 어떤 일이었던가[70]	何事所樂

66 사촌 형 : 녹문의 종형(從兄)인 임상주(任相周)를 가리킨다.

67 인심(因心) : 억지로 힘쓰는 것이 아니고 자발적으로 마음에서 우러나와 행하는 것을 말한다. 《시경》 〈대아(大雅) 황의(皇矣)〉에 "바로 이 왕계가, 마음에서 우러나와 우애하였다.〔維此王季 因心則友〕"라고 하였다.

68 소리(素履) : 꾸밈이 없는 짚신이라는 뜻으로, 본분을 지키며 질박하고 청백하게 살아가는 것을 말한다. 《주역》 〈이괘(履卦) 초구(初九)〉에 "꾸미지 않은 짚신을 신고 가니, 허물이 없으리라.〔素履往 無咎〕"라고 하였다.

69 위편(韋編) : 무두질한 가죽끈으로 묶은 책이라는 뜻으로, 《역(易)》의 별칭이다.

70 즐거워한……일이었던가 : 정호(程顥)가 문인들에게 "내가 옛날에 주무숙(周茂叔)에게 배울 적에 매양 공자(孔子)와 안자(顔子)가 즐거워한 것을 찾게 하였다. 그분

위미[71]의 기미를 살펴	危微之幾
석척[72]에 매진했더라오	俛焉夕惕

들이 즐거워한 것은 어떤 일이었던가."라고 질문한 고사가 있다. 《伊洛淵源錄 卷1 濂溪先生 遺事》《論語集註 雍也》

71 위미(危微) : 위태한 인심(人心)과 미세한 도심(道心)이라는 뜻으로, 《서경》〈대우모(大禹謨)〉의 "인심은 위태하고 도심은 미세하니, 오직 정밀하게 살피고 전일하게 행하여 그 중도(中道)를 진실로 잡아야 한다.〔人心惟危 道心惟微 惟精惟一 允執厥中〕"라는 말에서 나온 것이다.

72 석척(夕惕) : 밤늦게까지 두려워하는 심정으로 조심하며 철저하게 자기를 단속하는 것을 말한다. 《주역》〈건괘(乾卦) 구삼(九三)〉에 "군자가 해가 지도록 건실한 자세를 유지하고, 해가 지면 또 두려워하는 마음으로 조심하면, 비록 위태로운 지경을 당할지라도 허물이 없게 될 것이다.〔君子終日乾乾 夕惕若 厲無咎〕"라고 하였다.

축문 祝文

집 뒤의 고목에 제사 지내는 글 계축년(1733, 영조9)

祭家後古木文 癸丑

신(神)께서 이 나무에 거주하며 이 땅을 진압하여 사람들을 보호해 주신 것이 몇백 년이나 되는지 모르겠는데, 바람과 비에 시달리고 벌과 개미에 구멍이 뚫려서 그 집을 보유할 수 없게 되었습니다. 이제는 장차 꺾이고 찢기고 기울고 넘어져서 더 이상 지탱할 수 없게 되었으므로 그 피해가 민가에 미쳐 아침저녁으로 나무에 깔릴 위험이 있게 되었을 뿐만이 아니라, 신께서도 머무실 곳을 잃은 채 영원히 의탁할 곳이 없게 될 지경에 이르렀습니다. 이에 부득이 곁가지를 잘라 내고 가는 줄기를 베어 내게 되었는데, 반드시 경건히 행하고 반드시 신중히 행하여 감히 함부로 대간(大幹)은 건드리지 않도록 하겠습니다. 이렇게 하면 위로 높이 솟아오르고 아래로 안정을 되찾아 근본이 길이 공고해짐으로써 백성들이 그 거처에서 편히 지내고 신께서도 그 집에서 편히 쉬실 것이니, 신께서는 이를 양찰하시어 동요하거나 놀라지 마소서.

선고의 사당에 고하는 글 백씨 대신 지었다.○갑자년(1744, 영조20) 9월

告先考廟文 代伯氏作○甲子九月

삼가 생각건대 예경(禮經)에서 제시한 입후(立後)는 전적으로 대종(大宗)을 위한 것으로, 지자(支子)에게 후사가 없을 경우에는 그 신주(神主)를 조묘(祖廟)에 안치할 뿐이요, 입후를 한다는 예문(禮文)이 원래 없습니다. 하물며 부친이 죽고 없는 아들의 경우에는 부친의 명을 받을 수가 없는 만큼 남의 후사가 될 수 있는 이치가 더더욱 없으니, 너무나 명백해서 의심할 여지가 없다고 하겠습니다.

다만 한(漢)나라와 당(唐)나라 이래로 의리(義理)가 밝지 못한 탓에 지자를 위해 입후하는 경우가 많이 있었으며, 그렇게 행해 온 세월이 일단 오래되면서 자연스럽게 고례(故例)로 성립되고 말았는데, 선유(先儒)도 이에 대해서는 명백하게 간파하지 못한 점이 있습니다.

그리고 무부지자(無父之子)에 대해서 국가의 법전에서 그 모친이 관청에 청구하도록 허락한 것으로 말하면, 그 본의(本意)가 어디까지나 대종(大宗)을 대상으로 했는데도 불구하고 세상의 명문(名門) 법가(法家)에서 또 많이들 이 법규를 지자에게 원용(援用)하였으므로 조가(朝家)에서도 이를 모두 허락하기에 이르렀습니다. 이렇게 하는 것이 통행하는 규례로 성립되었고 보면, 지금 저희의 구구한 역량으로는 변론하여 바로잡기가 어려운 실정입니다.

계부(季父)인 성균 생원 부군(府君)이 불행히도 후사를 두지 못한 채 일찍 세상을 떠났는데, 한 가문의 여러 의론과 계모(季母)의 뜻을 살펴보면 모두 넷째 아우인 병주(秉周)를 그의 후사로 삼고자 합니다. 불초(不肖) 등이 처음에는 도리에 입각해서 소상(消詳)하게 의논드리려고도 하였습니다만 끝내 우리의 의견만을 극력 주장할 수가 없었고, 또 자친(慈親)의 뜻도 세속에서 하는 대로 허락해 주고 싶어 하기에 부득이 이번 달에 예조(禮曹)에 정고(呈告)하여 입안(立案)을 교부받으려고 합니다. 유명(幽明) 사이에 비통한 심정이 어찌 끝이 있겠습니까. 이에 삼가 주과(酒果)를 올리며 이런 사유를 고하게 되었으니 굽어 살펴 강림해 주소서. 삼가 고합니다.

임실현 성수산에 기우하는 글 정축년(1757, 영조33)

任實縣聖壽山祈雨文 丁丑

크고 높은 산악이[73] 崧高維嶽
이 고을을 진압하나니 鎭玆一方
충만한 신령의 기운이 磅礴淑靈
신이(神異)한 아름다움을 함축했네 蓄異含章
나아가 고하면 즉각 응해 줌이 有告卽應
메아리처럼 신속하다는 것을 如響斯捷
지난 병자년(1756)의 봄날에 丙子之春
내가 실로 목격했다오 我實目擊
아, 지금의 큰 가뭄은 嗟今亢旱
예전에 없이 참혹해서 憯所罕聞
한 달이 넘고 철이 지나도록 彌月經時
불로 태우고 사르는 듯하네 如惔如焚
땅이 거북 등처럼 갈라져서 田皆龜坼
씨를 뿌려도 싹이 나지 않으니 種亦不苗
농부는 어떻게 해 볼 수가 없어서 農夫高拱
어른 아이 모두 울며 호소한다오 小大號咷
분주히 예물을 올리고 묻기를[74] 奔走奠瘞

73 크고 높은 산악이 : 《시경》 〈대아(大雅) 숭고(崧高)〉에 "크고 높은 산악이, 하늘 끝까지 잇닿았네.〔崧高維嶽 駿極于天〕"라고 하였다.

사당에서 물웅덩이까지 다 해 보았지만　　自社徂湫
구름만 일고는 곧장 밝아질 뿐[75]　　有渰旋嘒
끝내 우리 마음 헤아려 주지 않네　　終莫我虞
조용히 그 까닭을 생각해 보니　　靜思厥故
잘못은 반드시 나에게 있을 터　　咎必在余
어쩌면 잘못된 정사를 행하면서　　或者疵政
백성을 해치고 명예를 구했는지도　　瘵民干譽
어쩌면 억울한 옥사에 대해서　　或者冤獄
답답하게 막고 들어주지 않았는지도　　沈鬱莫疏
선인(善人)을 혹 북돋우지 못했거나　　臧或不培
간인(姦人)을 혹 제거하지 못했는지도　　姦或不鉏
형벌을 행함이 중도를 잃었거나　　刑或失中
은혜가 혹시 끊어졌는지도[76]　　惠或不卒
이 중에 한 가지라도 있다면　　有一於此

74 예물을 올리고 묻기를 : 《시경》 〈대아 운한(雲漢)〉에 "위아래에 제사하며 예물을 올리고 땅에 묻는 등, 신을 높이지 않음이 없었다.〔上下奠瘞 靡神不宗〕"라고 하였다.

75 구름만……뿐 : 《시경》 〈소아(小雅) 대전(大田)〉에 "뭉게뭉게 구름이 일어나, 부슬부슬 촉촉이 적셔 주며, 우리 공전에 비를 내리고, 마침내 우리 사전에도 미치도다.〔有渰萋萋 興雨祁祁 雨我公田 遂及我私〕"라고 하였고, 〈운한〉에 또 "가뭄 끝에 하늘을 우러러보지만, 그 별이 밝기만 하여 비 올 징조가 없도다.〔瞻卬昊天 有嘒其星〕"라고 하였다.

76 어쩌면……끊어졌는지도 : 상탕(商湯) 때에 대한(大旱)이 7년이나 계속되자, 탕왕(湯王)이 자신을 희생(犧牲)으로 삼아 상림(桑林)의 들판에서 기우제를 지내면서 "정사에 절도가 없었는가, 백성이 생업을 잃었는가, 궁실을 높이 지었는가, 부녀자의 청탁이 많았는가, 뇌물이 행해졌는가, 아첨하는 자가 많았는가."라고 하며 이상의 여섯 가지 일로 자책한 고사를 녹문이 모방한 것으로 보인다. 《呂氏春秋 順民》

스스로 지은 재앙을 피하기 어려우니[77]	難逋自作
당연히 나의 몸을 처벌하여	宜罰我躬
신의 노여움을 풀어야 할 터인데	以泄神怒
어찌하여 백성에게 죄를 내려서	何辜斯民
농사를 완전히 망치게 하시나요	俾也秏斁
신은 이 점을 굽어살피시고	神惟鑑玆
평소처럼 묵묵히 운행해 주시어	默運厥素
가득 쌓인 저 열기를 거두시고[78]	斂彼蘊隆
단비를 내려 촉촉이 적셔 주소서	布厥祁祁
한번 시원스럽게 퍼부어 주시어	爰洽一霈
나의 간절한 기도를 들어주시면	酬我虔祈
아름다운 명성이 더욱 높아지면서	令聞彌駿
보답하는 제사를 끝없이 받으시리라	報祀不衰

77 스스로……어려우니 : 《서경》 〈태갑 중(太甲中)〉에 "하늘이 내린 재앙은 그래도 피할 수 있지만, 스스로 지은 재앙은 피할 길이 없다.〔天作孼猶可違 自作孼不可逭〕"라고 하였다.

78 가득……거두시고 : 《시경》 〈대아 운한〉에 "가뭄이 너무도 심하여, 열기가 가득 쌓였다.〔旱旣大甚 蘊隆蟲蟲〕"라고 하였다.

검담에 있는 동춘 선생의 원사에 고하는 글 경인년(1770, 영조46)

告黔潭同春先生院祠文 庚寅

소자(小子)가 머리를 묶고 학문에 뜻을 둔 뒤로 백수(白首)의 나이에 이르도록 세상에 알려지는 일이 없었으므로,[79] 황천(皇天)이 나에게 생을 내려 준 뜻과 여러 노선생(老先生)이 앞길을 인도하며 가르쳐 준 은혜를 저버릴까 깊이 두려운 생각이 들어서 밤낮으로 부끄러워하고 탄식하며 몸 둘 곳을 몰랐습니다. 하늘의 신령함에 힘입어 최근에 다행히도 정 부자(程夫子)의 주일(主一)[80]의 종지(宗旨)에 소견(所見)이 있게 되었고, 선생의 성(誠) 자의 훈석(訓釋)[81]에도 깊이 계회(契會)하는 바가 있었는데, 천성(千聖)의 지결(旨訣)이 단적으로 여기에 들어 있었으니, 말은 비근해도 그 뜻이 심원해서 이를 익혀 나감에 전혀 싫증이 나지 않았습니다.

79 세상에……없었으므로 : 《논어》 〈자한(子罕)〉에 "후생을 두렵게 여겨야 할 것이니, 앞으로 후생들이 지금의 나보다 못하리라고 어떻게 장담할 수 있겠는가. 그러나 40세나 50세가 되도록 세상에 알려지는 일이 없는 사람이라면, 또한 두려워할 것이 없다고 하겠다."라고 하였다.

80 주일(主一) : 정이(程頤)가 경(敬)을 설명하기 위해 제시한 주일무적(主一無適)이라는 명제를 말한다. 166쪽 주14 참조.

81 성(誠) 자의 훈석(訓釋) : 주일의 일(一)을 동춘(同春) 송준길(宋浚吉)이 '성(誠)' 자로 해석했다는 내용이 《녹문집》 권15 〈경의(經義) 상서(尙書)〉 함유일덕조(咸有一德條)에 나온다.

바야흐로 일심(一心)으로 종사(從事)하며 길이 변치 않고 태만하지 않기를 소망하게 되었는데, 소자의 분명한 이 마음은 신명(神明)에게 맹서할 수가 있습니다. 하지만 자질이 본래 평범하여 형편없는 데다 늙어 갈수록 더욱 흐리멍덩하고 우둔해진 탓에, 금방 통했다가 금방 막혀 버리는가 하면 한 치쯤 나아갔다가도 한 자쯤 물러나 버려서 어떻게 해 볼 수 없는 때가 있곤 하니, 날은 저물고 길은 멀기만 한 상황에서 매우 걱정되고 두렵기만 합니다.

삼가 바라건대 선생께서는 말 없는 가운데 보살펴 주는 은혜를 베푸시어 소자의 총명을 개발(開發)해 주소서. 불꽃이 타오르고 샘물이 솟아나는 것처럼 날마다 새롭고 또 새로워지게 함으로써 소자의 학문이 이어지고 밝아져 광명한 경지로 나아가게 하여[82] 사도(斯道)가 땅에 떨어지지 않게 해 주소서. 옛 정자에 와서 머물다 보니 한가로이 거하시던 선생님을 모시고 있는 듯한데, 삼가 생각건대 양양(洋洋)히 임재(臨在)하며 날마다 살펴보시는 것이 여기에 있을 것이니,[83] 마음을 정결히 하고 경건히 아뢰는 이 말씀을 부디 굽어살펴 주소서.

82 소자의 학문이……하여 : 《시경》 〈주송(周頌) 경지(敬之)〉에 "나 소자가 총명하고 공경하지는 못하지만, 날마다 달마다 발전하고 성장하여, 학문이 이어지고 밝아져서 광명한 경지로 나아가려 한다."라는 주 성왕(周成王)의 말이 있다.

83 양양(洋洋)히……것이니 : 송준길의 혼령이 이 서원을 떠나지 않고 배회할 것이라는 말이다. 《중용장구》 제16장에 "귀신이 천하의 사람으로 하여금 재계하여 심신을 정결히 하고 의복을 단정히 입고서 제사를 받들게 하고는, 그 기운이 넘쳐흘러서 제사 지내는 사람의 머리 위에 있는 듯도 하고 그 좌우에 있는 듯도 한 기분을 갖게 하는 것이다."라는 공자의 말이 나오고, 《시경》 〈주송 경지〉에 또 "공경하고 공경할지어다. 하늘의 도가 밝으니 천명을 보전하기가 쉽지 않으니라. 높고 높아 저 위에 있다고 말하지 말라. 오르내리며 우리의 일을 감시하고 날마다 살펴보심이 여기에 있느니라."라고 하였다.

원주 산골에 있을 때 선고의 기일을 맞아 지방으로 제사를 드리면서 지은 축문

在原峽時先考忌日紙榜行祀祝文

유세차(維歲次) 갑진년(1784, 정조8) 1월 정해삭(丁亥朔) 25일 신해(辛亥)에 아들인 통훈대부(通訓大夫) 전임(前任) 성천 부사(成川府使) 성주(聖周)는 감히 현고(顯考)인 통훈대부(通訓大夫) 행 함흥도호부 판관 함흥진병마절제도위(行咸興都護府判官咸興鎭兵馬節制都尉) 부군(府君)과 현비(顯妣)인 숙인(淑人) 파평 윤씨(坡平尹氏)의 신위(神位)에 밝게 고합니다.

세월이 바뀌어 선고(先考)의 기일(忌日)이 다시 이르렀으니, 멀리 추모하며 세월의 바뀜이 느껴워서 마음이 칼로 에는 듯합니다. 한번 동쪽으로 옮겨 온 뒤[84]로부터는 가묘(家廟)와 멀리 떨어져 있어서 세시(歲時)의 천향(薦享)에 한 번도 직접 참여하지 못했으니, 정리(情理)상으로 슬프고 아쉬운 점을 이루 말할 수가 없었습니다.

삼가 생각건대 종법(宗法)이 비록 엄하기는 하지만 예법(禮法)에는 상례(常禮)와 변례(變禮)가 있는 법입니다. 이 때문에 주자(朱子)가 "지자(支子)가 멀리 있을 때에는 지방(紙榜)으로 제사를 올린다."라는 가르침을 내렸고, 또 이것이 예법을 제대로 변통한 것이라고 하였습니

84 동쪽으로……뒤 : 녹문이 72세 되던 1782년 가족을 이끌고 원주 산호(山湖)로 들어가서 거주한 일을 말하는데, 공주(公州)에서 죽기 1년 전까지 여기에서 5년간 머물렀다.

다.[85] 정제(正祭)[86]도 오히려 이러한데, 하물며 이런 상여(喪餘)[87]의 경우이겠습니까.

이에 감히 위로는 현인의 훈계에 의거하고 아래로는 사람의 상정(常情)을 참작하여 삼가 지방을 써서 간략히 주효(酒殽)를 올리며 추모하는 사정(私情)을 조금 펴게 되었습니다. 땅에 엎드려 울부짖으며 통곡하니, 비통한 심정이 하늘처럼 다함이 없습니다. 흠향하소서.

85 주자(朱子)가……하였습니다 : 《회암집(晦庵集)》 권62 〈답이회숙(答李晦叔)〉에 "형제가 멀리 떨어져 있는 경우에는 형의 집에 신주(神主)를 설치하고 아우는 신주를 세우지 못한다. 아우는 단지 제사를 행할 때에 자리를 설치하고 지방으로 표기한 뒤에 자리마다 제사를 지내고 나서 지방을 불살라야 하니, 이렇게 하면 예법을 제대로 변통했다고 할 수도 있겠다."라고 하였다. 《가례(家禮)》 부록(附錄)에도 나온다.

86 정제(正祭) : 시제(時祭), 즉 한 해에 네 번 계절이 바뀔 때마다 조상의 사당에 지내는 정규적인 제사를 말한다.

87 상여(喪餘) : 상사(喪事)의 여분(餘分)이라는 뜻으로, 보통 삼년상 뒤에 지내는 기제(忌祭)를 가리킬 때 쓰는 말이다.

제문 祭文

조비 유인 전주 이씨에게 올리는 제문 기유년(1729, 영조5) 11월
祭祖妣孺人全州李氏文 己酉十一月

아, 소자(小子)가 생전에 조고(祖考)를 뵙지 못했지만, 고로(古老)에게 들어 보건대 "조고는 모습이 수려하고 기운이 강성하였으며 재능과 덕성을 겸비하였는데, 나이가 채 40이 되지 못해서 죽었다."라고 하였으므로, 소자가 항상 이를 지극히 한스럽게 여기면서 "하늘이 사람을 낳고 죽이는 것이 어쩌면 이렇게 서로 맞지 않는다는 말인가."라고 하였습니다.

다만 다행히도 조모(祖母)가 건재하여 제부(諸父)가 주위에 줄지어 있고 곤제(昆弟)가 위아래에서 모시며 지친(至親)으로서 한 집에 동거하는 자들이 무려 수십 인이나 되었으므로, 실가(室家)가 번창하고 종당(宗黨)이 성대하다고 세상 사람들의 부러움을 사기도 하였습니다. 또 조모는 성품이 엄각(嚴恪)하고 덕용(德容)이 장숙(莊肅)하여 자제(子弟)를 법도대로 이끌며 규구(規矩)와 승척(繩尺)이 아니면 입에서 말을 내거나 행동으로 보여 주지 않았는데, 이 때문에 소자의 형제가 이를 보고 느끼며 본받은 덕분에 몽매함에서 벗어나 사람 축에 낄 수 있어서 그런대로 성인으로 자립할 수 있는 희망을 갖게 되었습니다.

이 때문에 사람들이 모두 복된 가문으로 지목하면서 "조고가 하늘에서 보답을 받는 것이 여기에 있다."라고 하였습니다.

그런데 어찌된 일인지 근년(近年) 이래로 앙화(殃禍)가 너무도 혹독하여 무술년(1718, 숙종44)에 고모(姑母)가 기질(奇疾)로 죽더니, 몇 년 뒤에는 계모(季母)와 형수(兄嫂)가 모두 분만(分娩)의 후유증으로 죽었으며, 갑진년(1724, 경종4)에는 숙부(叔父)와 숙모(叔母)가 또 몇 달 사이로 앞뒤로 세상을 떠나는가 하면, 작년 1월에는 소자의 죄악이 극도에 이르러 선군(先君)이 성년(盛年)의 나이에 지덕(至德)을 지닌 채 홀연히 이 세상을 등지고 말았습니다.

이와 같이 앞뒤로 11년에 걸쳐서 모두 여섯 차례나 상(喪)을 당하였는데, 사망한 이들을 보면 모습이 수려하고 기운이 강성하며 재질과 덕성을 겸비한 것이 우리 조고와 같지 않은 이가 없었으며, 나이도 모두 40을 채우지 못한 가운데 오직 선군만이 겨우 44세였으니, 그들이 품부(稟賦)받은 것에 비교해 본다면 거의 열에 하나도 맞지 않는다고 해야 할 것입니다. 어쩌면 생(生)과 사(死)가 이처럼 서로 걸맞지 않게 된 것은 천도(天道)가 원래 그러해서 그런 것입니까, 아니면 하늘이 사람에게 보답해 주는 것에도 주었다가 빼앗는 등 반복무상(反覆無常)하여 예측할 수 없는 점이 있어서 그런 것입니까.

사람이라면 그 누가 친상(親喪)을 당하지 않겠으며 친상을 당한 자로서 그 누가 슬퍼하지 않겠습니까마는, 소자 같은 경우는 고단(孤單)하고 불안한 처지로 궁민(窮民)의 하나가 되어[88] 거할 때에 귀의할 곳

88 궁민(窮民)의 하나가 되어 : 궁민은 곤궁한 백성이라는 뜻으로, 환과고독(鰥寡孤獨)처럼 의지할 곳이 없는 사람을 가리킨다. 《맹자》 〈양혜왕 하(梁惠王下)〉에 "늙어서

을 잃고 배울 때에 수업할 곳을 잃은 채 위를 쳐다봐도 의지할 데가 없고 아래를 내려다봐도 의뢰할 데가 없게 되었습니다. 지난봄부터 지금까지 무릇 2년 동안 항상 굶주린 까마귀 새끼가 어미의 먹이를 잃고 추위에 떠는 강아지가 어미 품을 떠난 것과 같아서, 창자는 실처럼 가늘어지고 심장은 재처럼 식어 버렸으며 기운은 흩어지고 정신은 방황하였으니, 남아 있는 것은 단지 구각(軀殼)일 뿐이요 혈육일 뿐입니다.

조모가 일찍이 소자에게 이르기를 "너의 부친이 부친상을 당했을 때 18세였는데, 그 나이가 바로 지금의 너의 나이이니, 이것이 어찌 공교롭고도 기이하지 않으냐."라고 하고, 또 이르기를 "네가 만약 성인으로 자립해서 제대로 사람이 된다면 너의 부친이 비록 죽었어도 무슨 한이 되겠느냐."라고 하셨습니다. 소자가 그 말씀을 공경히 받들며 마음속으로 깊이 비통하게 여기고는 '사람들 중에는 혹 복록(福祿)을 대대로 전하는 자도 있는데, 지금 나는 대대로 재앙을 받는 것이 이와 같으니, 하늘이 어쩌면 이토록 일방적으로 혹독하게 대한단 말인가. 하지만 조모의 얼굴이 여전히 좋고 신체가 여전히 건강하시어 사람들이 모두 장수할 분으로 기대하고 있으니, 선군이 임오년(1702)에 친상을 당했던 경우와 비교한다면 위로받을 만한 점이 있다고도 하겠다. 만약 천수(天壽)를 다하실 때까지 즐겁게 모시며 선군에게 보답하지

처가 없음을 환이라고 하고, 늙어서 남편이 없음을 과라고 하고, 늙어서 자식이 없음을 독이라고 하고, 어려서 부모가 없음을 고라고 한다. 이 네 종류는 천하의 곤궁한 백성들로 어디에도 고통을 하소연할 곳이 없다.〔老而無妻曰鰥 老而無夫曰寡 老而無子曰獨 幼而無父曰孤 此四者 天下之窮民而無告者〕"라고 하였는데, 녹문이 '유이무부왈고(幼而無父曰孤)'를 취하여 자신을 칭하였다.

못한 것으로 보답해 드리면서 행여 다행히 이 몸이 먼저 죽지 않고 조모의 지극한 가르침을 받아 사람의 대열에 끼일 수만 있다면, 하늘에 계신 선군의 영혼도 조금 위로해 드릴 수 있을 것이요, 소자배(小子輩)의 궁천(窮天 한평생)의 비통한 심정도 조금쯤 진정될 수 있을 것이다.' 라고 하였습니다.

그런데 조모께서 미처 떠나지 못한 듯 재촉하여 세상을 버리고 헌 신발을 벗어 버리듯 자손을 버려두고서, 아무렇지도 않게 육신을 여의고 홀가분하게 하늘로 올라가는 일을 이와 같이 빨리 하실 줄이야 어찌 생각이나 하였겠습니까. 예전의 전성기를 뒤돌아보면 완연(宛然)히 어제의 일만 같은데, 상전벽해(桑田碧海)의 변화와 상수(象數 길흉)의 뒤바뀜이 흡사 다른 두 집안의 일 같아서, 비록 길 가는 사람들이라 할지라도 손가락으로 가리키며 탄식하지 않는 자가 없습니다. 하물며 소자의 경우로 말하면 지난해에 선고(先考)를 잃고 지금 또 조모를 잃었으니, 그 형영(形影)의 고단함과 정리(情理)의 참혹함이 실로 인간 세상에서는 보기 드문 것으로, 위아래를 보고 돌이켜 보매 한 가지 일도 자위(自慰)할 만한 것이 없는 데야 더 말해 무엇 하겠습니까. 어떻게 억울함을 호소하고 비통하게 울부짖으며 시간이 갈수록 그칠 줄을 알지 못한 채 장차 몸뚱이도 그에 따라 말라 가고 혈육도 그에 따라 소진되는 것도 느끼지 못하는 가운데 나의 몸도 함께 죽어 곧 뒤따라갈 것을 스스로 기약하지 않을 수 있겠습니까. 아, 원통하고 아, 참혹합니다.

조모의 상(喪)을 조문하러 와서 위로하는 자들은 매양 말하기를 "수명을 누리신 것이 희년(稀年)에 가깝다."라고들 하는데, 외부의 사람들이야 물론 이렇게 말할 수도 있을 것입니다. 그러나 고인(古人)이 상수

(上壽)와 중수(中壽)와 하수(下壽)의 설을 논하면서 "상수를 누려야 할 자가 중수에 그치면 요절한 것이고, 중수를 누려야 할 자가 하수에 그치면 요절한 것이다."라고 하였습니다.[89] 대저 조모는 기운이 왕성하고 덕성이 충만하였으니, 실로 산하(山河)와 천지(天地)의 기운이 한데 모여서 태어난 분이라고 해야 할 것입니다. 그렇다면 상리(常理)로 미루어 볼 때 100세도 오히려 짧은데 겨우 하수에 그친 경우라고 해야 할 것이니, 이것이 바로 "하늘은 알 수가 없고 믿을 수가 없다."라고 말하는 이유입니다. 희년이라고 하는 것이 다른 사람에게는 장수하는 것이 될지 몰라도 조모에게는 요절한 것이 된다고 할 것이니, 이는 실로 일가친척들이 똑같이 의아해하는 바요, 이웃 동네 노복(奴僕)들마저 똑같이 애석해하는 것으로, 소자 혼자 마음에 가린 바가 있어서 그렇게 말하는 것이 아닙니다.

어쩌면 혹 우환에 애를 태우고 상위(喪威)에 마음이 상하여 기혈(氣血)이 소모되고 체력이 떨어진 데다 심사(心思)를 괴롭혀서 정수(精髓)가 고갈된 탓에, 점점 시일이 경과하고 연세가 쌓여 갈수록 자신도 모르는 사이에 금일의 결과를 초래해서 그런 것입니까, 아니면 천지의 변화에는 참으로 편파적인 점이 있어서, 임오년(1702)에 첫 번째 화를 내리고 무술년(1718)과 갑진년(1724)에 두 번째 화를 내리고 지난해에 세 번째 화를 내리고는 지금 또 조모에게 화를 내림으로써, 우리의

89 고인(古人)이……하였습니다 : 《장자(莊子)》 〈도척(盜跖)〉에 "인생은 상수가 100세요 중수가 80세요 하수가 60세이다. 그런데 그중에서 온갖 걱정과 우환을 제외하고 진정 입을 크게 벌리고 웃을 수 있는 기간은 한 달에 4, 5일에 불과할 따름이다."라고 하였다.

문호(門戶)가 날로 더욱 쇠해지고 기세가 날로 더욱 꺾이게 하여, 아직 죽지 않은 자로 하여금 더욱 스스로 위로하며 편안히 생활하지 못하게 하려고 그런 것입니까. 뒤의 설을 따른다면 물론 하늘을 원망해야 하겠지만, 앞의 설을 따른다 해도 재화(災禍)가 반복되고 극심하게 하여 조모를 이렇게까지 만든 것은 역시 하늘이니, 아, 저 하늘이 어쩌면 이토록 혹독하단 말입니까.

아, 지난 정미년(1727)에 선군이 함주(咸州)의 통판(通判)으로 재직할 당시에 조모를 위해서 크게 수연(壽筵)을 열었습니다. 그때에 소자가 사촌 형(임상주(任相周)) 및 삼제(三弟), 삼매(三妹)와 함께 관아에 따라가 있었고, 백부(伯父), 계부(季父)와 가형(家兄)이 서울에서 그곳에 갔었는데, 북두(北斗)와 남산(南山)처럼 장수를 축원하는 노래를 부르고 춤을 추며 율려(律呂)와 생관(笙管)으로 박자를 맞추어 연주하면서 "아들과 손자 들은 차례로 일어나서 잔을 올리시오."라고 하고 "손님과 주인은 서로 축하하는 말들을 주고받으시오."라고 하였습니다. 이렇게 모두 3일 동안 잔치를 하였는데, 어느 날이나 모두 환락을 극진히 하고 나서 파하곤 하였습니다. 당시에 당(堂)의 상하를 에워싸고 구경하는 자들이 저잣거리나 담장을 두른 것처럼 많았는데, 모두들 탄성을 올리면서 성대하기 그지없다고 부러워하였으며, 소자배 자신도 서로들 돌아보고 환소(歡笑)하며 평생의 지락(至樂)이라고 말하였습니다. 아, 그때는 어느 때인데 그와 같이 지극한 즐거움을 향유하였으며, 지금은 어느 때인데 이와 같이 흉한 화를 당하게 되었단 말입니까.

갑진년(1724)부터 정미년(1727)까지는 4년에 지나지 않고, 정미년에서 1년이 지나면 바로 작년이 되고 2년이 지나면 바로 금일이 되니, 정미년을 전후로 해서 흉한 화를 당하지 않은 해가 없었는데, 유독 정미년만은 지극한 즐거움을 맛본 셈입니다. 어쩌면 하늘의 운명에는 진퇴(進退)하는 것이 있고 사람의 기수(氣數)에는 통색(通塞)하는 것이 있어서 그런 것일지도 모르겠고, 아니면 이것 역시 하늘이 장차 큰 화(禍)를 내리기 전에 먼저 정미년의 환락을 내려 주어 뒤에 죽는 자로 하여금 과거의 지극한 즐거움을 추억하게 하여 금일의 지극한 슬픔을 더 느끼게 하려는 것인지도 모르겠습니다. 그렇다면 하늘이 즐겁게 해 준 것은 장차 슬프게 하려 한 것으로 그 즐거움이란 단지 허구로 베풀어 놓은 것일 뿐이니, 저 유유(悠悠)한 창천(蒼天)의 심술이 어쩌면 이다지도 지독하단 말입니까. 아, 비통합니다.

지난해에 국가에 변란(이인좌(李麟佐)의 난)이 발생하였고 시사(時事)에 어려운 일이 많아서 7월에 소자가 선고의 궤연(几筵)을 받들고 모씨(母氏)와 함께 북쪽으로 가서 우거하였는데, 10월 조모가 독처하는 모씨를 가련하게 여기고 또 선고의 연사(練事 소상(小祥))의 일을 보기 위하여 계부(季父) 및 종매(從妹)인 이씨부(李氏婦)와 함께 왕림하였습니다. 그때 비록 애통하고 황망해서 인간 세상에 뜻이 없었지만, 그래도 다행히 타향에서 단란하게 모여 서로들 의지하며 위로하였습니다. 그러다가 얼마 뒤에 조모가 먼저 경사(京師)로 돌아갔는데, 그해에 소자배가 또 청주(淸州)로 우거를 옮기려고 서울을 거쳐 가면서 하직 인사를 드리자, 그때 조모가 소자에게 이르기를 "내가 가을이 지나면 다시 네가 있는 곳으로 가서 지난겨울의 좋았던 시간을 이어 보려 한다."라고 하였기에, 소자가 삼가 절하고 가슴에 새기면서 '지금은 잠시 슬하를 떠나지만 이 뒤에 마땅히 즐겁게 모시며 한 해를 마치리라.'라고 생각하고는, 이로부터 손가락을 꼽아 기다리며 하루도 잊은 적이 없었습니다.

그런데 9월 그믐날에 홀연히 온양(溫陽)에서 병환의 소식을 전하기를 "조모가 중추(中秋)부터 갑자기 급체 증세를 보였는데, 중도에 돌변하여 부창(浮脹)의 병증을 앓다가 끝내 어떻게 해 볼 수 없는 지경에 이르렀다."라고 하였습니다. 소자가 이 말을 듣고는 놀랍고 황급해서 그날 밤 즉시 말을 치달려 급히 가서 보니, 병세가 이미 막바지에 이르러 사람들이 흉하다고 지적하는 죽음 직전의 조짐과 증상이 이에 편승하여 한꺼번에 일어나지 않음이 없었습니다. 그런 중에도 유독 정신이 완전히 흐려지지는 않았고 기모(氣貌)도 완전히 변하지는 않았으므로, 밤낮으로 묵도하면서 혹 천우신조(天佑神助)로 소생(甦生)하는 행운이 있기를 바라기도 하였습니다. 그러나 미천한 정성이 끝내 하늘을 감동시키지 못하고, 약물이 끝내 영험(靈驗)을 보이지 못한 결과, 달려와서 시봉한 지 겨우 7일 만에 홀연히 영결하게 되었고, 영결할 때에 또 부촉(俯囑)하는 말씀을 한마디도 듣지 못하였으니, 이것이 어찌 사람의 정리(情理)로 볼 때 감당할 수 있는 일이었겠습니까.

청주에서 서울까지의 거리가 300여 리이니 비록 일상적으로 왕래할 수는 없다고 하더라도 어찌 소식을 전할 만한 인편(人便)이 없기야 하였겠습니까. 그럼에도 중추에 이미 위태해진 병환을 9월 그믐에 와서야 처음 들었고, 그 소식을 들은 것도 다른 사람의 집에 의지하였으니, 서울에 있는 여러 종형제가 혹시라도 먼 외지에서 놀랄까 염려하여 알려 주지 않았기 때문이었습니다. 이것이 비록 자세히 살피고 신중히 생각하려는 뜻에서 나온 것이긴 하나, 처음부터 병환의 증세에 위험한 조짐이 이미 드러나서 결국에는 보전하기 어려운 상황이었다면, 한때 놀랄 것을 염려하여 천고(千古)의 한을 품게 하기보다는, 그 즉시로 얼른 소식을 알려서 소자배로 하여금 제때에 급히 와서 처음부터 끝까지 간호하게 함으로써, 어떻게 할 수 없었다는 회한(悔恨)을 조금이라도 완화하게 하는 것이 어찌 낫지 않았겠습니까. 이 때문에 뒤미처 여러 형제에게 유감을 품는 것입니다.

아, 선군이 생존했을 적에 청주를 귀로할 곳으로 기필(期必)하고는, 일찍이 행장(行裝)을 수습하고 정리하여 길 떠날 날짜까지 잡아 놓았다가 그 수십 일 전에 갑자기 먼저 세상을 떠났으므로, 소자배가 매양 이를 종천(終天)의 한으로 삼았습니다. 그런데 지금 조모가 또다시 생전의 약속을 어기고 먼저 세상을 떠나셨으니, 어쩌면 조물(造物)이 시기하여 우리 집으로 하여금 산골에서 단란하게 모여 사는 즐거움을 이루지 못하게 하려 한 것인지도 모르겠습니다. 소자가 청주에 거하는 기간이 실로 몇 년이 될지는 알지 못하겠으나, 지금부터 떠나는 그날까지 장차 마음이 날마다 저미고 간장이 날마다 깎이는 고통을 금하지 못할 터이니, 사람이 목석이 아닌 이상에야 어떻게 이를 감당해 내겠습니까. 일찌감치 이럴 줄을 알았더라면, 비록 이 몸에 절실한 큰 이해(利害)가 걸린 일이 있을지라도, 반드시 하루라도 조모를 버려둔 채 남쪽으로 내려가지는 않았을 것입니다. 그리하여 위로는 조모가 돌보아 주신 망극한 은혜를 저버리지 않았을 것이고, 아래로는 선고가 평일에 원유(遠遊)하지 않은 뜻[90]을 어기지 않았을 것인데, 지나간 일은 되돌릴 수가 없기에 온갖 회한이 쌓이기만 합니다. 이는 모두 소자가 형편없이 불효해서 그 죄가 신명(神明)에까지 통한 결과이니, 어찌 비통한 일이 아니겠습니까, 어찌 비통한 일이 아니겠습니까.

90 원유(遠遊)하지 않은 뜻 : 부친이 생전에 조모의 곁을 멀리 떠나지 않았다는 말이다. 《논어》 〈이인(里仁)〉에 "부모가 계실 때에는 멀리 나가서 노닐지 말 것이요, 나가서 놀더라도 반드시 일정한 처소가 있어야 한다.〔父母在 不遠遊 遊必有方〕"라고 하였다.

이와 함께 생각건대 조모는 소자를 오직 독실하게 사랑하여 보듬어 안아 주고 가르쳐 길러 주셨으니, 이는 실로 하늘의 은혜와 같아서 보답하기 어려운 점이 있습니다. 소자가 조금 장성하여 약간 자중자애할 줄 아는 단계에 미쳐서는 또 때때로 잘한다면서 장려해 주고 외람되게 장래를 기대해 주었으며, 한번 잘못하는 일이 있으면 그때마다 빠짐없이 책망하며 훈계해 주셨습니다. 그래서 소자가 삼가 혼자 생각하기를 '내가 조모에 대해서는 모자의 정(情)과 함께 사보(師保 사제(師弟))의 의리가 동시에 있으니, 종신토록 있는 힘을 다하여 만분의 일이라도 보답해야 마땅하다.'라고 하였는데, 이제는 모두 끝나 버려 어떻게 해 볼 수가 없게 되었습니다. 다만 이제 늦게라도 스스로 속죄할 수 있는 길이 있다면, 응당 부지런히 마음을 다잡아서 조모의 평일의 지극한 뜻을 우러러 체득함으로써 조선(祖先)을 욕되게 하거나 문호(門戶)를 더럽히는 지경에 이르지 않게 해야 할 것이요, 이와 함께 여러 아우를 교도(敎導)하여 그들이 성립해서 우리 선인(先人)의 사업을 계승하기를 바라는 것일 뿐인데, 조모께서 저세상에서 긍휼히 여겨 보살펴 주고 말 없는 가운데 보우(保佑)해 주어 낭패를 당하는 지경에 이르지 않게 해 주실지 어쩔지 모르겠습니다.

그런데 소자가 지난봄 이래로 나름대로 아슴푸레하게 의혹이 드는 점이 있습니다. 고어(古語)에 이르기를 "천고(千古)에 그 누가 꿈과 참을 분간하리오."라고 하였는데, 진실의 측면에서 몽환(夢幻)의 세계를 살펴보면 진실이 참이 되고 몽환이 꿈이 되지만, 몽환의 측면에서 진실의 세계를 살펴보면 몽환이 또한 참이 되고 진실이 또한 꿈이 될 것이기 때문이었습니다.[91] 그렇다면 금일에 울부짖고 가슴을 칠 뿐 천지간에 어찌할 수 없는 것이 꿈이 아닌지 어찌 알겠으며, 꿈속에서 혼이 돌아다니다가 우리 선고나 조모를 어렴풋하게 방불(彷彿)한 가운데에서 뵙기라도 하면 기쁘게 웃고 담소하며 금일의 슬프고 처량한 생각을 모두 잊어버리는 것이 참이 아닌지 또 어찌 알겠습니까.

삼가 원하건대 조모와 우리 선군은 날마다 나의 꿈을 접하시면 쓰다듬어 아껴 주고 책망하며 훈계해 주기를 일체 지난날처럼 해 주소서. 소자도 응당 높고 멀리 바라보며 생각할 것이요, 공연히 슬퍼하는 일이 없이 진실을 꿈으로 여기고 몽환을 참으로 여기고서 달관(達觀)한 자로 자처하겠습니다. 아, 그러나 이것이 과연 이치에 맞는 것이겠습니까, 아니면 이것이 혹 상화(喪禍)를 당한 나머지 마음이 혼미해지고 본성을 상실해서 황당하고 엉뚱한 세계로 빠지려 해서 그런 것은 아니겠습니까. 슬프고도 슬픕니다, 저 창천(蒼天)이여. 어찌하여 나를 이 지경으로 만들었단 말입니까.

아, 발인할 날이 이미 잡혔고 장례를 행할 날도 정해졌습니다. 소자는 물론 영구(靈柩)를 따라가려고 합니다만, 가형(家兄)은 병 때문에 와서 곡하지 못하고 기거하는 곳에서 장기(葬期)에 맞추어 묘소로 곧장 올 예정입니다. 모씨(母氏)는 처음에는 가형과 함께 동행할 생각이

91 고어(古語)에……때문이었습니다 : 녹문이 《장자(莊子)》의 호접몽(蝴蝶夢) 고사를 원용(援用)한 것이 아닌가 한다. 《장자》 〈제물론(齊物論)〉 맨 마지막에 "언젠가 장주가 꿈속에 나비가 되었다. 나풀나풀 잘 날아다니는 나비로서 스스로 유쾌하고 만족스럽기만 하였을 뿐 자기가 장주인 것은 알지도 못하였는데, 조금 뒤에 잠을 깨고 보니 엄연히 뻣뻣하게 누워 있는 장주라는 인간이었다. 모를 일이다. 장주의 꿈속에 나비가 된 것인가, 나비의 꿈속에 장주가 된 것인가. 하지만 장주와 나비 사이에는 분명히 구분이 있을 것이니, 이것을 일러 물아(物我)의 변화라고 한다.〔昔者莊周夢爲胡蝶 栩栩然胡蝶也 自喩適志與 不知周也 俄然覺則蘧蘧然周也 不知周之夢爲胡蝶與 胡蝶之夢爲周與 周與胡蝶則必有分矣 此之謂物化〕"라는 이야기가 나온다.

었습니다만, 방해하는 일이 많이 생겨서 계획대로 행할 수 없게 되었으니, 정리(情理)상 슬프고 아쉬운 것이 실로 말로 할 수 없는 점이 있습니다. 조모께서도 목이 메고 탄식하는 가운데 서글퍼서 스스로 가누지 못하고 고통스러워 차마 감당하지 못하는 점이 분명히 있을 것인데, 이런 소자의 말이 맞습니까, 맞지 않습니까.

아, 슬픔만으로는 정(情)을 다할 수가 없고 언어만으로는 슬픔을 다할 수가 없어서 한 소리로 길게 호곡하니, 방불하게 와서 임하시는 듯도 합니다. 아, 슬픕니다.

죽은 아내인 신창 맹씨의 조전[92]에 고하는 글 경술년(1730, 영조6) 2월

亡室新昌孟氏祖奠告文 庚戌二月

아, 그대 같은 애달픈 삶도 없었고, 그대 같은 원통한 죽음도 없었소. 그 일을 입으로 말하려니 가슴이 먼저 막히고, 손으로 써 보려니 눈물이 먼저 흐르오.

비록 그렇지만 부부의 의리는 죽어서나 살아서나 하나일 뿐이니, 살아서는 거실(居室)을 같이하고 죽어서는 묘혈(墓穴)을 같이하며 제사 때에는 흠향을 같이하는 법이라오.

지금 내가 비록 거실을 같이하는 낙을 끝까지 누리지는 못하였으나, 옛사람이 천지(天地)의 무궁한 시간에 비하면 7, 8십 세는 한순간이라고 하였고 보면, 같이하지 못하는 시간은 단지 한순간일 뿐이요, 같이하는 시간은 장차 천지와 더불어 무궁할 것이니, 내가 어찌 공연히 슬퍼만 하리오. 그대 역시 이를 위안으로 삼아서 이 세상을 떠나는 마음을 편히 가질 수도 있지 않겠소.

아, 영신(靈辰)[93]이 멈추지 않아 멀리 떠날 날이 이미 이르렀으므로, 이제 구거(柩車)를 받들고서 조도(祖道)를 준행(遵行)하게 되었으니, 그대여 앎이 있거든 이 잔을 거부하지 마시라.

92 조전(祖奠) : 발인(發靷) 하루 전날 도로 귀신에게 올리는 제전(祭奠)을 말한다. 조도(祖道)라고도 한다. 발인할 때에 문 앞에서 지내는 제전은 견전(遣奠)이라고 한다.

93 영신(靈辰) : 영구(靈柩)가 빈소(殯所)에 머무는 시간이다.

대상(大祥)을 지내기 전에 또 죽은 아내 신창 맹씨에게 제사하는 글 12월

祥前又祭亡室新昌孟氏文 十二月

아, 그대가 어찌 차마 나를 버리고 죽을 수 있으며, 내가 어찌 차마 그대를 잃고 살아갈 수 있으리오. 그대가 죽고 나서 벌써 1주년이 되었는데도 나의 생각은 날로 더욱 곤고(困苦)해지고, 생각이 날로 더욱 곤고해질 뿐만이 아니라 슬픔도 날로 더욱 깊어진 나머지, 왕왕 멍청해지거나 미치광이가 된 듯도 하고 들뜨거나 끊어지는 듯도 하여, 친당(親堂 모친)이 걱정을 해도 돌아다볼 줄을 모르고 붕우가 책망을 해도 거들떠볼 줄을 모른다오.

아, 사람이 지친(至親)의 상(喪)을 당하고서도, 높이 바라보고 멀리 생각하며 죽고 사는 것은 아랑곳하지도 않은 채, 옛날에 동이를 두드리고〔鼓盆〕 문에 기댄 것〔倚戶〕[94]처럼 할 수 있는 자는 워낙 수준이 높아

94 동이를……것 : 장자(莊子)가 처의 상을 당했을 때, 친구인 혜자(惠子)가 조문하러 가 보니, 장자가 곡하는 대신에 두 다리를 뻗고 동이를 누드리면서 노래하고 있었는데, 혜자가 너무하는 것 아니냐고 힐문하자, 생과 사는 춘하추동의 사시(四時)가 운행하는 것과 같은 것으로, 이제 천지 사이의 큰 거실에서 잠자며 안식을 취하고 있을 것이라고 답변한 일화가 있다. 《莊子 至樂》 고분(鼓盆)이 상처(喪妻)의 대명사가 된 것은 이 일화에서 유래한 것이다. 또 《장자》 〈대종사(大宗師)〉에 자래(子來)가 병들어 죽을 임시에 자리(子犁)가 위문하러 가서는, 울고 있는 처자들에게 변화 중인 사람을 심란하게 하지 말라며 조용히 하게 한 뒤에, 그 문에 기대어 앞으로 조물이 어떻게 변화시킬지 궁금하다면서 자래와 문답을 주고받은 일화가 실려 있다. 의호(倚戶)가 조문(弔問)의 대명사가 된 것은 여기에서 연유한 것이다.

서 실로 따라갈 수 없다고 하겠지만, 그 아래에 있는 자라고 하더라도 날이 멀어질수록 날로 잊어버리게 마련이오. 그럼에도 유독 내가 슬퍼하고 생각하는 것이 이토록 정도가 심하여 날이 멀어질수록 더욱 잊지 못하는 것은, 참으로 그 정리(情理)가 원통하게 여길 만하고 그 인사(人事)가 한스럽게 여길 만하여 실제로 다른 사람들에게는 있지 않은 점이 나에게 있기 때문이라오.

생각건대 그대의 화순(和順)하고 유완(柔婉)한 성정(性情)과 인효(仁孝)하고 순독(純篤)한 행실과 청통(淸通)하고 소량(疏亮)한 재질로 말하면 원래 나의 뜻에 불가한 점이 없었지만, 부부 관계로 말하면 사람이 제대로 대처하기 어려운 것인데도 그대는 능히 받들어 순종하면서도 제재(制裁)하여 바로잡을 줄 알아서 정리상이나 의리상 부합되지 않음이 없었으며, 심지어는 이부자리 위에서 정욕(情欲)을 마음대로 풀 수 있는 자리에서조차 조금이라도 그 마음을 느슨하게 가진 적이 일찍이 없었으니, 옛사람이 "정욕의 감정이 용의에 개입됨이 없고 연사의 뜻이 동정에 드러나지 않았다."[95]라고 칭한 것에 비추어 보아도 거의 부끄럽지 않을 만한 것이었소. 이러한 것은 외부의 사람들이 혹 깊이 살펴보지 못하는 것으로, 나만이 홀로 알고 깊이 허여한 것이었소.

아, 그대의 덕성(德性)이 이와 같고 재행(才行)이 이와 같고 보이는 곳이든 보이지 않는 곳이든 차이가 없는 것이 또 이와 같았고 보면, 내가 친근히 하고 존중하며 마치 금슬(琴瑟)을 연주하듯 율려(律呂)를

95 정욕의……않았다 : 한(漢)나라 어사대부(御史大夫) 광형(匡衡)이 갓 즉위한 성제(成帝)에게 비필(妃匹)을 경계하고 경학(經學)을 권면하는 뜻으로 올린 상소문에 나오는 내용으로 《한서(漢書)》 〈광형전(匡衡傳)〉에 실려 있다.

조화하듯 한 것이, 어찌 심상(尋常)하게 부부가 된 자들에 비교할 수 있었겠소. 그래서 내가 일찍이 혼자 기뻐하면서 '내가 용렬하고 나약하지만 요행히 밖으로는 붕우에게 버림받지 않고 안으로는 그대의 규문(閨門)의 도움을 얻게 되었으니, 그런대로 훈도(薰陶)를 받고 몸에 젖어 들게 하여 거꾸로 뒤집히는 지경에는 이르지 않을 수 있겠다.'라고 생각하였는데, 그대가 기(氣)를 품수한 것이 이와 같이 후한데도 명(命)을 부여받은 것이 이와 같이 박할 줄이야 누가 생각이나 하였겠소.

세상에서는 칭하기를 "남녀가 결합하는 것은 반드시 하늘의 인연에 말미암는 것이다."라고 하오. 더구나 서로 의기투합하는 것이 나와 그대 같은 경우는 당연히 그 안에 우연치 않은 점이 존재할 것이니, 처음부터 끝까지 해로하며 고락(苦樂)을 같이해야 마땅할 것이오. 그런데 지금은 그만 이것과 일체 거꾸로 되어 서로 만난 지 겨우 몇 년 만에 느닷없이 또 서로 헤어지고 말았으니, 슬프고 슬프다, 저 하늘이여. 이것이 도대체 무슨 도리며 무슨 이치란 말이오. 이것이 바로 내가 원통하게 여기고 한스럽게 여기는 점이라오.

그대는 이른 나이에 부친을 여의고 오직 홀어머니를 모셨는데, 그대의 형제 4인 중에서 성인(成人)으로 자라난 자는 오직 그대와 종수씨(從嫂氏 종형(從兄)의 처)뿐이었소. 그대가 매양 한스럽게 여긴 것은, 형제가 이미 적은 데다 자신이 또 남자와는 다른 만큼 어버이 곁에서 오래 모시며 만년(晩年)의 고독한 회포를 위로해 드릴 수 없다는 것이었소. 그런데 작년에 외고씨(外姑氏 장모)가 무슨 일이 있어서 온양(溫陽)으로 돌아왔고, 나 역시 자당(慈堂)을 모시고 청주(淸州)에 우거하게 되었는데, 청주는 온양에서 겨우 몇십 리밖에 떨어져 있지 않은 만큼, 만약 그대에게 아무 탈이 없었다면 왔다 갔다 찾아뵈면서 서로 의지하고 위로할 수 있었으니, 그대가 뛸 듯이 기뻐하고 내가 다행스럽게 여긴 것이 어떠하였겠소. 그런데 지금 갑자기 이 지경에 이르렀으니, 하늘이여, 하늘이여, 이것이 어떻게 된 일이란 말이오. 이것이 바로 내가 원통하게 여기고 한스럽게 여기는 점이라오.

그대가 죽고 나서 열흘이 채 못 되어 그대의 아우가 또 죽었고, 그대의 아우가 죽고 나서 또 열흘이 채 못 되어 그대의 여동생이 또 죽는 등 수십 일 사이에 삼형제가 서로 잇따라 요절하였으니, 사람의 집이 당한 혹독한 앙화(殃禍) 가운데 어찌 또 이와 같은 경우가 있었겠소. 지금 이후로 그대의 형제 중에는 종수씨가 홀로 남아 있을 뿐인데, 종수씨가 시댁에 가고 나면 외고씨 혼자 외돌토리 신세가 되어 그 옆에 있는 이가 한 사람도 없는 형편이오. 밤낮으로 슬피 부르짖으며 애간장을 태우는 것을 보면 얼마 지나지 않아서 기력이 다해 쓰러지고 말 것이니, 그대의 평상시 마음에 비추어 볼 때 가령 저승에서 알아차리는 것이 있다면 애통해하고 초조해하며 한이 맺혀 배회하는 것이 장차 어떠하겠소. 여기에 생각이 미치면 목석같이 무딘 자라도 어떻게 참고 견뎌 내겠소. 이것이 바로 내가 원통하게 여기고 한스럽게 여기는 점이라오.

그대가 나에게 시집온 것이 지난 병오년(1726, 영조2)이었는데, 그때에 우리 집은 한창 번성하며 아무 일이 없었으므로 그 혼인의 성대함과 상경(祥慶 길상(吉祥)과 가경(嘉慶))의 충일(充溢)함에 대해서는 사람들마다 감탄하며 부러워하였소. 그런데 오배(吾輩)의 죄역이 말할 수 없이 커서 홀연히 무신년(1728)의 화(禍 부친상을 가리킴)를 만났으니, 아, 이 일을 어떻게 차마 말하겠소, 이 일을 어떻게 차마 말하겠소.

그럼에도 불구하고 내가 우둔하고 무지해서 곧바로 따라 죽지도 못했고 보면, 내가 밤낮으로 축원한 것은 오직 형제에게 탈이 없고 실가(室家)가 조금 편안해지는 것뿐이었는데, 2년이 채 지나지 않아서 갑자기 우리 조모(祖母)를 잃었고, 몇 달이 지나지 않아서 또다시 그대를 잃었으니, 이 어찌 된 일이란 말이오, 이 어찌 된 일이란 말이오. 지금 이후로 나는 더 이상 인간 세상에 대한 뜻이 없어져서, 안에 거하면 허전하고 밖에 나가면 어리둥절해서 천지가 큰지 일월이 밝은지를 전혀 알지 못하게 되었으니, 이것이 바로 내가 원통하게 여기고 한스럽게 여기는 점이라오.

지난겨울 그대를 데리고 돌아온 것은 대개 홍역을 피해 보려는 생각에서였소. 거기에 가서 하루가 되기 전에 내가 벌써 병에 걸렸고, 또 며칠 지나서 그대가 다시 내 뒤를 이어 앓았는데, 나는 증세가 얼마간 뜸했던 데 비하여 그대는 증세가 또 악화되어 이 지경에 이르렀으니, 길을 떠나온 날로부터 불과 7, 8일의 주야에 일어난 일이었소. 본래는 죽음을 피하려고 한 일인데 죽음의 길로 나아간 꼴이 되고 말았으니, 하늘이여, 하늘이여, 이 어지 된 일이란 말이오.

어쩌면 길에서 감염되고 풍상(風霜)의 침노를 받아 혹 손상을 입은 나머지 그렇게 된 것은 아니겠소. 저번에 그곳에 그냥 머물러 있고 여기에 오지 않았더라면 과연 어떠했을지 모르겠소. 하지만 그대의 두 아우가 죽은 것을 보면 그곳에 있었더라도 어찌 그대만 죽음을 면할 수 있었겠소. 그렇긴 해도 종수씨 역시 똑같이 이 병을 앓았는데 아무 탈이 없었고 보면 그대만 유독 그렇지 않았으리라고 또 어떻게 알겠소.

이 일이 알쏭달쏭해서 실로 알 수는 없소만, 내가 한스럽게 여기는 것은 단지 일찍 돌아오지 못했다는 사실이오. 가령 그대가 일찍 돌아왔고 나에게 서울에서의 일이 없었다고 한다면, 이 지역이 외진 곳으로 떨어져 후미진 곳인 만큼 이런 질병이 꼭 여기에 들어왔다고는 확언하지 못할 것이요, 또 여기에 들어왔다고 하더라도 다른 곳보다는 시기가 뒤늦어서 미리 대비할 수도 있었을 것이오.

지난가을 우리 집이 무사해서 원래는 행장을 갖추고서 가족을 이끌고 돌아올 예정이었는데, 뜻밖에 상을 당해 황망한 와중에서 서울에서 바삐 싸다니다 보니 그대가 마침내 돌아올 겨를이 없었소. 내가 돌아왔을 즈음에는 질병이 이미 크게 치성하여 어찌해 볼 수가 없게 되어 마침내 그대를 이 지경에 이르게 하였으므로 내가 끝없는 한을 품게 된 것이오.

그런데 이것이 어쩌면 천명(天命)이 구사(驅使)하는 것에는 원래 그렇게 되려고 기약하지 않아도 그렇게 되는 점이 있어서 사람으로서는 면할 수가 없기 때문에 그런 것일까요, 아니면 명(命)이란 원래 무상(無常)한 것인데 사람에게 선견지명이 없어서 일찌감치 제때에 피하지 못한 결과 이런 지경에 이른 것일 수도 있는데, 말은 비록 천명이라고 해도 이 역시 사람이 자초해서 그런 것일까요. 이렇게 생각해 보고 저렇게 헤아려 보아도 만 가지 한스러움이 한꺼번에 일어나니, 애통한 이 심정을 어떻게 참고 견뎌 내겠소. 이것이 바로 내가 원통하게 여기고 한스럽게 여기는 점이라오.

바야흐로 그대의 병이 위독해졌을 때에 나는 간신히 위험한 지경을 면하였는데, 집안사람들이 내가 병중에 놀랄까 염려하여 사실대로 알려 주지 않았소. 한참 시간이 지난 뒤에 분위기가 다른 것을 비로소 알아차리고는 마침내 들것에 실려서 들어가 보니, 그때는 이미 그대를 어떻게 해 볼 수 없는 지경에 이르러 있었소. 그대가 숨이 금방 끊어지려는 순간에도 눈을 뜨고 나를 바라보며 뭔가 말하려는 것 같았는데,

이윽고 손의 힘이 다시 풀리고 눈이 다시 감기면서 마침내 조용히 숨을 거두었으니, 아, 이를 어찌 차마 볼 수 있었겠소, 이를 어찌 차마 볼 수 있었겠소.

그때 그대가 말하려고 했던 것이 과연 무슨 일이었소? 부부 사이에는 죽고 사는 즈음에 원래 부탁하는 것이 있어야 하는 법이오. 하물며 나와 그대는 얼굴을 보지 못한 것이 이미 2주년이나 되는 만큼, 그동안 가슴속에 쌓인 것이 필시 산 같고 바다 같았을 터인데, 그대는 어찌하여 정신이 아직 혼미해지지 않고 언어가 조금 통할 때에 나를 불러다 놓고 모두 털어놓지 않았단 말이오. 그대가 병중에도 몇 번이나 잠꼬대처럼 나의 병이 심해질까 걱정하는 말을 되뇌었다는 말을 들었는데, 어쩌면 이것도 나의 병이 악화될까 염려해서 알리지 않은 것이 아니겠소.

만약에 나로 하여금 병의 초기부터 직접 간호할 수 있게 하여, 정성을 다하지 않음이 없고 말을 다 하지 못함이 없게 하고 나서 이 지경에 이르렀다고 한다면, 이 원한과 이 비통함을 만분의 일이라도 위로받을 수 있었을 텐데, 지금은 누가 먼저고 누가 뒤랄 것도 없이 동시에 함께 드러눕게 된 나머지, 내가 병들어도 그대가 와서 볼 수 없고 그대가 병들어도 가서 간호할 수 없었소. 끝내는 그대로 하여금 입안에 머금은 채 말도 하지 못하고 한을 품은 채 털어놓지 못하게 하여, 구원(九原)의 아래에서 길이 한 맺힌 귀신이 되게 하고 말았으니, 슬프고 슬프다, 창천(蒼天)이여. 어찌 모질게도 이렇게 만들었단 말이오. 이것이 바로 내가 원통하게 여기고 한스럽게 여기는 점이라오.

홍역이라는 병이 본래 낫기 어렵다고는 하지만, 그 당시에 상하(上下), 장유(長幼) 가운데 이 병을 치른 자가 모두 수십 인이었는데도 끝내는 모두 아무 일이 없었던 상황에서 오직 그대만 일어나지 못했고 보면, 이 병이 꼭 사람을 모조리 죽이는 병이라고는 말할 수 없을 것이오. 그런데 그대 같은 덕성(德性)과 재행(才行)의 소유자가 꼭 죽는다고 할 수 없는 병에 죽고 말았으니, 이것이 도대체 어떻게 된 일이란 말이오.

만약 약물을 적절하게 쓰지 못하고 올바르게 치료하지 못해서 그런 결과를 빚었다고 말한다면, 저 노예나 천민이 이 병에 걸릴 경우, 왕왕 길가에 버려두고서 상설(霜雪)을 그대로 맞게 하는 만큼 어찌 약물이나 치료를 말할 것이 있겠소마는, 그럼에도 끝내 죽지 않고 살아나곤 하니 이런 현상은 어떻게 설명하겠소. 만약 나의 죄앙(罪殃)이 하늘에 통하여 무신년(1728) 이후에도 여전히 처벌할 일이 남아 있어서 그런 결과를 빚었다고 말한다면, 또 어찌하여 나의 몸에 직접 벌을 가하지 않고 그대가 억울하게 그 재앙을 받게 한단 말이오. 이 모두 예측하거나 상상할 수 없는 추론(推論)들인데, 이를 생각하노라면 모두 나의 슬픈 생각과 원통한 소회를 증가시키기에 족할 따름이니, 어떻게 참고 견뎌 내겠소, 어떻게 참고 견뎌 내겠소. 이것이 바로 내가 원통하게 여기고 한스럽게 여기는 점이라오.

그대가 죽은 뒤에 나의 병세가 또다시 오르락내리락하여 움직일 수 없었으므로 함습염빈(含襲斂殯)[96]을 행할 즈음에 모두 임곡(臨哭)할 수도 없었소. 게다가 지리상 멀리 떨어져 외진 탓으로 초종(初終)에 필요한 도구들을 경시(京市 서울의 시장)에서 마련하지 않을 수 없어서 왕래하며 애면글면 구하다 보니, 몸에 부착하는 물품들을 제때에 성의

96 함습염빈(含襲斂殯) : 망자(亡者)의 입에 구슬을 물리고, 옷을 갈아입히고, 입관(入棺)하고, 빈소를 차리는 것을 말한다.

있게 구비하지도 못하였소. 이처럼 이승과 저승으로 나뉘는 과정에서 내가 그대를 저버린 잘못이 크니, 지금 와서 돌이켜 생각하면 간장이 녹는 듯하고 찢기는 듯하오. 이것이 바로 내가 원통하게 여기고 한스럽게 여기는 점이라오.

지난겨울 그대를 데리고 돌아올 당시에 외고씨가 친림하여 나를 전송하면서, 내년 봄에 다시 데리고 오면 좋겠다고 말하였소. 비록 명확하게 기약하지는 못했지만, 그때 실로 그 말씀을 공경히 듣고 마음속에 간직했었는데, 저 참독(慘毒)의 화(禍)가 열흘 안쪽에 숨어 있을 줄이야 누가 알았겠소. 그러다가 금년 봄에 가서 뵐 때에는 예전의 기약에 맞추어 옛날의 약속을 이행하려는 것처럼 되기도 하였소만, 앞뒤를 돌아다보면 옛 자취가 완연(宛然)한데도 인사의 변고가 그만 이 지경에 이르러서, 보이는 것이라고는 오직 외고씨의 눈물진 얼굴뿐이요, 말하는 것이라고는 서글픈 언사(言辭)와 처량한 회포일 뿐이었으니, 이때의 심정이 응당 어떠하였겠소. 만약 그대로 하여금 1년이라도 잠시 수명을 연장하게 하여, 왕래하며 정의(情誼)를 돈독히 해서 조금이라도 그 숙원을 풀게 했더라면, 나의 슬픔이 어찌 이 지경까지 되었겠소. 그런데 하늘이 이를 아껴서 그렇게 하지도 못하게 하였으니, 어쩌면 이토록 혹독하단 말이오, 어쩌면 이토록 혹독하단 말이오. 이것이 바로 내가 원통하게 여기고 한스럽게 여기는 점이라오.

그대는 평소에 복병(腹病)을 가지고 있었으므로 사람들이 혹 아이를 낳는 데에 지장이 있을까 염려하였소. 그러나 세상에서 그런 병을 가지고 있으면서도 자식을 잘 낳는 사람들이 얼마나 많소. 따라서 그대 같은 인심(仁心)과 길덕(吉德)의 소유자는 더더욱 당연히 자식이 없지 않을 것이니, 몇 년 만이라도 더 살았더라면 어찌 끝내 자식을 두지 못하였겠소. 그대가 자식을 남겨 두고 죽었다면, 그대가 남긴 의표(儀表)와 자취가 완전히 없어지는 지경에는 이르지 않았을 것이고, 나 역시 보듬아서 교육할 수 있었을 것이니, 그대를 그리워하는 마음을 조금쯤은 위로받을 수 있었을 것이오. 그런데 하늘이 때를 놓칠세라 그대를 빼어 가는 바람에, 세상에 태어난 지 20년 만에 홀연히 기러기처럼 자취 없이 사라진 것처럼 되어,[97] 죽은 뒤에도 처량하게 그 전형(典刑)을 방불하게나마 알아볼 수 없게 되었고 보면, 그대가 세상을 하직한 마음이야 물론 구지(九地)의 아래에서 흐느끼며 원통해하겠지만, 나의 가슴을 메우고 뱃속을 채운 회한은 장차 어디에다 부치고 어디에서 위로받는단 말이오.

기억하건대 옛날 내가 재곡(宰谷)에서 관사(館舍)에 거처할 적에, 그대가 10세 때에 베껴 쓴 《소학언해(小學諺解)》를 우연히 보았는데, 그 뒤에 시를 지어서 열심히 해야겠다고 경계하였기에, 내가 웃으며 말하기를 "이것은 자손에게 보여 줄 만하다."라고 하였으니, 애모(愛慕)하는 그 뜻이 우연치 않은 것이었소. 지금은 이미 다 끝났으니, 이 글을 어떻게 차마 다시 볼 수 있겠으며, 또 누가 이를 간수하고 뒤에 전해서 그 당시 나와 그대의 마음을 보여 줄 수 있겠소. 아, 비통하고 비통할 따름이니, 이것이 바로 내가 원통하게 여기고 한스럽게 여기

97 기러기처럼……되어 : 눈 위에 남긴 기러기 발자국이 햇빛에 녹아 없어지는 것처럼, 녹문의 처가 남긴 인생의 발자취 역시 아무 흔적도 없이 금방 사라져 없어지게 되었다는 말이다. 소식(蘇軾)의 "인생길 이르는 곳 무엇과 비슷하다 할까, 녹기 시작하는 눈밭의 기러기 발자국과 같다 하리. 우연히 발톱 자국 남겨 놓았을 뿐, 날아가면 어찌 다시 동쪽 서쪽 헤아리리.〔人生到處知何似 應似飛鴻蹈雪泥 泥上偶然留指爪 鴻飛那復計東西〕"라는 시구에서 비롯된 것이다. 《蘇東坡詩集 卷3 和子由澠池懷舊》

는 점이라오.

아, 원통하고 한스러운 사연들을 어찌 죄다 셀 수 있겠소마는, 간략히 들기만 해도 이와 같은 점들이 있으니, 어찌 나로 하여금 이를 슬퍼하여 생각하는 것이 멀리 가면 멀리 갈수록 더욱 잊지 못하게 하지 않을 수 있겠소. 아, 그대가 어찌 차마 나를 버리고 죽을 수 있으며, 내가 어찌 차마 그대를 잃고 살아갈 수 있겠소. 그저 비통하고 비통할 따름이오.

비록 그렇기는 하지만, 사람이 태어나서 7, 8십의 수명을 누리는 것은 원래 얻기 어려운데, 더구나 나는 스스로 헤아려 볼 때 기질이 허약하니 그런 수명을 얻는 것은 더더욱 기필할 수가 없고, 가령 그런 수명을 얻더라도 천지의 수명에 비교하면 바람 앞의 촛불에 지나지 않을 뿐이니 얼마 지나지 않아서 나도 그대의 뒤를 따라 죽을 것이오. 그리고 죽고 난 뒤에는 그대와 함께 태허(太虛)의 원기(元氣) 가운데로 똑같이 돌아가서 앞서거니 뒤서거니 하는 차이가 없게 될 것이니, 어찌 공연히 슬퍼하여 달관(達觀)한 자의 기롱을 받아서야 되겠소. 이렇게 생각하노라면 가슴이 조금 트이는 느낌이 들기도 하오만, 그럼에도 금방 트였다가 다시 예전의 상태로 되돌아가곤 하니, 또 어떻게 이런 감정을 강력하게 억제할 수나 있겠소. 아, 슬프고 슬플 따름이오.

그대의 영구(靈柩)는 원래 선산(先山)에 장사 지내야 마땅하겠지만, 여강(驪江)은 묘혈이 이미 다하였고 성산(城山)은 또 구원(久遠)한 계책이 못 되는데, 그렇다고 상을 당해서 다른 산을 당장에 구하는 것은 또 힘이 미칠 수 있는 바가 아니기 때문에, 부득이 집 옆에다 권조(權厝)하게 되었소. 앞으로 널리 길지(吉地)를 구하여 선인(先人)의 묘소를 옮기고 나서 마침내 그대도 옮길 예정인데, 그 기간을 계산하면 결코 2, 3년을 넘기지는 않을 것이고, 또 그렇게 하기 이전이라도 인신(人神)이 서로 의지할 수 있을 것이니 고독하게 되지는 않으리다.

초하루와 보름날에 산에 올라갈 때면 유수(流水)가 졸졸 흐르고 수목이 뒤덮여 있는 가운데 황산(荒山)의 적막한 어딘가에서 그대를 찾을 수 있을 것 같기도 하다가, 막상 도착하고 나면 보이는 것이라고는 단지 쓰러져 가는 몇 자의 봉분만 있을 뿐, 두드려도 보이지 않고 불러도 응답이 없어서, 그저 하늘에 사무치게 통곡을 하고 지하에 사무치게 눈물을 흘릴 뿐이라오. 그대도 이러한 때에 배회하며 방불하게나마 나의 이런 심정을 슬프게 생각해 줄 수 있을지 모르겠소. 아, 비통하고 비통할 따름이오.

그대를 장사 지낼 적에 일찍이 몇 마디 말로 영결(永訣)을 고하였소만, 그때에는 기가 막히고 가슴이 막혀서 글이 제대로 이루어지지 않아 하고 싶은 말의 백분의 일도 표현하지 못했으므로, 그저 시일이 조금 지나 마음이 조금 안정되면 그때 가슴속에 쌓인 슬픔을 한번 털어놓으려고 생각했었소. 그 뒤에 누차 붓과 종이를 앞에 두고서도 번번이 또 예전과 같았으므로 그럭저럭 세월만 보내다가 지금에 이르고 보니 어느새 대상을 지낼 날이 벌써 눈앞에 닥쳐왔소.

이제 궤연(几筵)도 철거할 것이고 최마(衰麻)도 벗을 것이니, 지금 시기를 놓치면 나의 슬픔을 끝내 한 번도 토로하지 못하여 거듭 그대를 저버리는 일이 되겠기에, 모질게 비통함을 머금고 눈물을 거두고서 대략 이와 같이 서술해 보았소. 하지만 심신이 전도(顚倒)되어 다 하지 못한 내용이 아직도 많은데, 그대에게 만약 앎이 있다면 그래도 말없는 가운데 비추어 보며 정신으로 영회(領會)할 수 있으리라 생각하오. 아, 슬프오.

이대심 유 에 대한 제문 무오년(1738, 영조14)

祭李大心 維 文 戊午

선성의 가르침이	先聖有訓
《논어》에 실려 있나니	著于魯論
저 광점[98]에게는 감탄하였고	喟彼狂點
향원은 유자라고 혹평하였지[99]	莠紫鄕原
아, 이런 의리에 대해서	吁嗟斯義
말세의 그 누가 존중하리오	世季孰宗
모난 것을 깎아 내고 박주를 마시며[100]	刓方醊醨

98 광점(狂點) : 광자(狂者)인 증점(曾點)이라는 말이다. 광자는 뜻이 커서 큰소리는 잘하지만 실천이 뒤따르지 못하는 사람을 말한다. 《論語 子路》《맹자》〈진심 하(盡心下)〉에, 증점을 공자가 말한 광자의 대열에 포함하고는 "광자는 뜻이 하도 높아서 옛사람을 곧잘 말하곤 하지만, 객관적으로 그의 행동을 돌아보면 말과 일치하지 않는 그런 사람을 말한다.〔其志嘐嘐然曰 古之人古之人 夷考其行而不掩焉者也〕"라고 하였다.

99 향원(鄕原)은 유자(莠紫)라고 혹평하였지 : 유자는 가라지와 자색(紫色)의 병칭으로, 사이비를 비유하는 대표적인 표현이다. 《맹자》〈진심 하(盡心下)〉에 공자가 향원, 즉 위선자에 대해서 "겉으로는 비슷하나 속은 완전히 다른 것을 미워하노니, 가라지를 미워함은 벼 싹을 어지럽힐까 걱정해서요, 말재주 있는 자를 미워함은 의를 어지럽힐까 걱정해서요, 말이 많은 자를 미워함은 진실을 어지럽힐까 걱정해서요, 정나라 음악을 미워함은 정악(正樂)을 어지럽힐까 걱정해서요, 간색(間色)인 자색을 미워함은 정색인 주색(朱色)을 어지럽힐까 걱정해서요, 향원을 미워함은 진정한 덕을 어지럽힐까 두려워해서이다.〔惡似而非者 惡莠恐其亂苗也 惡佞恐其亂義也 惡利口恐其亂信也 惡鄭聲恐其亂樂也 惡紫恐其亂朱也 惡鄕原恐其亂德也〕"라고 비판하였다.

100 모난……마시며 : 곧고 바른 신념을 버리고서 세상의 풍조에 영합하는 것을 말한

이런 것을 함부로 중용에 비긴다네　　妄擬中庸
오직 형은 무리를 벗어나서　　惟兄脫群
세속의 풍조를 받아들이지 않았나니　　不受俗錮
강직한 양의 정기(精氣)를 품부받고서　　稟精剛陽
마음을 고상하게 태고(太古)에 두었어라　　抗心邃古
무슨 일이거나 큰소리를 탕탕 치며　　嘐嘐俯仰
수레를 뒤엎고 구름 위로 솟구쳤나니　　覂駕陵雲
어찌 보면 행동이 뒤따르진 못했어도　　豈行不掩
그 뜻으로 말하면 정녕 이런 분이었소　　伊志則云
스승을 뜰에서 뵈었나니　　得師于庭
그분은 바로 우리 도옹[101]　　曰惟陶翁
영명하고 신실하신 도옹은　　顯允陶翁

다. 《초사(楚辭)》 〈구장(九章) 회사(懷沙)〉에 "모난 것을 깎아 내어 둥글게 만드는 세상이여, 나는야 떳떳한 법도를 바꾸지 않았노라.〔刓方以爲圜兮 常度未替〕"라고 하였다. 또 굴원(屈原)의 〈어부사(漁父辭)〉에서 어부가 조정에서 쫓겨난 굴원에게 "세상 사람들이 모두 흐리다면 어찌하여 함께 진흙을 휘저어서 흙탕물을 일으키지 않으며, 여러 사람이 모두 취했다면 어찌하여 함께 술지게미를 먹거나 박주(薄酒)를 마시지 않고서, 무슨 까닭으로 깊이 생각하고 고상하게 행동하여 스스로 추방당한단 말인가.〔世人皆濁 何不淈其泥 而揚其波 衆人皆醉 何不餔其糟 而歠其醨 何故深思高擧 自令放爲〕"라고 충고하고는, 빙긋이 웃으면서 창랑가(滄浪歌)를 부르며 떠났다.

101 도옹(陶翁) : 이재(李縡, 1680~1746)로, 자는 희경(熙卿), 호는 도암(陶菴)·한천(寒泉), 시호는 문정(文正)이다. 김창협(金昌協)의 문인이다. 신임옥사(辛壬獄事) 당시에 예조 참판으로 있다가 삭탈관직을 당하였으며 숙부 이만성(李晩成)이 옥사(獄死)한 뒤로는 아예 정계를 은퇴하고 학문에 전념하였다. 조선 후기 성리학의 대가로, 인물성동론(人物性同論)을 주장한 낙학파(洛學派)의 이론을 뒷받침하였다. 녹문이 그를 스승으로 모시면서 학문 형성에 적지 않은 영향을 받았다.

유림의 종장(宗匠)인 어르신	儒林之宗
한강 남쪽에서 도를 강론하자	講道漢南
학자들이 배우려고 모여들었는데	士爭玉帛
형이 실로 옆에서 보좌하면서	兄實左右
도를 보위하려 매우 애썼지요	衛道甚力
중니에게 자로가 있었던 것처럼	若尼有由
험담이 귀에 들리지 않았고[102]	惡言不聞
스승의 말씀에 질문이 없는 것은	有說無違
또 어리석은 안회와 같았다오[103]	又如愚顏
독실하게 믿고서 동요하지 않았으며	篤信不撓
용감히 전진하고 나태하지 않았나니	勇往靡怠
수레바퀴에 이미 기름칠이 다 되어서	車旣脂矣
어떤 먼 곳도 모두 이를 수 있었건만	何遠不屆
어찌 생각했으리오 몰고 가는 도중에	豈云中道
수레가 넘어지고 말이 쓰러질 줄이야	隕輈絶軽
그 누가 슬퍼하지 않으리오마는	人孰無悲

102 중니(仲尼)에게……않았고 : 《사기(史記)》 〈중니제자열전(仲尼弟子列傳)〉에 "내가 자로를 얻은 뒤로부터는 험담이 나의 귀에 들어오지 않았다.〔自吾得由 惡言不聞於耳〕"라는 공자의 말이 나온다.

103 스승의……같았다오 : 《논어》 〈위정(爲政)〉에 공자가 안회(顏回)에 대해서 "내가 종일토록 그와 이야기해도, 그는 질문하는 일도 없이 어리석은 사람처럼 듣기만 하였다. 그러나 그가 물러간 다음에 그의 사생활을 살펴보면, 역시 내가 해 준 말대로 충분히 실천하고 있었으니, 안회는 어리석지 않도다.〔吾與回言終日 不違如愚 退而省其私 亦足以發 回也不愚〕"라고 하였다.

나만큼 애통해하는 이는 아마 없으리	莫如我恫
옛날 내가 경술년(1730, 영조6)에	昔我庚戌
처음 선생을 찾아뵈었을 때	始謁先生
형이 나를 촌스럽게 여기지 않고	兄不我鄙
같이 노닐어 주는 은혜를 베풀었지	惠與遊幷
경서를 얘기하고 사서를 평론하며	譚經評史
시국의 난제도 두루 언급하는 한편	旁及時艱
나아가 스승과 제자의 사이에서	于以折衷
조화롭게 분위기 조성도 했었지요	函丈之間
선생이 언젠가 한가한 날에	函丈暇日
형과 나에 대해 품평하시면서	月朝君吾
내가 천근하고 통속적이라면	我則近俗
형은 기운이 들떠 있다 하셨는데	君或氣浮
이 말씀 존중하여 가슴에 새기며	欽斯服膺
노력하여 부익[104]을 함은 물론이요	勉以裒益
만나고 헤어짐이 무상한 가운데에서	散聚無常
나의 심기를 오직 형에게 의탁했어라	心期惟託
내가 재작년 어느 봄날에	再昨之春
형이 우거하는 초막을 찾아가서	我過君廬
달이 뜬 밤에 베개를 나란히 하고	月夕聯枕

104 부익(裒益) : 《주역》 〈겸괘(謙卦) 상(象)〉에 나오는 '부다익과(裒多益寡)'의 준말로, 여유 있는 곳에서 덜어 내어 부족한 곳에 보충해 줌으로써 균형을 맞추는 것을 말한다.

비 오는 아침에 글을 평론하였는데 雨朝評書
내가 우리 형을 치켜세우면서 我詡吾君
칼날을 거두어들여 안 보인다 하니 鋒鍔頓斂
형도 나에 대해 한마디 하기를 君亦謂我
세속에 물들었던 것을 초월했다 해서 一超舊染
서로들 쳐다보고 미소 짓고는 相視而笑
한바탕의 희극으로 여겼었지요 以爲戲劇
형이 말하기를 우리의 처지에서는 君曰我輩
앞으로의 수명을 예측하기 어려우니 壽命難測
시간을 헛되이 보내면 안 되는 만큼 不宜玩愒
스스로 황동[105]에 견주어 비교하고는 自儗黃童
깊은 산 속 조용한 물가를 찾아 深山靜水
그 가운데에 띳집을 하나 엮고서 結茅于中
오직 나하고 그대하고 惟我與爾
그리고 송씨 회가[106]와 더불어 暨晦可宋
서로들 강론하며 늙어 간다면 相講以老
이보다 더한 낙이 있을까 하기에 其樂孰尙

105 황동(黃童) : 후한(後漢) 때 사람인 황향(黃香)의 별칭이다. 자는 문강(文彊), 강하(江夏) 안륙(安陸) 사람이다. 집이 가난하여 하인이 없었으므로 직접 고되게 노동하여 어버이를 진심으로 봉양하였으며, 경전에 박학하고 도술을 정미하게 연구하며 문장에 능해서 '천하에 겨룰 이 없는 강하의 황동〔天下無雙江夏黃童〕'이라는 칭호를 얻었다. 《後漢書 文苑列傳上 黃香》

106 송씨 회가(宋氏晦可) : 송명흠(宋明欽)으로, 자는 회가이다. 송준길(宋浚吉)의 후손으로, 이재의 문인이며, 녹문과는 이종사촌 간으로 녹문보다 6년 연상이었다.

내가 그 즉시 마음으로 허락하며	余卽心諾
돌아가 회가에게 말을 했었는데	歸以語晦
이를 어떡하나 이 세상 일이	奈玆世故
자꾸 뒤바뀌며 좌절된 나머지	推欻沮敗
뜻이 있어도 부응하지 못한 채	有志莫副
중도에 자연히 지체되고 말았다오	中自窈糾
그동안 듣건대 우리 형이	間聞吾兄
학천에다 땅을 점지하고는	筮地鶴泉
돌아가 장차 은거할 심산으로	歸歟將隱
집을 짓고 밭을 일군다 하기에	築室理田
이 소식 듣고는 부러운 한편으로	聞玆欽聳
졸렬한 나 자신이 부끄럽기에	自愧陋拙
머지않아 적당한 기회를 보아	秪幾早晩
온갖 속박 훌훌 털어 버리고	百累是脫
형의 발자취 뒤따라 밟아	勉躡遐蹤
언약을 곧장 이행하려 하였는데	成言則修
어찌하여 하나의 병에 걸려서	云胡一疾
느닷없이 유명을 달리하게 되었나요	奄隔明幽
나이가 마흔도 채 못 되는 데다	年未四十
죽어서 후사도 두지 못했으니	死而亡後
사람으로 태어나 당하는 슬픔을	生人之慼
갖추 갖고 있지 않음이 없어	靡不備有
사람들이 형을 위해 탄식하오만	人爲兄嗟
내가 언짢은 건 이런 것이 아니라오	我不是疚

내가 깊이 애석하게 여기는 것은	我所深惜
오직 형의 뜻과 형의 재능이니	惟志惟才
준마가 달리다가 홀연히 넘어지고	驥騁忽蹶
난초가 꽃 피우다 갑자기 꺾이면서	蘭秀遽摧
탁월한 그 식견 기발한 그 기상이	卓識奇氣
저 아래 황천에 그만 묻혀 버린 것	下埋黃壤
집이 있은들 누구와 거처하며	有屋誰居
산이 있은들 누구와 감상할까	有山孰賞
세 물건을 꺼냈건만	三物之出
영원히 갚을 길 없네[107]	永世莫償
그 누가 비통해하지 않으리오	非夫誰慟
눈물을 훔쳐도 계속 흘러내릴 뿐	攬涕汪汪
재능을 주고도 수명을 안 준 것은	才而無命
옛날에도 똑같이 그러했거니	誰昔然而
하늘에 대해 뭐라고 항변을 할까	奈何于天
그저 나의 사정(私情)을 곡할 뿐이외다	聊哭吾私

107 세……없네 : 산골에서 형제처럼 함께 공부하며 늙어 가자는 이유(李維)의 제안을 마음속으로 이미 허락하였는데, 이제는 그 약속을 지킬 길이 영원히 없어졌다는 말이다. 세 물건은 맹약(盟約)을 할 때 쓰는 돼지, 개, 닭을 말한다. 《시경》 〈소아(小雅) 하인사(何人斯)〉에 형제간의 우애를 노래하면서 "이 세 물건을 꺼내어 너와 맹약(盟約)하리라.〔出此三物 以詛爾斯〕"라고 하였는데, 그 주(註)에 "세 가지 물건은 개, 돼지, 닭이니, 이를 희생으로 죽여 그 피로 맹약을 하는 것이다."라고 하였다.

계부 성균 생원공에 대한 제문 계해년(1743, 영조19) 5월

祭季父成均生員公文 癸亥五月

아, 소자(小子)가 형편없이 불초하여 하늘에 죄를 얻은 결과, 나이 20이 채 못 되어 자부(慈父)를 잃었고, 또 10년이 채 못 되어 다시 배우자를 잃었으며, 올해 33세인데도 자식 하나도 두지 못했습니다. 맹자(孟子)가 논한 궁민(窮民) 네 가지[108] 가운데 남자에게 속한 것이 세 가지인데, 소자가 실로 그 세 가지에 모두 해당되므로, 걱정스럽고 불안하여 더 이상 인간 세상에 대한 뜻이 없었습니다. 그런 중에도 오직 스스로 위로하며 살아갈 수 있었던 것은, 우리 백부(伯父)와 공(公)이 계셔서 의문이 있으면 질문하고 일이 있으면 청원하며 부친을 섬기던 방식으로 섬길 수가 있었기 때문이니, 교도(敎導)해 주시는 은혜에 감화를 받아 갈 곳 몰라 헤매지 않을 수가 있고, 이 몸이 외롭고 쓸쓸해도 의뢰할 곳이 있어서 온전히 살아날 수 있는 기대를 가질 수가 있었습니다.

불행히도 백부가 갑자기 성년(盛年)의 연세로 세상을 버리시자, 이 마음이 백치(白痴)같이 변하면서 만사(萬事)가 불 꺼진 재처럼 식어 버렸는데, 그런 중에도 늘 잊히지 않는 한 생각은 언제나 공의 좌우(左右)를 떠나지 않아서, 우러러 의지하는 정성과 연모하는 심정이 실로 그 전보다 몇 배나 더하였으므로, 매양 스스로 생각하기를 '소자 같은 자는 풍수(風樹)[109]의 영원한 애모(哀慕)를 공에게 부치지 않으면 어디

108 궁민(窮民) 네 가지 : 199쪽 주88 참조.

에 부칠 것이며, 소자 같은 자는 일생의 곤궁한 목숨을 공에게 의지하지 않으면 어디에 의지할 것인가.'라고 하였습니다. 조만간 집을 옮겨 아침저녁으로 즐겁게 모시면서 여생을 마치는 것이야말로 소자가 계속 마음속으로 생각하며 계획해 왔던 것인데, 소자의 뜻이 미처 이루어지기도 전에 하루아침에 뜻밖의 질환에 감염되어 홀연히 천고(千古)의 유한(遺恨)을 남기게 될 줄이야 어찌 생각이나 하였겠습니까. 유유(悠悠)한 창천(蒼天)이여, 어찌 차마 이럴 수가 있단 말입니까.

금년 봄에 소자가 모친을 모시고 서쪽으로 돌아와서 옛날 거주하던 곳의 남쪽에다 임시로 거처할 집을 빌렸습니다. 그러고는 또 장차 거리가 멀지 않은 곳에 계모(季母)를 옮겨 모시고 아침저녁으로 왕래할 계책을 궁리하였습니다. 수십 년 전의 단란하게 지냈던 즐거움을 이어 나감으로써 소자가 그동안 계획해 온 일을 실현할 수 있을 것도 같았는데, 필경에 보이는 것이라고는 공의 궤연(几筵)일 뿐이요, 들리는 것이라고는 계모와 숙매(淑妹)의 원통한 소리일 뿐입니다. 이제 의문이 있어도 어디에 질문을 할 것이며, 일이 있어도 어디에 청원을 하겠습니까. 안에 들어가면 눈물이 마를 때가 없고 밖에 나가면 마음이 마른나무 같으니, 이른바 단란하게 모여 산다고 하는 말도 그 마음을 언짢게 하고 그 슬픔을 더하는 것에 지나지 않게 되었습니다.

109 풍수(風樹) : 바람이 그치지 않는 나무라는 뜻으로, 어버이가 세상을 떠나 다시는 봉양할 수 없는 자식의 슬픔을 비유하는 말이다. 공자(孔子)가 주(周)나라 구오자(丘吾子)에게 슬피 통곡하는 이유를 묻자 "나무가 조용하고자 하나 바람이 그치지 않고, 자식이 봉양하고자 하나 어버이가 기다려 주시지 않는다. 한번 가면 오지 않는 것은 세월이요, 다시 뵐 수 없는 것은 어버이이다."라고 대답하고는 강물에 몸을 던져 죽었다는 풍수지탄(風樹之歎)의 고사에서 유래한 것이다. 《孔子家語 卷2 致思》

아, 지금 이후로는 의뢰할 곳이 영원히 없어져서 더 이상 스스로 위로하며 살 수 없게 되었습니다. 세상에는 물론 궁민이 있게 마련입니다만, 어찌 또 소자처럼 원통하고 참혹한 경우가 있겠습니까. 유유한 창천이여, 언제나 이런 일을 그만둘 것입니까. 아, 소자의 마음은 이미 썩어 문드러졌고 간장은 이미 삭아 없어졌으니, 얼마 지나지 않아 공의 뒤를 따라 곧 죽게 될 것입니다. 아직 죽기 전에는 계모를 나의 모친처럼 섬기고 숙매를 나의 여동생처럼 돌봄으로써 세상을 떠난 공의 영혼을 위로해 드리고 평일에 우러러 애모한 나의 정성을 어기지 않도록 하겠습니다. 아, 슬픕니다.

아, 하늘을 의심하고 귀신을 의심한다는 말이 죽음을 애도하는 상투어(常套語)가 이미 되어 있습니다만, 공처럼 품부받은 것이 완건(完健)하고 기도(氣度)가 단중(端重)한데도 수명이 50을 채우지 못하였고, 공처럼 문사(文詞)가 섬민(贍敏)하고 문필이 정공(精工)한데도 명성이 하나의 급제(及第)를 이루지 못하였습니다. 심지어는 공처럼 인후한 덕과 관대(寬大)한 도량의 소유자는 하늘의 보우(保佑)를 받아야 마땅한데도 사후(死後)에 처량하게 후사(後嗣)로 삼을 아들 하나도 두지 못했으니, 선인(善人)에게 복을 내린다는 하늘의 도리가 완전히 어긋난 셈입니다. 그래서 노복과 아녀자조차도 한숨을 쉬고 탄식하며 애도하는 뜻을 비치지 않는 자가 없는데, 하물며 소자배(小子輩)가 어떻게 가슴을 치고 목 놓아 하늘에 절규하고 귀신에 호소하지 않을 수 있겠습니까. 아, 원통하고 원통합니다.

공의 후사는 원래 소자의 여러 형제 중에서 가리는 것이 마땅하고, 또 3년 안에 의논해 세움으로써 그 상(喪)을 주관하게 하는 것도 마땅합니다. 다만 지금 지목을 받는 당사자가 나이가 어린 데다 병이 들어서 지보(支保)할 가망이 실로 없기 때문에, 자모(慈母)의 뜻이 차마 곧바로 허락하지 못하여 서서히 의논하려고 하는데, 이것도 인정(人情)으로서는 피할 수 없는 일이니, 비록 공의 마음이라도 어찌 이와 다르겠습니까. 이것이 바로 소자배가 애써 그 뜻을 받들어 모시면서 조화롭게 구처(區處)하는 이유이니, 공이 저승에서라도 이런 미천한 정성을 살피시어 죄를 주지 않으시면 다행이겠습니다.

아, 공의 장례를 치를 적에 소자가 어버이의 병환 때문에 참석하지 못하였으며 지금까지 영결(永訣)을 고하는 한 글자도 올리지 못하였습니다. 지금은 1주기가 이미 박두하여 최마(衰麻)를 장차 벗게 되었으므로, 비로소 신혼(神魂)을 불러내어 이 슬픈 마음을 아뢰어 보려고 합니다만, 슬픔이 지극하여 글이 제대로 이루어지지 않은 나머지 가슴속에 쌓인 회포의 백분의 일도 토로하지 못했는데, 공은 어쩌면 이러한 점을 말없이 알아주시리라고 믿습니다. 아, 이러한 저의 말씀이 맞습니까, 맞지 않습니까. 아, 슬픕니다.

김덕중 준행 에 대한 제문 갑자년(1744, 영조20) 4월

祭金德仲 峻行 文 甲子四月

아, 내가 공과 교유한 것은 그 시기가 늦었다고 말할 만합니다. 그러나 서로 깊이 우정을 나누며 중하게 기대한 것은, 온 세상에서 찾아보아도 이에 견줄 만한 경우가 실로 드물다고 할 것입니다. 우리 사이를 알지 못하는 자들은 공이 백춘(伯春)[110]의 형님인 까닭에 친하게 지냈다고 말하기도 하고, 혼인 관계나 친척의 정의(情誼)나 이웃 간의 친밀함을 거론하기도 하는데, 사실은 이 모두가 옳은 말이 아니라고 할 것입니다.

대개 공의 흉금(胸襟)이 툭 터지고 지조(志操)가 준결(峻潔)하고 언의(言議)가 엄정(嚴正)한 점을 실로 내가 열복하며 감탄하였고, 나의 우소(迂疎)하고 졸직(拙直)한 점이 또 외람되게 공의 지우(知遇)를 받았고 보면, 그 취미와 기호에서 서로들 얼핏 쳐다보기만 해도 말없이 계합(契合)하며 신통하게 융회하는 점이 있었다고 할 것입니다.

그러므로 대의론(大議論)과 대시비(大是非)를 논할 적에 왕왕 약속

110 백춘(伯春) : 김원행(金元行, 1702～1772)으로, 자는 백춘, 호는 미호(渼湖)·운루(雲樓)이다. 김창협(金昌協)의 손자로, 시호는 문경(文敬)이다. 1722년(경종2) 신임옥사(辛壬獄事) 때에 종조(從祖)인 김창집(金昌集)이 노론 사대신(老論四大臣)의 한 사람으로 사사(賜死)되고 일가가 모두 유배될 적에 모친의 배소에서 공부하였으며, 1725년(영조1) 부조(父祖)가 신원된 뒤에도 벼슬길에 나아가지 않고 학문에 힘썼다. 당시 호락(湖洛)의 학파 중에서 인물성동론(人物性同論)을 주장하는 낙론(洛論)을 지지하였으며, 그의 학풍은 주리(主理)와 주기(主氣)를 절충하는 경향을 보였다. 녹문과 성리학에 관하여 많이 토론하였다.

하지 않아도 합치하고 말하지 않아도 신뢰하곤 하였으니, 공이 그렇다고 하는데 내가 그렇지 않다고 하거나 공이 안 된다고 하는데 내가 괜찮다고 한 경우는 거의 있지 않았습니다. 세상에서 죽마지우(竹馬之友)요 금란지계(金蘭之契)라고 칭하며 서로 어깨를 치고 소매를 잡아당기면서 친하게 지내기는 하지만, 막상 그들의 마음가짐과 주장하는 것을 보면 실로 어긋나고 막혀서 서로 용납되지 않는 자들과 어떻게 우리의 우정을 비교하겠습니까.

몇 년 동안 떨어져 있다가 다행히 다시금 모여 서로 바라다보이는 남소(南沼)와 용호(龍湖)의 땅에서 살게 되었으므로, 서로 더불어 끊임없이 보살피고 격려하며 황려(黃驪 여주(驪州)) 시절의 좋았던 추억을 재현할 수 있으리라 기대하였는데, 하루아침에 느닷없이 나를 버리고 세상을 떠나 나로 하여금 의지할 곳 없이 허전하게 만들 줄이야 어찌 생각하였겠습니까.

아, "선비는 자기를 알아주는 사람을 위하여 목숨을 바친다."[111]라는 말이 옛날부터 있어 왔습니다. 더군다나 나는 운명이 기박하고 곤궁하여 시속(時俗)과 맞지 않은 데다 세상에 처한 기간이 일단 오래되고 세상일을 겪는 것이 점점 많아질수록 인정(人情)과 세태에 온갖 괴이한 것들만 구물거릴 뿐, 새로 알게 되는 벗은 저절로 줄어들고 알고 지내던 벗들 또한 멀어져서, 이 세상을 돌아다보면 지음(知音)이 영원

111 선비는……바친다 : 전국 시대 진(晉)나라의 자객(刺客)인 예양(豫讓)이 지백(智伯)으로부터 국사(國士)의 대접을 받은 것을 보답하기 위하여, 그를 위해 복수하려고 하면서 "선비는 자기를 알아주는 사람을 위하여 목숨을 바치고, 여인은 자기를 좋아하는 사람을 위하여 화장을 한다."라고 하였다. 《史記 刺客列傳 豫讓》

히 끊어지고 말았으니, 어떡하면 내가 공을 애도하고 사모하는 생각이 시간이 가도 그치지 않아 계속해서 목 놓아 통곡하는 일을 그만두게 할 수 있겠습니까.

아, 이제는 다 끝났으니, 나는 더 이상 인간 세상에 대한 뜻이 없어졌습니다. 이제는 문을 닫은 채 나 혼자 닦으며 독서하고 역행(力行)하면서 여생을 마치고 공의 지우를 저버리지 않으면서 후세의 자운(子雲)[112]이나 기다릴 생각인데, 공이 앎이 있다면 어찌 나를 불쌍히 여겨서 도와주려 하지 않겠습니까. 여기에 말이 미치다 보니 기가 막혀 눈물이 샘솟듯 합니다. 아, 슬픕니다.

아, 말하고 싶은 것이 어찌 이 정도로 그치겠습니까마는, 슬픔이 극심하여 글이 이루어지지 않기에, 단지 몇 줄의 말로 평일의 교의(交誼)를 간략하게 말하여 스스로 사정(私情)을 토로했을 뿐인데, 공은 이러한 나의 심정을 말 없는 가운데 알아주시리라 믿습니다. 아, 슬픕니다.

112 자운(子雲) : 한(漢)나라 양웅(揚雄)의 자이다. 보통 당대(當代)에는 알아 줄 사람이 없어서 후세에 제대로 평가해 줄 만한 식견이 높은 사람을 기다린다고 할 때 요부(堯夫), 즉 송나라 소옹(邵雍)과 함께 거론되는 인물이다.

도암 이 선생에 대한 제문 병인년(1746, 영조22)
祭陶菴李先生文 丙寅

아, 하늘이 대현(大賢)을 내는 것이 비록 기수(氣數)에 국한된 나머지 대현으로 하여금 매몰되어 곤궁을 당하지 않을 수 없게 할지라도, 대현이 사람들에게 영향을 미치는 긍정적인 면과 시대를 구제하는 혜택 면에서는 오히려 일시적으로 치평(治平)을 이룬 공(功)보다 성대한 점이 있다고 할 것입니다. 가령 옛날의 성현(聖賢)을 논하지 않더라도, 아조(我朝)의 정암(靜菴 조광조(趙光祖))이나 퇴계(退溪 이황(李滉)) 이하의 여러 노선생(老先生)으로 말하면, 시대가 간난한 때를 만나서 모두 세상에서 큰일을 행할 수는 없었지만, 사람들에게 영향을 끼친 그 공렬은 모두 찬란하고 우뚝해서 시간이 갈수록 더욱 굉대하였으니, 사문(斯文)이 이 때문에 추락하지 않고, 의리가 이 덕분에 어둡지 않게 되었습니다. 이는 하늘이 이 세상을 걱정하고 이 사람들을 사랑하여 기수가 국한된 속에서도 통하게 해 준 것이니, 선생이 오늘날에 출현한 것도 어찌 하늘의 그 뜻이 확실하고 분명하다고 해야 하지 않겠습니까.

대개 수십 년 이래로 사대부의 풍성(風聲)과 습기(習氣)가 참으로 달마다 달라지고 해마다 같지 않게 되었습니다. 그 큰 것을 말하자면 임금의 원수와 나라의 도적을 그냥 놔둔 채 잊어버린 것이니, 이는 바로 주자(朱子)가 "임금에게 무례하게 구는 것을 보면서도 수수방관하며 감히 쫓아내지 못한다."[113]라고 말한 그것이요, 그 작은 것을 말하

113 임금에게……못한다 : 《회암집(晦庵集)》 권37 〈답정경망(答鄭景望)〉에 "범 충

자면 등창을 빨아 주고 치질을 핥아 주는 등 못할 짓이 없는 것으로, 공자(孔子)가 "비루한 자들과 함께 임금을 섬길 수 있겠는가."라고 말한 그것인데,[114] 온 세상에서는 또 이것을 수완이 좋다고 스스로 여기고 있는 실정입니다. 대개 국시(國是)가 위에서 정해지면 소인(小人)이 군자의 풍화(風化)에 순응하게 되지만, 이와 반대로 사설(邪說)이 아래에서 치성하면 미친 듯 흘러가는 물결이 동쪽으로 흐르는 온갖 냇물을 거꾸로 흐르게 하여,[115] 자기 몸과 자기 집은 날로 크게 여기는 반면에 임금과 나라는 날로 작게 여기고, 작록은 날로 중하게 여기는 반면에 명절(名節)은 날로 가볍게 여기는 풍조로 점점 빠져들게 한 결과, 온 세상이 너나 할 것 없이 이를 당연하게 여길 뿐, 예의와 염치가 어떤

선(范忠宣)은 제공이 반이(反爾)의 격언을 소홀히 여기고 호환(好還)의 경계를 위배하여 화를 자초하였다고까지 논하였는데, 이는 더욱 정대한 도리가 못 되니, 후세 사람이 군친(君親)에게 무례하게 구는 자를 보면서도 수수방관하며 감히 쫓아내지 못하는 경우에는 필시 이 말이 빌미가 될 것이다."라는 주희(朱熹)의 말이 나온다. 충선은 범순인(范純仁)의 시호이다.

114 그 작은……그것인데 : 《논어》 〈양화(陽貨)〉에 "비루한 자들과 함께 임금을 섬길 수 있겠는가. 부귀를 얻기 전에는 얻으려고 안달하고, 얻고 나서는 잃을까 걱정하니, 참으로 잃을까 걱정한다면 못하는 짓이 없게 될 것이다.〔鄙夫 可與事君也與哉 其未得之也 患得之 旣得之 患失之 苟患失之 無所不至矣〕"라고 하였는데, 주(註)에 "작게는 등창을 빨아 주고 치질을 핥아 주며, 크게는 아버지와 임금을 시해하는데, 이는 모두 잃을까 걱정하는 데서 생기는 것이다."라고 하였다.

115 미친……하여 : 사설이 국시를 압도하여 막을 수 없게 되는 것을 비유한 말이다. 한유(韓愈)의 〈진학해(進學解)〉에 "온갖 냇물을 막아 동쪽으로 흐르게 하고, 이미 거꾸로 뒤집힌 상황에서 미친 듯 흘러가는 물결을 되돌렸다.〔障百川而東之 廻狂瀾於旣倒〕"라고 하였는데, 이는 한유가 노불(老佛) 등 이단(異端)의 세력을 배척하고 공맹(孔孟)의 유도(儒道)로 돌아가게 했다는 뜻으로 쓴 말이다.

일이며 삼강(三綱)과 오상(五常)이 어떤 이름인지를 다시 알지 못하게 되었기 때문인데, 장차 중국이 이적(夷狄)으로 전락하고 인류가 금수로 뒤바뀌는 현상을 보게 될 것이니, 사람들이 당하는 재앙이 홍수가 넘실거리며 범람하는 것보다도 훨씬 심한 점이 있게 될 것입니다.

이에 선생이 홀로 의연(毅然)히 사문을 흥기하고 세도(世道)를 만회하는 것을 자기의 임무로 삼았는데, 이 한마음을 단단히 하되 의리(義利)와 공사(公私)를 분변하고 흑백과 음양을 구분하는 데에 특히 힘을 쏟았습니다. 그리하여 마음속에 보존해서 언어로 드러낸 것을 보면, 옛날에는 오직 맹자(孟子)와 주자였고 지금에는 오직 우옹(尤翁 송시열(宋時烈))이니, 오로지 이것을 법도로 삼고 이것을 기준으로 삼았습니다.

혹자가 말하기를 "당론(黨論)이 나라의 화(禍)가 된다."라고 하면, 선생은 반드시 주자가 "붕당을 미워해서 제거하려다가 왕왕 남의 나라를 망하게 하였다."[116]라고 말한 것을 인용하여 증거로 삼았고, 혹자가 말하기를 "시비(是非)의 어느 한쪽을 편들기 어렵다."라고 하면 선생은 또 반드시 구양(歐陽)의 붕당에 관한 의론[117]과 주자가 유정(留正)에게 보낸 글을 거론하여 향초와 악초, 얼음과 숯불을 한데 합칠 수 없음을 증명하였습니다.

116 붕당을……하였다 : 주희가 사대부의 붕당을 걱정하는 승상 유정(留正)에게 보낸 글인 〈여유승상서(與留丞相書)〉에 나오는 말이다. 《晦庵集 卷28》

117 구양(歐陽)의……의론 : 구양수가 〈붕당론(朋黨論)〉을 지어 자신의 의견을 개진한 것을 말한다. 송 인종(宋仁宗) 경력(慶曆) 3년(1043) 구양수가 간관(諫官)으로 재직 중에 강직한 재상 범중엄이 유배되었는데, 이를 변호하는 과정에서 당인(黨人)이라는 지목을 받는 등 붕당에 관한 논쟁이 일어나자, 붕당 자체가 나쁜 것이 아니라 붕당을 이룬 사람들이 군자냐 소인이냐가 더 중요하다는 뜻으로 이 글을 지었다.

무릇 후학을 교도(敎導)하며 문자로 발휘한 것들을 보면, 글자 하나와 말 한마디가 모두 이런 의리를 드러내 밝힘으로써, 인심(人心)이 바르게 되고 천리(天理)가 밝혀지며 윤상(倫常)이 흥기하고 명절이 높아지게 하려고 하였습니다. 이 때문에 음기(陰氣)가 쌓인 저 밑바닥에서 한 줄기 양(陽)의 기운을 끌어당기고 이미 침식된 한복판에서 대의(大義)를 열어 보여 줌으로써, 한세상 사람들로 하여금 군신의 의리는 천지간의 어느 곳에서도 도망칠 수 없음을 분명히 알게 했던 것입니다.-이하는 결루(缺漏)되었다.-

매부 신백요[118] 광유 에 대한 제문 정묘년(1747, 영조23) 12월

祭妹壻申伯饒 光裕 文 丁卯十二月

자네가 우리 가문에 들어온 것이	子入我門
햇수로는 구 년이 되어 가지만	歲則九斯
내가 자네를 알았던 것은	伊余識爾
일고여덟 살 때부터였다네	自髫齔時
온화하고 겸손한 기질에	溫溫之質
또랑또랑한 그 목소리	瑩瑩之韻
말은 거칠고 거만함을 배격했고	辭屛暴慢
뜻은 속되고 인색함을 거절했지	志絶鄙吝
담박하고 우아하며 화락한 것이	淡雅豈弟
세상에서 실로 보기 드물어서	世實寡覿
그 향기로움과 깨끗함을 가지고	庶以芳潔
혼탁한 세상 깨우치리라 기대했다네	警彼混濁
더구나 자네의 처로 말하면	矧惟爾相
아름다운 덕을 고루 갖추고서	令德孔飭
밝은 마음으로 닦아 행했으니	明心脩服

118 신백요(申伯饒) : 원주(原州)의 사인(士人) 신광유(申光裕, 1722~1747)로, 자는 백요이다. 윤지당(允摯堂)이라는 당호로 세상에 많이 알려진 녹문의 누이동생의 남편이다. 녹문은 공주(公州)의 녹문동(鹿門洞)에서 거하다가 1782년(정조6) 봄에 누이동생이 살고 있는 원주의 산호(山湖)로 이사하였으며, 그로부터 5년 뒤에 다시 녹문동으로 돌아와서 세상을 마쳤다.

옛날의 장요[119]에 필적한다 하리　媲古莊曜
이는 나의 사적인 말이 아니요　匪我言私
자네도 훤히 살펴보았을 터　子所炯照
당연히 군자의 배필이 되어　宜配君子
크나큰 복록의 씨앗을 받아　而膺景茀
더 크게 가꿀 것이 확실하였으니　栽培匪誑
계약서처럼 보증할 수 있었는데　左契可質
누가 알았으랴 아침 해 솟듯 하는　誰知蘭摧
한창 나이에 난초가 꺾여 버릴 줄을　旭日方朝
싹을 틔우고는 열매를 맺지 못하다니　苗而未實
그 이치 실로 이해하기 어려워라　理實難瞭
어쩌면 하늘의 깊은 뜻이　或者天意
저 배 속의 태아에게 있는 것일지도　在彼胞中
관솔 불씨는 전해져 꺼지지 않아[120]　薪傳不死

119 장요(莊曜) : 임사(姙姒), 즉 태임(太姙)과 태사(太姒)의 뜻으로 녹문이 조어(造語)한 것이 아닌가 한다. 태임은 주 문왕(周文王)의 모친이고, 태사는 주 문왕의 처이다. 《사기(史記)》〈주본기(周本紀)〉의 주(註)에서 태임에 대해 "태임의 성품은 단정하고 전일하였으며 성실하고 장중하였다.〔太任之性 端壹誠莊〕"라는 《열녀전(列女傳)》의 내용을 인용하였고, 《사기》〈관채세가(管蔡世家)〉의 주에서 태사에 대해 역시 "인자하고 도에 밝았으므로 문왕이 가상하게 여겼다.〔仁而明道 文王嘉之〕"라는 《열녀전》의 내용을 인용하였는데, 녹문이 '단일성장(端壹誠莊)'에서 '장(莊)'을 취하고, '인이명도(仁而明道)'의 '명(明)'을 '요(曜)'라는 글자로 바꿔서 임사의 별칭으로 사용한 듯하다. 녹문의 동생 임정주(任靖周)가 지은 녹문의 행장(行狀)에, 녹문이 신광유에게 시집간 누이동생을 아끼면서 항상 "우리 집안의 임사이니, 정씨의 딸은 대단할 것이 없다."라고 칭찬하였다.

산목숨 기댈 곳이 있기야 하겠지만 命依有從
그래도 기필할 수는 없는 법이니 然匪可必
자네가 저승에서 돌봐 주게나 子其冥宰
옛날 정씨의 딸은 昔程氏女
나이가 내 누이와 같았었는데 庚同我妹
임신해 보지도 못한 채 요절하였으니[121] 未字而夭
누이에 비해 훨씬 더 가련하다 할까 視此彌憐
이런 사례를 가지고 누이에 비유하는 것이 持而譬妹
객관적으로 냉정하게 인용하는 듯도 한데 若延平言
말을 하다가 여기에까지 미치고 보니 興言及玆
나의 마음이 끊어지려고 하네그려 我心欲折
자네 병을 내가 간호했던 곳은 子病我護
저 강물이 꺾여서 굽이지는 곳 于彼江曲
잠시라도 내가 혹 곁을 떠나면 晷刻或離
자네는 곧장 불편하게 여겼었지 子則弗豫
먹는 것이나 치료하는 것이나 以食以藥
나를 의지해 위로를 받았더라면 恃我以慰

120 관솔……않아 : 육신은 비록 죽어 없어져도 생명의 불꽃은 후계자에게 대대로 전해져서 없어지지 않는다는 뜻으로, 《장자(莊子)》 〈양생주(養生主)〉에 "관솔불의 기름은 다할 때가 있지만, 불씨는 새로 전해져서 끝날 줄을 알지 못한다."라고 하였다.

121 옛날……요절하였으니 : 정씨의 딸은 정이(程頤)의 조카딸을 가리킨다. 인품이 고결할 뿐만 아니라 어려서부터 천재성을 발휘하여 숙부인 정이가 극찬하였다. 그녀는 모친상을 당해 25세의 나이로 너무 슬퍼하다가 몸이 상해서 죽은 효녀로도 많이 인용된다. 《二程文集 卷12 伊川文集 孝女程氏墓誌》

그대가 꼭 죽지는 않았을 테니 子未必死
나에게 실로 죄가 많다 하리 我實多負
장사 지낼 기일이 다가와서 窀穸有期
황유[122]로 상여를 덮고 둘렀기에 幌帷載覆
안주와 술 가져와서 곡을 하려니 殽酒來哭
가슴과 등이 먼저 알고 울컥거리네 胸膂先逗
자네에게 느껴지는 점이 있다면 子若有吪
부디 나의 술잔 흠향해 주시게나 庶歆我侑

122 황유(幌帷) : 황(幌)은 상여 위에 덮는 천, 유(帷)는 그 주위에 두른 천을 말한다. 황은 황(荒)이라고도 한다. 《예기(禮記)》〈상대기(喪大記)〉에 "사는 포로 유를 만들고, 포로 황을 만든다.〔士布帷布荒〕"라고 하였는데, 공영달(孔穎達)의 소(疏)에 "백포(白布)로 만들고 그림 장식은 하지 않는다."라고 하였다.

죽은 질녀 심씨부에 대한 제문 기사년(1749, 영조25) 4월

祭亡侄女沈氏婦文 己巳四月

아, 내가 어떻게 차마 네가 죽었다고 여겨 제문(祭文)을 지어서 너의 영전(靈前)에 고하겠느냐. 내가 어떻게 차마 너를 귀신으로 여겨 제찬(祭饌)을 차려 놓고 너의 영구(靈柩)에 제사 지내겠느냐. 퇴지(退之)의 층봉(層峯)[123]의 곡(哭)이 예로부터 슬프다고 칭해 오지만, 그것은 그래도 부모와 자식이 사생(死生)의 이별을 나눌 즈음에 서로 뒤따르는 과정에서 일어난 일이니, 어찌 너와 나의 백씨(伯氏)[124]처럼 하늘과

123 층봉(層峯) : 한유(韓愈)의 넷째 딸 한나(韓拏)를 가매장한 곳이다. 한유가 당 헌종(唐憲宗) 원화(元和) 14년(819)에 형부 시랑(刑部侍郞)의 신분으로 〈불골표(佛骨表)〉를 올렸다가 황제의 노여움을 사서 조주 자사(潮州刺史)로 좌천되었다. 그 뒤에 죄인의 가족들도 경사(京師)에 머물 수 없다고 하여 강제로 조주로 옮길 적에, 병을 앓던 막내딸 한나가 12세의 나이로 도중에 상남(商南)의 층봉역(層峯驛)에서 죽자 도남(道南)의 산 아래에 임시로 묻었다. 5년 후에 한유가 경조윤(京兆尹)으로 돌아올 적에 유골을 수습하게 하여 하남(河南)에 있는 하양 한씨(河陽韓氏)의 묘소로 이장(移葬)하였다. 《창려문집(昌黎文集)》 권23에 〈제여나녀문(祭女挐女文)〉이 있고, 권35에 〈여나광명(女拏壙銘)〉이 있으며, 권10에 〈지난해 형부 시랑으로 죄를 얻어 조주 자사로 좌천되었으므로 역마(驛馬)를 타고 부임하였다.……〔去歲自刑部侍郎 以罪貶潮州刺史 乘驛赴任……〕〉라는 칠언 율시가 있다. 이 세 개의 작품 모두 비극적으로 딸을 잃은 슬픔을 술회하여 사람의 심금을 울린 명문으로 회자되며 많이 인용되었다.

124 나의 백씨(伯氏) : 녹문의 맏형인 임명주(任命周)이다. 1747년(영조23) 식년시에 갑과(甲科)로 급제하여 관례에 따라 한성부 참군(漢城府參軍)에 제수되었다가, 이전에 벼슬한 경력을 인정받아 6품으로 승진하였다. 그 뒤에 전적(典籍)과 예조 좌랑을 거쳐 사간원 정언이 되었으나, 상소를 올린 것이 영조의 뜻에 거슬려서 체직(遞職)되었다가 12월 사헌부 지평에 임명되었는데, 그달에 곧장 이광좌(李光佐)와 조태억(趙泰

땅에 사무치는 원통한 일이기야 하겠느냐.

영해(嶺海 산과 바다)가 천 리나 멀리 떨어진 곳에서, 3년 동안 꿈속에서 생각하고 부질없이 심력을 소진해 가며 네가 밤낮으로 기구(祈求)하고 축도(祝禱)한 것은, 오직 부친이 얼른 사환(賜環)의 은혜[125]를 받는 것일 뿐이었는데, 필경에는 남문(南門) 앞에서 울며 절하고 작별한 것이 끝내는 천고(千古)의 사별(死別)이 되고 말았다. 네가 병이 위독해진 뒤에 밤낮으로 "우리 아버님의 얼굴을 잠시라도 뵈었으면 좋겠다."라고 슬피 울부짖은 그 소리가 아직도 귓가에 남아서 사람으로 하여금 기가 막히게 하는데, 저번에 백씨의 서한을 받아 보건대 슬프고 처량한 그 사어(辭語)에 또 차마 보지 못하고 차마 말하지 못할 것들이 들어 있었으니, 사람이 목석이 아닌 이상 어떻게 이를 참고 견디겠느냐.

집에 들어가서 영구 옆에서 애통하게 호곡해도 막막하기만 할 뿐 한마디 말도 들리지 않고, 밖에 나와서 남쪽 하늘을 쳐다보아도 아득하기만 할 뿐 어디에 대고 호소할 곳이 없으니, 죽은 자를 애도하고 산 자를 걱정하노라면 그저 나도 모르게 목소리가 하늘에 사무치고 눈물

億)의 추삭(追削)을 건의하는 등 10개 항목의 대계(臺啓)를 발했다가 영조의 노여움을 사서 제주(濟州)에 유배되었다. 1748년 나주(羅州)에 이배(移配)되고, 1750년 겨울에 방환(放還)되었으며, 1756년 서용(敍用)될 자격을 얻었으나, 관직에 임용되는 기회를 얻지 못한 채 1757년 11월 전주(全州) 학산(鶴山)의 우사(寓舍)에서 53세의 나이로 병사하였다.

125 사환(賜環)의 은혜 : 고리가 완전한 옥환(玉環)을 내린다는 뜻으로, 임금이 신하에게 사면령을 내리는 것을 말한다. 《순자(荀子)》 〈대략(大略)〉에 "임금이 조정을 떠난 신하에 대해서 용서하지 않고 결별하는 뜻을 보일 때에는 한쪽이 떨어진 패옥(佩玉)을 내리고, 다시 조정으로 불러들일 때에는 고리가 완전히 이어진 옥환을 내린다."라고 하였다.

이 지하에 사무칠 따름이다.

너는 나의 백씨에게 다섯 명의 딸 가운데 하나이니, 다른 사람의 처지에서 말한다면 그다지 진귀하지 않게 여길 수도 있을 것이다. 그러나 우리 다섯 형제 중에서 오직 막내아우에게만 어린 아들이 하나 있을 뿐, 나 이하로 세 사람은 모두 자녀가 없고, 백씨 또한 후사를 두지 못한 가운데 너희 여러 자매가 또 모두 유소(幼少)하고 보면, 너는 곧 우리 다섯 집의 유일한 딸이었던 셈이다.

매양 우리 형제가 모친이 계신 훤당(萱堂)에 줄지어 시봉할 적에 담소하고 재롱부리며 우리 모친을 늘그막에 기쁘게 해 드릴 수 있었던 것은 오직 네 덕분이었다. 너는 또 용모가 풍후하고 품성이 온순하였으며 뜻이 조촐하고 행실이 순수해서, 너를 보는 사람들마다 모두 오래 살 수 있고 귀하게 될 수 있고 아들을 많이 둘 수 있을 것이라고 기대하며 칭찬하였으니, 더군다나 우리들의 지극한 정에서야 더 말할 나위가 있었겠느냐. 네가 잠깐 시집에 가면 마음이 허전하여 뭔가 잃어버린 듯하였고, 집으로 데리고 돌아오면 뭔가 얻은 듯이 기뻤었는데, 네가 겨우 22세의 나이로 자식 하나도 두지 못한 채 돌연히 끝내 죽을 줄이야 어찌 생각하였겠느냐.

지금 이후로 모친 곁에 모시고 앉아 있다가 네가 앉아 있던 곳을 돌아다보고 너의 음성과 용모를 생각하노라면, 눈길이 닿는 곳마다 코끝이 절로 시리고 생각이 일어날 때마다 간장이 찢어지려 할 뿐, 이제는 더 이상 예전같이 담소하며 재롱부리는 일도 없게 될 것이다. 그동안 말해 온 다섯 집의 유일한 딸을 지금 홀연히 잃어버려, 우리들이 의지할 곳 없이 고독해지는 정도가 장차 더욱 심해질 것이니, 아무리 하늘이 하는 일이라고 하더라도 사람이 목석이 아닌 이상 또 어떻게 이를 참고 견디겠느냐.

사생에는 명(命)이 있다고 옛날부터 말해 왔다. 그러나 거기에도 죽어서는 안 되는데 죽는 경우가 있으니 그런 까닭에 백우(伯牛)의 무(亡)가 명(命)인 것이요,[126] 위험한 담장 아래에 서 있다가 깔려 죽는 경우가 있는데 이는 정명(正命)[127]이 아닌 것이다. 그렇다면 너의 죽음은 과연 명이라고 해야 할 것이냐, 명이 아니라고 해야 할 것이냐.

네가 처음 병에 걸렸을 때에는 본래 그다지 위중하지 않았고 단지 증세가 오조(惡阻)와 같아서 약을 쓰기가 어려웠기 때문에, 마침내 어쩔 수 없이 그냥 놔두고 치료하지 않으면서 자연히 낫기를 기다렸는데, 그 결과 진원(眞元)이 날로 소모되어 어떻게 해 볼 수 없는 지경에 이르고 말았다. 그때에 만약 제때에 알아차리고서 진행 상황을 살펴보며 증세에 알맞게 처방하여 투약하였다면, 너의 병이 꼭 못 고칠 병이었을지 어찌 알겠느냐. 이렇게 본다면 너의 죽음이 정명이 아닌 것 같기도 하다.

그러나 그 병이 들었을 적에 특별히 아픈 곳이 없어서 병명을 짐작해 포착할 수가 없었고, 보(補)하거나 사(瀉)하는 것[128] 모두 어려운 상황

126 백우(伯牛)의……것이요 : 《논어》 〈옹야(雍也)〉에 공자의 제자 염백우(冉伯牛)가 나병(癩病)에 걸려 죽게 되자, 공자가 그의 손을 잡고는 "이런 병에 걸릴 리가 없는데, 명인가 보다. 이런 사람이 이런 병에 걸리다니.〔亡之 命矣夫 斯人也而有斯疾也〕"라고 하였다.

127 정명(正命) : 천도(天道)에 순응하여 천년(天年)을 얻어서 죽는 것을 뜻하는 유가(儒家)의 용어이다. 《맹자》 〈진심 상(盡心上)〉에 "그 도를 다하고 죽는 것은 정명이요, 질곡으로 죽는 것은 정명이 아니다.〔盡其道而死者 正命也 桎梏死者 非正命也〕"라고 하였다.

에서 자칫 잘못하면 몸을 해치는 결과가 되겠기에, 끝내 손써 보지 못하고서 막바지에 이르고 말았으니, 너의 죽음이 또 명인 것 같기도 하다. 과연 명이라고 한다면 또다시 어떻게 해 볼 수 있겠느냐마는, 명이 아니라고 한다면 이 억울함과 이 비통함이 장차 언제나 가실 날이 있겠느냐.

아, 시비를 따질 수 없는 것은 하늘이요, 달리 추측할 수 없는 것은 이치이니, 명(命)이 되었든 비명(非命)이 되었든 간에 이런 것은 명막(冥漠)하여 알 수 없는 것 가운데에다 밀어 놓는 것이 원래 마땅할 것이다. 하지만 내가 비통하게 여기는 것이 있으니, 네가 병들었을 때부터 의약(醫藥)에 관한 일은 실로 내가 주관하였고, 너 역시 나를 믿고 목숨을 맡겼다는 사실이다. 그리하여 숨이 끊어지려는 그 순간에도 억지로 탕약을 목으로 넘기면서 내가 잠시라도 옆에서 떠나지 않기를 바랐으니, 대개 그 뜻이 혹 살아날 수도 있다는 소망 때문이었을 텐데, 끝내 그 기대에 부응하지 못하였다. 아, 너는 나를 아버지처럼 여겼는데 나는 너를 자식처럼 대하지 못했으니, 그 일을 가만히 생각하노라면 곧장 목 놓아 부르짖으며 미친 듯 달려 나가고 싶은 심정이다. 어찌 슬프지 않겠으며, 어찌 가슴이 아프지 않겠느냐.

아, 우리 집안은 원래 청한(淸寒)했지만 근래에 더욱 황락(荒落)하였으므로, 네가 출가할 때에도 혼수가 빈약하기만 하였다. 너는 비록 사리에 밝아서 그런 것을 혐의로 여기지 않았다 하더라도, 주자(朱子)

128 보(補)하거나 사(瀉)하는 것 : 한의학에서 병을 치료할 때 적용하는 두 가지의 주요 원칙이다. 보는 부족한 것을 보충하는 것으로 허증(虛症)의 치료에 쓰고, 사는 남아도는 것을 배출하는 것으로 실증(實症)의 치료에 쓴다.

같은 성현도 오히려 딸의 혼수가 많고 적음을 염두에 두지 않을 수 없었으니, 더군다나 우리들의 상정(常情)이야 또 응당 어떠하였겠느냐.

다만 다행스러운 것은 그 뒤 얼마 있다가 백씨가 과거에 급제하여 붕정(鵬程)이 일단 시작되면서 하늘의 큰길에 장차 형통하게 된 만큼, 너희들이 이로부터는 점차로 이를 의뢰할 수 있게 되었으니, 번화하고 흥성하는 집안이라고 세상에서 말하는 그런 경우와 엇비슷하게 되지 않을 줄 또 어떻게 알았겠느냐. 이것이 바로 부형과 친척이 기뻐하면서 기대했던 바인데, 몇 년이 채 지나지 않아서 인사(人事)가 어긋나고 잘못되는 것이 이 지경에 이르고 말았다. 가령 타일에 백씨가 부귀를 갖추 향유하여 너의 여러 자매가 영화를 실컷 누리게 되더라도, 너를 슬퍼하고 너를 그리워하는 마음이 또한 이에 비례하여 더욱 깊어져서, 이른바 부귀와 영화라고 하는 것도 기뻐할 만한 것인지를 장차 알지 못하게 될 것이니, 아, 생각하면 슬픈 일이다.

아, 너는 여러 딸 중에서 나의 죽은 아우와 가장 유사하였는데, 급기야 병이 심해져서 몸이 파리하게 말랐을 때에는 더더욱 너무나도 흡사하였으며, 또 죽은 뒤에도 정결(精潔)하여 향기가 배어 나와서 사람들이 싫어하지 않게 한 것도 서로 비슷하지 않음이 없었다. 생각건대 그 근본이 똑같이 하나의 기(氣)이기 때문에 이와 같았다고 여겨지는데, 이 이치가 지극히 묘함을 분명하게 인식할 수 있었다.

따라서 죽은 자에게 앎이 있다면, 반드시 똑같이 한곳으로 돌아가서 고달프게 떠도는 혼이 되지 않으리라는 것은 의심하지 않으니, 장차 위로 나의 선군(先君)과 너의 존구(尊舅)를 모시고 왕래하며 단란하게 지내는 것이 인간 세상의 일과 똑같게 되지 않겠느냐. 그렇다면 나도 얼마 지나지 않아 이곳으로 똑같이 돌아갈 것이니, 시간적으로 늦고

빠른 차이는 있을지라도 결국에는 하나가 될 것인 만큼, 내가 이것을 가지고 자위(自慰)하며 쓸데없이 슬퍼하지 않아도 될 것이다. 아, 이 말이 맞는다고 할 것이냐, 그렇지 않다고 할 것이냐.

지금 영결할 때를 당하여 할 말이 어찌 이 정도로 그치겠느냐마는, 슬픔이 극도에 이르러서 글이 제대로 이루어지지 않고, 말로는 다 해도 뜻을 다할 수가 없는데, 어둡지 않은 혼이 있다면 그래도 나의 뜻을 말없이 이해하며 나의 이 잔을 흠향해 주지 않겠느냐. 아, 슬프다.

외구[129] 송공 낙원 에 대한 제문 기사년(1749, 영조25) 12월

祭外舅宋公 洛源 文 己巳十二月

아,	嗚呼
음양의 두 기운이 요동치는 가운데	二氣紛擾
공이 진기한 기운을 품수했나니	公稟其奇
세상을 다스릴 재질과 함께	經世之才
옛것을 뛰어넘는 지견을 갖췄어라	邁古之知
흉금은 만 가지 변화를 집어삼키고	胸呑萬變
눈으로는 한 시대를 흘겨보면서	眼白一時
시속을 슬퍼하고 분개하였으며	傷時憤俗
손목을 불끈 쥐고 탄식하였어라	扼腕齎咨
답답해도 어떻게 풀 수 없는지라	鬱而莫洩
마음속이 자연히 뒤틀릴 수밖에	中自輪囷
어쩌다 격렬하게 북받쳐 오를 때면	時或勃勃

129 외구(外舅) : 녹문은 모두 네 번 장가들었는데, 이 사람은 둘째 부인인 은진 송씨(恩津宋氏)의 부친이다. 참고로 네 명의 부인은 첫째 부인은 신창 맹씨(新昌孟氏) 맹숙여(孟淑輿)의 딸, 둘째 부인은 은진 송씨 송낙원(宋洛源)의 딸, 셋째 부인은 남양 홍씨(南陽洪氏) 홍만창(洪晩昌)의 딸, 넷째 부인은 창녕 성씨(昌寧成氏) 성도원(成道源)의 딸이다. 모두 소생이 없었고, 창녕 성씨가 장남 임조(任照) 등 4남 2녀를 출산하였으나, 두 아들은 일찍 죽고 임후(任煦)는 16세에 상중(喪中)에 죽었으며, 이용재(李容載)에게 출가한 장녀는 일찍 죽고 김재환(金在讞)에게 출가한 딸은 남편이 죽자 독약을 마시고 뒤를 따랐다.

격분하는 마음이 하늘을 찔렀는데	上薄霄雲
이를 이해하는 이가 드물었지만	人鮮克知
나만은 진심으로 감복하였다오	我獨心服
붉은 슬갑을 찬 저 자들[130]은	彼赤芾者
잔다랗게 굴며 모질고 끈덕져서	瑣瑣齷齪
높은 그 벼슬이 걸맞지 않은데도	旣不其稱
하늘이 또 늙게까지 살게 해 주는데	貳用黃髮
아, 공은 이미 곤궁하게 해 놓고서	嗟公之窮
수명은 또 어찌하여 아꼈단 말인가	齡又何嗇
하늘이 위대해도 유감스럽기는	天大猶憾
옛날부터 원래 그러하였지만	誰昔然矣
그만 이렇게까지 어긋나다니	迺舛至斯
그 이치 실로 헤아리기 어려워라	理實難揆
내가 공의 사위가 된 것이	伊余館公
거의 이십 년 가까운 세월	廿年其殆
나는 공을 평소에 앙모하였고	我仰旣素
공도 나를 촌스럽게 보지 않았지	公不以鄙
정은 지친(至親)과 진배없었고	情侔周親
의리는 벗과 스승을 겸하신 분	義兼友師

130 붉은……자들 : 능력도 없이 높은 관직을 차지한 자들을 비유한 말이다. 붉은 슬갑은 대부(大夫) 이상이 착용하는 관복(官服)의 하나이다. 《시경》 〈조풍(曹風) 후인(候人)〉에 "저 자격도 없는 소인들이 삼백 명이나 붉은 슬갑을 찼다네.〔彼其之子 三百赤芾〕"라고 하였다.

더군다나 아내를 잃은 뒤로는　　矧自哭妻
사모하는 마음 더욱 간절했나니　　我思彌維
북쪽 지방에서 함께 모여서는　　簪盍于北
한편 눈물 흘리며 한편 반가워했었지요　　以涕以欣
시절 따라 찾아뵙고 문후 올리면　　時節拜候
극진하게 가르쳐 주는 말씀을 내려　　敎詔殷懃
인생의 석양에 즐겁게 지내시면서　　桑榆之歡
우둔한 나를 인도해 주리라 기대했는데　　庶牖昏頑
지금은 의지할 곳을 잃어버렸으니　　今焉喪矣
애통한 심정이 가슴에 사무칩니다　　痛結脾肝
쓸쓸히 불어오는 북쪽 바람에　　蕭蕭朔風
나풀나풀 흔들리는 붉은 만장이여　　飛飛丹旌
이제 그 웅변 그 영기도　　博辯英氣
거두어 하늘로 돌아가시는가　　斂歸窅冥
말로 표현하여 애통함을 고하려니　　抒辭告哀
눈물이 쏟아지며 샘물 솟듯 하는데　　有淚如傾
영혼이 혹 영광스럽게 강림하시어　　靈或降止
이 문과 기둥에 어른거려 주실는지　　髣髴戶楹

녹문집

제23권

제문 祭文

애사 哀辭

묘지명 墓誌銘

제문 祭文

신성보[1]에 대한 제문

祭申成父

을해년(1755, 영조31) 2월 28일 임신(壬申)에 서하(西河)의 임성주(任聖周)는 700리 밖에서 평산(平山) 신성보(申成父)의 부음(訃音)을 듣고 목 놓아 크게 통곡하며 술에 취한 듯 정신이 나간 듯 십수 일을 보내다가, 이제야 처음으로 심혼(心魂)을 수습하고서 몇 구절의 말을 지어 영구(靈柩)의 앞에 제문을 보냅니다.

아, 지난해에 사행(士行 송문흠(宋文欽)) 형을 곡하였는데, 지금 또 우리 성보를 곡하다니요. 지난해의 곡은 성보가 있어서 함께 그 슬픔을 이야기하였는데, 금일의 곡은 함께 그 슬픔을 얘기해 보려 해도 그런

1 신성보(申成父) : 신소(申韶, 1715~1755)로, 자는 성보·성중(成仲), 호는 함일재(涵一齋)이다. 청나라의 배신(陪臣)이 되지 않겠다고 맹세하고 춘추대의(春秋大義)를 앞세우며 과거에 응시하지 않고 출사(出仕)하지 않은 채 죽었는데, 송명흠(宋明欽)과 김원행(金元行) 등은 그의 신주(神主)에 그를 처사(處士)라고 쓰게 하였고, 대제학 황경원(黃景源)은 그의 묘지(墓誌)를 지으며 명나라 유사(遺士)라고 일컫기도 하였다. 1821년(순조21) 참의(參議)의 증직(贈職)을 내릴 때에도 교지(敎旨)에 청나라의 연호를 쓰지 않았다고 한다. 녹문이 그와 주고받은 글 4편이 《녹문집》 권3에 실려 있다.

사람을 찾을 수가 없습니다. 아, 지금 이후로 우리 당(黨)에는 더 이상 사람이 있지 않으니, 지금 이후로 나는 더 이상 인간 세상에 뜻을 두지 않을 것입니다. 유유(悠悠)한 창천(蒼天)이여, 언제나 이런 짓을 그만둘 것입니까.

산천은 비록 멀리 떨어져 있어도 혼은 가지 않는 데가 없으니, 혹시라도 영령(英靈)께서 이 심곡(心曲)을 살피시어 그 슬픔을 함께 슬퍼해 주지 않을는지요. 병을 무릅쓰고서 직접 글을 쓰자니 눈물방울이 글자마다 아롱집니다. 이 마음의 비통함을 그 누가 알아줄까요. 아, 슬픕니다.

백씨[2] 정언공에 대한 제문 기묘년(1759, 영조35)

祭伯氏正言公文 己卯

우리 백씨(伯氏)가 아우들을 버리고 세상을 떠난 뒤로 세월이 흘러 벌써 2주년이 되었습니다. 중제(仲弟) 성주(聖周)는 아직껏 몇 줄의 글을 지어 영연(靈筵)에 애통한 심정을 고하지 못하였는데, 이는 참으로 하늘에까지 잇닿는 억울함과 지하에까지 사무치는 비통함이 심흉에 틀어박히고 간비(肝脾)에 뒤얽혀 있는 탓에, 말을 하려 하면 오장(五臟)이 먼저 찢어지고 생각하려 하면 눈물이 먼저 쏟아져서, 그 말을 차례로 서술하며 그 정(情)을 털어놓을 수가 없었기 때문입니다. 지난 겨울 불초(不肖)의 죄역이 차고 넘쳐서 선비(先妣)께서 홀연히 돌아가셨으므로, 밤낮으로 울부짖으며 마치 미친 듯 넋이 나간 듯 오장이 썩어 문드러지고 신식(神識)이 착란된 가운데 남아 있는 것은 단지 구각(軀殼)뿐이라서, 안에 들어가면 망망(茫茫)하고 밖에 나오면 황황

2 백씨(伯氏) : 녹문의 맏형인 임명주(任命周, 1705~1757)로, 본관은 풍천(豐川), 자는 백신(伯新)이다. 1747년(영조23) 식년시에 갑과(甲科)로 급세하여 관례에 따라 한성부 참군(漢城府參軍)에 제수되었다가, 이전에 벼슬한 경력을 인정받아 6품으로 승진하였다. 그 뒤에 전적(典籍)과 예조 좌랑을 거쳐 사간원 정언이 되었으나, 상소를 올린 것이 영조의 뜻에 거슬려서 체직(遞職)되었다가 12월 사헌부 지평에 임명되었는데, 그달에 곧장 이광좌(李光佐)와 조태억(趙泰億)의 추삭(追削)을 건의하는 등 10개 항목의 대계(臺啓)를 발했다가 영조의 노여움을 사서 제주(濟州)에 유배되었다. 1748년 나주(羅州)에 이배(移配)되고, 1750년 겨울에 방환(放還)되었으며, 1756년 서용(敍用)될 자격을 얻었으나, 관직에 임용되는 기회를 얻지 못한 채 1757년 11월 전주(全州) 학산(鶴山)의 우사(寓舍)에서 53세의 나이로 병사하였다.

(皇皇)하여 또 다른 일에 신경을 쓸 겨를이 없었기 때문입니다.

지금은 더욱 세월이 흘러서 상사(祥事 대상(大祥))가 이미 박두하였는데, 예제(禮制)에도 한계가 있는 만큼 이제 궤연(几筵)을 철거할 때가 되었습니다. 그런데 만약 또 이때를 놓친다면 가슴에 가득한 이 원통한 심정을 끝내 한 번도 털어놓지 못하여 마침내 천고(千古)의 유한(遺恨)을 이루고 말겠기에, 상사가 있기 하루 전인 기묘년(1759) 11월 6일 임자(壬子)에 비로소 과일과 안주를 간략히 갖추고서 혼백을 불러 모아 궤연 앞에 곡하며 다음과 같이 아뢰는 바입니다.

아, 나와 공이 아우가 되고 형이 된 것이 거의 50년이 되어 갑니다. 죽마(竹馬)의 장난과 장옥(場屋)의 유희(遊戲)로부터 몇 차례에 걸친 길흉의 사변(事變)과 뜻하지 않은 남북(南北)의 천사(遷徙)에 이르기까지, 독서할 때에는 경사(經史)를 토론하며 시비와 가부를 논평하였고, 처세할 때에는 천심(淺深)을 짐작하며 출처(出處)와 어묵(語默)을 소상히 밝혔습니다. 처음부터 마지막까지 크고 작은 것을 막론하고, 하나의 일이나 하나의 의론, 어떤 것을 행하거나 어떤 것을 그만두는 것 등에 대해서 서로 관섭(關涉)하지 않은 것이 없었으니, 공을 상세히 알고 공을 깊이 믿기로는 당연히 나만 한 자가 없다고 할 것입니다.

아, 공은 우주를 포괄하는 뜻을 지니고 금고(今古)를 관통하는 식견을 지녔으며, 팔극을 휘젓고 다니는 신기(神氣)를 지니고 일세(一世)를 미륜하는 재질을 지녔습니다. 만약 암랑(巖廊 조정)에 거하며 뜻을 얻어 도(道)를 행하였다면 실로 폐단을 개혁하고 제도를 제정하여 거꾸로 매달린 듯한 고통에서 민생을 구제할 수 있었을 것이고, 물러나 번진(藩鎭)을 지키며 양호한 전통을 계승하고 왕명을 받들어 백성을 교화하였다면 또한 잔폐한 인민을 소생시켜서 변방의 강역을 반석(盤

石) 위에 편안히 놓을 수 있었을 것입니다. 그런데 유독 어찌하여 그 재(才)는 풍부히 주어 놓고서 그 명(命)은 야박하게 아꼈단 말입니까.

공이 반세(半世) 동안 낙척하여 서료(庶僚)로 부침하다가, 만년에 한 차례 구기(口氣)를 발하여 그 포부를 조금 펼칠 수 있을 것도 같았는데, 한 번 봉함(封緘)하여 상께 주달하자마자 기화(奇禍)가 곧바로 들이닥쳐서 칼과 차꼬를 차고 절해(絶海)의 고도(孤島)로 던져진 결과, 4년 동안 복사(鵩舍 배소(配所))에서 어렵고 위험한 상황을 실컷 맛보며 풍도(風濤)와 장람(瘴嵐)에 기혈(氣血)이 은연중에 손상되었습니다.

마침내 상의 노여움은 일단 그쳤으나 사람들의 시기심은 갈수록 깊어져서, 집권자의 풍지(風旨)를 떠받들고서 눈을 흘겨보는 자가 세상에 넘쳐 나고, 하찮은 원한을 끄집어내어 그동안 소매를 부여잡던 자들이 팔을 내젓고 떠나는가 하면, 혹은 평생의 친고(親故)인데도 세충(世充)과 건덕(建德)[3]을 위해 원수를 갚는 것을 달갑게 여기는 자들이

3 세충(世充)과 건덕(建德) : 왕세충(王世充)과 두건덕(竇建德)을 말하는데, 여기서는 임명주가 영조에게 추삭을 건의한 이광좌와 조태억을 비유한 말이다. 왕세충은 수 양제(隋煬帝)가 시해되고 군웅이 할거할 때 자립하여 황제가 되고 국호를 정(鄭)이라고 칭했는데, 진왕(秦王)으로 있던 당 태종(唐太宗) 이세민(李世民)에게 대패하여 항복했다가 장안(長安)에 와서 원수에게 살해되었다. 두건덕은 처음에 장락왕(長樂王)이라고 칭하다가 뒤에 하왕(夏王)으로 개칭하는 등 천하에 위세를 떨쳤는데, 왕세충을 구원하러 갔다가 당 태종에게 포로로 잡혀 장안에서 참수되었다. 이세민이 즉위하기 전에 권력 쟁탈 과정에서 형 이건성(李建成)과 아우 이원길(李元吉)이 자신을 죽이려 하자, 아들을 사살하고는 태자(太子)가 된 고사가 전한다. 《舊唐書 高祖二十二子列傳 隱太子建成》 녹문은 백씨의 묘지명을 지으면서 이광좌와 조태억을 적신(賊臣)이라고 칭하였는데, 이는 그들이 녹문과는 당파가 다른 소론에 속하였기 때문인 듯싶다. 《鹿門集 卷23 伯氏司諫院正言府君墓誌銘》

연달아 나왔습니다. 이러한 연고로 견서(甄敍)[4]를 하는 3년 동안 숙견(宿趼)[5]도 가로막히는 바람에 가슴속의 큰 포부를 펼쳐 볼 곳이 없게 되고 어버이를 위하려던 당초의 계획도 마침내 어그러지면서 그동안 손상된 기혈을 틈타서 병마(病魔)가 발동하였습니다. 그리하여 결국에는 100세를 향유할 체질을 품수하고서도 수명이 겨우 오순(五旬)을 넘겼는가 하면, 낭묘(廊廟)의 재질을 가슴에 품고서도 지위는 고작 간관(諫官)에 그친 채, 천 리 떨어진 여사(旅舍)에서 죽어 장례도 처량하게 치름으로써 학발(鶴髮)의 고당(高堂)에게 망극한 슬픔을 안기고 말았으니, 아, 하늘이여. 이것이 도대체 무슨 도리란 말입니까.

옛날 사람은 인복(人福)을 누리지는 못해도 천복(天福)은 누릴 수 있었는데, 어찌하여 지금은 인복도 누리지 못하는 처지에서 천복을 또 누릴 수 없게 되었단 말입니까. 어쩌면 세염(勢焰)이 치열해지면 하늘도 이를 거스를 수 없어서 그런 것입니까, 아니면 대운(大運)에 핍박을 당하면 하늘도 원래 어떻게 할 수 없어서 그런 것입니까.

비록 그렇다고 하더라도 공이 유배될 때를 당하여, 판부(販婦)와 시인(市人)은 물론 우동(牛童)과 마졸(馬卒)까지도 모두 감분(感憤)하고 찬탄하며 공의 말을 옆으로 끼고 분주(奔走)하면서 다투어 그 얼굴을 보고자 하였습니다. 그리고 공이 발한 십계(十啓 10개 항목의 대계(臺啓))로 말하면, 모두 광명(光明) 준상(峻爽)하고 뇌락(磊落) 직절(直截)하여, 의리의 원두(源頭)에서 논파(論破)하며 홍범구주(洪範

4 견서(甄敍) : 엄선하여 서용(敍用)한다는 뜻으로, 퇴직자 중에서 적임자를 가려 다시 임용하는 것을 말한다. 심사 후 복직시킨다는 의미에서 견복(甄復)이라고도 한다.
5 숙견(宿趼) : 지난날의 자취라는 뜻으로, 이전에 역임한 관직을 가리킨다.

九疇)의 종지(宗旨)를 발휘한 것으로, 임금에게 무례하게 구는 것을 보고서는 새매가 참새를 쫓아내듯 늠연(凜然)하였고, 이상견빙(履霜堅氷)의 조짐을 보고서 예방할 때에는 해치(獬豸)가 악인을 뿔로 들이받듯 의연(毅然)하였습니다. 지금까지도 그 글을 읽는 자마다 무릎을 치고 개탄하며 되뇌어 송독하면서 장탄식하지 않는 자가 없는 만큼, 참으로 이른바 백년의 세월을 기다릴 것도 없이 시비가 이미 정해졌다고 할 것이니, 후세에 사필(史筆)을 잡는 자들도 공의 발언을 직언(直言)이라 하고 공의 위인을 군자(君子)라고 하지 않을 자가 누가 있겠습니까. 그렇다면 '하늘의 뜻이 정해지면 사람을 이기는 것'[6]이 장차 여기에 있게 될 것이니, 한때에 잘못된 것이 만세(萬世)에 잘되는 것과는 전혀 상관이 없다고 할 것입니다.

대개 세위(勢位)는 한때의 이(利)요, 의리는 천하의 공(公)입니다. 따라서 상대가 그 위(位)로 할 때 내가 나의 이(理)로 하고, 상대가 그 세(勢)로 할 때 내가 나의 의(義)로 하면, 지는 경우는 항상 드물고 이기는 경우가 항상 많으며, 굴리는 것은 항상 잠깐이고 펴지는 것은 항상 오래 지속되니, 이는 옛날부터 그러해서 조금도 의심할 것이 없습니다. 아아, 그러나 어떻게 이것을 가지고 스스로 위로하면서, 하늘에 잇닿은 원한과 지하에 사무친 비통함을 줄일 수야 있겠습니까.

세상에서 공을 헐뜯는 자는 혹 "집안이 가난하고 어버이가 늙었는데

6 하늘의……것 : 《사기(史記)》〈오자서열전(伍子胥列傳)〉에 "사람이 많으면 하늘을 이기는 경우도 있지만, 하늘의 뜻이 정해지면 역시 사람을 능히 깨뜨리는 법이다."라고 하였는데, 소식(蘇軾)이 이를 바꿔 "사람이 많으면 하늘을 이기는 경우도 있지만, 하늘의 뜻이 정해지면 역시 사람을 이기는 법이다.〔人衆者勝天 天定亦勝人〕"라는 시구로 표현하면서 더욱 유명한 격언이 되었다. 《蘇東全集 卷25 用前韻再和孫志擧》

도 경솔하게 세상의 화를 당할 일을 범하였다."라고 말하기도 하는데, 이와 같이 말하는 것 역시 이른바 "부당한 말을 늘어놓아 함께 동조하며 공격한다."[7]라고 하는 것이겠습니다.

아, 공이 과거에 응시하여 관직에 진출하려고 한 것이 물론 어버이 때문이기는 하지만, 과거에 급제하여 임금을 섬기며 현도(顯塗 현관(顯官)의 경로)를 통해 진출한 것이고 보면, 이른바 가난 때문에 벼슬한 것과는 그 경로가 실제로 다릅니다. 언지(言地)에 거하면서 말해야 할 일을 보고서도 "나에게는 어버이가 계시니 말할 수가 없다."라고 한다면, 이것이 도대체 무슨 의리가 되기에, 충직하고 분명하고 과감한 공이 이런 일을 기꺼이 하려고 하겠습니까. 더군다나 성명(聖明)이 위에 계시어 대의(大義)가 바야흐로 펼쳐지는 때에, 공이 발언한 것을 보면 대개 적신(賊臣)을 성토하고 사인(邪人)을 배척하여 세도(世道)를 만회함으로써 자기의 뜻을 조금 행하고 자기 어버이의 이름을 현양(顯揚)하려고 했을 뿐이니, 성패(成敗)와 길흉이야 어찌 공이 미리 엿볼 수 있는 일이었겠습니까. 이 때문에 발계(發啓)할 때에 훤위(萱闈 모친의 거소)에 들어가 고하자, 모친이 이르기를 "네가 알아서 할 일이니, 부인에게 물을 것이 뭐가 있는가."라고 하였다. 이에 공이 나와서 사람들에게 자랑하기를 "이를 통해 보더라도 우리 집안의 유풍(遺風)

7 부당한……공격한다 : 한유(韓愈)의 〈장중승전후서(張中丞傳後序)〉에 나오는 말이다. 장 중승은 당나라 장순(張巡)을 말한다. 허원(許遠)과 함께 고립무원의 상황에서 안녹산(安祿山)의 군대에 맞서 수양성(睢陽城)을 끝까지 지키며 항거하다가 성이 함락되면서 함께 장렬히 순절하였는데, 성을 버리고 살려고 꾀한 자나 강병을 독점하고 앉아서 방관한 자는 논하지 않고, 장순과 허원을 문책하는 것은 '부당한 말을 늘어놓아 적신(賊臣)을 도와서 공격하는 것'이라는 뜻으로 한유가 말한 것이다. 《昌黎集 卷13》

을 알 수가 있다."라고 하였으니, 공이 이 일에 대해서는 강구한 것이 대개 면밀하였고 처리한 것이 대개 상세했다고 할 것입니다.

그렇기는 하지만 공이 유배되면서 집안이 더욱 빈핍해진 결과 공이 돌아와서도 몸을 부칠 곳이 없었으므로, 마침내 어버이를 모시고 남쪽으로 돌아가서 직접 농사를 지어 봉양하였으나, 숙수(菽水)의 끼니도 자주 거르는 등 간난하고 군색한 것이 비길 데가 없었습니다. 그래서 비록 우리 아우들의 마음에도 역시 개연(慨然)히 여겨지는 점이 혹 없을 수 없었는데, 공만은 홀로 태연히 대처하며 개의하지 않았으니, 안색에만 그런 기미가 보이지 않았을 뿐 아니라 마음속에도 티끌만큼 싹트는 것이 들어 있지 않았습니다. 일찍이 한번 이에 대해서 살짝 물어본 적이 있는데, 공이 이르기를 "이것은 의(義)이고 명(命)이니, 내가 세상을 잊고 지낸 지 오래되었다."라고 하였으므로, 내가 즉시 물러 나와 두 아우에게 말하면서 마음속으로 적이 탄복하였습니다.

아, 세상 사람들은 자그마한 이해득실을 만났을 때, 그것이 겨우 모발에 비할 만큼 하찮은 것이라도 번번이 모두 황혹하여 어찌할 바를 모르며 절조(節操)를 바꾸곤 하는데, 이들이 공의 풍도(風度)를 들으면 또한 부끄러움을 알 수 있을 것입니다. 말하다가 여기에 미치니 억장이 무너지려 합니다. 아, 어찌 비통하지 않겠으며, 어찌 애석하지 않겠습니까.

아, 소제(小弟)는 불초해서 공을 우러러 쳐다보며 목숨을 부지하다가 늦게야 비로소 서사(筮仕)하여 요행히 수령의 외직을 얻었습니다. 이때 어버이의 체후가 강녕하고 우리 형제 4인이 모두 무사하였으며, 공이 우거한 마을과의 거리가 내가 수령으로 있는 고을에서 며칠의 여정(旅程)에 불과하였습니다. 가령 몇 년 동안 무고(無故)해서 오고 가고 단란하게 지내며 반의(斑衣)[8]와 대피(大被)[9]로 뜻을 기쁘게 해 드려 얼굴이 펴지게 해 드릴 수 있었다면, 거의 오조(烏鳥)[10]의 지극한 정(情)을 이루고 공도 실각(失脚)된 상태에서 원상회복될 수 있었을 것입니다.

더군다나 공은 포부가 웅대한 데다 비축한 것도 풍부하였으니, 지금 비록 곤액을 당하여 곤궁한 처지에 있다 할지라도, 장씨(臧氏)의 자식이 어떻게 끝까지 만나지 못하게 할 수 있었겠습니까.[11] 시운(時運)을

8 반의(斑衣) : 효자가 어버이 앞에서 입는 색동옷을 말하는데, 내의(萊衣) 혹은 오채의(五彩衣)라고도 한다. 춘추 시대 초(楚)나라의 은사(隱士)인 노래자(老萊子)가 나이 70에도 색동옷을 입고서 어린아이처럼 재롱을 부려 어버이의 마음을 기쁘게 해 드렸던 반의희채(斑衣戲彩)의 고사가 전한다. 《初學記 卷17 孝子傳》

9 대피(大被) : 큰 이불이라는 뜻으로, 형제가 우애하여 어버이를 기쁘게 해 드리는 것을 비유하는 말이다. 후한(後漢)의 강굉(姜肱)이 혼인한 뒤에도 큰 이불을 만들어 아우 강해(姜海), 강강(姜江)과 함께 한 이불을 덮고 잠으로써 모친의 마음을 위로했던 강굉공피(姜肱共被)의 고사에서 유래한 것이다. 《後漢書 姜肱列傳》

10 오조(烏鳥) : 반포(反哺)한다고 알려진 까마귀를 말하는데, 어버이에게 효성을 다하는 자식을 비유하는 말로 쓰인다.

11 더군다나……있었겠습니까 : 임명주가 당시에 임금의 지우(知遇)를 받지 못했던 것도 뭔가 하늘의 뜻이 있어서일 것이니, 조금 참고 견딜 시간이 약간만 더 주어졌더라면 곤궁한 처지를 벗어날 수도 있었을 것이라는 말이다. 《맹자》〈양혜왕 하(梁惠王下)〉에 노(魯)나라 평공(平公)이 맹자(孟子)를 만나려고 하였으나, 폐신(嬖臣)인 장창(臧倉)이 맹자를 비난하며 만나지 못하게 하였는데, 악정자(樂正子)가 이 사실을 맹자에게 고하자, 맹자가 "행하는 것도 누가 시켜서 행하는 수가 있고, 그만두는 것도 누가 저지하여 그만두는 경우가 있지만, 행하고 그만두게 하는 것은 사람의 힘으로 할 수 있는 것이 아니다. 내가 노나라 군주를 만나지 못한 것은 하늘의 뜻이 있어서이니, 장씨의 자식이 어떻게 나로 하여금 만나지 못하게 하겠는가.〔行或使之 止或尼之 行止非人所能也 吾之不遇魯侯天也 臧氏之子焉能使予不遇哉〕"라고 하였다.

만나 기백(氣魄)을 토해 낼 그때가 반드시 있었을 것이니, 앞으로 영화롭게 봉양하는 일을 어떻게 헤아릴 수 있었겠습니까. 이것이 바로 내가 마음속에 간직하고서 말없이 기도드렸던 것이었는데, 1년이 지나지 않아서 공이 병든 뒤를 이어 몇 달이 지나지 않아 숙문(叔文 임병주(林秉周))이 젊은 나이로 먼저 죽고, 또 1년 만에 공이 뒤이어 죽음으로써, 우리 팔순(八旬)의 자모(慈母)로 하여금 밤낮으로 부르짖고 통곡하면서 마음이 병들고 정기(精氣)가 소진되게 하여 가까스로 1년을 버티다가 마침내 사망에 이르게 하는 등 3, 4년 전만 해도 한창 번성했던 우리 집안이 하루아침에 더 이상 어떻게 해 볼 여지없이 몰락하게 될 줄이야 어찌 생각하였겠습니까. 아, 원통합니다. 이것이 무슨 일이란 말입니까. 하늘의 짓일까요, 귀신의 짓일까요, 아니면 이것도 장자후(章子厚)가 한 짓일까요.[12] 생각하고 또 생각해 보아도 만 가지 한스러움이 교차해서 모여들 뿐이니, 이 일을 장차 어떻게 한단 말입니까. 비통하고 참혹합니다.

아, 세도(世道)가 쇠패하여 인물이 드무니, 지금의 세상을 당하여

12 장자후(張子厚)가 한 짓일까요 : 자후는 송 철종(宋哲宗) 때의 권신(權臣)인 장돈(章惇)의 자이다. 범순인(范純仁)이 매양 자제들에게 조금이라도 불평하지 말라고 경계하면서, 제자(諸子)가 장돈을 원망하는 말을 들으면 반드시 노여워하며 중지시키곤 하였다. 범순인이 장돈의 미움을 받아서 무안군 절도부사(武安軍節度副使)로 좌천되어 영주(永州)에 안치(安置)될 때에, 타고 가던 배가 뒤집히는 바람에 강물에 빠져서 옷이 다 젖었는데, 이때 제자들을 돌아보면서 "이것이 어찌 장돈이 한 일이겠느냐.〔此豈章惇爲之哉〕"라고 말한 고사가 전한다.《宋史 范純仁列傳》이 고사는 보통 인품이 관후하여 사람을 널리 포용하는 것을 비유할 때 쓰이는데, 녹문은 이를 단장취의(斷章取義)하여, 왕안석(王安石)의 신법파(新法派)에 속한 장돈처럼 그 당시 소론에 속한 권력자의 탓일지도 모른다는 뜻으로 전용(轉用)하였다.

공에 비견할 만한 자를 어디에서 찾을 수 있겠습니까. 공이 죽은 뒤에 내가 어떤 사람이 위로하는 말에 답한 글 중에서 "집에서는 시초(蓍草)와 귀갑(龜甲)을 잃었고, 나라에서는 기둥과 들보를 잃었다."라는 말을 하였는데, 이 말을 듣는 자가 과연 이에 대해 트집을 잡지 않을지는 알지 못하겠습니다마는, 나 자신은 이 말이 부끄럽지 않다고 생각합니다. 예로부터 군자가 재지(才志)를 가슴에 품고서도 시대를 만나지 못하여 끝내 곤궁하게 지내다가 죽은 경우가 많이 있었습니다만, 공처럼 심한 경우는 있지 않았습니다. 세상에 드문 영특한 기운을 한 번도 표현해 볼 기회를 갖지 못한 채 공허하게 칠실(漆室)[13]의 책자 하나를 남겨서 그저 붕우들이 애석하게 여겨 줄 뿐이요, 천추(千秋)의 세월 뒤에 동방의 역사를 열람하며 공의 소장(疏狀)을 읽는 자들도 하나의 직신(直臣)으로나 인식하고 마는 데에 불과할 것이니, 아, 어찌 원통하지 않겠습니까.

아, 정축년(1757) 가을에 내가 학산(鶴山)에 가서 공을 뵈었을 때에, 공이 웃으면서 말하기를 "회가(晦可 송명흠(宋明欽))가 나의 병에 차도가 있다는 말을 듣고는 편지를 보내어 말하기를 '하늘이 어쩌면 국수(國手)를 한번 시험해 보려는 것일지도 모르겠다.'라고 하였는데, 지금의 시세(時勢)를 보건대 어찌 시험해 볼 수 있는 날이 있기야 하겠느냐."라고 하고, 또 말하기를 "요즈음 《주자대전(朱子大全)》을 읽어 보

13 칠실(漆室) : 임명주가 지은 《칠실만주(漆室漫籌)》를 말한다. 녹문이 지은 그의 묘지명(墓誌銘)에 의하면, 조정에서 균역청(均役廳)을 설치하여 역법(役法)을 변경하자, 그 입법(立法)이 미진하다고 여겨 결포(結布)와 호전(戶錢)과 속오(束伍)의 법제를 상세히 기술했다고 하는데, 현재 전하지 않는다.

건대 대단히 재미있으니, 이 일에 죽을 때까지 종사해도 충분하겠다. 조만간 북쪽으로 돌아가서 검호(黔湖)와 오대(五臺) 사이에 집을 지어 놓고, 자네들 무리와 더불어 농사에 힘써 어버이를 봉양하며, 한가한 날에 이 책을 자세히 강론하여 만년(晩年)의 공(功)을 거둔다면, 어찌 즐겁지 않겠느냐. 이것 말고는 또 다른 생각이 없다."라고 하였습니다. 지금 와서 생각해도 그 말이 아직 귓가에 남아 있는데, 공의 묘소의 풀이 어느새 이미 두 번이나 묵었습니다. 내가 공이 집 짓고 살아 보려 했던 지역에 막내아우와 단둘이 찾아와서 집을 지키며 의지할 곳 없이 고독하게 육신과 그림자만이 서로 위로할 뿐, 농사에 힘써도 봉양할 어버이는 계시지 않고 책을 읽어도 질정(質正)할 곳이 없이, 그저 밤낮으로 괴로워하며 묘소의 잣나무를 부여안고 가슴을 치거나 형수(荊岫)[14]를 바라보며 눈물을 흘릴 따름입니다. 인사(人事)의 변천이 한결같이 이 지경에 이르러서 매양 한밤중에 잠들지 못한 채 전일의 가르침을 되새겨 보노라면 곧장 광분하고 질주하며 아무 소리나 마구 외쳐대고 싶지만 그렇게 할 수도 없습니다.

아, 나도 늙었으니 얼마 지나지 않아서 공의 뒤를 따라 죽을 것입니다. 지금부터 죽는 그날까지 이와 같지 않은 날이 없을 것이니, 사람이 목석이 아닌 이상 이 일을 어떻게 참고 견디겠습니까. 원통하고 참혹하며 비통하고 억울할 따름입니다.

아, 내가 말하고 싶은 것들이 가슴속에 꽉 차 있는데, 지금 여기에서 고하면서 공적인 일만 상세히 말하고 사적인 일은 간략히 말한 데에는

14 형수(荊岫) : 형의 산봉우리라는 뜻으로, 임명주가 묻힌 곳의 산을 말한다. 그의 묘지명에 "처음에 문의현(文義縣)의 형강(荊江) 가에 장사 지냈다."라고 하였다.

참으로 이유가 있습니다. 공의 죽음이 실로 시운(時運)과 관련되어 진췌(殄瘁)[15]의 비통함이 한 사람의 사적인 일에만 그치지 않고 보면, 사념(思念)이 거기에 이르고 언어가 거기에 미칠 때마다 자연히 그 일에 목이 메어 생각에 잠기지 않을 수 없고, 구구(區區)한 사문(私門)의 비통함에 대해서는 상세히 거론할 겨를이 없었기 때문입니다. 이에 술 한잔 올리며 가슴을 치고 크게 부르짖나니, 공은 이 소리를 들으십니까.

15 진췌(殄瘁) : 방국진췌(邦國殄瘁)의 준말로, 훌륭한 인물이 죽어서 장차 나라가 곤궁에 처하게 되었다는 말이다. 《시경》〈대아(大雅) 첨앙(瞻卬)〉에 "현인이 이제 사라졌으니, 나라가 장차 병들게 되었도다.〔人之云亡 邦國殄瘁〕"라고 하였다.

맏형수 허씨[16]에 대한 제문 임오년(1762, 영조38)

祭丘嫂許氏文 壬午

옛날 형수가 시집올 적에는	昔嫂入門
우리 집이 한창 번성할 때로	我家正盛
조모님도 건강하게 살아 계시고	祖妣在堂
부모님도 아무런 걱정이 없었지요	舅姑無恙
우리 조모님으로 말하면	維我祖妣
엄격해서 인가하는 경우가 적었지만	端嚴少可
유독 형수만은 좋게 여기시어	獨於嫂宜
당신을 잘 섬긴다고 칭찬하시며	曰善事我
아침저녁으로 옆에서 모실 적에	晨昏侍側
반복해서 소상히 가르쳐 주셨는데	獎誨諄諄
형수는 그 말씀 공경히 듣고	嫂敬恭聽
오직 근실하게 행동으로 옮겨	踐行惟勤
낮이고 밤이고 조심하면서	蚤夜小心
한평생 변함없이 한결같았지요	始終一日
근년에 잇따라 당한 재앙을	比歲洊禍
말하려니 먼저 목이 멜 따름	欲語先咽

16 맏형수 허씨(許氏) : 임명주(任命周)의 둘째 부인인 양천 허씨(陽川許氏)를 말한다. 첫째 부인인 안동 김씨(安東金氏)는 자녀를 낳지 못하고 일찍 죽었다. 허씨는 4녀를 낳고 아들을 두지 못해서, 나중에 임정주(任靖周)의 아들 임렬(任烈)을 양자로 들였다.

형이 세상을 떠나고 난 뒤에 兄旣棄背
어머님이 잇따라 운명하시매 先妣繼殞
가문이 아슬아슬 위태해져서 門祚危綴
끊기지 않은 것이 실낱같았는데 不絶如線
그래도 다행히 우리 형수가 幸惟我嫂
우뚝하게 홀로 남아 계시어 巋然獨存
유풍을 징험할 수 있었고 遺風有徵
전형을 전할 수 있었더라오 典型可傳
대중을 어거함엔 관후하고 자혜롭게 御衆寬惠
집안을 다스림엔 단정하고 질서 있게 治家整飭
제사를 모시고 농사를 지을 때에도 承祀課農
정해진 법도대로 항상 여유 있게 綽有成法
내가 마음속으로 열복하면서 我心則悅
매양 종족에게 뻐기곤 하였는데 每誇於宗
누가 알았으랴 어느 날 밤에 孰謂一夕
병에 걸려 일어나지 못하실 줄을 一疾不興
생각건대 형수는 평상시에 念嫂平日
기력이 돈후하고 단단하였으며 氣厚而堅
게다가 형수의 친정 집안은 矧爾尊門
오래 사시는 것이 전통이라서 黃髮靑氈
백세의 수명을 누리는 것이 謂玆期頤
분수에 당연하게 여겼었고 迺分之宜
형수 자신도 그렇게 믿으면서 嫂亦自恃
의심하지 않고 그렇게 지냈는데 居之弗疑

방심하는 틈에 걱정거리가 생기더니	患生于忽
그만 뒤집혀서 재앙이 되고 말았네	乃反爲災
지난해 섣달그믐에	去臘之日
형수가 홀연히 편찮았을 때	嫂忽不寧
예전의 증세와 비슷하기에	證似其宿
놀라지도 않고 태연했는데	恬不爲驚
며칠도 채 지나지 않아	曾未幾日
병세가 갑자기 위급해지더니	遽遂至革
약을 써도 번번이 악화만 되어	藥輒有害
어떻게 치료해 볼 길이 없었다오	治已無及
그때의 일을 가만히 생각해 보면	靜言念之
한스러움이 심장에 맺혀 있나니	恨結心腑
조금만 일찌감치 손을 썼더라면	俾理于早
어쩌면 말끔히 나았을는지도	或者其愈
아니면 이것도 운명이라서	抑或是命
애당초 이와는 무관한 것인지	初不斯係
이렇게 저렇게 생각해 보아도	百爾思想
끝내 이해가 가지 않네요	終莫之喇
이름은 형수와 시숙이지만	名雖嫂叔
정은 실로 동기와 같아서	情實同氣
서로 아껴 주고 의지하며	以愛以仰
지내 온 세월 어언 사십여 년	其殆四紀
지금 홀연히 이에 이르고 보니	今忽至此
부앙 간에 지은 허물이 많아	俯仰多負

한 소리 길게 부르짖으매 一聲長呼
애통한 심정이 하늘까지 사무치네 痛徹穹昊
변변찮은 제물로 슬픔을 고하면서 菲奠陳哀
혹 강림해 주시기를 기원하나니 或覬鑑格
영령이여 앎이 있으시다면 靈其有知
이 술잔을 거절하지 마시기를 毋吐茲酌

이종형인 역천 송공[17]에 대한 제문 무자년(1768, 영조44) 9월
祭姨兄櫟泉宋公文 戊子九月

아, 예로부터 당금(黨禁)의 사건이 많았지만, 모두 형신(刑臣 환관(宦官))이 기강을 농락하고 간신(奸臣)이 지위를 절취(竊取)하여, 밖에서 선동하며 내부의 분쟁을 일으키거나 아래에서 가로막아 위의 총명을 가린 것으로, 한(漢)의 동경(東京)[18]과 송(宋)의 위학(僞學)[19]과 명(明)의 동림(東林)[20] 같은 경우에서 보듯이 분연(棼然)히 고금(古今)

17 역천(櫟泉) 송공(宋公) : 송명흠(宋明欽, 1705~1768)으로, 본관은 은진(恩津), 자는 회가(晦可), 호는 역천, 시호는 문원(文元)이다. 송준길(宋浚吉)의 현손(玄孫)으로, 이재(李縡)의 문인이다.

18 한(漢)의 동경(東京) : 동한(東漢), 즉 후한(後漢)의 수도 낙양(洛陽)에서 일어난 이른바 당고(黨錮)라는 사건을 말한다. 낙양이 서한(西漢)의 고도(古都)인 장안(長安)의 동쪽에 있기 때문에 동경이라고 칭하는데, 보통 후한의 별칭으로 쓰이곤 한다. 당고는 후한의 환제(桓帝)와 영제(靈帝) 때에 사대부인 이응(李膺)과 진번(陳蕃) 등이 태학생(太學生)들과 연합해서 권세를 쥔 환관들을 숙청하려다가, 오히려 붕당을 결성하여 조정을 비방한다는 죄목으로 수백 명이 죽고 유배당한 사건인데, 《후한서(後漢書)》 〈당고열전(黨錮列傳)〉에 그 내용이 자세히 실려 있다.

19 송(宋)의 위학(僞學) : 주희(朱熹)의 학문을 위학이라 하여 금단(禁斷)한 이른바 경원 당금(慶元黨禁)의 사건을 말한다. 영종(寧宗) 경원(慶元) 연간에 한탁주(韓侂冑)와 조여우(趙汝愚)가 권력 쟁탈전을 벌일 적에 주희 등이 조여우 편을 들었는데, 한탁주가 득세한 뒤에 승상 조여우 이하 59인을 모조리 몰아내는 한편, 도학(道學)을 위학이라고 규정하고 일절 금지하도록 하였다. 위학이란 거짓된 학문이라는 뜻으로, 욕망에 따라 자기 뜻대로 살려고 하는 것이야말로 인간의 진정한 속성인 만큼, 이를 단속하여 굳이 수양하게 하려는 주희의 학문은 허위라고 한탁주가 주장하면서 도학을 배척하는 명분으로 삼았다. 《宋史 韓侂冑列傳, 蔡元定列傳》

의 사례가 일치하였으니, 성명(聖明)이 임어(臨御)하여 조저(朝著)가 청명(淸明)한데도 사총(四聰)[21]의 의심을 받고 붕류(朋類)에 연루됨이 공이 당한 것 같았던 경우는 일찍이 있지 않았다.

바야흐로 정백(旌帛)[22]이 교대로 치달리고 수서(手書)가 끊임없이 이어질 당시에는, 그 융숭한 은례(恩禮)가 천년에 한 번 있을 정도였으므로, 사림(士林)이 이 때문에 반색하고 곤고(困苦)한 이들도 생기를 되찾았다. 진접삼주(進接三晝)[23]하여 신하가 왕을 알현하매 경의(經義)를 설명하는 담론과 시정(時政)을 구제하는 발언이 거의 모두 당시에 해결해야 할 현안과 착착 들어맞았으므로, 마침내 백료(百僚)가 발돋움하고 돌아보며 서로들 찬탄하게끔 하였다. 그리하여 신심(宸心

20 명(明)의 동림(東林) : 명 신종(明神宗) 만력(萬曆) 연간에 고헌성(顧憲成) 등이 동림서원(東林書院)을 중수하고 고반룡(高攀龍) 등과 함께 이곳에서 강학하며 조정의 정사를 비평하며 의논하였는데, 그때 참여했던 사람들과 이에 동조했던 사람들을 통틀어 일컫는 말이다. 동림서원은 원래 송(宋)나라 양시(楊時)가 강학했던 곳으로, 지금의 강소성(江蘇省) 무석시(無錫市)에 있다. 동림학파가 명성을 날리면서 적대 세력에게 동림당(東林黨)이라고 지목을 받았는데, 희종(熹宗) 천계(天啓) 연간에 환관인 위충현(魏忠賢)이 전권(專權)을 행사하자 동림의 제인(諸人)이 끝까지 항거하다가 모두 혹독한 박해를 받았으며, 그 뒤에 숭정(崇禎)이 즉위하여 위충현이 실세하여 자진(自盡)하면서 당금이 풀렸다. 《明史 顧憲成列傳》《明史紀事本末 卷66 東林黨議》

21 사총(四聰) : 《서경》 〈순전(舜典)〉의 "사방의 말들이 환히 들리게 한다.〔達四聰〕"라는 말에서 나왔다. 순(舜) 임금이 즉위한 뒤에 가장 먼저 취한 행동 가운데 하나인데, 성군(聖君)을 비유하는 말로 흔히 쓰인다.

22 정백(旌帛) : 옛날에 왕이 현사(賢士)를 초빙할 때 보낸 속백(束帛)을 말한다.

23 진접삼주(進接三晝) : 하루에 세 번 접견한다는 뜻으로, 왕이 신하를 극진히 예우하며 총애하는 것을 말한다. 《주역》 〈진괘(晉卦)〉에 "진괘는 강후에게 말을 많이 하사하고 낮에 세 번씩 접견하는 상이다.〔晉 康侯用錫馬蕃庶 晝日三接〕"라고 하였다.

왕의 마음)이 열예(悅豫)하고 수작(酬酢)이 온수(溫粹)하여, 얼굴에 춘풍(春風)이 가득한 포상(褒賞)이 빈대(賓對)할 즈음에 누차 발하였고 보면, 구름과 용이 만나고 물고기와 물이 만나듯 서로 통하고 융합함으로써 선조인 춘옹(春翁 송준길(宋浚吉))이 당일에 만난 경사를 다시 이을 수 있는 희망이 보이기도 하였다.

그런데 어찌된 일인지 한마디 말이 채 끝나기도 전에 천의(天意)가 돌연히 공을 의심하더니, 돌아갈 임시에 올린 하나의 상소가 또 시휘(時諱)를 크게 건드린 나머지, 고락(苦樂)과 길흉이 순식간에 뒤바뀌고 임금의 노여움이 앞뒤로 거듭 진동하면서 여파가 넘실거리며 휩쓰는 것이 마침내 제현(諸賢)에게까지 미쳤는데 그 기후가 지금까지도 말끔히 개지 않고 있는 실정이다.

생각건대 공은 선천적으로 자질이 돈후하고 순수하여 자연히 도(道)에 가까웠는데, 여기에 또 함양하고 완색하는 공을 곁들여 연마하고 침잠하였으니, 애당초 애써 교정하거나 간절히 개혁할 필요도 있지 않았다. 이 때문에 공의 내면에 보존된 것은 공정하고 성실하며 활달하고 순결하였고, 외면에 드러난 것은 엄중하며 화이(和易)하였다.

시험 삼아 세상을 함께했던 현인(賢人)들을 상론(尙論)하며 그 고저 우열을 나름대로 비교해 보건대 마음을 엄격하게 다스리고 사리를 정밀하게 추구하며 사도(斯道)를 의연(毅然)히 자임하는 측면에서는 물론 선후를 다투며 서로 보완할 분들이 계시겠지만, 말하지 않아도 믿게 하고 노하지 않아도 두렵게 하여 참된 정성과 후한 덕성이 얼굴을 보기만 해도 속되고 천함을 녹여 내고 온화한 안색과 또렷한 음성이 보고 듣는 순간에 간사하고 거짓됨을 변화시키는 측면에서는 공과 나란히 할 만한 자가 거의 없다고 해야 할 것이다.

가령 공에 대한 예우가 쇠해지지 않아서 그 뜻을 행할 수 있게 되었더라면, 국세(國勢)가 비록 지극히 위미(委靡)하고 풍속이 비록 지극히 퇴패했더라도 절반쯤은 그나마 구제하여 당대의 치세(治世)를 이룰 수 있었을 것인데, 애석하게도 일이 크게 잘못되는 바람에 도가 장차 피폐해지고 말았다. 한갓 공으로 하여금 어찌할 겨를도 없이 국도(國都)를 떠나 전도(顚倒)되고 낭패를 당하게 한 결과, 사기(士氣)가 날로 소삭(消索)해지고 의리가 날로 회색(晦塞)하는 동시에 생민이 날로 곤궁해지게 함으로써, 위망(危亡)이 장차 이르러도 어떻게 해 볼 수 없는 지경으로 점점 빠져들게 하고 말았으니, 이것이 바로 당세의 식견 있는 인사들이 한숨을 쉬고 장탄식하며 눈물을 흘린 이유이다.

비록 그렇기는 하지만, 하늘은 하루 종일 노여워하여 천둥 벼락을 치지 않고 양기(陽氣)는 7일이 지나면 회복되는 법[24]이며, 공은 덕업(德業)이 날로 성대해지고 여망(輿望)이 날로 모여들었으니, 오늘날에는 먹히지 않는 과일[25]이 되고 다른 때에는 동류(同類)와 함께 잔디 뿌리가 되는 자[26]를 구한다면, 공을 놓아두고서 또 누가 있었겠는가.

24 양기(陽氣)는……법 : 《역(易)》에 의하면, 음력 5월에 양기가 처음 소멸되기 시작하는 구괘(姤卦)가 되었다가, 순음(純陰)인 10월을 지나 11월이 되어서야 비로소 양기가 처음 회복되는 복괘(復卦)가 이루어진다. 이렇게 보면 구괘로부터 복괘까지 걸리는 기간이 7개월이 되는 셈인데, 이것을 《주역》 〈복괘 단(彖)〉에서는 "그 도를 반복해서 7일 만에 되돌아오니, 이것이 하늘의 운행이다.〔反復其道 七日來復 天行也〕"라고 하였다.

25 먹히지 않는 과일 : 《주역》 〈박괘(剝卦) 상구(上九)〉의 "큰 과일은 먹히지 않는다.〔碩果不食〕"라는 말에서 나왔는데, 이는 다섯 개의 효(爻)가 모두 음(陰)인 상태에서 맨 위의 효 하나만 양(陽)인 것을 석과(碩果)로 비유한 것으로, 하나 남은 양의 기운이 외로운 것처럼 보이지만 결코 끊어지지 않고 계속 이어진다는 뜻을 보인 것이다. 이는 송명흠이 조정에서 국가의 원기를 회복할 인물이라는 뜻으로 비유한 것이다.

아, 지금은 이미 끝장나고 말았다. 하늘은 어찌하여 한 노인을 아껴 남겨 두지 않고 마치 뒤늦을 것처럼 빼어 감으로써, 사문(斯文)이 의탁할 곳이 없게 하고 세도(世道)가 보호받을 곳이 없게 하여, 뒤에 죽는 자가 허둥지둥하며 어디로 갈지 모르게 만들었단 말인가.

아, 나와 공이 아우가 되고 형이 된 세월이 지금 어느새 58년이 되었다. 기억하건대 옛날에 내가 부친을 따라 관북(關北)에 있을 적에 나이가 15, 6세였는데, 그때 처음으로 이 학문의 일에 서원(誓願)을 발했었다. 공은 당시에 용호(龍湖)에 있었는데, 나이가 겨우 약관을 넘겼는데도 그때 이미 한 세상에 우뚝 성명(盛名)을 떨쳤다. 내가 돌아오는 즉시로 공에게 글을 보내 학문하는 방도를 청문(請問)하였고, 또 심의(深衣) 속임(續衽)의 제도[27]에 대해서 논의하였는데, 이것이 실로 우리 두 사람이 왕복하며 종유(從遊)하게 된 시초이다.

그 뒤 몇 년이 지나 내가 경사(京師)에 귀환하였을 때에는 곧바로 무신(戊申)의 난(難)을 겪고 나서 유락(流落)하여 청주(淸州) 산골의 옥화(玉華) 물가로 들어가 은거하였고, 공 역시 남쪽으로 귀환하여

26 동류(同類)와……자 : 뜻을 같이하는 현인들과 함께 때를 만나 조정에 진출하여 국가 대사를 도모하는 것을 비유한 말이다. 《주역》 〈태괘(泰卦) 초구(初九)〉에 "서로 뒤엉켜 있는 잔디 뿌리를 뽑아 올리듯, 동류와 어울려 함께 나아오니 길하다.〔拔茅茹以其彙 征吉〕"라고 하였다.

27 심의(深衣) 속임(續衽)의 제도 : 심의는 턱 아래부터 발끝까지 윗옷과 아래옷이 연결된 의복을 말한다. 《예기(禮記)》 〈심의〉 첫머리에 '속임구변(續衽鉤邊)'의 구절이 나오는데, 이 속임과 구변의 제도에 대해서는 설이 다양하다. 합하여 꿰매는 것이 속임이고 재차 덮어서 꿰매는 것이 구변이라거나, 다른 폭(幅)으로 깃을 만들지 않고 단지 두 옷깃을 잇대었으므로 속임이라고 하고, 그 사이가 벌어지지 않도록 결뉴(結紐), 즉 단추로 묶은 것을 구변이라고 한다는 등 설이 각각이다.

도곡(陶谷)의 옛집에 거처를 정했는데, 옥화에서 도곡까지는 겨우 수십 리밖에 되지 않았으므로, 내가 공에게 가지 않으면 공이 찾아오는 등, 보고 싶으면 어느 때나 보는 즐거움과 강습하며 절차탁마하는 유익함은 이루 다 기록할 수가 없다.

그중에서도 병진년(1736, 영조12) 비래(飛來)의 강회(講會)[28] 같은 경우는 또 천고(千古)의 멋들어진 모임이었으니, 《대학》 한 책을 난숙(爛熟)하게 읽고 자세히 설명하면서, 위로는 천인(天人)과 성명(性命)의 심오한 세계를 출입하고 아래로는 명물(名物)과 자구(字句)의 해설을 빠뜨리지 않았다. 그리하여 정신을 집중하여 깊이 사색하고 거듭 수창(酬唱)하며 누차 대질하였는데, 그때 얼마나 성대하게 취집하고 얼마나 명석하게 변론했는지는, 지금 강록(講錄)으로 엮어 놓은 것을 살펴보면 아직도 그 대략을 상상해 볼 수 있다. 지금까지 30여 년의 시간이 지나는 동안, 비록 남북으로 정한 곳 없이 떠돌아다니고 우락(憂樂)과 흔척(欣戚)이 서로 교차했지만, 그래도 하늘의 신령함에 힘입어 이 하나의 도리(道理)가 어느 때나 심목(心目)의 사이에 있어서 폐추(廢墜)하는 지경에 이르지 않은 것은 오직 당일에 훈도(薰陶)하고 경발(警發)한 공이 있었기 때문에 가능했다고 할 것이다.

학문을 시작할 적에 나는 바로 우러러보며 모범으로 삼았고, 조금 학문이 진전되자 공이 또 외람되게 나를 벗의 무리로 대우해 주었는데,

28 병진년 비래(飛來)의 강회(講會) : 1736년 겨울 녹문이 회덕(懷德) 옥류각(玉溜閣)의 비래암(飛來庵)에서 송명흠(宋明欽), 송문흠(宋文欽) 형제와 송능상(宋能相), 김원행(金元行), 김양행(金亮行) 등 5인과 함께 《대학》을 강독하고 그 내용을 〈옥류강록(玉溜講錄)〉으로 정리하여 남겼던 당시의 일을 말하는데, 《녹문집》 권17에 그 내용이 상세히 수록되어 있다.

그 취미가 어긋나지 않은 것과 정신이 서로 계합(契合)한 것으로 말하면, 실로 형적(形跡)과 언전(言詮)의 저 밖에 있었다고 할 것이다. 그러다가 녹문으로 따라와 은거할 때는 다행히 공의 별장과 거리가 더욱 가까워져서 만나는 일이 빈번해지고 서신으로 계속 소식을 전했으니, 만년의 심기(心期)가 이렇게 해서 갈수록 더욱 초탈 무애해졌다. 가정의 일이나 학궁(學宮)의 일을 상의하는 것은 물론이요, 경훈(經訓)과 예절(禮節)의 의회(疑晦)나 출처(出處)와 어묵(語默)의 게려(揭厲 심천(深淺))에 이르기까지, 모두 만나는 대로 강평하고 반복하여 소상히 밝히면서 하나의 일도 저촉되거나 어긋나는 점이 없게 하였다.

그런데 유독 이 인물오상지론(人物五常之論)에 대해서만은, 나는 중화(中和)의 견해를 바꾼 것으로 스스로 비의(比擬)하였고, 공은 낭주(廊柱)를 다시 센다고 나를 배척하는 입장을 보였다.[29] 그러다가 5월에 장구(杖屨 노인의 경칭)가 왕림했을 적에 우연히 얘기하다가 이 일에 미치게 되었는데, 외암(巍巖 이간(李柬))이 본연의 측면에서 성(性)을 높이고 인(人)과 물(物)에 도(道)를 귀속한 것에 대해서는 체(體)와

29 나는……보였다 : 옛날에 주희가 중화(中和)에 대한 견해를 바꿨던 것처럼, 녹문도 인물성동이(人物性同異)에 대한 자신의 견해를 바꾸게 되었는데, 송명흠은 녹문이 괜히 의심하여 다시 문제 삼고 있다고 이의를 제기했다는 말이다. 《녹문집》 권3 〈역천 송형에게 답한 글〔答櫟泉宋兄〕〉 중 기묘년(1759) 9월의 내용을 참고할 만하다. 그리고 임정주(任靖周)가 지은 녹문의 행장(行狀)에 의하면, 녹문이 30세 중반에 인물성동론(人物性同論)의 오류를 깨닫고 입장을 정반대로 바꿨다는 기록이 보인다. 낭주(廊柱)는 행랑의 기둥이라는 말인데, 정호(程顥)가 장안(長安)의 창고 안에 한가히 앉아서 긴 행랑의 기둥 숫자를 속으로 세어 보고는 더 이상 의심하지 않다가 다시 세어 보니 숫자가 맞지 않으므로 사람을 시켜서 일일이 소리 내어 세어 보게 하니 처음에 마음속으로 세었던 것과 차이가 없었다는 고사가 전한다. 《近思錄 卷4 存養》

용(用)은 판이한 것이라고 변론하였고, 유도(幼道 김지행(金砥行))가 성선(性善)을 본연으로 하고 오상(五常)을 본부(本賦)로 한 것에 대해서는 말이 되지 않는다고 기롱하였으며, 그 밖에 몇 개의 다른 논제(論題)에 대해서도 모두 나의 뜻과 부합되어 서로 통하지 않는 것을 느끼지 못하였다.

대개 우리 두 사람의 견해의 차이는 단지 분리해서 보느냐 통합해서 보느냐 하는 지극히 사소한 점을 다투었을 뿐, 애당초 한이(韓李)[30]가 하나는 남쪽이고 하나는 북쪽이라서 네모진 구멍에 둥근 자루를 끼우는 것[31] 같은 것은 아니었으니, 이는 상대를 잘 알지 못하는 것이 태반인 상태에서 서로 어긋난다고 지레 의심한 것이 아니었겠는가. 다만 유감스럽게도 당시에는 시간이 많지 않은 상황이라서 그 설을 구명(究明)하지 못했으므로 7월에 병천(甁泉)에서 다시 만나기로 한 그날 반드시 결론을 내리라고 생각하였다. 그렇게 했다면 속속들이 끝까지 밝혀내어 말 없는 가운데 수긍하며 머리를 끄덕였을 것이니, 오직 그때가 그렇게 할 수 있는 마지막 기회였다. 사람의 일이란 기필할 수가 없어서 홀연히 이 지경에 이르고 말아, 의리에 관한 주요한 문제를 마침내 완결하지 못한 사안으로 남겨 둔 채 유한(遺恨)을 무궁히 끼치게 될 줄이야 누가 생각하였겠는가. 아, 탄식만 나올 따름이다.

30 한이(韓李) : 인물성상이(人物性相異)를 주장한 남당(南塘) 한원진(韓元震)과 인물성구동(人物性俱同)을 주장한 외암(巍巖) 이간을 가리킨다.

31 네모진……것 : 사각형과 원처럼 서로 맞지 않아서 타협의 여지가 전혀 없는 것을 말한다. 《초사(楚辭)》〈구변(九辯)〉에 "구멍은 둥근데 자루는 네모짐이여, 서로 어긋나서 끼우기 어려움을 내가 원래 알았도다.〔圓鑿而方枘兮 吾固知其鉏鋙而難入〕"라고 하였다.

왕년에 한가히 앉아 있을 때 공이 홀연히 나에게 말하기를 “우리가 모두 늙었으니 무슨 수로 하나의 외지고 고요한 곳을 구해서 학생들을 사절하고 군과 단둘이 한 반년쯤 《역》을 읽으며 성(性)과 천도(天道)의 비밀을 구명해 볼 수 있겠는가.”라고 하였는데, 이 한마디 말을 통해서도 공의 조예가 어떠한지를 바로 알 것이다. 그런데 또 한편으로는 천기(天機)가 암암리에 작동하여 오늘 같은 날이 있으리라는 것을 그때 이미 알고서 자연히 그런 탄식을 발한 것이 아닌가 하는 생각도 든다.

아, 하늘이 이미 기수(氣數)에 국한되어 공이 조정에 나아가서 겸선(兼善)하며 성대(聖代)에 향기를 전파하도록 찬조하지 못하게 해 놓고는, 오히려 그 연수(年壽)에 인색하여 우유(優遊)하게 학업을 완성해서 후세 사람들에게 서언(緖言)을 드리우지 못하게 하였다. 처음에는 정령(精靈)을 기르고 빚어서 이 세도의 비색(否塞)함에 대비하려는 듯하더니, 결국에는 사향노루가 지나간 그 풀만 향기롭게 하고 그 공리(功利)는 끝내 미치지 못하는 것처럼 하고 말았다. 아, 이것이 어찌된 일인가. 이것이 어쩌면 “이치는 미루어 짐작할 수가 없고 하늘은 믿을 수 없다.”[32]라고 하는 것이 본래 그러하니 괴이하게 여길 것도 없다는 것인가.

아, 비래암(飛來庵)에 모인 다섯 사람 가운데 지금은 이 몸만 홀로 남아 있다. 근래에 쇠하고 병들어 정기(鼎器 연단(煉丹)하는 용기(容器))가 날로 훼손되는 상황에서, 공의 죽음을 곡한 뒤로는 더욱 신식(神識)

32 이치는……없다 : 한유(韓愈)가 조카 십이랑(十二郞) 한노성(韓老成)을 위해 지은 제문인 〈제형자십이랑노성문(祭兄子十二郞老成文)〉에 “이른바 하늘이라는 것은 참으로 헤아리기 어려운 것이요, 귀신이라는 것은 참으로 드러내 밝히기 어려운 것이다. 이른바 이치라는 것도 미루어 짐작할 수가 없고, 수명이라는 것도 도시 알 수가 없다.”라고 하였다. 《五百家注昌黎文集 卷23》

이 녹아 없어짐을 절감하니, 얼마 지나지 않으면 나도 공의 뒤를 따라가 태허(太虛)의 혼돈의 세계에서 사이좋게 지내게 될 것이다. 오직 지금부터 죽는 그날까지는 흩어진 심신을 수렴하여 근본으로 복귀하고 근원을 하나로 하여 이욕을 끊어 버리고서, 한가한 날에 잔편(殘編)을 수습하고 그 빈틈을 보완하여 제공(諸公)에게 다 갚지 못한 부채를 갚으려 하는데, 공이 어쩌면 말없이 손잡고 인도하여 아홉 길 산을 만들 적에 한 삼태기의 흙이 부족하지 않게 해 줄지도 모르겠다.[33]

아, 지금 영결할 때를 당하여 하고 싶은 말이 간폐(肝肺)에 꽉 차 있지만, 병들어 혼미하고 슬픔이 극에 달했으니 어떻게 문자로 방불하게나마 표현할 수 있겠는가. 위로는 세도와 사문을 위해 슬퍼하고, 아래로는 나 스스로 감개하여 곡할 따름이다. 영구(靈柩)를 어루만지며 한번 통곡하매 오장(五臟)이 썩어 문드러지는데, 오직 이 성의(誠意)만은 감통할 것이니 이 잔을 거절하지 않으리라 믿는다.

33 아홉……모르겠다 : 송명흠이 저승에서 녹문을 도와주어 유종(有終)의 미를 거둘 수 있게 해 줄 수도 있으리라는 말이다. 《서경》 〈여오(旅獒)〉에 "밤낮으로 부지런하지 못한 점이 혹시라도 있지 않게 해야 한다. 자그마한 행동이라도 신중히 하지 않으면 끝내는 큰 덕에 누를 끼칠 것이니, 이는 마치 아홉 길의 산을 만들 적에 한 삼태기의 흙이 부족해서 그 공이 허물어지는 것과 같다.〔夙夜罔或不勤 不矜細行 終累大德 爲山九仞 功虧一簣〕"라고 하였다.

이수이[34]에 대한 제문 10월

祭李壽而文 十月

내가 처음 형을 만난 것은　我始見兄
바로 검수의 물가 모래톱　黔水之沚
유생들이 자리에 가득할 때　衿紳盈座
형이 강주(講主)의 자리를 차지했지요　兄據皐比
강의를 부지런히 하는 속에서도　講說亹亹
정다운 말을 건네곤 하였나니　間以情言
그 말이 무엇이었느냐 하면　其言伊何
대대로 집안끼리 좋게 지낸 것　世好之敦
등잔불 걸어 놓고 밤늦게까지　懸燈卜夜
숨김없이 속마음 털어놓는 동안　開心展蘊
도에 계합하고 정신이 맞았나니　道契神融
왜 이렇게 늦게야 만났나 하였지요　何見之晚
스스로 생각건대 무지몽매한데도　自惟倥倥
나를 치켜세우심은 여전하시어　獎詡則然
그동안 멀리 떨어져 지내면서도　邇來間闊
편지는 빈번하게 주고받았지요　尺素猶勤
위미[35]의 심법과　心法危微

34 이수이(李壽而) : 이규항(李奎恒)으로, 자는 수이이다.

35 위미(危微) : 위태한 인심(人心)과 미세한 도심(道心)이라는 뜻이다. 《서경》〈대

《논어》의 심오한 뜻 奧旨魯論
그리고 도기[36]와 사칠[37]의 道器四七
미세한 부분까지 분석했나니 辨析絲忽
처음에는 서먹한 것 같았어도 始若鉏鋙
나중에는 점차로 융화되었고 終漸融脫
어쩌다 벗들과 함께 모여서는 時或簪盍
얼마나 또 흥미진진하였는지 於焉津津
자나 깨나 언제나 잊지 않은 것은 寤寐不忘
천명을 좇아 몸 편히 함이었다오 立命安身
대개 형이 선천적으로 품부받은 것은 蓋兄稟賦
돈후하고 소박하며 우아하고 순수해서 敦樸雅醇
대갱[38]이라 할까 현주[39]라 할까 大羹玄酒

우모(大禹謨)〉에 "인심은 위태하고 도심은 미세하니, 오직 정밀하게 살피고 전일하게 행하여 그 중도(中道)를 진실로 잡아야 한다.〔人心惟危 道心惟微 惟精惟一 允執厥中〕" 라고 하였다.

36 도기(道器) : 도(道)는 무형(無形)의 추상적인 도리를 뜻하고 기(器)는 유형(有形)의 구체적인 사물을 뜻하는 중국 철학의 용어이다. 《주역》〈계사전 상(繫辭傳上)〉의 "형이상의 것을 도라고 하고 형이하의 것을 기라고 한다.〔形而上者謂之道 形而下者謂之器〕"라고 하였다.

37 사칠(四七) : 사단(四端)과 칠정(七情)의 준말이다.

38 대갱(大羹) : 조미료를 사용하지 않아 다섯 가지 맛을 내지 않은 육즙(肉汁)을 말한다. 오미(五味)를 가미한 육즙은 형갱(鉶羹)이라고 한다.

39 현주(玄酒) : 제사 때 술 대신에 쓰는 청수(淸水)를 말한다. 물은 그 색이 검고, 또 태고 시대에는 술이 없어서 정화수(井華水)를 썼던 데에서 그런 이름이 나왔다고 한다.

어린아이의 마음을 잃지 않았지요	不失赤子
보전한 것이 천리(天理)이거니	所全者天
재물과 이익에 어찌 끌렸으리오	貨利何事
그래서 말과 행동이 독실하였으니	所以慥慥
억지로 힘써서 그런 게 아니었다오	匪由強力
늙어서도 학문을 좋아하여	老而好學
더욱 사랑스러웠던 진백이여[40]	可愛進伯
정문에서 칭찬했던 그 말을	程門攸稱
나는 형에게 돌려드리려오	我於兄云
서로 바라다보이는 가까운 교외에	相望莽蒼
다행히 덕스러운 이웃을 두었기에	幸占德隣
최고의 경지 향해 한 걸음 한 걸음씩	竿頭一步
형이 이끌어 주시길 앙망하였나니	仰兄提挈
구원하고 원대한 그 사업은	久大之業
천년토록 의탁할 것이었다오	千載是托
지난번 형이 병석에 드러누웠을 때	曩兄在疚

40 늙어서도……진백(進伯)이여 : 진백은 여대충(呂大忠)의 자이다. 《이정유서(二程遺書)》 권10 〈낙양의론(洛陽議論)〉에 "여진백은 늙어서도 학문을 좋아하여 철저하게 이해하려고 노력하였다. 이에 대해서 정숙(正叔)이 말하기를 '늙어서도 학문을 좋아하는 자는 더욱 사랑스럽다. 사람이 젊었을 때에는 원래 노력하는 것이 당연하다. 그러나 노년에 이르면 의지와 근력이 쇠해지게 마련인 데다, 배워도 미치지 못할 걱정이 있고 또 배울 햇수도 많지 않은 상태이다. 하지만 아침에 도를 들으면 저녁에 죽어도 좋다고 성인께서 말씀하지 않으셨던가. 얼마 배우지 못하거나 햇수가 부족하다고 하더라도, 끝내 도를 듣지 못하는 것보다는 낫지 않겠는가.' 하였다."라고 하였다.

나도 병들어 달려가 위문하지 못해	病稽奔唁
마음이 꽉 막힌 듯 답답해하며	心焉噎結
걱정을 하고 시름에 잠겼었는데	以優以悁
어찌하여 흉한 소식이 또 날아와	何來凶問
나의 억장이 무너지게 했단 말이오	使我摧肝
마음을 세운 것은 그토록 빛났건만	烱烱立心
이토록 허둥지둥 세상을 마치다니요	草草蓋棺
우리의 이 도 역시 이제는 끝났나니	已矣吾道
저 하늘이 하는 일을 어떻게 하리오	奈何彼天
계서[41]가 비록 늦긴 하였으나	鷄絮雖晩
이 마음만은 보증할 수 있으니	此心可質
제때에 안 왔다고 나무라지 마시고	毋曰弗及
나의 이 단심(丹心)을 흠향해 주시기를	歆此衷赤

41 계서(雞絮) : 구운 닭 한 마리와 솜뭉치에 적신 술이라는 뜻으로, 변변찮은 제물(祭物)을 비유하는 말이다. 후한(後漢) 서치(徐穉)가 조문하러 갈 때 미리 솜에 술을 적셔서 햇볕에 말린 다음에 묘소 앞에 왔을 때 다시 물에 적셔서 술기운이 우러나게 하고는 구운 닭과 함께 제단에 올려서 제사 지낸 고사에서 유래한 것이다. 《後漢書 徐穉列傳》

성선보 원익 에 대한 제문 경인년(1770, 영조46) 4월

祭成善甫 元翼 文 庚寅四月

아, 나는 형에 대해서 명분으로는 인친(姻親)이고 의리로는 붕우이지만, 그 정(情)으로 말하면 옛날에 칭한 "성(姓)이 다른 형제"[42]라고 해도 좋을 것이오.

녹문에 집 짓는 것을 형이 실로 주관하였고, 거할 때에는 서로 의지하고 노닐 때에는 서로 따라다녔으며, 일이 있으면 서로 대처하고 의문이 있으면 서로 질문하는 등, 전후로 10여 년에 걸쳐 열흘이 넘도록 서로 만나지 않은 적이 없었고, 서로 만나면 그때마다 마음을 털어놓고 뜻을 같이하면서 환희하고 의기투합하여 하루라도 서로 없으면 안 될 것처럼 지냈지요. 그런데 지금 홀연히 나를 버리고 먼저 세상을 떠나, 집을 나가면 나 홀로 쓸쓸히 걸어 다니고 집에 들어오면 정신이 아득하기만 하니, 장차 어디에다 나의 회포를 부치고 여생을 보낸단 말이오.

형은 나보다 7년 연상인데, 근년 이래로 존문에 초상 치르는 일이

42 성(姓)이 다른 형제 : 송(宋)나라 사마광(司馬光)과 범진(范鎭)이 의기투합하여 형제처럼 친하게 지낸 이른바 '범마형제(范馬兄弟)'의 고사에서 나온 것으로, 원(元)나라 장광조(張光祖)가 지은 《언행귀감(言行龜鑑)》 권3 〈교제문(交際門)〉에 "사마 온공(司馬溫公)은 범 촉공(范蜀公)과 친하게 사귀었다. 희령(熙寧)과 원풍(元豐) 연간에 사대부가 천하의 현자를 논할 때면 으레 '군실(君實)과 경인(景仁)은 도덕과 풍류로 당세의 사표가 된다.'라고 하였다. 두 사람이 지기(知己)가 된 것을 매우 기뻐하여 서로 상대방의 행장을 지어 주기로 약속하고 나중에 죽는 자는 묘지를 써 주기로 하였다. 군실은 항상 사람들에게 말하기를 '나와 경인은 형제이니, 다만 성이 같지 않을 뿐이다.'라고 하였다."라고 하였다.

계속 이어졌으므로, 내가 매양 형의 누이에게 말하기를 "내가 차라리 일찌감치 내 거처를 옮겨서 당신의 오빠가 불행해지는 것을 보지 않았으면 좋겠다."라고 말하였소. 하지만 형은 품부받은 기운이 강후(剛厚)하고 정력(精力)이 여전히 강건하였으니 100세의 수명을 누리는 것은 이치상 필연적인 일이었는데, 나의 잘못된 생각에서 나온 말이 홀연히 예견하는 참언(讖言)이 될 줄이야 어찌 생각하였겠소. 아, 비통할 따름이오.

붕우의 도(道)는 실로 한 가지가 아니라서, 혹은 도의(道義)로 하고 혹은 문예(文藝)로 하고 혹은 세교(世交)로 하는데, 나와 형의 경우는 이런 몇 가지에 해당되지 않는 것이었소. 대개 형은 관후하고 인자함이 바탕을 이룬 위에 그 가슴속이 솔직하고 평이하였소. 종일토록 재미있게 이야기하면서 남의 마음을 상하게 하는 말은 언급하지 않았고, 누구나 사랑하는 것을 도로 삼아서 항상 남을 구제하는 것에 뜻을 두었으며, 응접할 때에도 경계를 설정하지 않아서 안색을 보면 천진(天眞)함만이 깃들어 있었소. 그래서 내가 매양 마음속으로 희열하면서도 따라갈 수 없음을 탄식하였으니, 이는 그 정신과 기미에 실로 여황빈모(驪黃牝牡)[43]를 벗어나 암암리에 계합하고 내심으로 영회(領會)하는 점이

43 여황빈모(驪黃牝牡) : 검고 누런 암컷 말과 수컷 말이라는 뜻으로, 색깔이나 모양 등 외면적인 특성을 비유한 말이다. 준마를 잘 알아보는 것으로 유명한 춘추 시대의 백락(伯樂)이 진 목공(秦穆公)의 부탁을 받고 자기의 친구인 구방고(九方皐)를 추천하여 천리마를 찾게 하였다. 그런데 그가 석 달 뒤에 돌아와서 누런 암컷 말〔牝而黃〕을 구해 왔다고 하였으나 실제로 확인해 보니 검은 수컷 말〔牡而驪〕이었으므로 목공이 백락을 책망하자, 백락이 "그는 말의 천기(天機)만을 볼 뿐, 바깥에 드러나 있는 모양이나 색깔 등은 보지 않기 때문에 그렇게 된 것이다."라고 찬탄을 하였는데, 나중에 보니 과연 천하의 둘도 없는 양마(良馬)였더라는 이야기가 전한다. 《列子 說符》

있었기 때문이오.

돌아보건대 나는 세상과 담을 쌓고 지내면서 무리를 떠나 고독하게 지내는 정도가 날로 심해지는 속에서, 노년의 나의 심기(心期 마음으로 허여하는 사귐)를 여기에다 의탁하였소. 그래서 외롭지 않게 될 이웃을 밖에서 찾을 필요가 없었으니, 외면으로는 금란(金蘭)이지만 내면으로는 삼상(參商)인 세상 사람들과 비교하면 어찌 백 리 천 리나 떨어질 뿐이었겠소. 아아, 그러나 이제는 모두 끝장이 나고 말았소. 지금부터 죽는 그날까지 거할 때에 누구를 의지하고 노닐 때에 누구를 따르겠으며, 일이 있을 때 누구와 상의하고 의심이 들면 누구와 의논하겠소. 또 무슨 마음으로 청계(淸溪)를 건너 달한(達閈)에 들어가서 형의 대청에 오르고 형의 유막(帷幕)을 들춘단 말이오.

아, 슬픔이 천지에 사무쳐서 언어로 형용할 수가 없고, 회포가 가슴을 꽉 메워서 문자로 기록할 수가 없소. 그러나 이 형형(炯炯)한 심(心)만은 유명(幽明)을 관통하여 막힘이 없을 것이니, 형의 영혼에 만약 앎이 있다면 자연히 모두 살펴볼 수 있을 것이외다. 한 소리로 길게 호곡하매 만 가지 인연이 그저 헛될 뿐이니, 아, 슬프기만 하오.

미호 김공[44]에 대한 제문 임진년(1772, 영조48) 9월

祭渼湖金公文 壬辰九月

아, 사람의 죽음에 곡하며 슬퍼하는 것은 인정으로 볼 때 당연하다. 지금 나는 곡하면서 오히려 죽은 자를 부러워하며 명막(冥漠 저승)의 세계로 일찌감치 손잡고 떠나지 못함을 한스러워 하고 있으니 어찌된 일인가.

아, 지주(砥柱)[45]가 무너져서 범람하는 온갖 냇물을 막을 길이 없고, 시귀(蓍龜)가 사라져서 눈먼 중생들이 의지할 곳이 없어졌다. 이는 실로 뒤에 죽는 자의 무궁한 슬픔이라고 하겠지만, 슬퍼할 여유도 없는 점이 있다고 한다면, 부러워하는 감정이 뒤따라 일어나는 것도 어찌 인정으로 볼 때 그럴 수밖에 없지 않겠는가.

유유(悠悠)한 창천(蒼天)이여, 언제나 이런 짓을 그만둘 것인가. 아, 천재(千載)가 앞에 펼쳐져 있고 백세(百世)가 뒤에 놓여 있는데, 유명(幽明)의 현상은 기(氣)이고 이를 관통하는 것은 심(心)이니, 한 소리로 길게 통곡하는 것이 슬픔 때문이라고 하겠는가, 부러움 때문이라고 하겠는가.

44 미호(渼湖) 김공(金公) : 김원행(金元行, 1702~1772)으로, 본관은 안동(安東), 자는 백춘(伯春), 호는 미호·운루(雲樓), 시호는 문경(文敬)이다.

45 지주(砥柱) : 중국 삼협(三峽)의 지주산(砥柱山), 즉 삼문산(三門山)을 말하는데, 이 산이 탁한 황하(黃河)의 중류(中流)에 기둥처럼 우뚝 버티고 서서 거센 물결을 혼자 감당하고 있다는 뜻을 취하여, 보통 한 몸에 중책을 지고서 난국을 수습하는 사람의 비유로 쓰인다.

밀옹 김유도[46]에 대한 제문 갑오년(1774, 영조50) 11월

祭密翁金幼道文 甲午十一月

기운이 박해진 쇠미한 말세	衰季氣漓
동해 끝의 비좁은 우리나라	左海境局
사람들 학문하는 것을 보면	凡人爲學
대저 남의 말만 듣고 전할 뿐	大抵耳食
기억하고 외워 답습이나 하면서	記誦蹈襲
자기도 성인이 될 수 있다나요	謂聖可作
생각건대 공은 걸출하시어	維公挺生
세상에 드물게 영특하신 분	間世英特
독자적인 경지로 깊이 나아가	深造獨詣
스스로 얻으려고 노력하였지	務爲自得
옛날부터 굳어진 가르침이라 해도	雖古成訓
그냥 무턱대고 믿으려 하지 않고	未遽信及
직접 탐색하여 눈으로 본 뒤에야	躬探目擊
자신의 의심이 얼음 녹듯 풀렸어라	我乃氷釋
심과 성의 변론을 보면	心性之辨
불분명하게 뒤섞인 채	淆亂靡析

46 밀옹(密翁) 김유도(金幼道) : 김지행(金砥行, 1716~1774)으로, 자는 유도, 호는 밀옹·밀암(密菴)이다. 김상용(金尙容)의 후손으로, 김원행(金元行)의 종제(從弟)이며, 윤봉구(尹鳳九)의 문인이다.

다르다 하고 같다고 하며	曰異曰同
분열된 지 이미 오래	久已分割
모두 자기만이 안다고 하니	具曰予知
흑백을 그 누가 가렸으리오	孰辨黑白
이에 공이 독자적인 견해로	迺公獨見
명목을 새로이 수립하였나니	創立名目
본부와 본연의 용어를 제시하여	本賦本然
성에 분과 합이 있다고 했네	性有分合
심을 분류하여 구별하는 한편	心以類別
근원은 하나가 아니라고 하고	源則無一
인과 물, 성과 범에 대해서도	人物聖凡
자기만의 학설을 만들었나니[47]	自成一說

47 이에……만들었나니 : 《녹문집》 권3 〈김유도에게 답하는 글〔答金幼道〕〉에 이와 관련된 내용이 자세히 나와 있다. 녹문은 1762년(영조38) 김지행의 이른바 심성시설(心性詩說)을 얻어 보고 나서, 1763년, 1764년, 1770년 등 모두 네 차례에 걸쳐 그의 이론을 극력 반박하며 토론하였다. 김지행의 주장에 대해 녹문이 의문을 제기한 것은 첫째, 성(性)은 일원(一源)이 있는데 심(心)은 일원이 없다고 한 것, 둘째, 인(人)의 심성(心性)은 선악(善惡)을 나눌 수 없는데 물(物)의 심성은 편전(偏全)을 나눌 수 있다고 한 것, 셋째, 이원(理原)과 기원(氣原)의 이(理)에 차이가 있다는 것, 넷째, 성(性)과 인의예지(仁義禮智)에 구별이 있다는 것 등이었다. 그리고 김지행이 애용한 '본부(本賦)'라는 용어에 대해서, 녹문은 이 두 글자가 《주자어류(朱子語類)》에 뿌리를 둔 것이긴 하지만, '본(本)' 자는 '품(稟)' 자의 잘못일 것이라는 의견을 제시하기도 했는데, 김지행은 오상(五常), 즉 인의예지신(仁義禮智信)을 '사람과 물이 같지 않은 측면〔人物不同〕'에서의 성(性)이라고 하여 본부에 소속시키고, 지극히 선하여 거짓이 없는 것〔至善無妄〕을 '천하가 동일한 성이라는 측면〔天下一性〕'에서의 성(性)이라고 하여 본연(本然)에 소속시켜, 성(性)과 오상(五常)을 나누어 말하였다.

어찌 스승을 믿지 않으리오마는 豈不信師
이치는 바꿀 수 없었기 때문이라 理難移易
하지만 나는 둔한 근기라서 惟余鈍根
의혹이 자꾸만 커져 가기에 未免滋惑
시설에 비평하는 찌를 붙여서 詩說籤評
나름대로 하자를 지적하였는데 妄效疵摘
공은 기분 나쁘게 여기지 않고 公不爲忤
재차 글을 보내 힐문하였나니 再書致詰
웅변이 아닌 것은 아니었지만 匪不雄辯
이 교칠[48]은 어쩔 수가 없었어라 奈此膠漆
대개 우리 두 사람의 견해 차이는 蓋吾兩見
모두 스스로 학문을 해 온 결과로 皆由積學
메아리 좇아 따라만 다니는 匪如世人
속인들과는 달랐기 때문인데 逐響紛若
삭남의 착오를 빚은 원인과 관련하여 朔南之繆
미세한 부분까지 실을 쟁론하면서도 爭實毫髮
그 과정에 주의해야 할 점이 있었기에 然有所戒
우선 장문의 글은 보류하기로 했었지요[49] 姑撤長牘

48 교칠(膠漆) : 아교와 옻칠이 서로 엉겨 붙어 있는 것처럼 견고하게 결합되어 있다는 뜻으로, 어떤 반론에도 흔들리지 않을 만큼 고집스러울 정도의 자부심을 비유한 말이다.

49 삭남(朔南)의……했었지요 : 녹문과 김지행의 주장이 북쪽〔朔〕과 남쪽처럼 멀리 떨어져서 합치되지 않는 근본적인 이유를 상호 토론하면서, 각자의 주장이 실(實)인지 부실(不實)인지, 즉 진위를 가리기 위해 미세한 부분까지 파고들었는데, 그 과정에서

각자 마음속으로 침잠해 들어가서	各自潛心
완전히 이해할 때까지 기다리노라면	以竢融脫
말없이 머리를 끄덕이며 수긍하는	啞然點頭
그런 날이 분명히 있었을 것이니	定有其日
그 목표하는 바가 원대했음은 물론	所期旣遠
기대하는 바도 더욱 간절하였는데	所望彌切
어찌 생각했으리오 하루아침에	豈料一朝
갑자기 부음(訃音)을 듣게 될 줄이야	遽承不淑
아직 완결하지 못한 문제가 남아	未了之案
한스러움을 무궁히 끼치고 말았도다	遺恨無極
아침저녁으로 만나는 자운[50]을	朝暮子雲
이제 또 누구에게 빌어 보겠는가	更誰爲祝
내가 나하고만 상대하게 된	我與我旋
그 정상이 또한 측은하도다	其情也慽
하늘은 왜 원로 한 분 남겨 두지 않았나	胡不憖遺
백번 대신 죽어도 되살릴 수 없는 그분	百身莫贖

토론의 정도를 벗어나 혹 상대방을 조롱한다거나 원래의 뜻을 왜곡하여 멋대로 유추하는 등의 바람직하지 않은 일이 있게 된 만큼 당분간 서신을 교환하는 일은 뒤로 미루기로 했다는 말이다.

50 아침저녁으로 만나는 자운(子雲) : 지기(知己)를 뜻밖에 만나게 되는 행운을 비유하는 말이다. 《장자(莊子)》 〈제물론(齊物論)〉에 "만세의 뒤에라도 이 해답을 아는 대성인을 만나게 된다면, 이것 역시 아침과 저녁 사이에 만나는 것이라고 할 것이다."라는 말이 나온다. 또 후세에 제대로 평가해 주는 식견이 높은 사람을 기다린다고 할 때, 흔히 양자운(揚子雲)과 소요부(邵堯夫)를 거론하곤 하는데, 자운은 한(漢)나라 양웅(揚雄)의 자이고, 요부는 송(宋)나라 소옹(邵雍)의 자이다.

지극히 높은 뜻과	至高之志
가대의 그 사업[51]이여	可大之業
넓은 식견에 영특한 그 논지와	曠識英論
맑은 지조에 부동의 그 신념이여	淸操苦節
이 세상 어디에서 구해 보아도	求之斯世
이런 분을 다시 뵐 수 있겠나	何處復覿
하늘이 사문(斯文)을 망칠 작정으로	天之將喪
일단 맡겼다가 냉큼 뺏어 갔나니	左任右失
제문을 지어 한번 통곡하는	緘詞一慟
나의 슬픔을 누가 알리오	孰知余怛
모쪼록 존귀한 영령께서는	庶幾尊靈
나의 이 충심을 살펴 주시기를	鑑此衷赤

51 가대(可大)의 그 사업 : 광대해질 수 있는 사업이라는 뜻으로, 현인(賢人)의 업적을 말한다. 《주역》 〈계사전 상(繫辭傳上)〉의 "오래갈 수 있는 것은 현인의 덕이요, 광대해질 수 있는 것은 현인의 업이다.〔可久則賢人之德 可大則賢人之業〕"라고 하였다.

한여능 광득 에 대한 제문 을미년(1775, 영조51)

祭韓汝能 光得 文 乙未

옛날에 그대가 나를 방문한 것은　昔子訪余
경진년(1760) 겨울이었는데　庚辰之冬
그로부터 아홉 해 동안이나　伊後九載
아득히 소식이 통하지 않았었지　漠不相通
그러다가 어느 날 느닷없이　迺於一日
책을 싸 들고 나를 찾아왔기에　笈書踵門
인사말 주고받는 이외에는　寒暄之外
다른 말을 할 겨를도 없었더랬지　不暇一言
그대는 말했지 그동안 뜸했던 것은　曰我屛迹
그럴 이유가 있었기 때문이라고　蓋有其以
집안이 원래 빈곤하고 군박해서　家故貧窘
숙수를 올리기도 어려웠는지라　難供菽水
학문이 급하지 않은 것은 아니지만　學非不急
자식의 직분을 먼저 행해야 했었다고　宜先子職
그래서 발분하여 있는 힘을 다해　發憤肆力
호미와 가래를 직접 손에 들고서　躬執耒鎛
땅을 개간하고 수확을 하며　以畬以穫
조금씩 저축해 나아갔다고　分寸其積
대략 완비되었다고는 못하더라도　匪曰苟完
곤궁함은 조금쯤 면할 수 있어서　粗免于鞠

이만하면 괜찮겠다고 생각되기에	斯可已矣
내 글방으로 돌아오게 되었다고	歸歟我塾
그동안 소식을 전하지 못한	曩昔之阻
죄책감을 잊을 수도 없어서	匪忘伊恧
이제 이렇게 돌아와 의지하며	於焉依歸
여기에 거하는 것이 소원이오니	至願在是
남보다 백배 더 노력을 하면	人一己百
그래도 가능성이 있지 않겠느냐고	庶幾云爾
내가 이 말을 듣고 흥기하면서	余聞而作
무릎을 치고 감탄하여 말하기를	擊節興喟
사람이 학문을 하기 위해서는	凡人爲學
기운과 뜻이 필수적이니	惟氣與志
뜻이 낮으면 포기를 하고	志低則棄
기운이 약하면 폐하기 마련인데	氣弱則廢
그대는 남보다 갑절이나 뛰어나니	子惟兼人
눌러나지 말고 용맹 정진해 보시라고	勇往不退
그리하여 그대가 절리일원[52]을 하며	絶利一源
아침저녁으로 독실하게 노력한 결과	慥慥晨夕
몇 년이 채 지나지 않아서	曾未數歲

52 절리일원(絶利一源) : 이욕을 끊고 근원을 하나로 한다는 뜻으로, 정력을 허비하지 않고 한곳에 집중하여 철저히 추구하는 것을 말한다. 《음부경(陰符經)》의 "소경이 잘 듣고, 귀머거리가 잘 본다. 이와 같이 이욕을 끊고 근원을 하나로 하면, 용병(用兵)의 효과가 10배이다."라는 말에서 유래하였다.

우뚝 두각을 드러냈어라	嶄然頭角
하늘이 수명만 더 빌려주었더라면	天假以齡
그대 앞을 가로막을 자가 없었을 텐데	孰禦其進
천리마가 홀연히 넘어져 쓰러졌으니	驥騁忽蹶
하늘의 이치는 실로 믿기 어려워라	理實難信
싹을 틔우고 꽃을 피우지 못한 것[53]은	苗而不秀
예전부터 그러하였으니	誰昔而然
하늘의 일을 어떻게 하랴마는	奈何于天
비통함이 오장(五臟)에 얽힐 수밖에	痛結脾肝
아, 내가 그대에 대해서	嗟余於子
가만히 생각하니 허물이 많고	靜念多愆
거리가 멀어서 염습(斂襲)도 보지 못했고	遠闕視斂
병이 들어서 영좌(靈座)에 곡도 못 했도다	病違哭靈
심하도다 나의 쇠함이여	甚矣其衰
나의 심정을 그 누가 알리오	孰知余情
제문을 지어 애통함을 고하매	緘辭告哀
나의 슬픔이 끝이 없나니	哀不可極
그대의 혼에 만약 앎이 있다면	子如有知
나의 이 충심을 살필 수 있으리라	庶鑑衷曲

53 싹을……것 : 《논어》 〈자한(子罕)〉에 "싹을 틔우고는 꽃을 피우지 못하는 경우도 있고, 꽃은 피었건만 열매를 맺지 못하는 경우도 있다.〔苗而不秀者有矣夫 秀而不實者有矣夫〕"라는 공자의 말이 있는데, 이에 대해서 황간(皇侃)은 공자의 제자 안회(顏回)가 대성(大成)하지 못한 채 일찍 죽은 것을 비유한 것이라고 하였다.

종자 걸 의 부인 신씨에 대한 제문 병신년(1776, 영조52) 1월
祭從子 杰 婦申氏文 丙申元月

아,	嗚呼
순박하고 단순한 성품	純一之性
단정하고 순수한 용모	端粹之容
덕이 의표(儀表)에 드러나서	德著于儀
한번 보면 징험할 수 있었나니	一見可徵
폐백 대그릇을 손에 들던 그날[54]에	執笲之晨
이웃 동네에서도 축하해 마지않았네	賀騰隣里
하늘이 복록을 내려 주고	宜爾茀祿
자손이 뒤따르게 함이 마땅한데	從以孫子
시간이 얼마 지나지도 않아서	曾未幾何
어찌하여 재앙을 내렸단 말인가	云胡其椓
홍역이 꼭 죽는 병도 아니련마는	疹豈死人
집안이 온통 삭막하게 뒤바뀌면서	維家之索
애달픈 곡성이 죽음에 잇따랐으니	呱呱隨化
하늘은 어쩌면 또 그토록 지독한지	又何其毒
염습(斂襲)은 혼례복으로 하고	斂以嫁衣

54 폐백……그날 : 혼례식 날을 말한다. 《의례(儀禮)》 〈사혼례(士昏禮)〉와 《예기(禮記)》 〈혼의(昏義)〉에 의하면, 신부가 대추와 밤 등 폐백을 담은 대나무 그릇을 들고 시부모를 뵙는 것으로 되어 있다.

의지할 남편의 친족도 없었으니	憑無夫黨
이승 저승 간에 한이 맺히고	恨結幽明
천지간에 비통함이 사무쳤도다	痛徹穹壤
그래도 위로받을 것이 있다면	尙有慰者
선영으로 유골이 돌아가는 것	歸骨先麓
봉분이 도끼 모양으로 된	有封若斧
시어머니의 유택(幽宅)에	皇姑之宅
육신을 함께 부치게 되었으니	祔以一塊
그런대로 고독하진 않으리로다	庶不孤孑
술 한잔 올리면서	一酌以薦
천고의 영결을 고하노니	千古之訣
어둡지 않은 혼이 있다면	不昧者存
나의 슬픔을 살펴 주리라	倘照余怛

송택지 명상 에 대한 제문 경자년(1780, 정조4) 9월

祭宋擇之 明相 文 庚子九月

아, 사는 것은 물론 사람이 욕심내는 바이지만 혹 싫증 날 때가 있고, 죽는 것은 물론 사람이 싫어하는 바이지만 혹 즐거워하는 때가 있다. 아, 공의 죽음과 나의 삶을 비교해 볼 때, 과연 어느 것이 욕심낼 만하고 어느 것이 싫어할 만하며, 어느 것이 즐거워할 만하고 어느 것이 싫증 낼 만하겠는가.

아, 내가 살아온 세월이 지금 69년이다. 그동안 상화(喪禍)를 실컷 맛보고 온갖 변고를 두루 거친 나머지, 형해(形骸)만 남아 있을 뿐 신정(神精)은 이미 사그라졌으니, 공을 뒤따라 죽을 날이 헤아려 보면 또한 머지않다.

죽은 뒤에 앎이 있다고 한다면, 공은 존공(尊公)을 따라 공의 누이, 아우와 함께 태허(太虛)의 광막(曠漠)한 세계에서 서로 손을 맞잡고 즐겁게 지내면서 경서(經書)를 얘기하고 역사를 평가하며 북 치고 비파 타고 피리를 불면서 일체 지난날처럼 보낼 수 있을 것이니, 어찌 즐거움 중에서도 더욱 즐거워할 만한 일이 아니겠는가. 따라서 혼탁한 세상에 처하여 홀로 쓸쓸히 거닐며 막다른 길을 슬퍼하여 애태우는 나와 비교해 볼 때, 어찌 매미가 껍질을 벗고 날개 치며 하늘로 올라가는 것 같은 쾌락 정도일 뿐이겠는가. 내가 뒤에 기약하는 것이 여기에 있는 만큼 지금 잠깐 헤어지는 것쯤이야 마음 상할 것이 없다고도 하겠다.

다만 내가 한스럽게 여기는 것은 공의 양세(兩世 부자(父子))가 탁월한 식견과 비범한 기상은 물론 드높은 뜻과 올곧은 지조를 지니고서도,

끝내 하나의 급제를 취하고 하나의 명성을 이루어 세상에 스스로 드러내지 못한 채, 저 범부(凡夫) 속자(俗子)들과 함께 똑같이 민멸되어 후세에 전해질 수 없게 되었다는 것이다.

공에게 만약 앎이 있다면, 이 점에 대해서 아쉽게 여기지 않을 수 없을지도 모르겠다. 아니면 위로 존공을 모시고서 손뼉을 치고 미소 지으며 나의 말이 녹록하다고 비웃을는지도 모르겠다. 아, 그럴 것인가, 그렇지 않을 것인가.

이제 제문(祭文)을 지어 멀리 부치며 한 소리 길게 호곡하노니, 존령도 이 술잔을 흠향해 주리라 생각한다. 아, 슬프다.

지암 김자정[55]에 대한 제문 10월

祭止庵金子靜文 十月

지암 선생 김공(金公)이 사우(士友)를 버리고 세상을 떠난 지 1년이 되려 하는데, 못난 벗인 서하(西河)의 나는 쇠하고 병들어 파리하게 폐인이 된 채 죽음과 이웃하는 처지라서, 여태 술 한잔 올리는 예(禮)를 행하지도 못하였다. 항상 슬퍼하고 부끄러워하며 가슴속에 응어리가 맺혀 있는데, 만약 다시 미적거리며 세월을 보내다가 갑자기 죽어버리면 끝내 천고(千古)의 한(恨)을 품을 것 같기에, 경자년(1780, 정조4) 10월 모일 간지(干支)에 삼가 아들 임조(任照)를 보내어, 변변찮은 제물을 영궤(靈几)의 앞에 바치면서 몇 자의 제문을 지어 올리는 바이다.

아,	嗚呼
지극한 슬픔에는 눈물이 안 흐르고	至哀無淚
지극한 정은 글로 표현 못하는 법	至情無文
사심이 없는 것은 하늘이요	無私者大
어둡지 않은 것은 정신이니	不昧者神
내 마음속에 있는 모든 생각을	凡我有懷

55 지암(止庵) 김자정(金子靜) : 김양행(金亮行, 1715～1779)으로, 본관은 안동(安東), 자는 자정, 호는 지암・여호(驪湖), 시호는 문간(文簡)이다. 김수항(金壽恒)의 증손이며, 민우수(閔愚洙)의 문인이다.

공이 어찌 살펴 주지 않으리오	公豈不照
단아하고 방정한 자태	端方之姿
강직하고 확고한 절조	介確之操
보는 것이 원대하고	所見之大
기르는 것이 정대했나니	所養之正
이 세상 어디를 찾아봐도	求之斯世
나란히 견줄 이 뉘 있으랴	疇與比幷
이미 지나간 천년의 세월	千載旣往
앞으로 맞을 백세의 시간	百世方來
제문을 지어 보내며 한번 통곡하노니	緘辭一慟
공이라 할 것인가 사라고 할 것인가	公耶私耶

종자 렬 의 부인 맹씨에 대한 제문 신축년(1781, 정조5) 5월

祭從子 烈 婦孟氏文 辛丑五月

아,	嗚呼
네가 우리 가문에 들어온 것은	汝入吾門
갑신년(1764, 영조40) 여름날이었는데	甲申之夏
그때 생각하면 우리 집안은	時維吾家
초상을 연달아 치르고 있었지	荐經喪禍
시부모님이 돌아가시고 나서	舅姑不在
조상 제사 맡길 이가 없던 차에	宗祀靡托
막내딸이 와서 주관하며	季女來尸
선비의 역할을 이어받았어라	先妣之續
정숙하고 조용하고 평화롭고 온순하며	貞靜和順
부드러우면서도 아리따웠던 그 자태	婉孌其儀
제사 음식 올리는 것도 물론	蘋蘩之薦
정결하고 시절에 맞게 했지	以潔以時
종부(宗婦)의 법도로 단속하매	濟以坤剛
규중이 가지런히 질서 잡히고	閨梱整飭
비복도 기뻐하면서 두려워하매	婢僕悅讋
종족이 찬탄하여 마지않았네	宗黨歎嘖
신명(神明)이 위로하여	神之勞矣
아들을 많이 주었으니	多男時錫
당연히 이를 더욱 펼쳐서	宜其申之

장수와 복록을 내려야 했는데	以壽以祿
어찌하여 하룻밤 사이에	云胡一夕
난이 꺾이고 구슬이 깨졌는가	蘭摧珠隕
네가 학질을 앓으면서	汝病痎瘧
일 년이 넘도록 낫지 않고	閱歲沈頓
출산한 뒤에 부종이 겹쳐	産餘浮腫
증세가 더욱 위중해졌으나	證益危綴
위중해도 무서울 것 없다는	危而無恐
나만의 이유가 있었으니	余獨有說
체격이 크고 완전한 데다	貌豐而完
성격이 느긋하고 명랑해서	性緩而愉
일찍 죽을 명이 아닌 만큼	俱非夭法
소생할 가망이 있어서였는데	庶幾回蘇
천리를 유추하기 어려운 것은	理之難推
예나 이제나 마찬가지라	誰昔而然
생각이 여기에 미치고 보니	念及于玆
혼자서 하늘에 절규할 뿐이로다	但自叫天
병들었을 때 간호하지도 못하고	病未手護
죽었을 때 염습도 보지 못하다니	死違躬斂
너는 나를 시부모처럼 여겼는데	汝視我舅
나는 실로 부족한 점이 많구나	我實多歉
선조의 사당은 누구를 의지하며	先廟何依
네 명의 어린 자식은 누가 키울까	四稚疇育
내가 슬퍼할 시간도 많지 않다마는	悲固無幾

감정은 스스로 억누르기 어려워라	情自難抑
변변찮은 제물로 찾아와 곡하매	薄奠來哭
눈물이 곡소리 따라 흘러내리네	淚隨聲迸
혼령이여 혹시 앎이 있다면	靈或有知
나의 이 술잔 받아 주게나	尙歆玆觥

곤암 김중척[56]에 대한 제문 병오년(1786, 정조10) 8월
祭困庵金仲陟文 丙午八月

아, 내가 형과 교분(交分)을 맺은 뒤로 지금 50여 년이 되었소. 명분으로 보면 붕우(朋友)가 되고, 친족 관계로 보면 혼인(婚姻 인척(姻戚))이 되지만, 그 정분(情分)으로 말하면 비록 마범(馬范)이 일찍이 칭한 것[57]과 같다고 말해도 괜찮을 것이니, 출처(出處)와 어묵(語默)의 취미(臭味)가 절로 합하고, 굴신(屈伸)과 영욕(榮辱)의 기맥(氣脈)이 서로 연관되었지요. 동적(銅狄 성문 앞에 세운 구리 인형)도 예전 그대로이고 지나간 일들도 눈앞에 삼삼한데, 질병과 사상(死喪)에 대해 아무 상관없는 사람처럼 대하면서, 초빈(草殯)하고 염습(斂襲)하고 발인(發靷)하고 장사 지낼 때에도 그저 길게 탄식만 늘어놓았을 뿐이라오.[58] 비록 노쇠하고 병들어 폐인이 된 탓이라고는 해도 지극히 가슴 아픈 일이 아닐 수 없소.

56 곤암(困庵) 김중척(金仲陟) : 김상무(金相戊)로, 자는 중척, 호는 곤암이다. 김장생(金長生)의 6세손이다.

57 마범(馬范)이……것 : 성은 다르지만 형제처럼 친하게 지내는 것을 말하는데, 사마광(司馬光)과 범진(范鎭)의 이른바 '범마형제(范馬兄弟)'의 고사에서 나왔다. 289쪽 주42 참조.

58 질병과……뿐이라오 : 《시경》 〈소아(小雅) 상체(常棣)〉에 "저 할미새가 들판에서 부산하게 날 듯, 위급한 상황에서는 형제들이 서로 돕는 법이라오. 항상 좋은 벗이 있다고 해도, 그저 길게 탄식만을 늘어놓을 뿐이라오.〔脊令在原 兄弟急難 每有良朋 況也永歎〕"라고 하였다.

그동안 오래도록 만나지 못하다가 왕년에 사오(沙塢 공주(公州) 유성현(儒城縣)의 마을)에서 만나 베개를 나란히 하고 함께 밥을 먹으며 과거를 이야기하고 현재를 담론하면서, 새로 살 집에 대해 자랑도 많이 하고, 강설(講說)하다가 심성(心性)의 논의에 말이 미치기도 하였는데, 끈끈한 그 정애(情愛)가 안색과 언어에 넘쳐흘렀었지요. 헤어질 무렵 1년에 한 번씩은 만나기로 약속하였는데, 생각지도 못하게 이듬해 봄에 내가 바로 온 가족을 이끌고 동쪽으로 이사하게 되었지요. 그러다가 지금 남쪽으로 돌아와서 마치 예전의 약속을 다시 이행할 것처럼 되었는데, 내가 사람을 급히 보내 돌아왔다고 통보하지 못하였고, 형 역시 서한을 보내 환영할 겨를도 없었지요. 이는 실로 양쪽 다 쇠해서 그렇게 되었으니, 한스럽고 서운한 감정이 어찌 끝이 있었겠소.

사람이 전하는 말에 의하면 형이 여전히 건강하다고 하기에, 몇 년을 기약하고서 혹 얼굴을 한번 볼 수도 있겠다 생각하였지요. 이 생각을 잊지 않고서 항상 마음 깊숙이 간직해 두고 있었는데, 하루아침에 용띠의 해도 아니고 뱀띠의 해도 아닌데[59] 이 불행한 소식을 갑자기 듣게 될 줄이야 어찌 생각이나 하였겠소. 남쪽 하늘을 바라보며 통곡하노라니 눈물이 쏟아지듯 흘러내릴 뿐이오.

살아서 슬퍼할 시간이 얼마 남지 않았다〔悲不幾時〕[60]는 말이야말로

59 용띠의……아닌데 : 용사년(龍蛇年), 즉 미신에서 말하는 흉한 해인 진년(辰年)과 사년(巳年)도 아니라는 말인데, 보통 현인(賢人)의 죽음을 비유하는 말로 쓰인다. 후한(後漢)의 정현(鄭玄)이 꿈속에서 "일어나라, 일어나라. 올해는 진년이고 내년은 사년이다."라고 일러 주는 공자(孔子)의 말을 듣고는 '용사의 해에 현인이 탄식한다.'는 참어(讖語)에 비추어 자신이 곧 죽을 것을 알았는데, 과연 얼마 뒤에 병에 걸려서 죽었다는 고사가 전한다. 《後漢書 鄭玄列傳》

천고(千古)의 달론(達論)이라고 하겠지만, 남의 죽음을 슬퍼할 겨를이 없는 것〔不暇悲人〕[61] 또한 사람이라면 누구나 갖고 있는 일반적인 정서라고 할 것이오. 내가 비록 미련하다고 해도, 어찌 이런 도리를 모르기야 하겠소. 더군다나 지금 혹독한 질병이 몸을 휘감아 실낱같은 목숨이 끊어지려 하니, 내가 비록 형에 대해서라도 어찌 슬퍼할 겨를이 있겠으며, 또 곡할 겨를이 있다고 하겠소. 그렇기는 하지만 정(情)의 뿌리가 워낙 깊어서 몰아내려 해도 사라지지 않고, 쇠한 마음이 연약해져서 경계에 부딪치면 감회가 북받치곤 하는데, 정이 이르는 곳에 이(理)가 있고 보면, 가령 내일 당장 형의 뒤를 따른다 하더라도, 형의 장례를 치르는 날에 어찌 영결(永訣)을 고하는 말이 없어서야 되겠소.

아, 형의 효제의 행실과 충직한 절조, 정대한 식견과 엄확(嚴確)한 신념, 선인(善人)을 좋아하는 인(仁)과 사인(邪人)을 배척하는 의(義), 굽힐 수 없는 기백(氣魄)과 다할 줄 모르는 웅변은 실로 내가 깊이 탄복하고 흠모하여 본받았는데, 이제 다 끝장나고 말았으니, 내가 누구와 더불어 돌아가겠소.

병이 악화되어 마음이 혼란스러운 속에 입으로 불러도 신(神)이 응

60 살아서……않았다 : 한유(韓愈)가 조카 십이랑(十二郞) 한노성(韓老成)을 위해 지은 제문인 〈제형자십이랑노성문(祭兄子十二郞老成文)〉에 나오는 내용이다. 《五百家注昌黎文集 卷23》

61 남의……것 : 자기도 곧 죽을 목숨인 만큼 앞으로 곧 있을 자기의 죽음을 걱정해야지 남이 죽은 것을 걱정할 여유가 없다는 뜻인데, 이 역시 한유의 "아, 그대는 참으로 나를 아끼는 사람이니, 그대가 나를 책망하는 것은 참으로 당연하다. 그러나 그대에게는 때때로 나를 책망할 겨를도 없이 나를 가엾게 여기거나, 나를 가엾게 여길 겨를도 없이 스스로 책망하고 스스로 가엾게 여기는 점이 있지 않나 싶다."라는 말을 녹문이 전용(轉用)한 것으로 보인다. 《昌黎文集 卷16 與李翺書》

하지 않아 허술하게 몇 마디 말로 그저 간략하게 평생의 우정을 설했을 뿐이오. 형이 나의 심정을 이해하여 나의 술을 마시고 끈끈한 정을 보이며 기뻐하는 것이 일체 사오에서 만났던 때와 같을지 어떨지 모르겠소. 제문을 지어 멀리 부치매 정신이 훌날려 올라가니, 이것이 이승인지 저승인지 현실인지 꿈속인지 모르겠소. 아, 슬프오.

애사 哀辭

나 처사 명경의 죽음을 애도하는 글

羅處士明卿哀辭

갑인년(1734, 영조10) 1월 2일 기묘(己卯)에 비목헌(卑牧軒) 처사 나공(羅公)이 병으로 집에서 죽으니, 춘추(春秋)가 61세였다. 원근(遠近)의 사우(士友)들이 면식이 있든 없든 모두 탄식하고 애석해하며 눈물을 흘리고 조문하였다.

내가 경사(京師)에 있을 적에 이미 사우들 사이에서 공의 명성을 매우 익히 들었다. 그러다가 화산(華山) 아래로 와서 살다 보니 공의 거처와 겨우 산 하나를 사이에 두고 있었으므로, 곧장 한번 말을 타고 영수(潁水) 물가로 공을 방문하여 그 말을 듣고 그 용색(容色)을 살펴보고 나서는, 들었던 것과 차이가 없음을 알게 되었는데, 공도 외람되게 나를 인접하여 마음을 열고 성의를 보이면서 조금도 비루하게 여겨 도외시하지 않았다. 급기야 서로 종유(從遊)하는 기간이 더욱 오래되고 서로 신임하는 정도가 더욱 돈독하게 되어서는 전일에 알지 못했던 바를 더욱 알게 되었고, 공의 출처(出處) 언의(言議)와 시종(始終) 본말(本末)에 대해서도 아울러 얻어들을 수가 있었다.

세도(世道)가 쇠해지며 당론(黨論)이 기승을 부리면서부터 사(士)

들이 주장하는 것을 들어 보면, 일의 시비(是非)와 사정(邪正)과 곡직(曲直)은 묻지 않은 채 오직 지구(知舊)와 인아(姻婭)를 보기만 하고 따를 줄만 알고서, 서로들 전수하고 답습하며 이를 당연하게 여겼다. 그런데 공은 사람들이 떠들어대는 가운데에서도 공평한 마음으로 찬찬히 구명(究明)할 수 있었으므로, 시비의 소재(所在)를 정확히 파악하고 나서는 유연(油然)히 기뻐하여 말하기를 "오도(吾道)는 여기에 있으니, 하마터면 일생을 그르칠 뻔했다."라고 하였는데, 사람들의 비방이 시끄럽게 일어나면서 세상에 용납될 수 없게 해도 공은 더욱 확고한 태도를 견지하여 개의하지 않았으며 그 말이 더욱 순일하기만 하였다.

공은 일찍이 말하기를,

"남인(南人)의 주장은 모두 서너 차례 바뀌었다. 그 처음은 우율(牛栗 성혼(成渾)과 이이(李珥))을 위학(僞學)이라 하여 배척한 것이었고, 그 중간은 기해년(1659, 효종10)의 예송(禮訟)[62]이었으며, 마지

62 기해년의 예송(禮訟) : 효종이 즉위 10년째인 기해년에 승하하자, 그 모후(母后)인 자의대비(慈懿大妃) 조씨(趙氏)의 복제(服制) 문제로 서인(西人)과 남인이 벌인 논쟁을 말한다. 기해년에 일단 당시 집권층인 서인의 주장대로 기년복(期年服)으로 정하였는데, 1660년(현종1) 3월 남인인 허목(許穆)이 상소하여 삼년설(三年說)을 주장하면서 예론(禮論)이 일어났다. 송시열(宋時烈) 등 서인은 효종이 서자(庶子)이므로 기년복을 입어야 한다는 입장이었고, 남인은 효종이 왕통을 계승한 만큼 적장자를 위한 삼년복(三年服)을 입어야 한다고 주장하였는데, 결국 서인의 기년설이 채택되었다. 이때 서인은 가공언(賈公彦)의 《의례소(儀禮疏)》 권29 〈상복(喪服)〉에 나오는 사종설(四種說), 즉 가통(家統)을 이은 아들이라도 부모가 그를 위해 삼년복을 입지 않는 네 가지 경우 중에, 효종은 세 번째 경우에 해당한다고 근거를 제시한 반면에, 남인은 《의례(儀禮)》 〈상복〉 참최장(斬衰章)에 나오는 가공언의 "첫째 아들이 죽으면, 적처 소생의 두 번째 연장자를 취하여 세우는데, 그를 또한 장자라고 이름한다."라는 소(疏)의 내용을 근거로 제시하였다.

막으로 기사년(1689, 숙종15)과 무신년(1728, 영조4)의 일[63]에 미쳐 서는 패란(悖亂)하고 흉역한 짓을 자행하며 못할 것이 없었다."

하고, 또 말하기를,

"지금 남인이 주장하는 것을 보면, 우율(牛栗)이 군자(君子)라는 것을 모르는 자가 없고, 기년(期年)의 설이 바르다는 것을 모르는 자가 없는데, 그럼에도 불구하고 여전히 옛날의 주장을 고수하고 있으니, 이는 미혹된 것이다."

하였으니, 대개 그의 견해와 마음가짐이 본래 이와 같았다. 기사년 흉인(兇人)들이 권세를 휘두르던 날에는 공의 나이가 매우 연소했는데도 세속을 멀리 떠나 진취(進取)하려는 뜻을 끊어 버릴 수 있었으며, 갑술년(1694)의 개기(改紀)[64]에 이르러서도 그렇게 할 수 있었던 것이다. 만년(晩年)에 와서야 비로소 어버이의 명 때문에 마지못해 과거에 응시하였으나, 그의 뜻이 아니었다.

무신년에 변란이 일어나자 공이 아들 나유(羅煣)와 함께 창의(倡義)하여 토적(討賊)할 것을 모의하고는, 나유로 하여금 충주(忠州)의 영장(營將)에게 군병을 청하게 했다가 거꾸로 모함을 당하게 되었는데, 이때 온 조정이 황급하여 어찌할 줄 몰라서 감히 그 억울함을 변호해 주는 자가 없었으므로, 나유가 결국에는 유배를 당하고 말았다. 그러다가 임자년(1732) 여름에 연신(筵臣)이 누차 그 억울한 정상을 말하여

63 기사년과 무신년의 일 : 기사환국(己巳換局)과 1728년에 일어난 이인좌(李麟佐)의 난을 말한다.

64 갑술년의 개기(改紀) : 갑술환국(甲戌換局)을 말한다. 개기는 기강(紀綱)을 바꿔 바로잡는다는 뜻으로, 환국과 같은 말이다.

상이 특별히 석방하라고 명하였는데, 얼마 지나지 않아 언자(言者 간관(諫官))가 상의 뜻을 거스르는 바람에 갑자기 그 명을 환수하도록 명하여 실제로 석방되지는 못하였다.

공이 기왕에도 답답하게 뜻을 얻지 못하여 충분(忠憤)의 심정으로 강개(慷慨)한 나머지 발언하는 것이 매우 격렬하였지만, 이 일이 있은 뒤로부터는 더욱 두드러지게 자신의 뜻을 견지하면서 그 논의를 분발(奮發)하여 당세(當世)의 일을 지척(指斥)할 때는 기휘(忌諱)하는 바가 없었다. 이로 말미암아 공을 미워하는 자가 더욱 늘어나고 원수로 여기는 자가 세상에 넘쳐 났으나 후회하지 않았으니, 이것이 어쩌면 맹자(孟子)가 "먼저 큰 것을 세워 놓으면 작은 것이 빼앗지 못한다."[65]라고 말한 경우에 해당되는 것이 아니겠는가.

공은 교유(交遊)하는 것을 좋아하지 않았지만, 때로는 선생(先生)과 장자(長者)의 문에 출입하기도 하였다. 그중에서도 지금 봉조하(奉朝賀)인 단암(丹巖) 민공(閔公 민진원(閔鎭遠))과 가장 친하게 지냈는데 민공이 일찍이 공을 누차 칭찬하곤 하였으며, 당시의 현사(賢士)인 홍공 봉조(洪公鳳祚), 민공 우수(閔公遇洙), 채공 지홍(蔡公之洪) 같은 이도 모두 공을 추장(推奬)하고 애모(愛慕)하며 어울려 노닐기를 즐겨 하였다. 공자(孔子)가 이르기를 "향리의 착한 사람들이 좋아하고 착하지 못한 사람들이 미워하는 사람만은 못하다."[66]라고 하였으니, 공

65 먼저……못한다 : 《맹자》 〈고자 상(告子上)〉에 "먼저 큰 것인 마음에 대해서 확립해 놓으면 작은 것인 이목(耳目)의 욕망이 빼앗을 수 없을 것이니, 이렇게 하면 대인이 되는 것이다.〔先立乎其大者 則其小者弗能奪也 此爲大人而已矣〕"라고 하였다.

66 향리의……못하다 : 《논어》 〈자로(子路)〉에서 자공(子貢)이 향리에서 모두 좋아하는 사람과 향리에서 모두 미워하는 사람에 대해서 묻자, 공자가 "그것만으로는 아직

을 살펴보려고 하는 자들이 어찌 공을 좋아하고 싫어한 사람을 먼저 살펴보려고 하지 않겠는가마는, 공의 입장에서야 또 이런 사람들에 대해서 무슨 유감이 있었겠는가.

공의 휘(諱)는 중경(重慶)이고 자(字)는 명경(明卿)이며, 모군(某郡) 사람이다. 사람됨이 정확(精確)하고 상명(詳明)하였으며 기절(氣節)이 있었다. 일을 구차하게 처리하지 않았고, 집안을 다스리는 것이 엄격하여 법도가 있었으며, 사람들과 사귐에 신의(信義)가 있었다. 소싯적에 장주(莊周)와 태사공(太史公 사마천(司馬遷))의 글을 좋아하였으며, 문장을 지을 때에는 심각(深刻)하고 난삽(難澁)하게 하여 당시의 유행을 따르지 않았고, 고시(古詩)에 능하여 담탕(澹宕)하고 진솔(眞率)한 점에서 옛날 명가(名家)의 경지에 근접하였다.

만년에 다시 유자(儒者)의 학문에 유의(留意)하여, 한가하면 주돈이(周敦頤), 정자(程子) 형제, 장재(張載), 주희(朱熹)의 글에 침잠하고 완미(玩味)하여 깊이 터득한 점이 있었다. 대개 부화(浮華)를 거두어들이고 실질(實質)에 나아가 날로 새롭고 또 새롭게 하여, 거백옥(蘧伯玉)이 60번이나 변화했던 것[67]을 기대할 수 있었는데, 갑자기 병을 얻어 죽고 말았으니, 슬픈 일이다.

나는 공과 연배(年輩)가 많이 차이 나는데도, 공은 도리어 외람되게

안 된다. 향리의 착한 사람들이 좋아하고 착하지 못한 사람들이 미워하는 사람만은 못하다.〔未可也 不如鄕人之善者好之 其不善者惡之〕"라고 하였다.

67 거백옥(蘧伯玉)이……것 : 춘추 시대 위(衛)나라의 현대부(賢大夫)인 거백옥이 나이 60이 될 때까지 이전의 잘못을 깨닫고서 계속 바르게 고쳤다고 하는데, 《장자(莊子)》 〈칙양(則陽)〉에 "거백옥은 나이 60이 되는 동안 60번이나 변화하였다."라고 하였다.

나를 권장하여 치켜올려 주고 나이를 잊은 교분을 나누면서, 시문(詩文)의 이병(利病)과 경의(經義)의 득실(得失)에 대해 나와 함께 상의하지 않음이 없었다. 나도 사우의 곁을 떠나 고독한 상태에서 바야흐로 공에게 의지하여 덕(德)을 구하고 업(業)을 문의하려 하였는데, 지금은 이미 끝나고 말았으니, 어찌 더욱 슬프게 여기지 않을 수 있겠는가.

공은 일찍이 매화시(梅花詩)를 나에게 주며 "진주보다 기운이 더 산뜻하고, 설향(雪香)보다 향기가 더 기이하다."라고 읊었는데, 대개 나에게 뜻을 부친 것이었다. 내가 비록 감당(敢當)하지 못한다고 사양하긴 했지만, 마음속으로는 이 일을 끝내 잊지 못하였다. 공의 죽음을 당하여 내가 재차 공의 거실에 이르렀을 때에 분매(盆梅)가 주인도 없이 정원 섬돌 사이에 방치된 채 말라비틀어지고 시들시들해서 생기가 없이 삭막해진 것을 보고는, 옛날의 시가 떠올라 감정이 북받친 나머지 나도 모르게 목 놓아 흐느끼며 한동안 통곡하였다. 이에 그저 애사(哀辭) 한 통을 지어서 슬픔을 표시하고 이와 함께 공의 개략(概略)을 보여 주기로 하였다. 애사는 다음과 같다.

아, 이런 분이 이 정도로 그치다니	嗟伊人止於斯兮
어찌하여 천도는 이토록 엉망인지	何天道之窈冥
이미 평생토록 곤경에 처하게 해 놓고는	旣迍邅其平生兮
끝내 또 수명까지 잔달게 아끼는가	終又嗇夫其齡
불초에겐 후하고 현인에겐 박하다고	厚其所可薄而恒不足於賢兮
옛날부터 하늘을 그렇게 평했으니[68]	自昔人而云然

68 불초에겐……평했으니 : 《창려문집(昌黎文集)》 권22 〈독고신숙애사(獨孤申叔哀

지금 또 무엇을 괴이하게 여기랴만	伊今復何足怪兮
그분 생각만 하면 슬프고 안타깝네	吾獨爲其人而悲且憐
기질이 청명하고 순수하여	氣之淸質之粹兮
난초와 꽃향기 물씬 풍겼고	襲蘭而握芳
재덕이 풍성하고 고결하여	才之豐德之潔兮
옥과 진주를 속에다 감췄지	玉韞而珠藏
내면에 이미 고상한 덕이 있는 데다	惟內美之旣夸兮
여기에 또 거듭 학문에 매진하여	又重之以典學
정자(程子)에서 공자까지 거슬러 오르며	溯伊洛而達洙泗兮
연세가 부족한 것을 알지 못해서	不知年歲之不足
거백옥의 육십 번 바뀜을 기대했는데	吾方期蘧子之六十化兮
어찌하여 한번 잠들어 깨어나지 못하시나	胡一寐之遽未覺
생사란 낮과 밤처럼 당연한 도리인 만큼	固知夫夜晝之常理兮
달관하면 슬플 것 없음을 물론 알지만	匪達觀之攸戚
인정상으론 어떻게 감당할 수가 없나니	獨有人情之所不可堪兮
어찌하여 하늘은 이토록 혹독한 것인지	何上穹之偏酷
멀리 떨어진 영해를 바라다보며	瞻嶺海之敻邈兮
옥수가 뜰을 떠남을 슬퍼할 뿐[69]	悲玉樹之離庭
병문안도 못 하고 장례식에도 못 가서	病不得視窆不得訣兮

辭)〉에서 한유(韓愈)가 "하늘은 어찌하여 박하게 해야 할 곳에는 잘도 후하게 해 주고, 현인에게는 항상 부족하게 해 주는가."라고 하였다.

69 옥수(玉樹)가……뿐 : 아까운 인재가 죽어서 슬프다는 말이다. 진(晉)나라 유량(庾亮)이 죽자 하충(何充)이 슬픔을 가누지 못하며 "옥나무가 묻혀서 땅속에 들어가니, 인정상 어떻게 그만둘 수 있으랴."라고 한 고사가 있다. 《世說新語 傷逝》

한스러움이 유명 간에 울적하게 맺혔소	恨鬱結於幽明
공의 영혼도 불안하여 의탁할 곳 없이	魂耿耿其靡所托兮
아득히 고원한 공간에서 방황할 텐데	應彷徨於冥冥
아, 무양을 다시 불러오기 어려우니[70]	嗟巫陽之難喚兮
차마 무슨 말로 편안하게 해 주리오	忍何辭以安之
깊고 넓은 영수가 흐느끼며 흘러가고	穎之水泓溶而嗚咽兮
높이 솟은 기산이 구불구불 이어진 속에	箕之山峩嵳而逶迤
붉은 만장 나풀나풀 백양나무[71] 늘어선 곳	丹旌飄而白楊列兮
오뚝하게 솟은 봉분 깜깜한 땅속으로	窔黝深而封崝嵘
아, 슬프다	吁嗟乎
지금 사람들은 나를 알아주지 않으니	今之人莫我知兮
장차 황천에 가서 허자[72]나 따르리라	逝將從許子於泉扃

70 무양(巫陽)을……어려우니 : 죽은 사람의 혼을 이 세상으로 다시 불러올 수 없다는 말이다. 무양은 고대 전설 속에 나오는 여무(女巫)의 이름으로, 천제(天帝)의 명을 받들어 죽은 사람의 영혼을 거둬 간다고 한다. 《楚辭 招魂》

71 백양나무 : 무덤을 비유하는 시어(詩語)이다. 인생무상을 읊은 〈고시(古詩)〉에 "수레 몰아 동문 위로 올라가서, 북망산 묘지를 멀리 바라보니, 백양나무는 바람 속에 소소히 울어 대고, 넓은 길 양쪽에는 송백이 줄지어 섰네.〔驅車上東門 遙望郭北墓 白楊何蕭蕭 松柏夾廣路〕"라는 말이 나오는 데에서 유래한 것이다. 《文選 卷29 古詩十九首》

72 허자(許子) : 허행(許行)의 존칭으로, 나 처사를 비유한 말이다. 허행은 전국 시대의 신농씨학파(神農氏學派)로 농업 위주의 자급자족을 주장한 농가자류(農家者類)에 속하는 인물인데, 《맹자》 〈등문공 상(滕文公上)〉에 그에 대한 내용이 자세히 나온다.

묘지명 墓誌銘

증백조 일궤 선생의 묘지명 병서
曾伯祖一簣先生墓誌銘 竝序

어려서 족조(族祖)인 첨정공(僉正公)을 뵐 때면, 매양 증백조(曾伯祖)인 일궤(一簣) 선생의 도학(道學)과 문장(文章)의 높은 경지를 이야기하면서 선생을 추존(推尊)하여 거의 성인(聖人)의 경지에 가까웠다고 찬양하곤 하였다. 내가 그때부터 실로 마음속으로 흠모하면서도 그 언론(言論)과 풍지(風旨)를 상세히 알지 못하는 것을 한스럽게 여겨 왔다.

그런데 지금 선생의 후사(後嗣)인 현손(玄孫) 임흡(任熻)이, 선생이 지은 〈태서론(泰筮論)〉과 〈우언술출(愚言述絀)〉 등의 글을 가지고 와서 말하기를 "우리 할아버지는 평생토록 세속과 어울리지 않아서, 그분이 마음속에 지닌 것과 학문한 것을 세상에서 아는 자가 없다. 지금 장차 유광(幽壙 묘혈(墓穴))에 빗돌을 새겨 넣으려 하니, 바라건대 그분의 잠덕(潛德)과 유광(幽光)의 만분의 일이라도 드러내 밝혀 줌으로써 후세에서 알아줄 자를 기다릴 수 있게 해 주었으면 한다."라고 하였다. 내가 이미 첨정공의 말씀을 익히 들어서 평소에 선생을 흠모해 왔던 만큼 의리상 감히 사양할 수 없기에, 마침내 그 글을 가져다가 삼가 읽어 보니 넓고 넓어 그 끝을 알 수가 없어서, 거의 사람으로 하여금 눈을 휘둥그레 뜨고 멀찌감치 뒤로 물러서게 할 정도였다.

우리 동방은 바다 모퉁이에 치우쳐 있어서 풍기(風氣)가 천박(淺薄)한 관계로 사(士)들이 모두 기송(記誦)하는 것을 학문으로 여기고 답습하는 것을 방도로 여기고 있었는데, 선생만은 홀로 풍기에 구애받지 않고서 개연(慨然)히 발분(發憤)하여 부지런히 복희(伏羲)와 문왕(文王)과 주공(周公)과 공자(孔子)만을 사모하며 희구(希求)하였다. 그리하여 오직 《역》만을 좋아하였을 뿐, 《맹자》 이하는 모두 고사(姑舍)의 과목으로 놓아두고는,[73] 깊이 탐구하고 힘껏 사색하여 신묘한 도리를 깨달으며 독자적으로 나아가 낮이고 밤이고 궁구하며 싫증 내지 않고서 종신토록 이 일을 지속하였다.

다만 너무 지나치게 추구한 나머지 생각이 걸리거나 막히고 생각이 막힘에 따라 언사(言辭)에도 혹 착오가 없을 수 없었는데, 그래도 그 기상과 안목만큼은 굉활하고 기걸하여 천고에 우뚝 빼어났으니, 세상의 편협한 유생이나 고루한 선비가 악착스러울 정도로 남의 말을 그대로 믿어 버리는 것과 비교해 보면 참으로 하늘과 땅 차이일 뿐만이 아니었다. 후세의 독자가 만약 지나친 그 점도 인식하고 고매한 그

73 맹자(孟子)……놓아두고는 : 오직 《주역》만을 최고의 경전으로 여기고는, 《맹자》 등 다른 경서들은 차원이 낮은 과목으로 치부하고 방치하다시피 했다는 말이다. 고사는 고사시(姑舍是)의 준말로 "우선 이들은 거론하지 말고 그냥 놓아두라."라는 뜻인데, 맹자가 자하(子夏), 자유(子游), 자장(子張), 그리고 염우(冉牛), 민자(閔子), 안연(顏淵) 등과 비교해 볼 때 맹자 자신의 경지가 어떠하냐는 제자의 질문을 받고는, 공자의 고제(高弟)들도 자기를 따라오지 못할 것이라고 자부하며 대답한 말이다. 《孟子 公孫丑上》

점도 이해하는 가운데, 구이(口耳)의 문자 이외에 또 이와 같은 소광(昭曠)한 진체(眞體)가 있다는 것을 알고서, 이는 또 기송하거나 답습해서 구할 수 있는 것이 아님을 알 수 있다면 적지 않게 보탬이 될 것이니, 아, 괴위(魁偉)하다고 하겠다.

선생은 휘(諱)가 좌(座)이고, 자는 원직(元直)이며, 성은 임씨(任氏)이고, 일궤는 호이니, 풍천(豐川) 사람이다. 고려 어사대부(御史大夫) 휘 주(澍)의 후예로, 본조(本朝) 한성부판윤 예문관제학 휘 열(說)의 현손(玄孫)이며, 평안도관찰사 증(贈) 이조 판서 금시당(今是堂) 휘 의백(義伯)의 총자(冢子)이다. 비(妣) 정부인(貞夫人) 김씨(金氏)는 감사(監司) 김상(金尙)의 딸인데, 천계(天啓) 갑자년(1624, 인조2) 8월 16일에 공을 낳았다.

공은 태어나면서부터 특이한 재질을 소유하였으며 총명함이 남보다 월등하였다. 어떤 글이든 한번 보기만 해도 그 즉시 한 글자도 착오없이 배송(背誦)하였으며, 문장을 지으면 광대(廣大) 웅건(雄健)하고 박학다식한 것이 선진(先秦)의 제자(諸子)와 매우 비슷하였다. 지기(志氣)가 고매(高邁)하여 세상의 작록(爵祿)과 성리(聲利) 등 사람들이 다투어 좇는 것들은 모두 하찮게 여겼다.

어버이의 명으로 어쩔 수 없이 과거에 응시하여 마침내 신묘년(1651, 효종2)의 문과(文科)에 급제하였다. 그러나 좋아하는 것이 네모와 동그라미가 서로 맞지 않는 정도로 세상과 배치(背馳)되어서, 이 때문에 조정에 몸담은 30여 년 동안 역임한 관직 중에서 특기(特記)할 만한 것을 꼽아 보면, 내직으로는 기성(騎省 병조(兵曹))의 낭관(郎官)과 상의원 정(尙衣院正) 정도요, 외직으로는 정선 군수(旌善郡守)에 불과할 따름이었다.

공은 학문에 대해서는 전적으로 자득하려고 노력하였다. 평생토록 오직 《역》과 《논어》를 좋아하였는데, 그중에서도 특히 《역》에 공을 많이 들였다. 약관 때부터 시작하여 생을 마칠 때까지 거의 하루도 읽지 않은 날이 없었으며, 만년에는 또 벼슬을 버리고 금양(衿陽 시흥(始興))으로 물러나 거처하면서 날마다 반드시 손을 씻고 옷깃을 가다듬고는 오뚝하게 단좌(端坐)하여 《역》을 읽곤 하였다. 공이 읽을 때에는 느리게 성독(聲讀)하면서 뜻이 따라오게끔 하였는데, 해답을 찾기 위해 분발하여 몰두할 때에는 기운이 위로 올라가 얼굴이 붉게 변하면서 잇따라 쓰러져 드러눕기까지 하였다. 공은 항상 말하기를 "공자는 이학(理學)의 조(祖)인 동시에 수학(數學)의 조이기도 하다. 일생토록 배우기를 원하는 것은 바로 여기에 있을 뿐이다."라고 하였다. 이 때문에 공이 《역》을 읽을 때에는 제가(諸家)의 해설을 모조리 무시하고 오로지 경문(經文) 위주로만 탐구하였으며, 비록 정주(程朱)의 정론(定論)처럼 온 세상이 금석처럼 떠받드는 것이라 할지라도, 경문에 확실한 증거가 없으면 반드시 더 연구하여 끝까지 파헤치며 계속해서 혈전(血戰)을 치르곤 하였다. 자신이 얼마나 힘들여 공부했는지 그 시말(始末)에 대해서 일찍이 말하기를,

"처음에 부도씨(浮屠氏 승려)에게 구해 보았으나 4년이 되도록 얻어지는 것이 없어서 다시 역(易)으로 되돌아왔다. 처음 섭렵할 때에는 그 뜻이 현묘하여 문 안에 들어가기도 어려웠으니, 소경이 아름다운 문채를 대하고 귀머거리가 아름다운 소리를 대하는 것과 같을 뿐만이 아니었다. 그렇기는 해도 마음속으로 그 글을 좋아하는 것이 배고프고 목마른 자가 밥을 먹고 물을 마시는 것 같을 뿐만이 아니었으므로, 그 지시를 믿고 따르는 것이 자식이 어머니를 사모하는 것 같을

뿐만이 아니었고, 그 도(道)를 존중하는 것이 순(舜)이 요(堯) 임금을 섬기는 것 같을 뿐만이 아니었다. 해마다 부(傅 학습 참고용 자료)를 달리하고 달마다 사(師 연구 보조용 자료)를 바꾸곤 하였는데, 이와 같이 10년을 공부하자 그 뒤에 비로소 방불하게 뭔가 얻어지는 것이 있는 것처럼 느껴지면서 약연(躍然)히 희열하고 용연(踴然)히 환희하였으니, 마치 운무(雲霧)를 걷어 내고 청천(靑天)을 바라보는 것만 같았다."

하였다.

이 말을 살펴보더라도 선생이 공부를 전일하게 하고 사색을 치열하게 한 것이야말로 타인이 미칠 수 없었음을 또한 알 수 있다. 내가 나름대로 그 서언(緖言)을 고구(考究)해 보건대 가령 선천도(先天圖)와 서법(筮法)과 원회운세(元會運世) 등을 논한 것들은 소옹(邵雍)과 주자(朱子)의 구설(舊說)을 상당히 변용(變用)해서 자신의 설로 만들었는데, 활을 당기기만 하고 화살을 발사하지 않은 경우가 왕왕 있어서[74] 감히 이해하지 못할 것들이 많았다. 더군다나 그 조예의 심천(深淺)이야 어찌 더욱 식견이 몽매하고 천박한 내가 감히 외람되게 헤아릴 수 있는 것이겠는가.

그렇지만 첨정공이 일찍이 선생의 말을 그대로 옮겨 나에게 말해 주기를,

"역(易)은 성인이 덕(德)을 높이고 업(業)을 넓히기 위한 것이다.[75]

74 활을……있어서 : 서론 격인 개요만 살짝 제시하였을 뿐, 본론 격인 구체적 내용은 소개하지 않았다는 말인데, 《맹자》〈진심 상(盡心上)〉 도즉고의장(道則高矣章)의 《집주(集註)》에 이에 대한 설명이 자세히 나온다.

덕은 바로 역의 상(象)이요, 업은 바로 역의 변화인데, 상은 체(體)이고 변화는 용(用)이니, 상은 현묘하고 은미하여 헤아리기가 어렵고 변화는 분명하게 드러나서 알기가 쉽다. 그렇기 때문에 상에 대해서 말하자면 64괘(卦) 384효(爻)가 한마디 말도 가르쳐 줄 수가 없고, 변화에 대해서 말하자면 64괘 384효에 한마디 말도 배울 수 없는 것이 없다. 그러므로 성인은 역을 알고 역을 체득하는 것이요, 군자는 역을 공부하고 역을 존중하는 것이다. 상과 변화를 알지 못하는 자는 역을 말할 수가 없고, 역을 알지 못하는 자는 성인의 도(道)를 말할 수가 없다. 도를 알지 못하면 그저 비루한 유자(儒者)의 속학(俗學)이 될 뿐이요, 군자의 학문은 아닌 것이다."

하였다. 이 하나의 단락이야말로 정절(精切)하고도 요약된 것으로 많은 내용을 포괄하며 함축하고 있으니, 역의 세계에 깊이 들어간 이가 아니면 이렇게 말할 수가 없다. 어쩌면 나이가 높고 덕이 성대하여 보는 것이 더욱 정밀해진 상태에서 마치 구산(龜山 양시(楊時))이 〈서명(西銘)〉에 관하여 자제에게 입으로 전수하기만 하고 미처 저술로 드러내지 못한 것과 같지 않을까 하는 생각도 든다.

선생의 종형인 감사공(監司公) 임규(任奎)가 일찍이 선생이 《역》을 읽는 소리를 듣고는 위연(喟然)히 탄식하며 말하기를 "벙어리와 귀머거

75 역(易)은……것이다 : 《주역》 〈계사전 상(繫辭傳上)〉 7장 첫머리의 "대저 역은 성인이 덕을 높이고 업을 넓히기 위한 것이다. 지는 높아야 하고 예는 낮춰야 하니, 높음은 하늘을 본받고 낮춤은 땅을 본받은 것이다.〔夫易 聖人所以崇德而廣業也 知崇禮卑 崇效天 卑法地〕"라는 말을 인용한 것이다. 주희는 이에 대해서 "이치를 궁구하면 지혜의 높음이 하늘과 같아서 덕이 높아지고, 이치를 따르면 예로 낮춤이 땅과 같아서 업이 넓어지는 것이다."라고 하였다.

리, 절름발이와 앉은뱅이가 모두 북을 치며 춤추는 뜻이 들어 있다."라고 하였는데, 이것이 어찌 근거 없이 나온 말이겠는가. 선생이 일찍이 중제(仲弟)인 참찬공(參贊公) 임방(任埅)에게 이르기를,

"내가 역(易)에 대해서 신묘한 이해를 갖게 되었는데, 하늘이 준 것이지 사람의 힘으로 된 것이 아니다. 그러나 그중에 절반은 이미 얻었어도 다른 절반은 마치지 못했다. 만약 하늘이 햇수를 빌려주어 역을 배우는 것을 끝낼 수 있게만 해 준다면 나의 지원(志願)이 모두 이루어질 것이다."

하였다. 또 사위인 수곡(睡谷) 이공 여(李公畬)가 선생이 배운 것 가운데 승려에게서 얻은 것이 많지 않은지 질문하자, 선생이 웃으면서 이르기를 "공자가 다시 세상에 나오셔도 내 말이 틀리지 않다고 보증해 줄 것이다."라고 하였으니, 선생이 굳게 자신하는 것이 대개 이와 같았다.

공은 평생토록 교유하는 것을 좋아하지 않고, 오직 삼연(三淵) 김공 창흡(金公昌翕)과 망년의 벗으로 지냈다. 김공이 자주 찾아와서 가르침을 청하고는 "비어서 갔다가 채워서 돌아온다.〔虛往實歸〕"[76]라는 말을 남겼고, 또 선생이 별세하자 제문을 지어 곡하기를 "적래(適來)하여 세상을 잊고 지낸 것은 실로 부자(夫子)가 말한 무민(無悶)이요, 적거(適去)하며 그 말까지 잊어버린 것은 후인이 실망할 안타까운 일이다."[77]라고 하였으니, 그 뜻을 보여 준 것이 깊다고 하겠다.

76 비어서……돌아온다 : 아는 것 없이 갔다가 뭔가를 터득하고 돌아온다는 말인데, 《장자(莊子)》 〈덕충부(德充符)〉의 "왕태(王駘)는 절름발이이다.……서서 가르치지도 않고 앉아서 의논하지도 않는데, 사람들이 그에게 텅 빈 채로 갔다가 가득 채워서 돌아왔다."라는 말에서 나왔다.

77 적래(適來)하여……일이다 : 적래와 적거는 사람의 삶과 죽음을 비유하는 말로,

소자(小子)가 일찍이 첨정공에게 여쭙기를,

"선생의 조예(造詣)가 이미 이와 같이 숭심(崇深)했을진대, 천하를 다스리는 일에는 과연 어떠하였습니까?"

하자, 공이 대답하기를,

"선생은 총명과 예지가 절륜하여 경사(經史)나 백가(百家)를 막론하고 한번 보기만 하면 종신토록 잊지 않았다. 그래서 예악(禮樂)과 병형(兵刑)을 비롯해서 백관(百官)의 만 가지 업무 같은 것도 거의 모두 난만(爛漫)하게 가슴속에 담아 두고 있었으니, 만약 이를 꺼내어 사업에 조치하였다면 자연히 여유작작하게 행할 수 있었을 것이다."

하였다. 첨정공은 청간(淸簡)하고 강엄(剛嚴)한 분인 만큼 아첨하는 말은 당연히 하지 않았을 터인데, 백세의 뒤에 다시 자운(子雲)이 나오면 과연 뭐라고 할지 모르겠다.

선생은 평소에 질병이 있었는데 노년에 들어서는 그 병세가 더욱 심해졌다. 그러나 이 때문에 《역》을 읽는 공부를 그만둔 적은 한 번도 없었으며, 언제나 말하기를 "내가 세상에 대해서 미련이 없다마는, 역 공부를 끝내지 못하고 죽으면 유한(遺恨)이 될 듯하다."라고 하였다.

시순(時順)이라고도 한다. 《장자》 〈양생주(養生主)〉의 "마침 그때에 태어난 것은 선생이 올 때가 되었기 때문이요, 마침 이때에 세상을 떠난 것은 선생이 갈 때가 된 것이니 이치상으로 순응해야 할 일이다. 자기에게 닥친 시운을 편안히 여기고서 그 도리를 이해하여 순순히 받아들인다면 슬픔과 기쁨 따위의 감정이 들어올 수 없을 것이다."라는 말에서 나왔다. 무민은 걱정이 없다는 뜻인데, 《주역》 〈건괘(乾卦)〉의 잠룡(潛龍)에 대해 공자가 〈문언(文言)〉에서 설명하면서 "세상을 피해 숨어 살면서도 근심이 없고, 남의 인정을 받지 못해도 근심이 없다. 즐거우면 행하고 걱정되면 떠난다. 그의 뜻이 확고해서 동요시킬 수가 없다."라고 말한 대목이 나온다.

마침내 병인년(1686, 숙종12) 3월 7일에 죽으니, 향년 63세였다. 유명(遺命)으로 선생이 읽던 《주역》을 묘소에 함께 묻었다.

선생이 지은 글로는 〈역학문경(易學門徑)〉, 〈주역영주(周易映註)〉, 〈태서론〉, 〈우언술출〉이 있으며, 이 밖에 문집 약간 권(卷)이 집에 소장되어 있는데, 미처 탈고(脫藁)하지 못한 것이 많다.

선생의 배필인 창녕 조씨(昌寧曺氏)는 이조 참판 조한영(曺漢英)의 딸인데, 1남 3녀를 낳았다. 아들 조원(調元)은 은덕(隱德)을 지니고 벼슬하지 않아 사람들이 처사(處士)라고 칭하였다. 장녀는 익풍군(益豐君) 이속(李涑)에게 출가하였고, 다음은 영의정 이여(李畬)에게, 다음은 사인(士人) 윤세익(尹世益)에게 출가하였다. 처사의 두 아들 중에 조(遭)는 부사(府使)이고 막(邈)은 학생(學生)이며, 사위 5인은 성도명(成道明)과 군수(郡守) 조광명(趙光命)과 윤혼(尹焜)과 좌윤(左尹) 정수송(鄭壽松)과 봉사(奉事) 한광조(韓光朝)이다. 의정의 아들인 이태진(李台鎭)은 도정(都正)이고, 사위 4인은 도정 박필문(朴弼文)과 현감 홍우해(洪禹諧)와 현감 원명직(元命稷)과 현령(縣令) 김홍택(金弘澤)이다. 증손자 2인 중에 윤주(允周)는 부사의 아들이고 현주(顯周)는 학생의 아들인데, 모두 후계자를 두지 못해 족인(族人)을 취해서 후사로 삼았다. 윤주의 아들이 바로 나를 찾아온 흡(熻)이고, 현주의 아들은 이름이 황(煌)이다. 외예(外裔)의 증손과 현손은 많아서 다 기록하지 못한다.

선생은 처음에 개성(開城)에 장사 지냈다가 73년이 지난 기묘년(1759, 영조35) 3월에 보은현(報恩縣) 동쪽 묘당리(卯堂里) 계좌(癸坐)의 언덕에 이장하여 조 숙인(曺淑人)과 합묘하였다.

선생은 임종 때에 가인(家人)에게 경계하기를 "내가 죽으면 묘지명은 새기지 말고, 단지 작은 빗돌에다 '조선 임모(任某)의 묘'라고 쓰는 게 좋겠다."라고 하고, 또 말하기를 "죽고 나서 100년이 지나면 나의 묘소를 찾아오는 자가 반드시 있을 것이다."라고 하였다. 대저 전지(前知)의 술법은 성인이 귀하게 여기는 바는 아니지만, 정자(程子)가 또 용(用)과 불용(不用)의 설을 제기하였으니, 이에 대해서 선생에게 청문(請問)하는 자가 없었던 것은 유감스러운 일이라고 하겠다.[78]

아, 속학이 폐해를 끼친 지 오래되었다. 선생같이 세상에 드물게 보는 호웅(豪雄)이 다행히 이런 시대에 태어났는데도, 애석하게 위로는 미처 성문(聖門)에서 재료를 취하지 못하였고, 아래로는 당세의

78 전지(前知)의……하겠다 : 전지의 술법은 성인이 중하게 여기지 않지만, 정이(程頤)는 쓸모가 있을 때와 없을 때가 있다는 설을 제기하였으니, 그때 선생에게 질문하여 구체적으로 답변을 들을 수 있었다면 좋았을 것이라는 말이다. 전지는 앞으로의 일을 미리 아는 것을 말하는데, 《중용장구》 제24장의 "지극히 참된 자의 특성은 전지할 수 있는 것이다.……따라서 화와 복이 장차 이르려 할 때에 좋아질 것을 반드시 미리 알고 좋지 못할 것을 반드시 미리 알게 된다. 그러므로 지극히 참되면 귀신처럼 되는 것이다.〔至誠之道 可以前知……禍福將至 善必先知之 不善必先知之 故至誠如神〕"라는 말에서 나왔다. 《이정유서(二程遺書)》 권3 〈사현도기억평일어(謝顯道記憶平日語)〉에 "사람은 물론 미래의 일을 미리 알 수가 있다. 그러나 그 이치로 말하면, 모름지기 쓸모가 있을 때에 알아야 하고 쓸모가 없으면 몰라야 하는 것이니, 아는 것이 오히려 모르는 것이 나음만 못한 경우도 있는 것이다."라는 말이 나오고, 그 뒤에 "이상은 이천 선생의 말이다."라는 말이 붙어 있다. 주희는 이 말에 대해서 "정자가 용(用)과 불용(不用)을 설한 것은, 이단이 스스로 전지한다고 일컫기 때문에 말한 것으로 보인다. 정자가 아는 것이 오히려 모르는 것이 나음만 못한 경우도 있다고 한 것은, 대개 알지 못하는 이단이야 본래 말할 것도 없지만, 안다고 하는 자들도 사리의 기미를 제대로 살펴서 그런 것이 아니라, 단지 감추어진 경계를 정탐하는 과정에서 망념으로 추측해서 아는 것이기 때문에, 아는 것이 오히려 모르는 것이 나음만 못하다고 한 것이다."라고 하였다. 《晦庵集 卷32 答敬夫論中庸說》

여러 대유(大儒)를 상대로 공개적으로 들어 보고 살펴보며 그 토론을 진행하여 지당한 결론을 얻으려고 추구하지 않은 채, 사우(師友)들을 떠나 홀로 서서 세상과 단절하였으며, 끝내는 또 하늘이 햇수를 빌려주지 않아 공부를 끝내고 싶어 하는 소원을 이루지도 못하였다. 그리하여 묘하게 계합(契合)한 것을 생각나는 대로 써서 전인(前人)이 드러내지 못한 것을 드러낸 것조차 기꺼이 읽어 보려는 사람이 없게 되어서, 장차 천하 후세로 하여금 동국(東國)에 일궤 선생이라는 분이 있었다는 사실을 다시 알지 못하게끔 하였다. 어쩌면 하늘이 유묘(幽妙)한 비밀을 드러내 보이려 하지 않은 탓으로 이런 희극을 연출하게 된 것인가, 아니면 장차 아침저녁으로 만나는 자[79]를 기다려야만 할 것인가. 아, 탄식할 일이다.

첨정공은 휘(諱)가 정원(鼎元)으로, 바로 참찬공의 장자(長子)인데, 어려서부터 선생에게 배웠다고 한다. 명(銘)은 다음과 같다.

자그마한 우리 동쪽 나라는	藐玆靑丘
땅이 외지고 기가 국한되어	境偏氣局
여기서 태어난 사람 중에선	人生其中
걸출한 이 보기가 드물었어라	鮮或偉特
유자의 이름이 많긴 하지만	棼棼儒名
남의 말을 그대로 믿기만 하여	滔滔耳食
주워 모아 흉내를 내기만 할 뿐	掇拾摸擬

79 아침저녁으로 만나는 자 : 양웅(揚雄) 같은 후세의 지기(知己)를 뜻하는 말이다. 296쪽 주50 참조.

자득한 이는 볼 수가 없었어라	未見自得
아, 아름다워라 우리 선생은	猗歟先生
천지의 특별한 기운을 듬뿍 받아	間氣攸篤
높고 밝고 강하고 순박하여	高明剛樸
지역의 한계에 구애받지 않고	不爲地梏
초연히 독자적으로 서서	超然獨立
만물의 밖에 벗어나셨네	萬物之表
밝고 밝은 그 마음으로	炯炯者心
한 가지 좋아함이 있었나니	曰獨有好
좋아함이 무엇이었냐 하면	其好伊何
바로 한 권의 《주역》이었다네	一部羲易
문왕의 단과 주공의 효	文彖周爻
그리고 공자의 십익을	與孔十翼
손 씻고 향불을 피우고서	盥手焚香
온종일 상제(上帝) 모시듯 했다네	對越昕夕
주석과 해설은 무시하고	脫落傳疏
원본만을 표준으로 삼아	原本是極
완미하고 즐기면서	以玩以樂
부지런히 애썼나니	矻矻孶孶
이 때문에 자신감을 갖고	於以自信
아무 의심 없이 안주하며[80]	居之不疑

80 이……안주하며 : 암암리에 임좌(任座)의 자신감에 대해서 아쉬워하는 녹문의 안타까운 속마음이 담겨 있는 것으로 보인다. 《논어》〈안연(顏淵)〉에 "명성만을 추구하

빗장 뽑고서 비밀을 밝힐 자는　抽扃啓秘
나 말고 또 누구인가 하였다네　匪我其誰
그 말씀이 혹 세상을 놀라게도 하였으나　語或駭俗
그 의도는 경전을 속이는 것과는 달랐나니　意殊詭經
도를 들으면 곧장 죽어도 좋다는 그 뜻은　朝聞之志
신명에게 질정(質正)할 수가 있었다오　可質神明
하늘은 햇수를 왜 빌려주지 않아　天胡不假
공업을 완성하게 하지 않고　未告厥成
〈술출〉만 덩그러니 남겨 두어서　寂寥述絀
나로 하여금 의혹하게 만드는가　使我聽瑩
속리산 기슭에 자리 잡은　離岳之麓
이 새 무덤을 주목할지니　眷玆新阡
앞으로 백년의 세월이 지나면　三紀其往
그 누가 여기에 찾아올는지　伊誰來云
유문에 빗돌을 새겨 넣고서　刻石幽門
자운의 출현을 기다리노라　用俟子雲

는 자를 보면, 표면상으로는 인덕을 주장하는 것 같지만 행동은 딴판이요, 그런 위선을 행하면서도 아무런 의심 없이 안주하고 있는데, 그런 자들이 나라에서도 겉으로 이름이 나고 집에서도 이름이 나는 것이다.〔夫聞也者 色取仁而行違 居之不疑 在邦必聞 在家必聞〕"라는 공자의 말이 있다.

조비 유인 전주 이씨의 묘지

祖妣孺人全州李氏墓誌

조비(祖妣)는 성이 이씨(李氏)이니, 정종대왕(定宗大王)의 열째 아들인 덕천군(德泉君) 휘(諱) 후생(厚生)의 후예로, 호조 판서 호(號) 석문(石門) 휘 경직(景稷)의 손녀요, 판돈녕부사 예조판서(判敦寧府事禮曹判書) 효간공(孝簡公) 휘 정영(正英)의 막내딸이다. 조비의 모친인 정경부인(貞敬夫人) 유씨(柳氏)는 학생(學生) 유기선(柳基善)의 딸인데, 현종(顯宗) 을사년(1665, 현종6) 8월 20일에 조비를 낳았다. 조비는 15세에 우리 조고(祖考)의 배필이 되어 4남 1녀를 낳고 38세에 과부가 되었으며, 금상(今上) 기유년(1729, 영조5) 10월 7일에 죽었다. 향년 65세였다. 이해 12월 3일 여주(驪州) 이포리(梨浦里) 부건(負乾)의 언덕에 있는 조고의 묘에 합장하였다.

조고는 휘가 사원(士元)이다. 우리 임씨(任氏)는 풍천(豐川)의 망족(望族)이다. 좌승지 휘 연(兗)과 평안 감사 휘 의백(義伯)과 통덕랑(通德郎) 휘 승(陞)이 바로 조고의 삼세(三世)가 되고, 우의정 홍공 중보(洪公重普)가 외조(外祖)가 된다.

조고의 장남 선(選)은 명릉 참봉(明陵參奉)이고, 다음 적(適)은 함흥 판관(咸興判官)이고, 다음 일(逸)은 통덕랑이고, 다음 형(迥)은 생원(生員)이다. 딸은 사인(士人) 홍계록(洪啓祿)에게 출가하였다.

참봉은 아들 셋을 두었으니, 직장(直長)인 찬주(贊周)와 참봉인 면주(冕周), 그리고 건주(健周)이다. 두 딸은 정언(正言) 이근(李瑾)과 이영철(李英哲)에게 출가하였다. 판관은 아들 다섯을 두었으니, 지평

(持平) 명주(命周)와 위솔(衛率) 성주(聖周), 그리고 경주(敬周)와 병주(秉周)와 진사(進士) 정주(靖周)이다. 두 딸은 주부(主簿) 원경여(元景輿)와 신광유(申光裕)에게 출가하였다. 통덕랑은 아들 둘을 두었으니, 상주(相周)와 창주(昌周)이다. 딸은 이현상(李顯祥)에게 출가하였다. 생원은 아들이 없어서 병주를 양자로 들였다.

증손자는 8인이다. 묵(默)은 면주의 아들로서 찬주의 뒤를 이었고, 엽(燁)은 상주의 계자(季子)로서 건주의 뒤를 이었고, 렬(烈)은 정주의 장자로서 명주의 뒤를 이었고, 협(焲)과 흡(熻)은 상주의 장자와 중자(中子)이고, 육(焴)은 창주의 아들이고, 나머지는 모두 어리다. 증손녀의 사위 및 외손 쪽의 증손과 현손은 많아서 다 기록하지 못한다.

조비는 성품이 장중(莊重)하고 인혜(仁惠)하였으며, 여기에 또 일찍부터 효간공과 유 부인(柳夫人)의 교훈(教訓)을 받아서 덕기(德器)가 엉겨 이루어지고 동지(動止)에 법도가 있었으므로 그 모습을 바라보면 숙연하였으니, 세속의 부녀(婦女)가 도저히 따라갈 수 있는 바가 아니었다.

당초에 우리 증왕고비(曾王考妣 증조부모)가 모두 묘년(妙年)의 나이에 일찍 세상을 떠나자, 조고가 외씨(外氏 외조부모)에게서 양육을 받으며 가까스로 성년으로 자라났으므로, 종사(宗祀)가 썰렁해지면서 끊어지지 않은 것이 마치 실낱과 같았다.

그런데 조비가 가문에 들어오고 나서부터 전원(田園)을 수습하고 문호(門戶)를 정돈하는 한편, 정성스럽게 제사를 받들고 예의로써 군자를 섬기며, 반듯하고 조리 있게 집안을 다스린 덕분에, 수고하지 않아도 일들이 제대로 진행되었다. 이 때문에 집안이 원래 빈한해서 지킬 만한 가업(家業)이 없었으나, 규모가 정제되고 생활용품이 모두 구비되었으므로, 비록 부잣집이라 하더라도 우리 집을 따라오지 못할 점이 있었다. 이에 종당(宗黨)과 지구(知舊)가 모두 서로 전하여 본보기로 삼았으며, 증중조(曾仲祖)인 참찬공 및 조고와 중구(仲舅 외숙)인 감사(監司) 홍공 득우(洪公得禹)가 매양 여중군자(女中君子)라고 칭하곤 하였다.

소자(小子)는 늦게 태어나서 지각(知覺)이 생길 무렵에는 조비의 연세가 이미 50이 넘었다. 조비의 젊었을 때의 일에 대해서는 상세히 알 길이 없으므로, 단지 귀와 눈으로 보고 들은 것만을 여기에서 말하고자 한다.

조비는 매일 새벽에 일어나 소세(梳洗)하고 용모를 가다듬고서 마루 한가운데에 앉았다. 그러면 남자 하인은 뜰에서 물 뿌리며 청소하고 여자 종은 마루에서 걸레로 쓸고 닦았다. 그 일이 끝나면 내외(內外)가 각자 맡은 일을 집행하였는데, 옷감을 짜고 실을 빼는 것은 말할 것도 없고 장작을 나르거나 물을 길어 오는 것 같은 것도 모두 과정이 있어서, 각각의 일마다 성과를 보고하였고 감히 시각을 어기는 법이 없었다.

제부(諸婦)는 날마다 반드시 일찍 일어나 침소에 가서는 바로 할 일을 집행하며 좌우에서 시봉하였는데, 공경하고 근신하면서 물러가라고 명하지 않으면 감히 물러가지 못하였다. 식사 때에는 제자(諸子)와 제손(諸孫) 및 여러 부녀가 차례로 줄지어서 모시고 먹었으며, 감히 사실(私室)에 물러가 먹거나 때가 지나서 오는 자는 있지 않았다.

평소 거할 적에는 조용히 생각하면서 단정히 앉아 있었으며, 기상하고 취침하는 것과 먹고 마시는 것에 일정한 때가 있었고, 앉고 눕고 일어나고 거처할 때에 일정한 자리가 있었으며, 상탁(床卓)과 기물도 정해진 장소가 있었다. 그래서 그 방에 들어가는 자는 마치 조회(朝會)

를 보는 곳에 들어가는 것처럼 모두 겁내면서 반듯하고 민첩하게 행하지 않는 자가 없었다.

자제(子弟)들에 대해서는 매우 엄하게 가르쳤다. 그들이 과오를 범하면 거절하고서 만나 보지 않았으며, 반드시 뼈저리게 뉘우치고 자책하면서 진절(眞切)하게 사죄드린 뒤에야 받아들였다. 비복(婢僕)이 죄를 지으면 반드시 중하게 다스려서 옆에서 보는 자들이 지나치지 않나 하고 의아하게 여기기도 하였지만, 실제로는 자혜(慈惠)하고 관서(寬恕)하여 그들의 기한(飢寒)을 보살펴 주며 마음으로 소통하였다. 제부에 대해서는 매우 간절하게 어루만지고 사랑하며 장려하고 책망하여 각각 그 절도에 맞게 하였으며, 또 그들의 과실을 다른 사람과 사적으로 의논하지 않았으므로, 이 때문에 문지방 안에서 원망하는 말이 일절 일어나지 않았다.

조비가 만년에 우리 선군(先君)이 고을 두 곳에 부임할 적에 따라갔을 때에는 뜻과 물질의 봉양[81]이 완비되었으나 하루도 손에서 일감을 놓은 적이 없었다. 정사(政事)의 득실에 대해서는 털끝만큼도 간여하지 않으면서 말하기를 "나는 부인이니 문지방 밖의 일에 대해서는 알 바가 아니다."라고 하였다. 조비는 시여(施予)하기를 좋아하여 매양 사람을 구제하고 생물을 이롭게 하는 것을 자신의 마음으로 삼았다. 소원한 종족의 서녀(庶女)가 가난해서 의지할 곳이 없어지자 거두어 양육하였으며, 시집보낼 때에는 혼수를 풍부히 마련해서 떠나보냈다.

81 뜻과 물질의 봉양 : 효자가 어버이에 대해서 물질적으로 육신을 봉양하는 것과 마음을 흡족하게 해 드리는 것을 말하는데, 이에 대한 자세한 내용이 《맹자》 〈이루 상(離婁上)〉에 나온다.

선군이 양성(陽城)의 수재(守宰)로 있을 적에 기황(飢荒)이 드는 흉년을 연거푸 만났는데, 70여 세 되는 한 사족(士族)의 여인이 옷으로 머리를 뒤집어쓰고 바가지를 든 채 기민(飢民) 가운데에 뒤섞여서 현아(縣衙)의 뜰로 들어왔다. 조비가 문틈으로 이를 엿보고는 즉시 안으로 불러들여 후하게 먹을 것을 주는 한편, 어느 때든지 왕래하게 하여 계속 주휼(周恤)한 덕분에 그 사람이 온전히 살아날 수 있었다.

조비의 가언(嘉言)과 선행(善行)은 이루 다 기록할 수가 없는데, 소아(小兒)를 훈도한 것은 더더욱 법도로 삼을 만한 것이 많았다. 음식을 가려 먹으면 "어려서부터 욕망을 채우기를 구하면 장성해서는 어떻게 하겠느냐."라고 하였고, 맡은 일을 엄수하지 않으면 "소아의 몸가짐은 경쾌해야 한다. 어찌 게을러서야 되겠느냐."라고 하였다. 드러눕거나 축 늘어져 있으면 근골(筋骨)을 단속하지 못한다고 책망하였고, 밥알을 흘리면 하늘이 준 물건을 낭비한다고 주의를 주었다. 이처럼 검속을 반드시 엄하게 하고 교조(敎詔)를 반드시 간절히 하였기 때문에, 선군의 형제가 부친을 일찍 여의었는데도 모두 우뚝하게 성취하여 세상에서 선사(善士)라는 칭찬을 들었다. 손자들 10인도 모두 큰 과오는 대략 면하였으니, 모두가 조비의 은사(恩賜)라고 해야 할 것이다.

조비가 일찍이 몽와(夢窩) 김 충헌공(金忠獻公 김창집(金昌集))의 부인(夫人)을 한 인척(姻戚)의 집에서 만났는데, 충헌공의 부인이 조비에게 묻기를 "듣건대 존가(尊家)의 소아배(小兒輩)는 모두 법도가 있어서, 비록 집 안에 먹을 것이 널려 있어도 어른이 먹으라고 명하지 않으면 먹지 않는다고 하는데, 어떻게 가르쳤기에 이렇게 되었는지 모르겠소."라고 하면서 찬탄하여 마지않았으니, 이를 통해서도 한세상이 얼마나 극진히 칭찬했는지를 알 수가 있다.

아, 부인(婦人)의 행실은 원래 밖으로 드러내지 않는 법이지만, 만약 우리 조비의 미덕과 언행을 제대로 말할 줄 아는 군자로 하여금 동사(彤史 여사(女史)의 기록)에 기재하여 표창하게 한다면, 응당 맹모(孟母)나 후 부인(侯夫人 정자(程子)의 모친)과 함께 나란히 전해져도 부끄러움이 없을 것이다. 애석하게도 세상에 그런 사람이 없어서 소자가 홀로 몽매한 식견과 거친 언사(言辭)를 가지고 보고 들은 것을 대략 기록하여 유광(幽壙)에 들이게 되었으니, 이 어찌 선하고 아름다운 행실의 만분의 일이라도 드러내 밝힐 수 있겠는가. 그저 종신토록 사모하는 나의 마음을 여기에 부칠 따름이다.

조고는 처음에 금양(衿陽 시흥(始興))에 장사 지냈다가 임진년(1712, 숙종38) 4월에 여주의 매암(梅巖)으로 옮겨 모셨는데, 그때 홍내재 태유(洪耐齋泰猷)가 묘지(墓誌)를 지었다. 그런데 그 뒤에 갑진년(1724, 경종4) 5월에 또 매암에서 이포(梨浦)의 선조(先兆)로 옮겨 부장(附葬)하였으니, 묘지의 말미에다 당연히 추가해서 기록해야 했는데 미처 그렇게 하지 못했기에 지금 여기에다 부기(附記)하는 바이다.

족조 선공 부정 부군의 묘지명 병서

族祖繕工副正府君墓誌銘 竝序

족숙부(族叔父)인 보화공(葆龢公) 임매(任邁)가 장차 죽을 임시에 병을 무릅쓰고 선고(先考)인 부정공(副正公)의 행장(行狀)을 기초(起草)하여 사자(嗣子)인 임이주(任履周)에게 위촉하고는 입으로 말을 전하여 나에게 유광(幽壙 묘혈(墓穴))의 지문(誌文)을 부탁하게 하였다.

아, 부정공의 지극한 행실과 맑은 덕성에 대해서는 평소부터 애모해 왔으니, 만약 숨겨진 그 빛을 드러내 밝힐 수만 있다면 비록 보화공의 명(命)이 없더라도 원래 거리낌 없이 이를 위해 힘을 아끼지 않았을 것이다. 더군다나 지금 임이주가 유탁(遺託)을 전해 주는 말이 매우 서글프고 뜻이 매우 간절하였으니, 무슨 말로 사양할 수가 있겠는가. 이에 삼가 행장을 상고하여 서술하고 명(銘)을 짓게 되었다. 서술한 내용은 다음과 같다.

공의 휘(諱)는 행원(行元)이고, 자(字)는 사민(士敏)이며, 성은 임씨(任氏)이다. 좌참찬 문희공(文僖公) 휘 방(埅)의 계자(季子)로서, 참찬공이 54세 때에 공이 태어났다.

공은 태어나면서부터 영수(穎秀)하여 보통 아이들과는 달랐다. 겨우 치아를 갈 나이를 넘겼는데도 벌써 어버이의 연세가 점점 많아짐을 두려워하며 다시 효도할 수 없게 될까 불안해하였다. 잠잘 때나 일상생활을 할 적에 그 곁을 떠나지 않고서 주무르고 긁어 드리고 시중들면서 곡진하게 정성을 쏟은 것은 물론이요, 이불을 개고 책상의 먼지를 털고 타호(唾壺)를 비우고 화롯불을 피우는 것까지도 모두 직접 하고 시자

(侍者)에게 위임하지 않았다. 기용(器用)과 서책(書策)도 어디에 보관되어 있는지 모르는 것이 없이 어버이가 찾을 때에 대비하였다. 공이 공경하는 일념으로 항상 참찬공의 주변에 있었으니 "형체가 없는 곳에서 보고, 소리가 없는 곳에서 듣는다."[82]라는 말에 거의 가까웠다고 해도 좋을 것이다.

공은 문예 방면에 천분(天分)이 월등히 높았으나 어버이의 곁에서 복무하느라 힘쓸 겨를이 없었으며, 박사(博士)의 가업(家業)도 전문적으로 공부하려 하지 않았다. 공은 일찍이 말하기를 "내가 선인(先人)이 늦게 낳은 아들로서 아들의 직분을 30년 동안 수행하였다. 이것이야말로 큰 행운이니 세간(世間)의 헛된 명성과는 바꾸지 않을 것이다."라고 하였으니, 옛사람이 "옛사람은 하루라도 어버이 봉양하는 것을 삼공의 벼슬과 바꾸지 않았다."[83]라고 말한 것을 공이 실로 소유했다고 하겠다.

경종(景宗) 임인년(1722, 경종2)에 사화(士禍)가 일어나면서[84] 참찬공(參贊公)이 함종(咸從)으로 유배되었다가 갑진년(1724)에 금천(金川)으로 이배(移配)되고 나서 얼마 지나지 않아 죽자, 공이 백씨(伯氏) 첨정공(僉正公) 및 중씨(仲氏) 순흥공(順興公)과 함께 영구(靈柩)를 모시고 돌아와 장사 지냈다. 거상(居喪) 중에 예(禮)를 극진히 하며 3년 동안 질대(絰帶)를 벗지 않았고 거친 밥과 물만 마시면서 지팡이를

82 형체가……듣는다 : 《예기(禮記)》 〈곡례 상(曲禮上)〉에 나오는 말로, 효자가 어버이의 생각을 미리 헤아려서 그 뜻을 받드는 것을 말한다.

83 옛사람은……않았다 : 왕안석(王安石)의 〈송교집중수재귀고우(送喬執中秀才歸高郵)〉 나오는 시구이다. 《臨川文集 卷9》

84 경종(景宗)……일어나면서 : 신임옥사(辛壬獄事)를 가리킨다.

짚고서야 겨우 일어났으므로 나이가 겨우 30을 넘겼는데도 수염과 머리카락이 흰 털로 많이 바뀌었다. 다만 태부인(太夫人 모친)이 살아계시는 까닭에 감히 자기 뜻대로 몸을 지나치게 훼손하지 못했는데, 경술년(1730, 영조6)에 태부인이 별세하자 훼척하여 거의 몸을 보전하지 못할 정도가 되었다. 그 뒤에 모친상을 마치고 나서는 마침내 과거 공부를 폐하고 날마다 서사(書史)를 가지고 스스로 즐겼으며, 시간이 나면 백씨 댁과 중씨 댁에 찾아가서 즐겁게 어울려 노닐곤 하였다.

영종(英宗) 을묘년(1735)에 사산감역(四山監役)에 보임되었으며, 사복시 주부로 승진하고 나서 의금부 도사와 평시서 영으로 옮겨졌다가 사건에 연좌되어 파직되었다. 을축년(1745)에 다시 서용(敍用)된 뒤에 사헌부 감찰을 거쳐 태인 현감(泰仁縣監)으로 나갔는데, 10회의 고과(考課)에서 모두 상(上)의 성적을 받았으므로 내직으로 들어와 사옹원 주부가 되고 첨정으로 승진하였다. 신미년(1751)에 외직으로 나가 가평 군수(加平郡守)가 되었으나 병자년(1756)에 상관(上官)이 친족이라는 혐의로 체직되었으며, 이듬해인 정축년(1757)에 다시 사복시 주부가 되고 순흥 부사(順興府使)에 제수되었다.

공은 관직에 거하는 동안 대체(大體)를 유지하는 데에 힘썼고, 혁혁(赫赫)한 명성은 좋아하지 않았다. 인자하게 백성을 기르되 작은 혜택을 베풀면서 생색내지 않았으며, 관리를 엄격하게 단속하되 꼬치꼬치 따지는 것을 능사로 여기지 않았다. 태인(泰仁)에 있을 적에 개량(改量)하는 일이 있었는데, 공이 직접 원야(原野)에 나가서 심사(審查)하여 개정하였으며, 그러고 나서 또 한 고을의 유사(儒士)와 함께 마음을 다해 강구(講究)하여 최선을 다하면서, 주자(朱子)가 장주(漳州)에서 행했던 고사(故事)[85]처럼 하였다. 비록 사신(使臣)이 재촉하는 바람에

하고자 하는 대로 완전히 행하지는 못했지만, 그래도 고을 백성들이 지금까지 그 혜택을 보고 있다. 공이 일을 담당하여 정성을 극진히 하고 고식적(姑息的)으로 행하려 하지 않은 것이 대부분 이와 같았다.

순흥(順興)에 있은 지 5년 만에 중신(重臣)이 조정에서 좌천되어 본직에 보임되자 공이 체직되어 평시서 영에 붙여졌다가 선공감 부정(繕工監副正)으로 승진하였다. 임오년(1762) 6월 25일에 세상을 떠나니, 그때 향년이 70세였다. 그해 8월 10일 가평(加平) 조종면(朝宗面) 율길리(栗吉里) 자좌(子坐)의 언덕에 장사 지내면서 배필인 이 숙인(李淑人)과 합장하였다.

우리 임씨(任氏)는 세계(世系)가 풍천(豐川)에서 나왔다. 상세(上世)에 어사대부(御史大夫) 휘(諱) 주(澍)와 시중(侍中) 서하부원군(西河府院君) 휘 자송(子松)이 있었는데, 《고려사(高麗史)》에 그 행적이 드러나 있다. 아조(我朝)에 들어와서는 휘 열(說)이 문학(文學)으로 중명(重名)을 이루어 한성부 판윤과 예문관 제학으로 관직을 마쳤으며, 시호는 문정(文靖)이고 호는 죽애(竹崖)이니, 이분이 공의 5세조가 된다.

고조(高祖) 휘 영로(榮老)는 중시(重試)를 거쳐 종부시 정(宗簿寺

85 주자(朱子)가……고사(故事) : 송 광종(宋光宗) 1년(1190)에 주희(朱熹)가 장주지주(漳州知州)로 있을 당시에 농토의 경계가 불분명한 것을 염려하여, 방전법(方田法)을 시행할 것을 상주하였는데, 재상인 유정(留正) 등이 반대하였으나 황제의 특명으로 실시하게 되자, 지적대장(地籍臺帳)을 물고기 비늘 모양의 어린도(魚鱗圖)로 그려서 시행했던 고사를 말한다. 방전법은 왕안석(王安石)이 행한 신법(新法)의 하나로, 동서남북마다 각각 1000보(步)를 1방(方)으로 나누어 정하되, 토질의 비척(肥瘠)에 따라 등급을 나누어 세금을 부과하던 농지법이다. 《宋史 道學列傳3 朱熹》

正)이 되었고, 증조(曾祖) 휘 연(兗)은 좌승지이다. 조(祖) 휘 의백(義伯)은 호가 금시당(今是堂)으로, 재유(才猷)와 기국(器局)이 있어서 영릉(寧陵 효종(孝宗))의 지우(知遇)를 받고 명신(名臣)이 되어 관직을 평안도 관찰사로 마쳤으며, 뒤에 참찬공이 귀하게 된 덕분에 이조 판서에 추증되었다. 참찬공은 호가 수촌(水村)으로, 문장(文章)과 청절(淸節)로 한 시대에 중하게 여겨졌으며, 영묘(英廟)가 일찍이 지상선(地上仙)이라고 칭하기도 하였다. 비(妣) 광주 이씨(廣州李氏)는 부사(府使) 증(贈) 이조 참의 이명담(李命聃)의 딸이다.

이 숙인(李淑人)은 완산(完山) 사람으로, 목사(牧使) 이익명(李益命)의 딸이요, 대사헌(大司憲) 이민적(李敏迪)의 손녀요, 좌의정 문정공(文貞公) 이경여(李敬輿)의 증손녀이며, 판서 송공 규렴(宋公奎濂)의 외손이다. 유완(柔婉)하고 단숙(端肅)하였으며 총영(聰穎)하여 사리를 알았고 여사(女士)의 기풍이 있었다. 공보다 1년 연상으로, 공보다 35년 일찍 죽었는데, 2남 1녀를 낳았다.

장남 매(邁)는 현령(縣令)이니 바로 보화공(葆龢公)이다. 문학(文學)과 아망(雅望)으로 세상에서 중하게 여겼는데, 불우하게 생애를 마쳤으므로 사람들이 모두 애석하게 여겼다. 다음 과(薖)는 목사인데 나가서 중부(仲父)의 후사(後嗣)가 되었다. 딸은 군수(郡守) 이운영(李運永)에게 출가하였다. 측실 소생으로 3남이 있으니, 원(薳)은 찰방(察訪)이고, 거(蘧)와 속(藗)은 주부(主簿)이다. 두 사위는 이신모(李藎模)와 김장현(金章鉉)이다.

현령은 아들이 없어서 목사의 아들 이주(履周)를 양자로 들였다. 두 사위는 봉사(奉事) 이희문(李羲文)과 이위고(李偉枯)이다. 목사의 세 아들은 진사(進士) 회주(晦周)와 기주(耆周), 그리고 위에서 말한

이주이다. 두 사위는 이청(李靑)과 권중진(權中晉)이다. 원(薳)의 아들은 사주(師周)이고, 딸은 권이성(權履性)과 심만영(沈萬永)의 처이다. 속(藗)의 2남 3녀는 모두 어리다.

공은 키가 크고 수염이 아름다웠으며, 청진(淸眞)하고 고고(高古)하였다. 용모와 의표(儀表)를 정결하게 가다듬었으며, 술 마시기를 좋아하고 우스갯소리를 잘하였다. 금회(襟懷)가 솔직하고 평이(平易)하여 사람들과 사귈 때에 성신(誠信)으로 일관하였으며, 친속(親屬)을 친애할 때에는 더욱 독실하였는데, 백씨와 중씨에 대해서는 애경(愛敬)을 극진히 다하여 섬겼다. 백씨가 병석에 누웠을 때에는 공이 옷의 허리띠를 풀지 않고서 40여 일 동안 손수 약탕을 달였으며, 백씨의 상을 당해서는 친히 빈렴(殯斂)을 행하며 성신(誠愼)을 다하였다. 종족(宗族)을 대할 때에도 오로지 돈후하고 화목하게 하는 데에 뜻을 두었다. 공이 외방의 고을에 있을 적에 빈궁한 종족이 찾아오면 즉시 맞아들여 환대하였으며, 비록 요구하는 것이 귀찮고 잔다란 것이라 하더라도 모두 담소(談笑)하며 부응하였을 뿐 싫증 내거나 고달프게 여기는 기색이 없었다. 대개 효순(孝順)의 덕을 천부적으로 얻어 억지로 힘쓸 필요가 없어서 그런 것인데, 형제와 종당(宗黨)을 대하거나 빈우(賓友)와 이민(吏民)을 접한 것도 모두 이를 말미암아 미루어 간 것이니, 이것이 어찌 "근본이 일단 확립되면 도가 자연히 나오게 되어 있다."[86]라고 말한 경우가 아니겠는가.

86 근본이……있다 : 공자의 제자 유약(有若)이 "군자는 근본을 힘쓰니, 근본이 일단 확립되면 도가 자연히 나오게 되어 있다. 그러니 효제가 바로 인을 행하는 근본이라고 할 것이다.〔君子務本 本立而道生 孝弟也者 其爲仁之本與〕"라고 하였다.《論語 學而》

공은 관직을 담당할 적에 청백(淸白)하게 처신하여 자신을 살찌우는 일은 털끝만큼도 하지 않았다. 태인 현감의 임기가 만료되려 할 적에 돌아가 의지할 집이 없어 보화공이 언젠가 틈을 타서 이 말을 꺼내자, 공이 정색(正色)하며 말하기를 "관직을 그만두고 돌아가면 사판(祠版)을 종가(宗家)에 부(祔)하고, 가권(家眷)은 흩어져서 친척의 집에 거처하는 것이 우리 선인(先人)의 옛 법도이니, 어찌 집을 문제 삼겠느냐."라고 하였다. 얼마 뒤에 중자(仲子)인 목사공(牧使公)이 서울에 있으면서 공화(公貨)를 차입(借入)하여 집 한 채를 매입하였는데, 공이 이 소식을 듣고는 크게 놀라면서 얼른 계약을 취소하도록 하였으나 그때는 이미 어떻게 할 수가 없었다. 경성(京城)에 제택(第宅)이 있게 된 것은 실로 공의 뜻이 아니었으니, 이 또한 참찬공이 남긴 법도를 봉승(奉承)하여 감히 잊지 않은 것이었다.

삼가 살펴보건대 예로부터 효자라고 일컬어지는 자가 많지만, 만약 참된 정성이 절로 그러하여 유아 시절에 애모하던 마음을 잃지 않은 것이 공과 비슷한 경우를 찾는다면 얼마 되지 않으리라고 생각한다. 그런데 유독 행장에 실린 마지막 글귀에 대해서 나름대로 느끼는 점이 있다. 거기에서 말하기를 "군현(郡縣)에 분주(奔走)하며 거리낌 없이 세상과 어울리면서도 청정(淸淨)하고 담박하여 물들지 않고 결백하였다."라고 하고, 또 말하기를 "일찍이 갈고 닦으려는 뜻이 있지 않았는데도 자연히 외물로 인한 폐해를 당하지 않았으며, 그 풍의(風儀)를 접하면 맑기가 빙호(氷壺) 같았고, 그 화기(和氣)를 접하면 훈훈하기가 순료(醇醪 미주(美酒)) 같았다."라고 하였는데, 이 몇 마디 말의 묘사가 매우 치밀해서 전할 수 없는 것까지 제대로 전할 수 있으리라고 생각되었다. 이에 삼가 그 말을 주워 모아 여기에 드러내면서 다음과 같이

명(銘)을 붙이는 바이다.

효도와 우애가 바탕이 되어	孝弟爲質
근본이 확립되어 도가 채워졌는지라	本立道充
집을 바루고 친척에게 돈후하였으며	正家敦親
백성에게 인자하고 공익을 위해 봉사했네	仁民奉公
무엇으로 그렇게 행했느냐 하면	何以將之
그것은 바로 청렴과 정성이었나니	曰淸曰誠
날마다 오직 조심하고 주의하며	日惟兢兢
우리 선조의 법도를 본받았다오	儀我先刑
효자가 행장을 만들었나니	孝子爲狀
누가 그 말을 흠잡으리오	孰間其言
내가 지은 명도 부끄러움이 없나니	我銘無怍
후손들에게 따르도록 권면하노라	庸勸仍昆

백부 명릉 참봉 부군의 묘지명 병서
伯父明陵參奉府君墓誌銘 竝序

우리 백부(伯父)인 참봉공(參奉公)이 별세한 지 24년 되는 때에 사자(嗣子)인 찬주(贊周)가 불초(不肖)인 종자(從子) 나에게 명하기를 "우리 선군(先君)의 도덕과 행실에 대해서 네가 이미 찬차(撰次)하여 행장(行狀)을 지었다마는, 묘소에도 지문(誌文)이 없을 수 없는데, 지문을 짓는 것은 또 너만 한 이가 없으니, 네가 끝까지 힘써 주어야 하겠다."라고 하였다. 내가 이유를 대며 사양하였으나 허락을 얻지 못했으므로, 마침내 행장의 대략적인 내용을 간추려서 서술하고 명(銘)을 붙였다. 서술한 내용은 다음과 같다.

공의 휘(諱)는 선(選)이고, 자(字)는 택부(擇夫)이다. 우리 임씨(任氏)는 세계(世系)가 풍천(豐川)에서 나왔다. 상세(上世)에 휘 주(澍)가 고려조(高麗朝)에 벼슬해서 어사대부(御史大夫) 감문위대장군(監門衛大將軍)이 되었는데, 이분이 휘 자송(子松)을 낳았으니 봉호(封號)가 서하부원군(西河府院君)이고 벼슬이 시중 판삼사사(侍中判三司事)에 이르렀다. 시중이 휘 덕유(德儒)를 낳았으니 벼슬은 판도판서(版圖判書)이고 봉호는 풍산군(豐山君)이며 시호는 문간(文簡)이다. 문간이 휘 구(球)를 낳았는데, 아조(我朝)에 들어와서 참지문하부사(參知門下府事)가 되었다. 이로부터 대대로 관면(冠冕)을 이어 오다가 휘 열(說)에 이르렀는데, 벼슬이 한성판윤 예문관제학(漢城判尹藝文館提學)이요, 시호가 문정(文靖)이니, 이분이 공의 6세조가 된다. 고조(高祖) 휘 연(兗)은 좌승지이고, 증조(曾祖) 휘 의백(義伯)은 평안도 관찰사 증(贈) 이조 판서이고, 조(祖) 휘 승(陞)과 고(考) 휘 사원(士元)은 모두 일찍 죽어 벼슬하지 못하였다. 비(妣) 전주 이씨(全州李氏)는 판돈녕부사(判敦寧府事) 효간공(孝簡公) 이정영(李正英)의 딸이요, 호조 판서 이경직(李景稷)의 손녀이다.

공은 사람됨이 명백 직절(直截)하고 준상(峻爽)하였으며 기개가 있었다. 소싯적에 수암(遂庵) 권 문순공(權文純公 권상하(權尙夏))을 배알(拜謁)하였을 때, 문순이 우암(尤庵 송시열(宋時烈)) 선생이 임종할 때 교시한 내용을 손수 써서 주며 말하기를 "천지가 만물을 낳고 성인(聖人)이 만사에 응하는 것은 오직 직(直)일 따름이다."라고 하니, 공이 공경히 받아 마음에 새겼다. 공은 결심하거나 주장할 적에 준정(峻正)하게 되도록 노력하여, 방향을 바꾸거나 오락가락하는 태도가 전혀 없었다. 사람들과 일을 논할 적에는 호기 있게 입에서 나오는 대로 말하되 마치 대나무를 쪼개듯 득실을 판별하며 해학과 욕설을 뒤섞었으므로 사람들이 감히 한마디 말도 끼어들지 못하였다. 사람들의 옳지 않은 점을 보면 면전에서 질책하며 배척하였고 일찍이 용인한 적이 없었다.

숙종(肅宗) 병신년(1716, 숙종42)에 사문(斯文)의 사건[87]이 일어났을 때, 공이 개연(慨然)히 사당(邪黨)을 배척하고 사도(斯道)를 보위

87 사문(斯文)의 사건 : 노론이 소론을 축출한 사건을 말한다. 1715년 12월 《가례원류(家禮源流)》를 간행하는 일로 당쟁이 격화되자, 그동안 이른바 회니시비(懷尼是非) 이후 정쟁(政爭)의 원인이 되었던 문건들을 숙종이 직접 열람하고는 노론의 주장이 옳다고 판정을 내린 뒤, 1716년 8월 윤선거(尹宣擧)의 문집을 훼판(毁板)하도록 명하고, 10월과 12월에 각각 윤선거와 그 아들 윤증(尹拯)에 대한 선정(先正)의 칭호를 금하도록 하였다.

하는 것을 자신의 임무로 삼고는, 피차의 문안(文案)을 직접 기록하여 권질(卷帙)을 모아 작성하였으며, 관학(館學)에서 소장(疏章)을 진달할 때마다 많이 주장하니, 사론(士論)이 너나 할 것 없이 추중하였다.

경종(景宗) 1년(1721) 신축(辛丑)에 진사시(進士試)에 입격하였으며, 이해 겨울에 반의(泮議 성균관 유생의 논의)를 주도하였다. 이에 앞서 태학생(太學生)인 윤공 지술(尹公志述)이 명릉(明陵)의 지문(誌文)에 대한 일을 말하여 크게 시휘(時諱)를 촉범하였는데,[88] 이해 12월에 이르러 간흉들이 상의 건강이 좋지 않은 틈을 타서 오원(奧援 내부의 숨은 지원 세력)과 결탁하여 권세를 휘두르며 장차 사류(士類)를 전멸시키려 하였는데, 이때에 윤공이 맨 먼저 체포되었다. 공이 비분을 스스로 가누지 못한 나머지, 장차 제생(諸生)을 규합하여 소장을 올려 윤공을 신구(伸救)하려 하면서, 한 사우(士友)와 소두(疏頭)가 될 것을 약속하였는데, 기일에 미쳐서 그가 어버이의 늙음을 핑계 대고는 달아나 피하고서 나오지 않았다. 이에 공이 마침내 반궁(泮宮)으로 달려 들어가서 관사(館舍)를 지키고 있던 제생을 격려하며 한 사람을 소두로 추대하려 하였으나 끝내 응하는 자가 없었다. 이때 날은 이미 저물었고 윤공은 다음 날 사형을 받게 되었으므로, 공이 더욱 통분하여 눈물을 흘리면서 밤새도록 사우의 집에 분주(奔走)하였으나, 결국은 뜻을 이루지 못하여 윤공이 화를 면하지 못하고 말았다.

88 태학생(太學生)인……촉범하였는데 : 1720년 성균관 유생 윤지술(尹志述)이 명릉, 즉 숙종의 묘지문에 희빈(禧嬪) 장씨(張氏)를 사사(賜死)한 사실이나 윤선거와 윤증의 선정 호칭을 금한 내용이 누락되는 등 편파적으로 기록되었다고 상소하였는데, 처음에는 노론의 두둔을 받아서 처벌을 면했으나 신임옥사(辛壬獄事)가 일어나면서 소론에 의해 사형에 처해졌다.

공이 마침내 사형장에 달려갔는데 그때는 화색(禍色)이 하늘에 가득해서 아무도 감히 물어보는 자가 없었으나, 공은 자청하여 명정(銘旌)을 쓰기를 "태학생윤공지구(太學生尹公之柩)"라고 하였다. 섬촌(蟾村) 민공 우수(閔公遇洙)가 공을 곡한 시에 "의리는 태학 진구(陳歐)[89]의 화에서 드러났다."라고 하였는데, 이는 대개 사실을 기록한 것이다.

윤공이 죽은 뒤에 공은 과거 공부를 폐기하고 문을 걸어 잠근 채 시사(時事)에 대해서는 절대 입으로 말하지 않았다. 그러나 흉도(兇徒)가 공에 대해서 끝없이 으르렁대는 가운데 박필몽(朴弼夢)이 국청(鞫廳) 자리에서 "임모(任某)가 이 옥사(獄事)를 사화(士禍)라고 한다."라고 하는 등 공언하며 불측한 뜻을 두었으나, 그때 마침 공을 구해주는 자가 있어서 화를 면하였다.

금상(今上) 을사년(1725, 영조1)에 흉역들을 쫓아내고 윤공의 억울함을 풀어 주었다. 공이 다시 자력으로 과거에 응시하였으나 끝내 합격하지 못하였고, 10여 차례에 걸쳐 음직으로 벼슬하려고 하였으나 낙점을 받지 못하다가, 경신년(1740) 3월에 이르러 처음으로 명릉 참봉(明陵參奉)에 임명되었다. 이해 9월 5일 한양(漢陽) 반송리(盤松里) 자택

89 진구(陳歐) : 송 고종(宋高宗) 때의 태학생인 진동(陳東)과 구양철(歐陽澈)의 병칭이다. 진동은 건염(建炎) 1년(1127) 이강(李綱)을 유임하고 주화파(主和派)인 황잠선(黃潛善)과 왕백언(汪伯彦) 등의 파직을 청하는 상소를 올렸고, 구양철도 같은 내용으로 상서하면서 고종의 '궁금총악(宮禁寵樂)' 등을 지책(指責)하였는데, 황잠선이 크게 노하여 고종에게 참소한 결과 두 사람이 참형(斬刑)에 처해지고 수급(首級)이 시문(市門)에 걸리는 화를 당하였다. 소흥(昭興) 4년(1134) 고종이 그들에게 추증(追贈)할 것을 명하고, 묘소에 제사 지내도록 하여 인심을 위로하였다. 《宋史 忠義列傳 陳東, 歐陽澈》

에서 병으로 세상을 떠나니, 향년 58세였다. 11월 9일 여주(驪州) 이포리(梨浦里) 좌경(坐庚)의 언덕에 장사 지내니, 이곳은 선조(先兆 선영(先塋))이다.

배필인 풍산 홍씨(豐山洪氏)는 좌랑(佐郎) 홍중석(洪重錫)의 딸이요, 영안위(永安尉) 홍주원(洪柱元)의 증손녀요, 우의정 문효공(文孝公) 민진장(閔鎭長)의 외손인데, 3남 2녀를 낳았다.

장남은 바로 찬주(贊周)이니, 현재 사옹원 봉사(司饔院奉事)이다. 다음 면주(冕周)는 만녕전 참봉(萬寧殿參奉)이고, 다음 건주(健周)는 통덕랑(通德郎)이다. 딸은 이근(李瑾)과 정언(正言) 이영철(李英哲)에게 출가하였다. 봉사는 아들이 없어서 참봉의 아들 묵(默)을 양자로 들였다. 딸은 수찬(修撰) 김이헌(金履獻)의 처이다. 참봉의 아들은 바로 묵(默)이다. 두 딸은 모두 시집가기 전에 일찍 죽었다. 통덕랑은 일찍 죽어서 아들이 없으므로 종형(從兄)인 상주(相周)의 아들 엽(燁)을 데려와 후사로 삼았다. 이근의 계자(繼子)는 이도문(李度文)이다. 이영철의 세 아들은 이헌조(李憲祖)와 이헌로(李憲魯), 그리고 하나는 일찍 죽었다. 두 딸은 김낙행(金樂行)과 맹계원(孟啓遠)에게 출가하였다.

공은 내행(內行)이 매우 갖추어졌다. 평소에 일찍 일어나 세면하고 의대(衣帶)를 반드시 가다듬었다. 거상(居喪)할 때에는 정문(情文 내용과 형식)을 빠짐없이 갖추었으니, 세상에서 칭하는 대유(大儒)와 명현(名賢)이라도 이보다 더하지는 못했을 것이다. 우리 선군 및 숙부(叔父)가 일찍 세상을 떠났으므로, 공이 여러 고자(孤子)를 자기 소생처럼 돌봐 주었다. 집안일은 일체 안에 위임하고 유무(有無)를 묻지 않았다. 향리에 거할 때에는 조용히 지내면서 법을 두려워하였고, 비복(婢僕)이 아니면 회초리나 매를 든 적이 없었다.

아, 소자(小子)가 늦게 태어나서 공의 소싯적의 일에 대해서는 원래 자세히 알지 못한다. 만년의 언행 중에도 기록할 만한 것이 많지만, 모두 생략하고 기록하지 않고서 오직 그 언의(言議)의 본말(本末)에 대해서만 특별히 상세하게 언급하였는데, 이는 참으로 공의 대절(大節)이 여기에 있는 만큼 이 점을 살펴보면 공의 내면을 파악할 수 있기 때문이었다.

유독 애석하게 여기는 점이 있다. 공이 세상에 드문 괴위(魁偉)한 자질을 갖고 세족(世族)의 집안에 태어나서, 사람들이 또한 공보(公輔)가 될 것이라고 기대하였는데, 백수(白首)의 일개 침랑(寢郎 참봉)으로 곤궁하고 불우하게 지낸 나머지 가슴속의 포부를 조금도 드러내 보이지 못했다는 사실이다. 끝내는 하늘이 수명을 주는 데에도 인색하였으니, 어찌하여 하늘은 품부하는 것은 후하게 하고 베푸는 것은 박하게 했단 말인가. 이것이 어쩌면 하늘은 믿을 수 없다고 말하는 것인가. 아, 슬프다. 명(銘)은 다음과 같다.

기개는 준열하며 확고하였고	氣峻而確
식견은 분명하고 공정하였네	識明而公
하늘이 왜 후하게 내려 주고는	孰豐其畀
끝내 길을 틀어막았단 말인가	而閼之終
내가 땅속에 명을 새겨 넣으면서	我銘幽竁
저 높은 하늘에 따져 묻고 싶노라	欲質高穹

숙부 통덕랑 부군의 묘지명 병서

叔父通德郎府君墓誌銘 竝序

공의 휘(諱)는 일(逸)이요, 자(字)는 덕휴(德休)이다. 우리 임씨(任氏)는 세계(世系)가 풍천(豐川)에서 나왔다. 고려 어사대부(御史大夫) 휘(諱) 주(澍)와 시중(侍中) 서하부원군(西河府院君) 휘 자송(子松)이 바로 원조(遠祖)이다. 아조(我朝)의 명종(明宗)과 선조(宣祖) 연간에 휘 열(說)이 문장(文章)으로 발영시(拔英試)에 급제하였으며, 한성부 판윤과 예문관 제학을 역임하고 시호가 문정(文靖)이었으니, 이분이 공의 6세조가 된다.

고조(高祖) 휘 연(兗)은 좌승지이다. 증조(曾祖) 휘 의백(義伯)은 호가 금시당(今是堂)으로, 효묘(孝廟)가 천하에 큰 뜻을 둔 때를 당하여 재지(才智)와 기국(器局)으로 크게 상하의 신임을 받았으며, 평안도 관찰사로 관직을 마쳤다가 뒤에 이조 판서에 추증되었다. 조(祖) 휘 승(陞)과 고(考) 휘 사원(士元)은 모두 일찍 죽어 벼슬하지 못하였다. 비(妣) 전주 이씨(全州李氏)는 판돈녕부사 예조판서(判敦寧府事禮曹判書) 효간공(孝簡公) 이정영(李正英)의 딸이다.

공은 사람됨이 정민(精敏)하고 재예(才藝)가 많았으며, 자량(慈諒)하고 개제(愷悌)하며 효우(孝友)하고 돈목(敦睦)하였다. 거자(擧子)의 글을 지으면 내용과 형식이 뛰어나고 법도에 맞아서 사람들이 모두 크게 성공하리라고 기대하였다. 그럼에도 불구하고 누차 초시(初試)에 입격하였으면서도 번번이 회시(會試)에서는 낙방하여 끝내 하나의 관명(官名)도 이루지 못한 채, 갑자기 경종(景宗) 갑진년(1724, 경종

4) 4월 19일에 38세의 나이로 일찍 죽고 말았으니, 슬픈 일이다.

공의 곤제(昆弟) 4인 중에서 우리 선군(先君)의 서열이 두 번째이고, 공은 세 번째에 해당한다. 신축년(1721)에 선군이 양성(陽城)의 수재(守宰)로 나갔는데, 이 당시에는 태부인(太夫人)이 무양(無恙)하였으므로 공이 백부(伯父) 및 계부(季父)와 함께 현아(縣衙)를 왕래하며 성근(省勤)하여, 매양 아침저녁으로 좌우에 줄지어 시봉하면서 즐거운 시간을 실컷 보내곤 하였다. 공은 특히 화락하고 평이한 성품에 이야기를 또 재미있게 잘하였다. 그래서 혹 다른 곳에 있다가 돌아올 때면 번번이 보고 들은 것 가운데 즐겁게 웃을 만하고 깜짝 놀랄 만한 일들을 소개하여 하나하나 전해 주면서 낭랑한 목소리로 우스갯소리를 섞어 가며 태부인이 한번 웃으시도록 유도하였는데, 태부인도 평소에는 장엄하고 간묵하였으나 이때만큼은 미상불 즐거워하곤 하였다.

당시에 소자는 나이가 겨우 10여 세라서 몽매하여 아는 것이 아무것도 없었다. 지금에 와서 돌이켜 생각해 보면 그때의 광경이 마치 어제 일처럼 눈앞에 선한데, 불행히도 겨우 몇 년이 지나자마자 선군이 관직을 그만두기도 전에 공이 갑자기 세상을 떠났고, 또 몇 년이 지나자 선군과 태부인이 서로 뒤이어 별세하기에 이르렀다. 지금 내가 당시에 모퉁이에 앉아 있던 동자(童子)로서 외돌토리로 혼자 남아 이렇게 공의 묘지명을 쓰고 있으니, 어찌 슬프지 아니한가.

공의 배필인 한산 이씨(韓山李氏)는 참봉 이수번(李秀蕃)의 딸이요, 평안 감사 이태연(李泰淵)의 증손녀이다. 총명하고 완숙(婉淑)하였으며, 서사(書史)에도 두루 통하여 종당(宗黨)에서 모두 여사(女士)라고 칭하였다. 공보다 1년 늦게 태어나 18세에 공에게 시집왔는데, 공의 상을 당하여 절도를 넘겨 애훼한 나머지 석 달 뒤에 죽었다. 여주(驪州)

이포리(梨浦里) 선조(先兆)의 안쪽 좌간(坐艮)의 언덕에 동조이봉(同兆異封)의 형태로 함께 장사 지냈는데, 공의 묘는 좌측이다.

아들은 상주(相周)와 창주(昌周)이고, 딸은 사인(士人) 이현상(李顯祥)의 처이다. 상주는 3남 2녀를 두었다. 아들은 협(烌)과 흡(熻)과 엽(燁)인데, 흡은 족백부(族伯父) 윤주(允周)의 후사로 나갔고, 엽은 종조숙부(從祖叔父) 건주(健周)의 후사로 나갔으며, 장녀는 권급(權极)에게 출가하고 차녀는 이광택(李光宅)에게 출가하였다. 창주는 3남을 두었는데, 육(焴)은 현감(縣監)이고, 다음은 집(㸕)이고, 하나는 어리다. 이현상의 두 딸은 조희진(趙希鎭)과 정모(鄭某)에게 출가하였다.

아, 천도(天道)에는 굴신(屈伸)이 있으니, 앞에서 막혔으면 반드시 뒤에서 발하는 법이다. 처음에 우리 증왕고(曾王考 증조부)와 왕고(王考)는 모두 젊은 나이에 재질을 펼쳐 보지 못한 채 일찍 죽었다. 우리 제부(諸父)도 일찍이 중망(衆望)을 지니고서 발걸음을 함께하고 소매깃을 나란히 하여 세상의 부러움을 받으며 우연치 않은 점이 있을 것 같기도 하였다. 그럼에도 불구하고 모두 곤궁 속에서 몰락하는 운명을 면치 못하였는데 그중에서도 공이 더욱 심하였으니, 어쩌면 천도는 꼭 그렇지 않은 점이 있다고 말하는 것일지도 모르겠다.

지금 공의 여러 손자가 모두 좋은 재질과 행실을 보여 주는 것은 물론이요, 학문에 열심히 힘쓰고 있어서 장차 미래를 헤아릴 수 없는 점이 있으니, 그렇다면 천도라고 하는 것을 혹 여기에 기대해 볼 수 있지 않나 하는 생각도 든다. 아, 슬픈 일이다. 다음과 같이 명(銘)한다.

얼마나 오래 쌓았는데 발하는 것은 왜 이리 더딘가　積何遠發何久
재질을 후하게 내려 주고는 왜 이리도 길을 막는가　賦何豐施何否

아, 먹히지 않는 아손[90]이 있나니	嗟不食有兒孫
내가 묘문에 새겨 보증하노라	我執契刻墓門

90 먹히지 않는 아손(兒孫) : 《주역》 〈박괘(剝卦) 상구(上九)〉의 "큰 과일은 먹히지 않는다.〔碩果不食〕"에서 나온 말로, 불우했던 선조들과는 달리 앞으로 원기를 회복하여 크게 성공할 자손들이라는 말이다. 278쪽 주25 참조.

계부 성균 생원 부군의 묘지

季父成均生員府君墓誌

공의 휘(諱)는 형(逈)이고, 자(字)는 원보(遠甫)이다. 성은 임씨(任氏)이니 풍천(豐川) 사람이다. 우리 임씨는 고려 어사대부(御史大夫) 휘 주(澍)로부터 시작된다. 어사공(御史公)은 두 아들을 두었는데, 장남 자송(子松)은 충혜왕(忠惠王) 때에 조적(曺頔)을 주멸하여 서하부원군(西河府院君)에 봉해지고 시중 판삼사사(侍中判三司事)를 지냈으니, 《고려사(高麗史)》에 이 행적이 드러나 있다.

시중의 손자인 구(球)가 아조(我朝)에 들어와서 참지문하부사(參知門下府事)가 되었다. 이로부터 관작을 계속 이어 오다가 휘 열(說)에 이르는데 벼슬이 한성부판윤 예문관제학(漢城府判尹藝文館提學)이었고 시호는 문정공(文靖公)이며 호는 죽애(竹崖)이다. 문정이 낳은 휘 영로(榮老)는 중시(重試)를 거쳐 종부시 정이 되었고, 종부시 정이 낳은 휘 연(兗)은 승지가 되었다. 승지가 낳은 휘 의백(義伯)은 재유(才猷)와 기식(器識)으로 영릉(寧陵 효종(孝宗))의 지우(知遇)를 받아 명신(名臣)이 되었으며 평안도 관찰사로 관직을 마쳤는데, 호가 금시당(今是堂)이니 이분이 공의 증조가 된다.

조(祖) 휘 승(陞)은 통덕랑(通德郎)이다. 고(考) 휘 사원(士元)은 호가 정수와(靜修窩)로, 은덕(隱德)이 있어서 사림(士林)의 추중을 받았는데 불행히도 일찍 세상을 떠났다. 비(妣) 전주 이씨(全州李氏)는 판돈녕부사 효간공(孝簡公) 이정영(李正英)의 딸이다.

공은 숙종(肅宗) 무인년(1698, 숙종24) 5월 9일에 태어났는데 태어난 지 5년 만에 부친을 여의었고, 조금 장성하면서 태부인(太夫人)을 지극히 효성스럽게 섬겼다. 명하시는 바가 있으면 그 즉시 마음을 다해 받들어 행하고 털끝만큼도 거역하는 바가 없었으며, 심지어는 언찰(諺札)을 대신 써 드릴 적에 종이가 몇 폭이나 이어져도 붓을 쥐고서 오직 삼갈 뿐 피곤한 기색을 보이지 않았다. 거상(居喪)할 때에는 일체 《가례(家禮)》대로 준행(遵行)하였고, 백씨(伯氏)인 침랑공(寢郎公)과 함께 상측(喪側)의 여막(廬幕)에 거하면서 감히 사가(私家)로 돌아가지 않았으며, 돌아가더라도 하룻밤을 지내고 온 적이 없었다.

공은 또 제형(諸兄)을 섬기면서 친애와 공경을 모두 극진히 하였다. 침랑공의 병이 위독해지자 공이 가묘(家廟)에서 울며 기도하였는데, 애통해하는 그 모습이 옆에서 보는 사람들을 감동시켰다. 성품이 관후하고 간묵한 가운데 쌀쌀맞게 굴며 관계를 끊어 버리는 일을 하지 않는 등 자연히 도(道)에 가깝게 해서 고가(故家)의 풍모가 물씬 풍겼다. 거자(擧子)의 글을 지으면 내용과 형식이 뛰어나면서 이치가 들어맞았다. 24세에 사마시(司馬試)에 합격하자 사람들이 조만간 대과(大科)에 급제할 것이라고 말하였는데, 오히려 여러 차례나 낙방하였다. 입격자 명단에 선발되기도 하였으나 끝내 하나의 급제를 이루지 못한 채 갑자기 금상(今上) 임술년(1742, 영조18) 5월 21일에 죽으니, 향년이 겨우 45세였다.

이에 앞서 침랑공이 누차 초사(初仕)에 추천되어도 낙점을 받지 못하자, 한 인척의 집에서 공을 먼저 추천하려고 하였는데, 공이 이 말을 듣고는 극력 저지하였다. 그러다가 침랑공이 관직에 임명되었는데, 얼마 지나지 않아 공이 그만 죽고 말았다.

아, 공의 두터운 덕성과 지극한 행실로 보면, 당연히 그만한 지위를 차지하고 그만한 수명을 누리면서 하늘의 복록(福祿)을 받아 선조의 공업(功業)을 밝게 드러내야 하는데, 오히려 불우하게 곤경에 처하여 말단 관직을 받지도 못한 채 죽었고, 또 일찍 죽었다는 일컬음도 면하지 못하고 말았다. 아, 천도(天道)가 잘못된 지 오래되어 공이 아니라도 이와 같은 경우를 당한 자가 많으니, 공만 홀로 어떻게 하겠는가. 아, 슬프다.

공의 원배(元配)인 칠원 윤씨(漆原尹氏)는 진사(進士) 윤지호(尹志浩)의 딸이요, 관찰사 윤가적(尹嘉績)의 손녀이다. 계배(繼配)인 흥양 유씨(興陽柳氏)는 사인(士人) 유경(柳警)의 딸이다. 모두 아들을 두지 못해서 중형(仲兄)인 판관공(判官公)의 아들 병주(秉周)를 데려와 후사로 삼았는데, 일찍 죽었다. 두 딸은 윤범구(尹範九)와 황인현(黃仁絢)에게 출가하였다. 공의 묘소는 춘천부(春川府) 방하리(方下里) 모좌(某坐)의 언덕에 있고, 윤 유인(尹孺人)의 묘소는 여주(驪州) 이포(梨浦) 선조(先兆)의 안쪽 축좌(丑坐)의 언덕에 있다.-그 뒤 51년이 지난 임자년(1792, 정조16) 8월 영구(靈柩)를 옮겨 유 유인의 묘에 합폄(合窆)하였다.-

백씨인 사간원 정언 부군의 묘지명 병서
伯氏司諫院正言府君墓誌銘 竝序

아, 나의 백씨(伯氏)인 정언공(正言公)은 우주(宇宙)를 포괄하는 뜻을 지니고, 팔극(八極)을 휘젓고 다니는 신기(神氣)를 지녔으며, 일세(一世)를 미륜(彌綸)하는 재질을 지녔다. 늦은 나이에 외과(巍科 대과(大科))에 등제하여 성망(聲望)이 울연(蔚然)해지면서 장차 큰일을 할 것도 같았는데, 얼마 지나지 않아 직언한 죄에 걸려 절해(絶海)의 고도(孤島)에 유배되었으며, 사면(赦免)을 받고 나서도 여전히 당로(當路)에 막힌 나머지 결국 조정에 다시 복귀하지 못한 채 황야(荒野)에서 운명하였으므로 사림(士林)이 모두 비통하게 여겼다. 그로부터 8년 뒤에 중제(仲弟)인 내가 비로소 슬픔을 머금고 눈물을 씻으며 백씨를 위해 그 생졸의 이력(履歷) 및 지절(志節)과 행의(行誼)의 대략적인 내용을 서술하고 여기에 명(銘)을 붙여서 광중(壙中)에 들여놓는 바이다. 서술한 내용은 다음과 같다.

공은 휘(諱)가 명주(命周)이고, 자(字)는 백신(伯新)이다. 성은 임씨(任氏)이니, 풍천(豐川) 사람이다. 상세(上世)의 조상으로는 어사대부(御史大夫) 휘 주(澍)와 시중(侍中) 서하부원군(西河府院君) 휘 자송(子松)이 《고려사(高麗史)》에 드러나 있다. 본조(本朝)에 들어와서는 휘 열(說)이 문장으로 중명(重名)을 이루어 관직이 한성부판윤 예문관제학(漢城府判尹藝文館提學)에 이르렀는데, 호는 죽애(竹崖)이고, 죽어서 문정(文靖)이라는 시호를 받았다. 문정으로부터 3대를 전하여 평안도 관찰사 증(贈) 이조 판서 금시당(今是堂) 휘 의백(義伯)에 이르는데, 재유(才猷)와 기식(器識)으로 효종조(孝宗朝)의 명신(名臣)이 되었으니, 이분이 바로 공의 고조(高祖)가 된다. 증대부(曾大父 증조부)는 휘가 승(陞)이고, 대부(大父)는 휘가 사원(士元)인데, 모두 일찍 죽고 벼슬하지 못하였다.

황고(皇考)인 휘 적(適)은 함흥 판관(咸興判官)이고, 비(妣)인 숙인(淑人) 파평 윤씨(坡平尹氏)는 호조 정랑 증(贈) 이조 판서 윤부(尹扶)의 딸이다. 공은 숙종(肅宗) 을유년(1705, 숙종31) 4월 16일에 태어났다. 총명함이 남보다 월등하였고 강개하여 큰 뜻을 지녔다. 신임(辛壬)의 화(禍)[91]를 당하였을 때 공은 17, 8세였는데, 비분하여 과거 공부를 그만두고는, 황고에게 글을 올려 속히 벼슬을 버리고 입산하기를 청하였다. 얼마 뒤에 세도(世道)가 청명해지자 공도 자력(自力)으로 진취(進取)할 계획을 세우고서 과거와 관련된 글을 짓기 시작하였는데 그 글이 청신(淸新)하고 정공(精工)하였다.

29세에 사마시(司馬試)에 고등(高等)의 성적으로 입격하였다. 그럼에도 불구하고 여러 차례나 대과에 낙방하자 '과장(科場)이 공정하지 못하니, 여러 대중 가운데에 시권(試券)을 던져서 요행을 바라기보다는 차라리 경서(經書)를 강송(講誦)하며 득실이 나 하기에 달려 있게 하여 얻으면 통쾌하고 얻지 못해도 한이 없게 하는 것이 낫겠다.'라고 스스로 생각하고는, 이에 문을 닫아걸고 객을 사절하며 독강(讀講)에 전념하였다. 이렇게 몇 년을 지내자 정밀하게 통하지 않음이 없게 되어서, 비록 첩괄(帖括 과거 응시 문장)에 노련한 자들도 공에게는 미치지

91 신임(辛壬)의 화(禍) : 신축년(1721, 경종1)과 임인년(1722)에 걸쳐 일어난 신임옥사를 말한다.

못하였다.

마침내 금상(今上) 정묘년(1747, 영조23)의 식년시(式年試)에 갑과(甲科)로 급제하여 관례에 따라 한성 참군(漢城參軍)에 제수되었다. 이에 앞서서 공이 이미 서사(筮仕)하여 명릉 참봉(明陵參奉)이 되었다가 동빙고 별검(東氷庫別檢)과 의금부 도사(義禁府都事)로 자리를 옮겼고, 얼마 뒤에 또 옮겨서 희릉 직장(禧陵直長)에 이르렀다가 사건에 연루되어 삭직되었는데, 이때에 와서 대신(大臣)이 경연에서 아뢰어 6품으로 승진하였다. 그러고 나서 전적(典籍)과 예조 좌랑을 거쳐 사간원 정언에 임명되었는데, 상소한 것이 상의 뜻에 거슬려서 체직되었다가, 동년 12월에 다시 헌대(憲臺)에 들어가서 지평(持平)이 되었다.

이에 앞서 삼사(三司)가 적신(賊臣)인 이광좌(李光佐)와 조태억(趙泰億)을 추삭하라는 대계(臺啓)를 발하자, 임금의 노여움이 크게 진동하여 이랬다저랬다 번복한다는 이유로 함께 참여한 대신(臺臣)인 홍서(洪曙)와 남덕로(南德老) 등을 내치기까지 하였다. 이렇게 되자 그 뒤를 이어 삼사에 들어온 자들은 모두 처벌받을 것을 두려워하여 규피(規避)할 뿐 감히 연계(連啓)하는 자가 없었고, 또 저쪽 당(黨)에서는 곧장 정계(停啓)해야 한다는 논의를 발하였으므로, 공좌(公坐)에서 한쪽은 정계하자고 하고 한쪽은 연계하자고 하는 논의가 또 있었는데, 공이 마침내 예대(詣臺)[92]하여 십계(十啓 10개 항목의 대계(臺啓))를 발하기에 이르렀다. 그중에서 다섯 가지는 모두 이 일을 논하였는데, 특히 홍서와 남덕로의 일을 논한 것으로 말하면, 의리라는 근원적인

92 예대(詣臺) : 예대전계(詣臺傳啓), 즉 대간(臺諫)이 대청(臺廳)에 나아가 전계하는 것을 말한다. 대청전계(臺廳傳啓)라고도 한다.

차원에서 논리적으로 반박하면서 상의 마음의 가린 곳을 적절히 지적함으로써 참된 탕평은 어떻게 해야 하는지를 밝혔는데, 그 말이 매우 격렬하고 직설적이었다.

공은 제생(諸生 성균관 유생)으로 있을 때부터 당시 인사들이 조정(調停)하려다가 나라를 그르치는 것을 목격하였다. 그리하여 무신년(1728) 이후로 누차 기회를 잃어 참된 탕평을 빚어내지 못했으므로 가슴속에 항상 발발(勃勃)하게 기개를 품다가 이때에 와서 통렬하게 진달하니, 사람들이 모두 유전(流傳)하며 송독하였다. 그 밖에 여러 계사(啓辭)를 보아도 모두 직절(直截)하고 엄정(嚴正)하여 주저하는 기색이 없이 크게 시휘(時諱)를 촉범하면서 직기(直氣)가 늠연(凜然)하였으므로 대궐 안팎이 우레 치듯 진동하였다.

이때 도승지인 정공 언섭(鄭公彦燮)이 정원(政院)에 있다가 글을 보내 환영하며 말하기를 "금일에 한겨울 송백의 기후를 보이더니, 소매 속의 글 뭉치가 드디어 나왔구려."라고 하였다. 계사가 대내(大內)에 들어가자 상이 진노(震怒)하여 국청(鞫廳)을 설치하라고 명했다가 곧바로 취소하고는 탐라(耽羅)에 위리안치하게 하였다. 공이 즉시 금오(金吾)에서 나와 도성을 빠져나오니, 가동(街童)과 항부(巷婦)가 너나 할 것 없이 분주(奔走)하고 자차(咨嗟)하며 다투어 직신(直臣)의 얼굴을 보려고 하였으며, 좨주(祭酒) 김원행(金元行)은 글을 보내기를 "바라건대 공은 귤유(橘柚)를 실컷 드시어 구기(口氣)가 더욱 향기로워지게 하소서."라고 하였다. 이때에 날마다 대설이 내렸는데, 상이 연신(筵臣)에게 이르기를 "임모(任某)가 필시 '눈이 남관에 가득 쌓여, 말이 앞으로 가지 않는다.'[93]라는 시구를 외우며 갔을 것이다."라고 하였다.

이듬해 봄에 나주(羅州)에 이배(移配)하라는 명을 받고, 경오년

(1750) 겨울에 방환(放還)되었으며, 병자년(1756)에 이르러 비로소 서용(敍用)되는 자격을 얻었다. 그러나 전형(銓衡)을 담당한 자가 당시 재상의 풍지(風旨)를 떠받들어 절대로 검의(檢擬)하지 않았고 검의를 해도 낙점받지 못하였다. 공은 평소에 병이 없었는데 을해년(1755) 겨울 홀연히 풍비(風痺)를 앓다가, 정축년(1757) 11월 7일 마침내 전주(全州) 학산(鶴山)의 우사(寓舍)에서 죽으니, 향년이 겨우 53세였다. 아, 애통한 일이다.

공의 원배(元配)인 안동 김씨(安東金氏)는 사인(士人) 김언겸(金彦謙)의 딸이고, 영의정 문충공(文忠公) 김수항(金壽恒)의 증손녀인데, 일찍 죽고 자녀가 없다. 여주(驪州) 이포(梨浦)에 있는 조고(祖考)의 묘소 남쪽 기슭 바깥쪽 건좌(乾坐)의 언덕에 장사 지냈는데, 별도로 묘지(墓誌)가 있다.

계배(繼配)인 양천 허씨(陽川許氏)는 통덕랑(通德郎) 양규(陽珪)의 딸이다. 정숙하고 성실하며 온순하고 민첩하여 군자의 배필이 되는 데에 어긋나는 덕이 없었다. 조비(祖妣)인 이 유인(李孺人)은 성품이 엄격하여 인가(認可)하는 일이 드물었는데, 허씨에 대해서는 극구 칭찬하였다. 공보다 5년 뒤에 죽었는데, 아들을 두지 못해서 계제(季弟)

93 눈이……않는다 : 한겨울 폭설이 내리는 때에 조정에서 쫓겨나 변방으로 귀양 가는 신하의 모습을 비유할 때 인용하는 시구이다. 남관(藍關)은 진(秦)나라의 요관(嶢關)인 남전관(藍田關)의 준말로, 섬서성(陝西省) 남전현(藍田縣) 동남쪽에 있는데, 한유(韓愈)가 〈불골표(佛骨表)〉를 올렸다가 헌종(憲宗)의 노여움을 사서 조주(潮州)로 귀양 갈 적에 남관을 넘어가며 지은 시에 "구름이 진령에 비꼈나니 집은 어디에 있느뇨, 눈이 남관에 가득 쌓여 말이 앞으로 가지 않는다.〔雲橫秦嶺家何在 雪擁藍關馬不前〕"라고 하였다. 《韓昌黎集 卷10 左遷至藍關示姪孫湘》

인 정주(靖周)의 아들 렬(烈)을 데려와 아들로 삼았다. 딸은 4인인데, 사위는 심희영(沈喜永)과 이사문(李思問)과 이낙빈(李樂彬)과 김동렬(金東烈)이다. 이사문에게는 2남 2녀가 있고, 김동렬에게는 1남 1녀가 있는데, 모두 어리다.

처음에는 공을 문의(文義)의 형강(荊江) 가에 장사 지냈다. 그러다가 허 숙인(許淑人)이 죽자 임오년(1762) 5월에 이장(移葬)하여 공주(公州) 녹동(鹿洞) 선조(先兆)의 안쪽 좌경(坐庚)의 언덕에 합폄(合窆)하였는데, 세속에서 쓰는 품자(品字)의 제도를 적용하여 우측을 비워 두고서 앞으로 김 숙인(金淑人)의 묘소를 이곳으로 옮겨 부장(祔葬)할 예정이다.

공은 모습이 영준(英俊)하지 않은 것 같으면서도 정채(精采)가 사람을 쏘았으며, 담략(膽略)이 있고 시여(施予)하기를 좋아하였다. 사소한 예절에는 구애받지 않았지만, 사양하고 받는 의리에서는 또 근엄하여 그냥 지나쳐 버리는 법이 없었다. 사람과 사귈 적에는 활달하여 제한을 두지 않았고, 위급한 사람을 보면 반드시 마음을 다해서 구제하였으며, 서류(庶流)와 하천(下賤)에 이르기까지 또한 진실하게 대우하였다. 이 때문에 공을 위해 사력을 다하는 사람들이 많았는데, 어쩌다가 혹 그들에게 기만을 당하더라도 후회하지 않았다. 공이 지은 문장은 기건(奇健)하고 정초(精峭)하였으며, 붓을 쥐면 그 자리에서 수천 언을 써 내려가곤 하였는데, 그 즉시로 찬연하게 문장이 이루어져서 다시 고칠 필요도 없었다.

공은 소싯적부터 경제(經濟)에 마음을 두고는 항상 말하기를,

"양역(良役)이 현재 적폐의 근원이니, 만약 이를 변통하지 않으면 백성이 견디지 못할 뿐만이 아니다. 전투에 나아갈 군졸을 단속(團

束)할 적에 모두 사천(私賤)으로 편성하게 된다면 아침에 보충된 자가 저녁에 도망쳐서 위급할 때에 결단코 힘을 얻기가 어렵다. 변통하는 방도로는 결포(結布)보다 좋은 것이 없으나, 그것도 반드시 호전(戶錢 돈으로 징수하는 가호세(家戶稅))을 참작해서 융통성 있게 제재(制裁)해야만 삼루(滲漏)되는 폐단이 없을 것이요 췌마(揣摩)하고 구획(區劃)할 적에 각각 조리가 있게 될 것이다."

하였다.

해상(海上 나주)에서 돌아왔을 때 조정에서 균역청을 설치하고 역법(役法)을 변경하였는데, 공은 그 입법이 미흡함을 살펴보고는 걱정하며 개탄해 마지않았다. 마침내 하나의 책자를 작성해서 결포와 호전과 속오(束伍)의 방법을 상세히 말하고는 그 이름을 《칠실만주(漆室漫籌)》라고 하였는데, 사우(士友)로서 시무(時務)를 아는 자들은 모두 의심할 여지 없이 실행할 수 있다고들 하였다.

이것은 단지 하나의 단편적인 일에 불과할 뿐이다. 정작 공이 하고자 했던 일로 말하면, 안으로 관제(官制)와 공거(貢擧)로부터 시작해서 밖으로 관방(關防)과 성지(城池)와 전곡(錢穀)과 기계(器械)에 이르기까지 모두 강습하고 연마한 뒤에 모두 취하여 총괄해서 일대(一代) 왕조(王朝)의 제도를 만들어 보려고 한 것이었다. 가령 공이 뜻을 얻어서 나라에 행했더라면 죄다 그 뜻과 같이 될 수는 없었다고 하더라도 그나마 절반쯤은 구제할 수 있었을 것이다. 그런데 애석하게도 석갈(釋褐)하고 나서 얼마 되지 않아 느닷없이 뜻밖의 화를 당하여 끝내 배척을 받고 복귀하지 못한 채 시대의 버림을 받는 바람에 가슴속에 품은 뜻을 백 가지 중에 한 가지도 시행하지 못함으로써, 마침내 천하 후세로 하여금 단지 하나의 직신(直臣)으로나 인식하고 말게 하였으니,

아, 어찌 비통하지 않겠는가.

공은 어버이를 지성으로 섬겼고, 여러 아우에 대해서도 우애가 남달랐다. 성품이 강확(剛確)해서 험조(險阻)한 상황을 두루 겪으면서도 조금도 흔들리지 않았다. 만년에 집에서 거할 적에는 빈곤이 심해져서 거의 살아갈 수 없을 정도였으나, 사람들이 어쩌다가 예전의 일을 말하기라도 하면 번번이 미소를 지으면서 "이것은 명(命)이고 의(義)이니, 내가 세상을 잊고 지낸 지가 오래되었다."라고 말하곤 하였다.

정축년(1757) 가을 내가 학산(鶴山)에 가서 공을 뵈었을 때 공이 웃으면서 말하기를 "송회가(宋晦可 송명흠(宋明欽))가 내 병이 나아간다는 말을 듣고는 글을 보내어 '하늘이 어쩌면 국수(國手)를 한번 시험해 보려는 것일지도 모르겠다.'라고 하였으되, 지금의 시세(時勢)를 보건대 어찌 시험해 볼 수 있는 날이 있겠느냐."라고 하였는데, 그 안색을 살펴보면 또한 태연하기만 할 뿐 다른 기미는 보이지 않았다. 아, 세상 사람들은 자그마한 이해득실을 만났을 때 그것이 겨우 모발에 비할 만큼 하찮은 것이라도 번번이 모두 황혹(惶惑)하여 어찌할 바를 모르며 절조(節操)를 바꾸곤 하는데, 이들이 공의 풍도(風度)를 들으면 또한 조금이라도 부끄러움을 알 수 있을 것이다.

공은 만년에 주자(朱子)의 글을 읽기를 좋아하여, 비록 병세가 심해져도 열심히 독서하며 그만두지 않았다. 언젠가 나에게 말하기를 "요즈음 이 책을 읽어 보건대 대단히 재미있다. 조만간 북쪽으로 돌아가서 금강(錦江) 가에 집을 짓고, 자네들 무리와 더불어 이 책을 자세히 강론하며 여생을 마친다면 족하겠다."라고 하였다. 대개 공은 소싯적부터 유가(儒家)에 종사하였는데, 성리(性理)의 제설(諸說)에 대해서도 식견이 월등해서 귀로 듣고 입으로 말하며 답습하는 무리가 미칠 수 없었으니, 하늘이 그에게 햇수를 빌려주어 일체 공의 뜻대로 여유 있게 강습하게 했더라면 그 소득을 어찌 헤아릴 수나 있겠는가.

아, 하늘이 공에게 세상에 드문 영걸스러운 자질을 내려 주고는 또 뒤따라 진출하지 못하게끔 가로막아 그 포부를 조금도 펼치지 못하게 했는가 하면, 말년에는 또 수명까지 빼앗아 감으로써 공이 세상에 진출하여 펼칠 수 없게 하고 또한 물러나서 자기 몸에 행할 수도 없게 만들었으니, 아, 이것이 도대체 무슨 이치인지 거듭 물어보고 싶은 심정이다. 명(銘)은 다음과 같다.

세대가 멀어지며 습속이 투박해져서	世遠俗偷
예의염치가 펴지지 못한 결과	四維不張
사람들이 다투어 이욕으로 달려가서	人爭趨利
나라의 제방(隄防)이 허물어졌도다	國壞其防
신실하도다 우리 공이여	允矣我公
타고난 호방함과 영특함으로	天挺豪英
먼저 근심하고 뒤에 즐기면서	先後憂樂
옛날의 희문을 흠모하였도다[94]	慕古希文

94 먼저……흠모하였도다 : 언제나 나라와 백성을 걱정하며 노심초사했다는 말이다. 송(宋)나라 범중엄(范仲淹)이 지은 〈악양루기(岳陽樓記)〉에 "옛사람들은 높이 묘당에 있을 때에는 백성을 걱정하였고, 멀리 강호에 있을 때에는 임금을 걱정하였다. 따라서 조정에 나아가서도 걱정하고 물러나서도 걱정하였으니 어느 때에 즐거워할 수 있었겠는가. 이는 필시 천하의 근심은 누구보다도 먼저 근심하고 천하의 즐거움은 모두가 즐거워한 뒤에 즐거워하겠다는 마음 때문이었을 것이다."라는 말이 나온다. 희문(希文)은 범중엄의 자이다.

절뚝거림은 몸 때문이 아니라	匪躬蹇蹇
임금이 있는 것만 알아서이니[95]	但知有君
새매가 참새를 몰듯 해야 함은	如鸇逐雀
우리가 고정에게 배운 것이었다오[96]	我受考亭
뇌정 같은 노여움을 촉발했으나	觸犯雷霆
겁내지도 않고 놀라지도 않았으며	不慴不驚
칼과 차꼬와 장기(瘴氣) 자욱한 속에서	桁楊瘴癘
만번 죽을 고비를 넘기고 살아났도다	萬死一生
흘겨보는 눈이 세상에 넘쳐 나서	睢盱溢世
임금님의 용서도 소용이 없게 되자	無賴恩宥
걸출한 실력을 소매 안에 집어넣고	袖此國手
열 이랑의 저 논밭에 안주하였도다	安彼十畝
공은 운명이라 말할지 몰라도	公則曰命

95 절뚝거림은……알아서이니 : 수없이 곤경을 겪으면서도 일신(一身)의 안위(安危)를 돌보지 않고 오직 나라에 충성을 바쳤다는 말이다. 《주역》 〈건괘(蹇卦) 육이(六二)〉에 "왕의 신하가 절뚝거리는 것은 자기 몸 때문이 아니라 바로 나라의 일 때문에 그런 것이다.〔王臣蹇蹇 匪躬之故〕"라고 하였다.

96 새매가……것이었다오 : 《회암집(晦庵集)》 권37 〈답정경망(答鄭景望)〉에 "앞으로 군친에게 무례하게 구는 자를 보면서도 수수방관하며 감히 쫓아내지 못한다면 그것은 틀림없이 이런 말이 빌미가 되어 그럴 것이다."라는 주희의 말이 나온다. 고정(考亭)은 주희의 별칭이다. 이런 말은 목전의 화를 막으려면 소인(小人)들도 함께 포용해서 협치할 수밖에 없다는 이른바 조정론(調停論)을 말한다. 《춘추좌씨전(春秋左氏傳)》 문공(文公) 18년에 "자기 임금에게 예를 지키는 자를 보거든, 효자가 부모를 봉양할 때처럼 그를 섬기고, 자기 임금에게 무례하게 구는 자를 보거든, 새매가 참새를 모는 것처럼 사정없이 처벌해야 한다."라고 하였다.

백성은 불행한 걸 어떻게 하나	奈民無祿
인복(人福)을 내려 주지도 않고서	弗能者人
하늘은 어찌하여 일찍 뺏어 가셨나	天奪何亟
녹문의 무덤가에	鹿門之阡
더부룩하게 자란 저 잣나무	有鬱其柏
빛나고 빛나는 영령이	炯炯英靈
이 땅속에 묻혀 있도다	斂歸厚穸
소제가 명을 지어 안에 들이려니	小弟納銘
검은 돌에 아롱지는 눈물방울이여	涕漬幽石
묘소를 표시하려 함이 아니오라	匪用昭之
오직 나의 슬픔을 고함이외다	唯哀是告

지은이 **임성주(任聖周)**

1711년(숙종37)~1788년(정조12). 조선 후기의 학자로, 본관은 풍천(豐川), 자는 중사(仲思), 호는 녹문(鹿門)이다. 도암(陶菴) 이재(李縡)의 문인이며, 송명흠(宋明欽), 송문흠(宋文欽), 김원행(金元行) 등과 교유하였다. 1733년 사마시에 입격하였다. 1750년 익위사 세마가 되었고 이어 익위사 시직, 공조 좌랑, 임실 현감 등을 지냈다. 1758년 공주 녹문(鹿門)에 은거하였다. 1762년 익위사 위솔이 되어 세손이었던 정조(正祖)를 보도하였다. 이후 사옹원 주부, 전주 판관, 성주 부사 등을 역임하였다. 1774년 사직하고 공주 녹문, 원주 산호(山湖) 등지에서 은거하며 학문에 전념하였다. 초년에는 스승인 이재의 인물성동론(人物性同論)에 동조하였으나, 점차 기존 학설을 비판하고 이기동실(理氣同實)의 이기론(理氣論)을 정립하여 조선 성리학 6대가의 한 사람으로 일컬어진다. 1845년 대사헌 겸 성균관좨주에 추증되었다. 저서로 《녹문집》 등이 있다. 시호는 문경(文敬)이다.

옮긴이 **이상현(李相鉉)**

한문고전번역가. 1949년 전주에서 태어났다. 본관은 경주, 초명은 거출(巨出), 호는 저곡(杼谷)이다. 친구의 죽음을 접한 뒤 생사의 문제에 빠져들어 종교에 심취했다가 1968년 서울대 종교학과에 입학하였으며, 이후 자아의식의 기원 문제를 화두로 잡고 골몰하다가 1980년 몽환에서 깨어났다. 1982년부터 동국대 불교대학원과 민족문화추진회 국역연수원을 다녔으며, 1984년 삼계교(三界敎)에 관한 논문으로 석사과정을 마치고, 국역연수원 상임연구원이 되었다. 현재 진정한 광복을 이룬다는 신념으로, 우리 고전의 번역과 교육에 힘쓰고 있다. 신문에 연재한 한국역사인물 유적탐방기행문을 묶어 《역사의 고향(상하)》을 냈으며, 〈추사의 불교관〉 등의 논문이 있다. 조선왕조실록 번역 사업에 참여한 뒤에, 한국문집총간 중 《상촌집》, 《계곡집》, 《택당집》, 《간이집》, 《목은집》, 《포저집》, 《가정집》, 《도은집》, 《고운집》, 《계원필경집》, 《죽석관유집》, 《고산유고》 등을 번역하였고, 한국불교전서 중 《원감국사집》, 《대각국사집》, 《기암집》, 《부휴당대사집》, 《침굉집》, 《사명당대사집》, 《송운대사분충서난록》, 《무용당유고》, 《청허당집》 등을 번역하였다.

녹문집 6
임성주 지음 | 이상현 옮김

2020년 10월 30일 초판 1쇄 발행

발행인 신승운 | 발행처 한국고전번역원
등록 2008. 3. 12. 제25100-2018-000049호
주소 (03310) 서울시 은평구 진관1로 85
전화 02-350-4800 | 팩스 02-350-4994 | 홈페이지 www.itkc.or.kr

연구총괄 양기정 | 연구기획 정미경

책임편집 하현주 | 편집진행 박정열
편집교정 김상순 박성희 유정님 | 조판 정효진 | 제작 김형석
디자인 씨디자인 | 인쇄 ㈜가나씨앤피

값 20,000원
ISBN 978-89-284-0767-5 94810
978-89-284-0317-2 (세트)